L'ouvrage du Professeur Noël N'Guessan a de quoi susciter l'intérêt, éclairer les responsables d'Églises, encourager les jeunes théologiens, en proposant un double modèle. Il illustre la médiation qu'opère la théologie systématique, quand celle-ci fait le pont entre l'exégèse et la pratique pastorale. L'étude s'enquiert des critères d'un ministère réussi, qui édifie l'Église et plaise au Seigneur, à la source, auprès de la Norme, l'Écriture. Elle restreint sagement sa recherche aux Épîtres pastorales. Après avoir rassemblé et ordonné les résultats de sa recherche, elle les applique à une situation ecclésiale, en Côte-d'Ivoire, dont l'auteur a soigneusement étudié les forces et les faiblesses.

La thèse démontre comment un théologien dont l'« africanité » est incontestable peut s'approprier les outils de la science en son domaine (reconnaissant leur universelle validité) ; se servir de commentaires spécialisés avec discernement ; mener une analyse objective qui enrichisse l'Église locale. Elle trace la voie d'un ministère de théologien *responsable*. Je recommande sa publication, qui devrait profiter à un grand nombre.

Henri Blocher
Doyen honoraire de la Faculté Libre de Théologie Évangélique,
Vaux-sur-Seine, France
Directeur de l'Ecole doctorale

Le lecteur de l'ouvrage du Professeur Noël N'Guessan sera étonné de constater à quel degré une évaluation du ministère pastoral peut impliquer une démarche spirituelle dans la forme d'une réflexion sur sa propre marche avec Dieu. Il lira qu'à côté de l'entretien formel d'évaluation bien connu et l'évaluation personnelle, on peut également envisager une évaluation mutuelle entre collègues et une évaluation par la communauté dirigée. L'évaluation inclura non seulement des critères personnels et professionnels, mais aussi familiaux et sociaux. L'analyse des lettres pastorales apporte une richesse qu'on risquerait de manquer par une simple approche praxéologique basée sur les sciences humaines. Elle s'avère particulièrement heureuse. Le mot d'ordre tiré de 1 Timothée 4.16 résonnera dans les oreilles de chaque lecteur : « Veille sur toi-même et sur ton enseignement ! »

Hannes Wiher
Professeur associé de missiologie,
Faculté Libre de Théologie Évangélique, Vaux-sur-Seine

L'ouvrage du Dr Noël N'Guessan se présente, à nos yeux, comme un travail de très grande qualité exégétique portant sur les Épîtres pastorales (1 Timothée, 2 Timothée et Tite). Il mène singulièrement avec rigueur et minutie l'exégèse de quelques péricopes choisies de ces épîtres en lien avec l'évaluation du ministère pastoral au sein de l'Église Protestante Évangélique CMA de Côte d'Ivoire comme champ d'application. Il parvient ainsi à dégager clairement avec brio les critères d'évaluation du ministère pastoral susceptibles de *redynamiser* l'exercice du ministère pastoral à l'Église Protestante Évangélique CMA de Côte d'Ivoire et, par conséquent, « booster » sa croissance. Ce faisant, l'auteur met effectivement en évidence l'autorité des Saintes Ecritures comme l'unique référence (*Sola Scriptura*) à laquelle chaque pasteur se doit de se regarder, toujours à nouveau, comme dans un miroir, de manière à pouvoir se présenter sans cesse devant Dieu comme « un homme qui a fait ses preuves, un ouvrier qui n'a pas à rougir et qui dispense avec droiture la parole de la vérité » (2 Timothée 2.15).

Cet ouvrage est également *instructif* et *fécond* au-delà des frontières de l'Église Protestante Evangélique CMA de Côte d'Ivoire. Il *inspirera* certainement, j'en suis persuadé, tous ceux et toutes celles qui sont soucieux de l'épanouissement du pasteur dans l'exercice du ministère auquel il a été appelé par Dieu et, par conséquent, de la croissance qualitative et quantitative de nos communautés chrétiennes aux prises avec les défis du témoignage à rendre effectivement à Jésus-Christ dans le monde d'aujourd'hui.

Rév. Dr TSHISUNGU Balekelayi Daniel
Chef du Département de Nouveau Testament,
Professeur de Grec et de Nouveau Testament,
Faculté de Théologie Évangélique de l'Alliance Chrétienne,
Abidjan, Côte d'Ivoire

Cette étude est une réflexion approfondie sur un sujet important : *l'évaluation du ministère pastoral*. L'auteur, Professeur Noël N'Guessan, sait que dans toutes les cultures humaines et à toutes les époques de l'histoire, les autorités religieuses sont tentées de se considérer au-dessus du regard critique et de l'évaluation humaine, en particulier de l'évaluation des fidèles qu'ils conduisent.

Avec conviction et érudition, Noël N'Guessan montre la radicalité du témoignage chrétien apostolique. Pour l'apôtre Paul, le ministère pastoral s'exerce, certes, sous le regard de Dieu mais nécessairement à travers l'évaluation de Son peuple habité par Son Esprit et Sa Parole. L'auteur tire des conclusions de son travail pour l'Église dont il est issu. Par là même, il ouvre des pistes de réflexion et de pratique pour l'Église universelle.

Harold Kallemeyn
Directeur des programmes de Timothy Leadership Training Institute,
Grand Rapids, États-Unis

L'évaluation du ministère pastoral

Une étude à la lumière des Épîtres pastorales

(1 et 2 Timothée, Tite)

Noël K. N'Guessan

MONOGRAPHS

© Noël K. N'Guessan, 2017

Publié en 2017 par Langham Monographs,
Une marque de Langham Creative Projects

Langham Partnership
PO Box 296, Carlisle, Cumbria CA3 9WZ, UK
www.langham.org

ISBN:
978-178368-289-8 Papier
978-1-78368-291-1 Mobi
978-1-78368-290-4 ePub
978-1-78368-292-8 PDF

Ce travail est à l'origine la thèse de doctorat de Noël K. N'Guessan écrite sous la direction du Professeur Henri Blocher et présentée à la Faculté Libre de Théologie Évangélique de Vaux-sur-Seine en Octobre 2012.

© Conformément au "Copyright, Designs and Patents Act, 1988", Noël K. N'Guessan déclare qu'il est en droit d'être reconnu comme étant l'Auteur de cet Ouvrage.

Tous droits réservés. La reproduction, la transmission ou la saisie informatique du présent ouvrage, en totalité ou en partie, sous quelque forme ou par quelque procédé que ce soit, électronique, mécanique, photographique, est interdite sans l'autorisation préalable de l'Éditeur ou de la Copyright Licensing Agency.

Sauf indication contraire, les citations bibliques sont tirées de la version Louis Segond 1910. Les traductions des passages bibliques en début d'analyse des textes bibliques sont de l'auteur. Elles sont en italiques dans l'ouvrage.

British Library Cataloguing in Publication Data
A catalogue record for this book is available from the British Library

ISBN: 978-178368-289-8

Langham Partnership soutient activement le dialogue théologique et le droit d'un auteur de publier mais ne soutient pas nécessairement les opinions et avis avancés, et les travaux référencés dans cette publication ni ne garantit sa conformité grammaticale et technique. Langham Partnership se dégage de toute responsabilité auprès de personnes ou biens en conséquence de la lecture, utilisation ou interprétation de son contenu publié.

Dédicace

À la mémoire du Rév. Dr Isaac Keïta, Doyen de la Faculté de Théologie Évangélique de l'Alliance Chrétienne (1997 – 2012)

À la mémoire du Rév. Dr André Kouadio, Président de l'Église CMA-CI (1991-2003), Président du Conseil d'Administration de la FATEAC (1997-2013).

À Aimée-Chantal N'Guessan, mon autre moi-même,
À Marie-Salomé, Éphraïm-Jonathan,
Assena-Syntiche, Salomon-Benjamin, Jean-Philippe,
mes bien-aimés enfants.

Préface

Le pari est gagné ! Kouadio Noël N'Guessan a su nous convaincre de la nécessité d'articuler les différentes disciplines théologiques entre elles, pour démontrer la cohérence de l'Écriture et la pertinence de la Parole. Il part de l'exégèse, la science de l'exploration des données bibliques, pour aboutir à la théologie pratique, l'art d'exploiter des données pour le bien de l'Église. Il passe par la théologie systématique qui articule et agence les mêmes données en vue de l'appropriation de la pensée de Dieu sur l'évaluation du ministère pastoral. Ainsi, la théologie pastorale ou la théologie pratique n'est pas si pratique.

Dans sa thèse, combien monumentale tant pour la longueur que pour la profondeur [le contenu], Noël N'Guessan ne propose ni n'impose des recettes pour l'évaluation du ministère pastoral. Il n'est pas tenté par le culte de l'efficacité ! Il invite le lecteur à réfléchir sainement et peut-être *saintement* sur ce que Dieu a dit du ministre, du serviteur au sens large. Car encourager à réfléchir sous l'autorité de Dieu, c'est équiper intellectuellement pour aider à résister spirituellement aux diverses tentations à la mode, comme la tentation de porter des titres pompeux qui font fi de la règle de la langue et des traditions héritées des pères depuis la Réforme. Dans les Épîtres pastorales, les titres engagent à des responsabilités dans l'Église, et Noël N'Guessan a su l'expliquer avec dextérité ; de nos jours dans certains milieux, les titres évoquent la position sociale ou les exploits personnels comme des grades militaires ! Ainsi, l'auteur apporte des innovations tout en restant dans la pensée des Réformateurs.

Des innovations, j'en retiens deux : l'interdépendance entre disciplines théologiques et la volonté de réformer non pas les vérités dans l'Écriture Sainte mais la théologie pastorale dans sa dimension conceptuelle. Dans ce sens, Noël N'Guessan reste bien fils de la Réforme et adhère au principe

Ecclesia Reformata Semper Reformanda. Il aime d'ailleurs à signer ses écrits par *Soli Deo Gloria*.

Ce livre, d'abord soumis aux autorités académiques à la Faculté de Théologie Evangélique de Vaux-sur-Seine comme thèse, est maintenant mis à la disposition des érudits d'Afrique et d'ailleurs pour interpeller et remettre en question des habitudes en vue de la croissance non seulement numérique mais aussi spirituelle des Églises. Comme Noël N'Guessan, je dirai : « À Dieu seul la gloire ».

Solomon Andria
Abidjan, avril 2017

Sigles et abréviations

Les livres de la Bible

Livres de l'Ancien Testament

Gn, Ex, Lv, Nb, Dt, Jos, Jg, Rt, 1 S, 2 S, 1 R, 2 R, 1 Ch, 2 Ch, Esd, Né, Est, Jb, Ps, Pr, Qo, Ct, Es, Jr, Lm, Ez, Dn, Os, Jl, Am, Ab, Jon, Mi, Na, Ha, So, Ag, Za, Ml

Livres du Nouveau Testament

Mt, Mc, Lc, Jn, Ac, Rm, 1 Co, 2 Co, Ga, Ep, Ph, Col, 1 Th, 2 Th, 1 Tm, 2 Tm, Tt, Phm, Hé, Jc, 1 P, 2 P, 1 Jn, 2 Jn, 3 Jn, Jd, Ap

Revues, périodiques et collections

ABD	*Anchor Bible Dictionary.* Sous la direction de D. N. Freedman, 6 vols, New York, Doubleday, 1992.
AER	*American Ecclesiastical Review*
AnBib	*Analecta Biblica*
AB	*Anchor Bible*
Anvil	*Anglican evangelical journal of theology and mission*
AOB	*Acta Orientalia Belgica*
BBC	*Bible Background Commentary*
Bib.	*Biblica*

BJRL	*Bulletin of the John Rylands Library*
BNTC	Black's New Testament Commentaries
BS	*Bibliotheca Sacra*
BT	*The Bible Translator*
BTB	*Biblical Theology Bulletin*
CBC	Cambridge Bible Commentary
CBNT	Commentaire Biblique Nouveau Testament
CBQ	*Catholic Biblical Quarterly*
CCC	Centre de Culture Chrétienne
CEB	Commentaire Évangélique de la Bible
CEP	*Cahiers de l'École Pastorale*
CEv	*Cahiers Évangile*
CEV	Contemporary English Version
CEvSup	*Cahiers Évangile. Supplément.*
CNT	Commentaire du Nouveau Testament
CPE	Centre de Publication Évangélique
DBS	*Dictionnaire de la Bible Supplément*
EQ	*Evangelical Quarterly*
ET	*Expository Times*
EtB	Études bibliques
ETR	*Études Théologiques et Religieuses*
EV	*Esprit et Vie*
FV	*Foi et Vie*
GDB	*Grand Dictionnaire de la Bible*
Hen	Henoch
HS	Hors Série
HThR	*Harvard Theological Review*
IBMR	*International Bulletin of Missionary Research*
ICC	International Critical Commentary
IVP	InterVarsity Press
JBL	*Journal of Biblical Literature*

JSNT	Journal for the Study of the New Testament
JSNT.S	Journal for the Study of the New Testament. Supplement Series
JThS	*Journal of Theological Studies*
LecDiv	Lectio Divina
LMD	*La Maison-Dieu*
LSNTG	Lexicon Aids for Student of New Testament Greek
LTP	*Laval Théologique et Philosophique*
LV	*Lumière et Vie*
MJT	*Midwestern Journal of Theology*
MoBi	Monde de la Bible
NAC	New American Commentary
Neo Test	Neotestamentica
NIBC	New International Biblical Commentary
NICNT	New International Commentary on the New Testament
NIGTC	New International Greek Testament Commentary
NRT	*Nouvelle Revue Théologique*
NT	*Novum Testamentum*
NT.S	Supplements to Novum Testamentum
NTL	New Testament Library
NTS	*New Testament Studies*
Nu	*Numen*
PBU	Presse Biblique Universitaire
PM	*Perspectives Missionnaires*
PUF	Presse Universitaire de France
RB	*Revue biblique*
RHPR	*Revue d'Histoire et de Philosophie Religieuse*
RR	*La Revue Réformée*

RSR	*Recherche de Science Religieuse*
RTL	*Revue Théologique de Louvain*
RTR	*Reformed Theological Review*
SB	Sources bibliques
SBT	*Studia Biblica et Theologica*
ScEs	*Science et Esprit*
SémBib	*Sémiotique et Bible*
SNTS.MS	Society for New Testament Studies. Monograph Series
ThEv	*Théologie Évangélique*
ThS	*Theological Studies*
TNTC	Tyndale New Testament Commentary
TynB	*Tyndale Bulletin*
WBC	Word Biblical Commentary

Autres abréviations

AGL	*The Analytical Greek Lexicon*, Londres, S. Bagster & Sons, 1971.
BAGD	F. W. Danker, sous dir., *A Greek-English Lexicon of the New Testament and Other Early Christian Literature based on Walter Bauer's*, Chicago/Londres, University of Chicago Press, 2000.
BAGD	W. Bauer, *A Greek-English Lexicon of the New Testament and Other Early Christian Literature*, tr. W. F. Arndt et F. W. Gingrich, 2ᵉ éd. revue et augmentée par W. F. Arndt et F. W. Gingrich à partir de la 5ᵉ éd. de Bauer (1958), Chicago, University of Chicago Press, 1979.

BDF	F. BLASS et A. DEBRUNNER, *A Greek Grammar of the New Testament and Other Early Christian Literature*, tr. et rév. R. W. FUNK à partir de la 10e éd, Chicago, University of Chicago Press, 1961.
DGF (BAILLY)	A. BAILLY, *Dictionnaire grec-français*, Paris, Hachette, 2000.
DGF (CARREZ et MOREL)	M. CARREZ et F. MOREL, *Dictionnaire grec-français*, Neuchâtel, Delachaux et Nestlé, 1966.
DNTB	C. A. EVANS et S. E. PORTER, sous dir., *Dictionary of New Testament Background*, Downers Grove, InterVarsity Press, 2000.
GEL	J. P. LOUW et E. A. NIDA, sous dir., *Greek-English Lexicon of the New Testament Based on Semantic Domains* 2 vol., New York, United Bible Society, 1989.
GDB	*Grand Dictionnaire de la Bible*, Charols, Excelsis, 2010.
GGB	F.-M. ABEL, *Grammaire du grec biblique suivie d'un choix de papyrus*, Paris, J. Gabalda, 1927.
LTNT	C. SPICQ, *Lexique théologique du Nouveau Testament*, Fribourg-Paris, 1991.
NIDNTT	C. BROWN, sous dir., *The New International Dictionary of New Testament Theology*, 3 vol., Grand Rapids, Zondervan, 1975-1978.
NTG[27]	E. NESTLE et K. ALAND, *Novum Testamentum Graece*, Stuttgart, 1993.
TDNT	G. KITTEL et G. FRIEDRICH, sous dir., *Theological Dictionary of the New Testament*, tr. G. W. BROMILEY, 10 vol., Grand Rapids, Eerdmans, 1964-1976.

VGT	J. H. Moulton et W. Miligan, *The Vocabulary of the Greek Testament illustrated from the Papyri and other Non-Literary Sources*, Londres, 1949.

Abréviations générales

apr. J.-C.	après-Jésus-Christ
AT	Ancien Testament
av.	avant
C&MA	Christian and Missionary Alliance
c.-à-d.	c'est-à-dire
cf.	*confer* (comparer, voir)
chap.	chapitre (s)
CI	Côte d'Ivoire
coll.	collection
cp.	comparer avec
éd.	édition
et al.	*et alii* (et collaborateurs)
etc.	et ainsi de suite
FATEAC	Faculté de Théologie Évangélique de l'Alliance Chrétienne
FLTE	Faculté Libre de Théologie Évangélique
Ibid.	*ibidem*, ici même, au même endroit
Infra	ci-dessous
J.-C.	Jésus-Christ
litt.	littéralement
LXX	Version grecque des Septante
n.	note
NT	Nouveau Testament
n°	numéro
p.	page (s)

p. ex.	par exemple
Rév	Révérend
s	et verset suivant
s.	siècle (s)
s.d.	sans date
sic	ainsi
sous dir.	édité sous la direction de
ss	et les versets suivants
Supra	ci-dessus
t.	tome (s)
trad.	traduction, traduit par
v.	verset
vv.	versets
vol.	volume (s)

Introduction

Choix et justificatif de l'étude

La présente étude est consacrée à l'évaluation du ministère pastoral dans le contexte de l'Église Protestante Évangélique CMA de Côte d'Ivoire[1]. Une seule raison principale motive le choix de notre sujet de recherche.

L'Église CMA-CI a été implantée en Côte d'Ivoire dès 1930[2]. Elle compte à ce jour plus de 500 pasteurs chargés d'encadrer 600 000 fidèles organisés en 450 paroisses et 4 300 communautés locales. C'est numériquement la deuxième communauté de la Christian and Missionary Alliance (C&MA) dans le monde. Et pourtant, aucune procédure ne semble exister en son sein pour apprécier : les aptitudes des pasteurs, leurs forces et leurs faiblesses, leurs progrès à la tâche et l'origine des difficultés de tous genres qu'ils rencontrent dans leur ministère. Pour s'en convaincre, il suffira d'évoquer, d'abord, le manque de dispositions statutaires d'appréciations clairement définies.

Selon les dispositions statutaires de l'Église CMA-CI, le candidat au ministère doit passer par une période de pré-stage. « Le pré-stage est une période importante et indispensable dans le choix du futur ministre de la Parole. Il consiste à tester la capacité intellectuelle malgré le diplôme et la vocation à servir le Seigneur. L'observation s'orientera vers la moralité et la capacité à diriger, en recueillant le maximum de témoignages pour orienter ce choix. Le pré-stage se déroulera de préférence dans la région d'origine sur une période de deux ans minimum dont la première partie dans la paroisse

---

1. En abrégé, on lira dans la suite de l'étude, Église CMA-CI.
2. Dans la dernière partie du travail, nous nous donnerons l'espace nécessaire pour présenter l'Église CMA-CI, selon sa spécificité historique, organisationnelle et culturelle.

marraine et la deuxième dans une autre paroisse[3]. » « En dehors du pré-stage le candidat sera soumis à un test dont le contenu sera déterminé par la commission compétente[4]. » Dès lors que le candidat en observation réussit à son test d'entrée à l'Institut Biblique de l'Alliance Chrétienne (IBACY) pour sa formation biblique et théologique et qu'il est mis à la disposition de l'Église comme pasteur, aucune autre procédure ne semble exister pour l'accompagner. Il est vrai que « l'étudiant au saint ministère doit servir d'abord comme stagiaire sous la responsabilité d'un titulaire pour une durée de 4 ans après sa sortie de l'École avant d'être consacré (titulaire) dans son poste » et que « l'Église peut différer cette consécration pour inaptitude du candidat »[5]. Toutefois, les textes restent muets sur une quelconque procédure d'appréciation des aptitudes physiques, intellectuelles et relationnelles de l'étudiant durant cette période. Le pasteur superviseur n'a aucun repère formel pour apprécier son stagiaire. Le silence des textes est encore plus préoccupant sur l'après titularisation du ministre de la Parole.

À ce manque de dispositions statutaires, il convient, ensuite, d'évoquer des avis qui font autorité. Après avoir exercé les plus hautes fonctions au sein de notre Église, Rév. A. Kouadio[6] reconnaît avoir perçu la nécessité d'un processus d'appréciation des ministres de Dieu. Sa confession est éloquente : « En tant que président de l'Église, j'étais limité à l'écoute des témoignages rendus au sujet d'un tel ; par manque de démarche évaluative élaborée. Un entretien n'intervenait qu'en cas de défaillance supposée ou avérée ». Pour sa part, Rév. P. Brou Alonlé déplore l'inexistence, au sein de notre Église, d'un mécanisme ou d'une procédure permettant d'établir « un lien étroit entre "travail bien fait" et "nomination", entre "travail bien fait" et "rétribution"[7] ». En définitive, le choix de notre étude se trouve justifié ; c'est à un impérieux

---

3. Église CMA-CI, « *Statuts et Règlement Intérieur* », Article 96.3, p. 31-32 : http://www.eglisecma-ci.org/web_documents/reglement_interieur_cma.pdf.

4. *Ibid.*, Article 96.4.

5. *Ibid.*, Article 96.7.

6. Rév Dr André Kouadio, Président de l'Église CMA-CI, de 1991 à 2003 (Entretien, 11/09/2011).

7. Rév. Pierre B. Alonlé, Président de l'Église CMA-CI, depuis 2011 (Entretien, 13/02/2012).

besoin d'évaluation du ministère pastoral au sein de notre Église qu'elle se propose de répondre[8].

Dès lors, il convient de nous interroger sur la légitimité ou non de l'effort de réflexion ici déployé. En effet, notre intention d'appliquer l'approche évaluative au pastorat pourrait susciter des appréhensions : la perspective néotestamentaire autorise-t-elle un regard critique sur le service des ministres de l'Église ? A-t-on la capacité, le droit et le devoir d'évaluer le service du pasteur ? Dieu n'est-il pas le seul Juge devant qui paraîtront tous les hommes, y compris ses serviteurs ?

Nous en avons une conscience aiguë : Dieu demeure le seul Juge devant qui comparaîtront tous les hommes. Son jugement définitif, eschatologique repose sur la parfaite connaissance qu'il a de ses créatures, de ses serviteurs. Aussi, plusieurs textes proscrivent le jugement d'autrui[9]. Ces textes ont le mérite de mettre en évidence la profonde ambiguïté du jugement humain : l'homme qui juge commet souvent les mêmes fautes qu'il cherche à condamner chez autrui[10].

Et pourtant, notre étude s'inscrit, nous semble-t-il, dans la perspective néotestamentaire. Il nous suffira ici de fournir quelques éléments, à titre illustratif.

D'une part, le NT recommande la mise à l'épreuve des candidats au ministère, pour que les faux ministres soient ainsi éliminés. Dans l'Évangile de Matthieu, Jésus, après avoir recommandé à ses disciples de ne pas juger, leur commande de se garder des faux prophètes (7.15-20). En vue de démasquer ces derniers, qui faisaient courir un risque à la communauté, Jésus donne à ses disciples « une règle pour le discernement des esprits »[11].

---

8. Notre sensibilité à ce besoin vital est d'autant plus grande eu égard aux diverses fonctions qu'il nous a été donné d'exercer progressivement depuis 1997 au sein de cette Église : pasteur de paroisse, enseignant, membre du Conseil d'Administration National et du Conseil Théologique et Éthique. L'évaluation du ministère aurait pu permettre, en amont, nous semble-t-il, d'éviter bien de déboires dans la pratique du pastorat en son sein.

9. À titre d'exemple, Mt 7.1 ; Rm 2.1 ; 14.4 et 10 ; Jc 4.11.

10. J. STOTT, *Matthieu 5-7, le sermon sur la montagne*, coll. Paroles pour vivre, Lausanne, PBU, 1987, p. 158. Commentant Mt 7.3-4, l'auteur fait une pertinente remarque : « Il semble que l'être humain soit enclin à exagérer les fautes des autres et à minimiser les siennes propres. C'est comme s'il était impossible d'être objectif et impartial. Et ce sont souvent nos propres fautes que nous relevons chez les autres. »

11. D. MARGUERAT, *Le jugement dans l'Évangile de Matthieu*, coll. Le Monde de la Bible, Genève, Labor et Fides, 1981, p. 189.

Il s'agit d'un examen attentif, à caractère éthique : « Vous les reconnaîtrez à leurs fruits ». C'est du moins ce que suggère le sens du verbe γινώσκω et de son composé ἐπιγινώσκω : plus qu'une simple connaissance, il s'agit d'une reconnaissance après un examen attentif[12]. La constance de cette préoccupation est affirmée ailleurs par le nombre important de termes composés avec le préfixe ψευδο : « faux prophètes » (Mt 24.11 ; 1 Jn 4.1) ; « faux christs » (Mt 24.24) ; « faux apôtres » (2 Co 11.13) ; « faux frères » (2 Co 11.26 ; Gal 2.4) ; « faux enseignants » (2 P 2.1)[13]. D'autre part, le NT commande l'examen d'authentification des aspirants au ministère ecclésial (apôtres, anciens, diacres).

D'autre part, dans les Églises pauliniennes cette mise à l'épreuve était rendue nécessaire par la présence de prédicateurs déviants. Pour nous limiter aux Pastorales, Paul dresse des listes de qualités exigées des ministres. Timothée et Tite doivent tenir compte ; le premier, pour l'examen (δοκιμή) des ministres déjà en fonction et le second, pour l'examen de ceux qu'il convient d'établir dans les charges du ministère. La minutie de l'examen des anciens (ou futurs anciens) est mise en relief (1 Tm 5.24-25) et les diacres ne pourront exercer leur ministère qu'après une période de δοκιμή et « s'ils sont sans reproche » (1 Tm 3.10).

De ce qui précède, nous pouvons affirmer que notre étude s'inscrit dans la perspective néotestamentaire qui autorise et légitime l'examen des ministres. En cela, n'apparaît-elle pas comme une reprise opportune d'une pratique courante de l'Église primitive, mais bien trop négligée aujourd'hui ?

État de la question et singularité de l'étude

Réfléchir sur l'évaluation du ministère pastoral dans le contexte ecclésial revient à entrer dans une dynamique assez récente et demeure un chantier encore ouvert. D'où le sentiment – il est possible que le lecteur l'éprouve ainsi – d'un manque de profondeur historique dans le traitement de l'état de la question.

---

12. E. D. Schmitz, « γινώσκω », dans C. Brown, sous dir., *DNTT*, vol 2, Grand Rapids, Zondervan, 1976, p. 392s.

13. P. Bonnard en déduit que la question de l'authenticité est aussi ancienne que l'Église (cf. *L'Evangile selon saint Matthieu*, coll. CNT I, Genève, Labor et Fides, 1982, p. 104).

Introduction

En effet, seulement quelques études contemporaines y ont été consacrées. Une illustration se trouve chez R. A. Lebold, du côté protestant, chez A. Turmel et J.-M. Levasseur, du côté catholique et chez A. Loverini, du côté évangélique.

Quel est l'apport de chaque auteur ? Peut-on discerner des similitudes ou des dissimilitudes entre les approches ? Existe-t-il des aspects du sujet qui méritent que l'on y revienne, pour des apports nouveaux ? Autant de questions qui nécessitent des réponses. En procédant ainsi, il s'agit, d'une part, d'apprécier la pertinence des études menées jusqu'ici, et d'indiquer, d'autre part, la singularité de notre étude, dans cet effort commun de réflexion.

R. A. Lebold

R. A. Lebold a soutenu une thèse de doctorat (D. Min) sur l'évaluation du leadership pastoral, telle que pratiquée au sein des Églises Mennonites de l'Ontario, au Canada[14]. Dans le contexte de ces Églises, R. A. Lebold avait conduit des procédures évaluatives, avec une note d'insatisfaction : « Cinq années de recours aux évaluations auprès des pasteurs et des assemblées ne m'ont pas laissé un souvenir très positif quant aux résultats[15]. » Une large part de ses travaux sera donc consacrée à la reconstruction de la procédure d'évaluation au sein des Églises Mennonites de l'Ontario[16]. Ses efforts, forts appréciables, aboutissent à quelques résultats.

D'abord, l'élaboration d'une procédure évaluative du leadership pastoral centrée sur : « a) Une expérience de développement personnel comportant une prise de conscience de soi et une compréhension de soi-même en tant que ministre, et aussi le sentiment d'avoir été nourri ; b) une réflexion ciblée et un survol des responsabilités liées au travail ; fonctionnement en rapport avec le cahier des charges tel que défini par la fiche de poste[17]. » Ensuite, l'éla-

---

14. R. A. LEBOLD, *The Evaluation of the Pastoral Leader in the Context of the Congregation*, Toronto, Toronto School of Theology, 1980. Citation en version originale : « Five years of using evaluations with pastors and congregations did not leave me particularly satisfied with what was happening. » Toutes les citations tirées d'ouvrages en anglais ont été traduites en français par un traducteur.

15. *Ibid.*, p. 2.

16. *Ibid.*, p. 15-138.

17. *Ibid.*, p. 188. Citation en version originale : « (a) an experience of personal growth including increased self awareness and understanding of the self as ministering person, as well as a sense of having been nurtured ; (b) specific reflection and review of the work responsibilities and functioning within the assignment as defined by the job description. »

boration d'un mécanisme de supervision des évaluateurs et de la procédure évaluative elle-même. Enfin, le développement d'un modèle d'évaluation, à usage communautaire et à des fins éducatives : « Un modèle qui illustre une procédure à utiliser dans le cadre de l'assemblée et qui pourrait faciliter une expérience enrichissante et instructive pour d'autres responsables, et qui pourrait aussi fournir à l'assemblée une expérience de construction d'une communauté[18]. » Le travail de R. A. Lebold n'a pas pour seul mérite le pragmatisme de ses résultats ; en amont, il établit la cohérence entre l'évaluation, la nature de l'Église, la pratique du ministère et l'engagement chrétien[19].

A. Turmel et J.-M. Levasseur

A. Turmel et J.-M. Levasseur ont mené une enquête (1989-1992) sur « les pratiques évaluatives en usage dans les paroisses catholiques du Québec », au Canada.[20] L'analyse factuelle des pratiques évaluatives des projets pastoraux (t. 1) et la compréhension de ces pratiques (t. 2), seront les deux centres d'intérêts. Les auteurs mentionnent qu'« aucune recherche n'a été menée [jusqu'alors] sur ce qui se fait (les pratiques) comme évaluation pastorale en milieu paroissial au Canada[21] ». En cela, leurs travaux constituent une innovation de taille.

L'analyse factuelle des résultats de l'enquête réalisée a permis de décrire le contexte de l'évaluation, d'examiner le fait de l'évaluation, de comparer les formes d'évaluation, d'identifier les structures où cette évaluation se fait, de comparer le rythme de l'évaluation selon les structures, d'identifier les évaluateurs, de préciser l'objet de l'évaluation et de traiter l'opinion des curés

---

18. *Ibid.* Citation en version originale : « a model which illustrates a procedure for use within the congregation which may facilitate a nurturing and learning experience for other leadership persons as well as providing a community building experience for the congregation. »

19. *Ibid.* p. 149-156.

20. J.-M. LEVASSEUR et A. TURMEL, *L'évaluation pastorale au Québec*. t. 1, *L'enquête sur les pratiques évaluatives des paroisses*, Trois-Rivières, Les éditions Pastor, 1992 ; t. 2, *L'analyse organisationnelle*, Trois-Rivières, Les éditions Pastor, 1993. Pour une reprise des points saillants de leurs réflexions, voir A. TURMEL et J.-M. LEVASSEUR, « Analyse d'une pratique : l'évaluation pastorale », dans B. REYMOND et J.-M. SORDET, sous dir., *La théologie pratique. Statut, méthodes, perspectives d'avenir*, Le Point théologique 57, Paris, Beauchesne, 1993, p. 312-321.

21. Pour montrer la pertinence de leur constat, les auteurs mentionnent quelques études menées aux États-Unis et en Europe occidentale ; aucune d'entre elles, ne s'intéresse en tant que telle à une analyse des pratiques évaluatives (t. 1, p. 9).

face à l'évaluation. Un deuxième niveau d'analyse va suivre et compléter cette analyse factuelle. En empruntant des théories développées par les sciences humaines[22], A. Turmel et J.-M. Levasseur questionnent les pratiques évaluatives en vue de mieux les comprendre ; c'est l'analyse organisationnelle. La démarche permet de dégager la culture organisationnelle sous-jacente aux pratiques évaluatives. Ainsi, la nature de l'Église est pensée comme une véritable organisation et l'agir pastoral est perçu « comme un processus de changement planifié », c'est-à-dire « un changement intentionnel par rapport à un statu quo donné[23] ».

Au nombre des mérites des travaux de A. Turmel et J.-M. Levasseur, soulignons les points suivants : (1) Les auteurs établissent un lien intrinsèque entre l'Église comme « mystère » et comme « organisation[24] » ; (2) Ils font une solide présentation du cadre théorique et conceptuel de l'évaluation pour établir la base sur laquelle se construit l'évaluation[25] ; (3) Ils montrent la nécessité d'une bonne connaissance du contexte dans lequel s'inscrit l'évaluation des projets pastoraux.

A. Loverini

Le travail de Loverini tient en un article.[26] Toutefois, s'en tenir à ce fait serait se méprendre, tant cet article est stimulant sur le sujet de l'évaluation ; l'auteur pose des bases d'une procédure évaluative constructive et bienfaisante.

Lemaire note que « le ministre ne se définit pas en lui-même, il se définit par son rôle dans l'Église, par le service qu'il rend à tout l'ensemble, par sa "fonction"[27] ». Pour Loverini, cette réalité prend toute sa valeur « lorsque l'on

---

22. Les auteurs s'appuient sur les théories développées par D. KATZ et R. L. KAHN, *The Social Psychology of Organization*, New-York, John Wiley and Sons, 1978.

23. LEVASSEUR et TURMEL, *L'évaluation pastorale au Québec*, t. 2, p. 72.

24. Dans le contexte de l'Église catholique, Vatican II souligne un tel lien (cf. Lumen Gentium, n°8, cité par LEVASSEUR et TURMEL, *L'évaluation pastorale au Québec*, t. 2, p. 25).

25. Les auteurs prennent le soin de présenter et de justifier le choix de la théorie organisationnelle de KATZ et KAHN (*Social Psychology of Organization*) pour l'analyse organisationnelle (LEVASSEUR et TURMEL, *L'évaluation pastorale au Québec*, t. 2, p. 40-67). La présentation du cadre conceptuel de l'évaluation est aussi appréciable dès lors que les auteurs définissent les différents concepts en évaluation, tout en présentant l'évaluation comme une heureuse occasion de changement planifié (LEVASSEUR et TURMEL, *L'évaluation pastorale au Québec*, t. 2, p. 69-90).

26. A. LOVERINI, « Sur l'évaluation du ministère pastoral », *Fac-réflexion* 46-47, no. 1-2, 1999, p. 47-64.

27. A. LEMAIRE, *Les ministères dans l'Église*, Paris, Centurion, 1974, p. 99.

parle du *ministère* pastoral, et du pasteur, ou *ministre*, c'est-à-dire *serviteur* de Dieu dans le cadre et pour le *service* de l'Église[28] ». Or, « d'un serviteur, on attend tout naturellement qu'il accomplisse de son mieux la tâche qui lui a été confiée[29] » et qu'il sache la mener à bien ; ce qui a nécessairement des implications. D'une part, cela implique que le serviteur soit « capable d'apprécier lui-même, au moins dans une certaine mesure, la qualité de son action[30] ». D'autre part, cela implique que ceux qui le lui ont confié aient le droit d'en juger et d'en évaluer le résultat. Dès lors, pour Loverini, l'évaluation du ministère est nécessaire et inévitable. Et le cadre d'une telle évaluation, « c'est l'Église elle-même, un milieu vivant, à la vie duquel le pasteur participe ». Ainsi, il s'établit un lien fort entre les notions d'évaluation du ministère et d'Église ; la première est constitutive de l'édification de la seconde et l'état de l'une révèle celle de l'autre. Loverini a eu aussi le mérite de proposer des formes d'évaluation (personnelle et en dialogue), et des aspects précis du ministère à évaluer (direction, enseignement, l'unité).

En résumé, les travaux que nous venons de présenter sont tous remarquables, à plus d'un titre ; ils nous serviront d'acquis à exploiter pour notre étude. Toutefois, il convient de signaler qu'aucun des auteurs mentionnés n'a été intéressé par la recherche des bases bibliques de l'évaluation du ministère pastoral. En cela, leurs efforts méritent d'être prolongés, complétés.

Quoique menées à partir de contextes ecclésiaux différents, les études de R. A. Lebold et de Turmel et Levasseur ont une similitude : elles partent, toutes deux, de ce qui se fait, d'une pratique évaluative en cours. Turmel et Levasseur, par exemple, notent ceci : « … nos données sont recueillies à partir des curés de paroisse. Notre analyse organisationnelle, tout comme notre analyse factuelle, repose donc sur leur perception[31]. » En outre, ils admettent que « l'emprunt de théories développées dans les sciences humaines pour les appliquer à la pastorale pose des difficultés ou soulève des questions[32] ».

---

28. Loverini, « Sur l'évaluation du ministère pastoral », p. 47. Les italiques sont de l'auteur.
29. *Ibid.*, p. 47.
30. *Ibid.* p. 48.
31. Levasseur et Turmel, *L'évaluation pastorale au Québec*, t. 2, p. 10.
32. *Ibid.*, p. 73.

Certes, Lebold et Loverini n'utilisent pas de telles théories. Toutefois, le premier accorde une grande place aux différents rapports d'évaluation[33] et le second développe sa pensée en se limitant à quelques textes bibliques, bien à propos, mais pas plus. Loverini note aussi qu'« il serait fastidieux d'énumérer tous les thèmes qui méritent d'être examinés. Plus difficile encore de préciser les critères de l'évaluation…[34] ». Dès lors, la recherche d'une base biblique à l'évaluation du ministère pastoral s'impose ; elle s'avère nécessaire pour saisir ce que l'Écriture affirme sur un tel sujet. L'approche de l'évaluation du ministère présentée ici s'inscrit dans un autre registre. Elle se propose de faire de l'Écriture la « référence normative », voire « la carrière » dont nous espérons « extraire les normes » applicables aujourd'hui. En cela, notre étude fait œuvre utile : elle vient combler un vide, suppléer une absence.

Mais, quel(s) texte(s) de l'Écriture ? Nous l'indiquions, le corpus du NT, en général, et le corpus paulinien, en particulier, font de l'examen des ministres une exigence essentielle. De ce dernier corpus, nous faisons un resserrement sur les Pastorales. Ce choix nous semble opportun, pour deux raisons.

D'abord, les Pastorales ont l'avantage d'être des textes assez homogènes. Ensuite, les ministères y occupent une place centrale. Ainsi, sans apparaître comme une « théologie des ministères », les Pastorales ont le mérite de décrire des qualités requises pour un ministère reconnu dans l'Église[35]. Ces écrits nous serviront comme base, dans notre quête de normes évaluatives du ministère.

Du reste, que faut-il entendre par évaluation du ministère pastoral ?[36]

---

33. Dans le chapitre consacré à la réflexion théologique (p. 147-188), l'auteur ne mentionne que quelques textes, à titre illustratif : Ep 4.11-16 ; Ga 6.2 ; Ac 5.1-11.

34. LOVERINI, « Sur l'évaluation du ministère pastoral », p. 57.

35. Cf. M. GOURGUES, *Les deux lettres à Timothée, la lettre à Tite*, coll. CBNT, Paris, Cerf, 2009, p. 29, 32, 39, 41-42.

36. Depuis quelques années, les études sur l'intervention pastorale, dans le contexte ecclésial francophone, connaissent un regain d'intérêt. Elles sont désignées par un terme assez connu : la praxéologie pastorale. La définition de la praxéologie pastorale, son corpus des pratiques, son statut théologique et ses méthodes utilisées diffèrent de ce que ce que nous entendons par évaluation du ministère pastoral dans le présent travail (cf. J.-G. NADEAU, *La praxéologie pastorale. Orientations et parcours*, 2 tomes, 1987).

Précision terminologique et problématique de l'étude

A. Turmel et J.-M. Levasseur définissent l'évaluation pastorale comme :

> Le processus par lequel une personne, un groupe ou une communauté décrit soigneusement et d'une manière délibérée des aspects particuliers de son ministère, de son activité, de son programme ou de ses buts, porte un jugement sur ces aspects particuliers et prend des décisions sur l'avenir de ce ministère, de cette activité, de ce programme ou de ces buts[37].

De l'avis des auteurs, cette définition conserve les éléments fondamentaux de l'évaluation et elle situe l'évaluation non par rapport aux personnes, mais par rapport aux programmes, aux activités[38]. Notre approche de l'évaluation du ministère pastoral se veut plus large ; elle se propose d'aller au-delà du faire et du savoir-faire pastoral pour inclure l'être et le savoir-être.

Le pastorat ne relève pas du seul « faire », au risque pour le pasteur de sombrer dans un activisme toujours plus aliénant et appauvrissant. Le pastorat n'a de valeur que s'il est enrichi par des qualités personnelles, par une manière d'être spécifique et par un choix de vie particulier[39]. Ainsi, la qualité du ministère est intimement liée à la qualité des attitudes de celui qui le porte. Dès lors, il devient légitime de ne pas dissocier, dans le processus d'évaluation, les aptitudes des attitudes et le service du serviteur.

L'on veillera à préserver l'évaluation du ministère pastoral d'une méprise soulignée ici par Loverini :

> L'évaluation du ministère pastoral ne saurait se comprendre comme une pièce judiciaire dans laquelle les rôles, distribués

---

37. Levasseur et Turmel, *L'évaluation du ministère pastoral*, t. 2, p. 74.
38. *Ibid.*
39. Toutefois, l'on veillera à se défaire de toute définition exclusiviste du ministère pastoral. Il nous semble que figer le ministère pastoral, soit dans des tâches à accomplir, soit dans des qualités humaines à incarner, soit encore dans un statut à endosser, reviendrait à courir un risque inutile. Nous plaidons pour un équilibre et pour une approche qui prenne en compte ces différents aspects du ministère pastoral ; pas l'un au détriment de l'autre. R. Picon, dont nous nous inspirons ici, préconise une approche fonctionnelle du ministère pastoral, seule susceptible de dépasser les définitions exclusivistes et d'intégrer les registres du faire, de l'être et aussi du statut (cf. *Ré-enchanter le ministère pastoral. Fonctions et tensions du ministère pastoral*, Lyon, Olivétan, 2007, p. 11-25).

à l'avance, se jouent selon un scénario bien établi. Comment s'agirait-il d'un procès ? Où il faudrait un juge, extérieur à la cause, on risque de ne trouver que plaignants ou avocats, partisans ou adversaires. Tous engagés – parties ! – dans le litige. Ce n'est pas non plus un examen, avec d'un côté un candidat, et de l'autre ses maîtres. Encore moins un moyen de régler des difficultés, dont on devrait attendre qu'elles se révèlent pour pouvoir l'employer[40].

L'évaluation pastorale doit être comprise comme une procédure de dialogue avec soi-même (pour ce qui est du pasteur), les-uns avec les-autres (pour ce qui est du pasteur et les membres de l'Église) et dans lequel le pasteur et les membres de l'Église deviennent, à la fois, acteurs et bénéficiaires.

À la lumière de ce qui précède, notre définition s'énonce comme suit :

> L'évaluation du ministère pastoral est un processus d'examen et d'appréciation en vue d'une approbation dans le ministère ; c'est une procédure qui s'inscrit dans la vie de l'Église et qui permet d'une part, au pasteur de s'auto-examiner et d'autre part, à l'Église de décrire soigneusement le service du pasteur, de porter un regard critique sur ce service et de prendre les décisions adéquates dans une perspective de croissance de ce service[41].

L'évaluation du ministère pastoral ayant été ainsi définie, quelle sera la problématique qui guidera ce travail ? Elle s'articule autour de trois préoccupations majeures.

La première préoccupation de l'étude se rapporte à l'ecclésiologie des Épîtres pastorales. J. Roloff, dans son excursus consacré à l'Église dans les

---

40. LOVERINI, « Sur l'évaluation du ministère pastoral », p. 49.

41. Notre définition nécessite deux remarques. D'une part, elle semble ignorer la dimension de l'« être » alors que nous venons d'indiquer son impérieuse nécessité. Elle est incluse dans le mot « service » pour la bonne raison qu'il nous semble légitime de ne pas dissocier le *service* du *serviteur*. Il en sera ainsi pour l'ensemble du travail. D'autre part, elle semble exclure de *facto* l'évaluation de l'Église. Il serait logique d'admettre que l'Église ne saurait évaluer le service du pasteur sans procéder à l'évaluation de son propre service. Il est généralement admis que la qualité de la vie de l'Église est intimement liée à celle de son pasteur. Mais, l'on devrait aussi admettre que la qualité du service du pasteur n'est pas sans lien avec celle de l'Église. En ne mentionnant pas implicitement cette double réalité, notre souci était celui d'éviter toute confusion entre ces deux types d'évaluations.

Pastorales, met en évidence la place centrale de l'ecclésiologie dans ces écrits. Mais, contrairement à l'Épître aux Éphésiens qui aborde le sujet de manière systématique, l'ecclésiologie des Pastorales, en dehors de 1 Timothée 3.15 et 2 Timothée 2.19-21, est à reconstituer à travers des données éparses[42].

L'observation est pertinente. Et pourtant, une certitude semble s'imposer : c'est à l'intérieur des communautés que se déploient les ministères. D'où les questions suivantes : comment Paul concevait-il l'Église dans les Pastorales ? Ou encore, quel est le cadre ecclésiologique où s'inscrivent les qualités attendues des ministres ? Si l'on admet que ce cadre ecclésiologique est celui d'un contexte donné, ne serait-il pas abusif d'y voir un traité normatif sur l'exercice des ministères ? G. Fee signale que :

> Ce que nous apprenons de l'organisation de l'Église en 1 Timothée est moins structurel que réformateur. Nous y trouvons des reflets de la structure ecclésiale, et non des règles d'organisation ; des exemples et non des normes ; des qualités, non des fonctions ; la correction des erreurs et des abus, et non pas un « mode d'emploi » pour organiser l'Église[43].

Ainsi, les qualités requises des ministres s'inscrivent dans un contexte ; de même que les critères d'évaluation qui en découlent. Quelle est alors la normativité du ministre-modèle qui se dégage des Pastorales ? Ou encore, quelle est la validité universelle de ces critères d'évaluation ?

La deuxième préoccupation est relative au ministère de Timothée et de Tite. En effet, les Pastorales sont les seules lettres de Paul adressées à des compagnons et représentants de l'apôtre : Timothée et Tite[44]. L'occasion des exhortations que Paul leur adresse se rattache, pour une bonne part, à la menace que font peser la présence et l'activité des faux docteurs. L'apôtre en perçoit vivement les risques pour la pérennité des communautés locales.

---

42. J. Roloff, « Das Kirchenverständnis der Pastoralbriefe », p. 211-217, cité par S. Bénétreau, *Les Épîtres pastorales. 1 et 2 Timothée, Tite*, CBE, Vaux-sur-Seine, Edifac, 2008, p. 178.

43. G. Fee, « L'organisation de l'Église dans les Épîtres pastorales : quelle herméneutique pour des écrits de circonstances ? », *Hokhma* 36, 1987, p. 29.

44. Notre affirmation semble massive et sans fondement, n'étant le fruit d'aucune démonstration. I. H. Marshall, « Recent Study of the Pastoral Epistles », *Themelios* 23, no. 1, 1997, p. 3-29 nous rend sensible à l'importance des questions d'auteur, d'origine, de date et autres dans la recherche récente sur les Pastorales. Nous y reviendrons.

D'où la mission qu'il assigne à ses collaborateurs : la lutte contre les faux docteurs et l'organisation des communautés[45]. Toutefois, quelques textes semblent indiquer qu'ils accompliront leur tâche en étant eux-mêmes des modèles[46] :

- 1 Timothée 4.12 : « Que personne ne méprise ta jeunesse ; mais sois un *modèle* » (Μηδείς σου τῆς νεότητος καταφρονείτω, ἀλλὰ τύπος γίνου) ;
- 1 Timothée 4.6 : « Expose tout cela aux frères : tu seras ainsi *un bon serviteur du Christ* » (Ταῦτα ὑποτιθέμενος τοῖς ἀδελφοῖς καλὸς ἔσῃ διάκονος Χριστοῦ) ;
- 2 Timothée 4.5 : « Mais toi, sois sobre en toutes choses, supporte les souffrances, fais l'œuvre d'un évangéliste, *remplis bien ton ministère* » (Σὺ δὲ νῆφε ἐν πᾶσιν, κακοπάθησον, ἔργον ποίησον εὐαγγελιστοῦ, τὴν διακονίαν σου πληροφόρησον).

Quel est le sens et la portée du mot τύπος pour le ministère de Timothée ? Comment comprendre l'expression καλὸς ἔσῃ διάκονος Χριστοῦ Ἰησοῦ qui semble être le but vers lequel devra tendre Timothée ? Quelle compréhension faut-il avoir de l'impératif τὴν διακονίαν σου πληροφόρησον qui semble résumer les précédents impératifs à Timothée ?

Si ces textes ont pour intention première d'exhorter Timothée à être un modèle, quel est alors le contenu de ce modèle ? Comment peut-on évaluer, à la lumière de ce modèle, la qualité et la fidélité d'un ministre ou d'un ministère ?

En dépendance des autorités majeures que sont Timothée et Tite, les Pastorales signalent la présence de ministres locaux. Ainsi, en vertu d'une délégation expresse de Paul, Timothée et Tite semblaient exercer un contrôle sur chaque communauté, ordonnant les ministres et fixant la discipline[47]. Quelles sont alors leurs responsabilités envers ces ministres locaux une

---

45. E. COTHENET, *Les Épîtres Pastorales*, Cahiers Évangile 72, Paris, Éditions du Cerf, 1990, p. 40.

46. Les textes que nous citons dans la présente introduction générale le sont à titre indicatif. Il s'agit de mettre en évidence les questions auxquelles notre étude se propose de répondre. Dans le corps du travail, nous nous donnerons l'espace nécessaire pour l'étude de ces textes dans leur contexte d'émergence.

47. Cf. C. SPICQ, *Les Épîtres pastorales*, EtB, vol. 1, Paris, Gabalda, 1969, p. 65.

fois qu'ils les ont établis ? Ont-ils auprès d'eux et envers eux, un ministère d'évaluation ?

La dernière préoccupation de l'étude est relative aux qualifications des ministres locaux : évêque (ἐπίσκοπος), diacre (διάκονος) et ancien (πρεσβύτερος). Pour introduire le catalogue des vertus attendues des ministres locaux, Paul emploie trois différents termes distincts.

Le premier terme est l'adjectif ἀνεπίλημπτος. Relativement à l'épiscope, Paul affirme en 1 Timothé 3.2 : « Il faut donc que l'évêque soit irréprochable » (δεῖ οὖν τὸν ἐπίσκοπον ἀνεπίλημπτον εἶναι). Son synonyme, ἀνέγκλητος, sera employé en 1 Timothée 3.10 et Tite 1.6-7 à propos des diacres, des anciens et de l'évêque.

Le second terme est l'adjectif σεμνός. S'agissant des diacres, Paul indique en 1 Timothée 3.8 et 11 que : « Les diacres aussi doivent être dignes » (Διακόνους ὡσαύτως σεμνούς) ; « Les femmes, de même, doivent être dignes » (Γυναῖκας ὡσαύτως σεμνάς). Signalons que l'adjectif σεμνός apparaît ailleurs dans le NT, seulement en Philippiens 4.8 lorsque Paul énumère ce qui est digne d'être apprécié[48].

Le dernier terme est l'adverbe καλῶς. Il est cité en 1 Timothée 5.17 (cf. aussi 2 Tm 4.5) en référence au ministère des anciens : « Que les anciens qui dirigent bien » (Οἱ καλῶς προεστῶτες πρεσβύτεροι). Καλῶς se retrouve aussi en 1 Timothée 3.13 (οἱ γὰρ καλῶς διακονήσαντες) et 4.6 (καλὸς ἔσῃ διάκονος).

Ces trois termes distincts (ἀνεπίλημπτος, σεμνός, καλῶς), suggèrent-ils une idée commune sur les qualités attendues des ministres locaux ? De plus, si l'on donne au verbe δοκιμάζω (1 Tm 3.10) le sens de « tester, examiner, approuver », quels sont alors, à la lumière des qualités attendues de ces responsables, les critères à partir desquels l'on peut évaluer leur service ?

À ces interrogations, il convient d'adjoindre celle des rapports entre les ministères eux-mêmes. En évoquant, en 1 Timothée 3.1-13, les qualités requises des responsables de l'Église, Paul semble passer de l'épiscope (v. 1-7) aux diacres (v. 8-13) sans mentionner les presbytres. Plus loin, en 1 Timothée 5.17-19, Paul évoque essentiellement les presbytres sans employer les mots épiscope et diacres. En Tite 1.5-9, pour l'unique fois dans les Pastorales, il

---

48. *BAGD*, p. 919.

mentionne ensemble l'épiscope et les presbytres. Il est à remarquer que le mot épiscope est toujours employé au singulier alors que les autres mots (presbytres et diacres) sont au pluriel. En toile de fond, quels types de rapports entre les ministres faut-il entrevoir et avec quelle implication pour l'évaluation du pastorat ?

À présent se pose la question du choix de notre méthodologie et d'un plan de travail en vue d'apporter quelques réponses à ces interrogations.

Présupposé, méthodologie et organisation de l'étude

Notre recherche sur l'évaluation du ministère pastoral, à la lumière des Pastorales, passe nécessairement par l'étude d'une série de textes bibliques. Dès lors, il convient de considérer le statut de l'Écriture qui sera sous-entendu dans notre étude ; « le caractère de l'Écriture commande la façon de la lire. En toute étude, l'approche s'adapte à l'objet, la méthode à la matière : combien bien plus quand on étudie la Parole de Dieu ![49] ». En relation avec ce statut, nous indiquerons quelle sera l'herméneutique de notre traitement scripturaire et les différentes méthodes qui seront misent en œuvre dans notre étude.

Nous partirons d'un présupposé décisif, en accord avec les traditions juives et chrétiennes : « ce que l'Écriture dit, Dieu le dit[50]. » L'Écriture est (donc) Parole de Dieu[51] ; c'est la révélation de Dieu communiquée aux hommes, dans un langage humain[52] ; elle est inspirée par l'Esprit-Saint[53] ; elle est sans erreur dans ses textes originaux[54] ; elle est cohérente[55] ; elle

---

49. H. BLOCHER, « Inerrance et herméneutique », dans *La Bible au microscope. Étude d'exégèse et de théologie biblique*, vol. 1, Vaux-sur-Seine, Edifac, 2006, p. 149.

50. J. E. SCHNABEL, « L'Écriture », dans T. D. ALEXANDER et B. S. ROSNER, sous dir., *Dictionnaire de Théologie biblique*, Cléon d'Andran, Excelsis, 2006, p. 37.

51. H. BLOCHER, « Écriture et Parole de Dieu », dans *La Bible au microscope. Étude d'exégèse et de théologie biblique*, vol. 1, Vaux-sur-Seine, Edifac, 2006, p. 142.

52. SCHNABEL, « L'Écriture », p. 40.

53. R. PACHE, *L'inspiration et l'autorité de la Bible*, Saint-Légier, Emmaüs, 1967, p. 65-72.

54. P. WELLS, *Dieu a parlé*, Québec, La Clairière, 1997, p. 17-19.

55. « Sur l'application de l'enseignement biblique » (3ᵉ déclaration de Chicago) : « L'Écriture est totalement cohérente dans tout ce qu'elle enseigne puisqu'elle procède en fin de compte de la même pensée, celle de Dieu l'Esprit. Toute apparence de contradiction

seule fait autorité[56] ; elle est notre norme, en matière de foi, de conduite, de « réflexion théologique[57] ».

Les implications de ce présupposé de départ sont doubles, au moins. D'une part, l'autorité de l'Écriture étant reconnue comme telle, l'attitude qui sied est celle de la soumission[58]. D'autre part, notre traitement de l'Écriture sera exclusif de toute méthode d'interprétation tendant à réduire, d'une manière ou d'une autre, l'autorité de l'Écriture. Ainsi, notre herméneutique ne retiendra pas, par exemple, la méthode historico-critique[59] ; notre choix sera celui de la méthode historico-grammaticale. L'étude des textes bibliques sera orientée par « la triple formule » suivante : « Confiance en la véracité du texte inspiré, respect de son autorité, interprétation selon l'analogie de la foi (qui n'exclut nullement la prise en compte de l'humanité des auteurs et la diversité de leurs témoignages)[60]. » Partant de cette intime conviction que le texte biblique transmet la pensée divine, nous utiliserons, en toute légitimité, les outils habituels de l'exégèse : vocabulaire, grammaire, syntaxe et contexte. Sans omettre un recours, que nous espérons fécond, aux auteurs critiques et aux commentaires.

---

ou de confusion interne est donc trompeuse ; la tâche du théologien consiste aussi à trouver comment la dissiper » (Source : *Fac Réflexion* 9, 1988, p. 4).

56. H. BLOCHER, « L'Autorité de l'Écriture et son interprétation », dans *La Bible au microscope. Étude d'exégèse et de théologie biblique*, vol. 1, Vaux-sur-Seine, Edifac, 2006, p. 121 ; P. WELLS, « L'autorité de la Bible, qu'est-ce que c'est ? », *RR* 131, 1982, p. 97-107.

57. SCHNABEL, « L'Écriture », p. 38 : « La raison humaine ayant été affectée par la chute, et donc par l'égarement dû au péché, elle ne peut être source de vérité ».

58. H. BLOCHER, « L'Autorité de l'Écriture et son interprétation », dans *La Bible au microscope. Étude d'exégèse et de théologie biblique*, vol. 1, Vaux-sur-Seine, Edifac, 2006, p. 128 : « Devant la parole du Seigneur, l'attitude qui sied est celle du disciple : respect total. L'Écriture réclame le degré absolu de la sympathie que tout écrit demande à son lecteur. Certes l'interprète peut remarquer l'infirmité des instruments, et la nature commune des moyens d'expressions, mais il ne peut en faire le prétexte d'un relâchement de l'autorité de leurs dires. Il ne peut oublier que le Dieu qui condescend à se servir d'eux est le Dieu de vérité, qui ne peut mentir. Dire "non" quand l'Écriture dit "oui", élever son jugement au-dessus de celui du Maître. L'interprète est, en conscience, lié non seulement à ce que le texte dit, mais à ce que le texte lui *paraît* vouloir dire » (italique de l'auteur).

59. Cf. P. WELLS, « La méthode historico-critique et les problèmes qu'elle pose », *RR* 129, 1982, p. 1-15.

60. Cf. l'orientation théologique de la coll. CEB par le Comité des Professeurs de la FLTE (Préface, S. BÉNÉTREAU, *La première épître de Pierre*, CEB, Vaux-sur-Seine, Edifac, 1984).

Le statut de l'Écriture présenté, notre herméneutique du traitement de l'Écriture située, une autre question de méthode d'approche de l'étude se dresse ; celle de la voie d'accès aux critères d'évaluation. S'il est établi que l'évaluation dans le contexte ecclésial ne constitue pas une méprise, il s'ensuit impérativement une question de fond ; celle des critères d'évaluation.

En effet, la notion d'évaluation suppose la définition de critères à partir desquels l'on peut porter un jugement de valeur. La question est donc la suivante : quelle méthode choisir pour formuler ces critères d'évaluation dès lors que l'Écriture ne les présente pas, du moins directement, sous cette forme ?

L'Écriture, en effet, ne formule pas explicitement des critères d'évaluation du ministère ; elle présente des modèles à suivre. En repérant des modèles, nous pouvons découvrir les critères qui en découlent. En d'autres termes, repérer le modèle, c'est avoir un accès, *de facto*, aux critères qualitatifs qui s'y rattachent.

Reste alors, une dernière question de méthode ; celle de l'application dans un contexte transculturel. Comment élaborer des moyens d'évaluation du ministère dans notre contexte, à partir des normes découvertes dans l'Écriture ?

Nous avons à choisir, nous semble-t-il, entre plusieurs approches. L'une d'elle est l'enquête à statistique ou sociologique, avec un large éventail de questions dont les résultats feront l'objet d'une analyse et d'une interprétation.

Cette approche a sa raison d'être dans un tel travail. Toutefois, nous en ferons l'économie. Une autre approche est celle de la méthode d'entretien fouillé, à partir du choix de quelques personnes ressources ; c'est l'approche analytique. Nous choisirons cette méthode en vue de mieux cerner les contours du pastorat tel que vécu et pratiqué au sein de notre Église-cible. Cette approche se verra doublée d'un effort de dialogue et de questionnement entre les résultats de l'étude des textes et le contexte cible, à la lumière de ses particularités.

Notre Église est née dans un contexte historique spécifique, marqué par un mouvement de piété et de sanctification aux États-Unis ; elle a un type de gouvernement qui oscille entre le congrégationalisme, le presbytérianisme et l'épiscopalisme ; elle est tributaire d'une forte tradition Baoulé. Le questionnement s'exprime en ces termes : Est-ce que notre héritage historique laisse une place au principe de l'évaluation du pastorat ? Est-ce que notre style de gouvernement permet une auto-évaluation du pasteur, une évaluation en dialogue restreint (le pasteur et les anciens) et une évaluation en dialogue élargi (le pasteur, les anciens, les membres de la communauté) ? Est-ce que notre héritage culturel permet que celui qui est établi dans des charges officielles soit interpellé sur son savoir-vivre et son savoir-faire, indispensable à l'évaluation du pastorat ?

Finalement, c'est à partir de cette série de dialogues enrichissants avec des personnes ressources d'une part, et entre les résultats de l'étude des textes et les réalités spécifiques de notre dénomination d'autre part, que nous parviendrons, nous semble-t-il, à une pratique évaluative du pastorat en son sein.

Le travail de recherche comprendra trois parties principales.

La première partie sera consacrée à la manière dont l'Église est présentée dans les Pastorales. Elle aura pour titre : L'Église dans les Épîtres pastorales, contexte de déploiement des ministères. Elle débutera avec un regard analytique des présupposés à l'étude des Pastorales (chapitre 1). Il est bien établi que les questions relatives à la paternité, au motif de rédaction ou au but des Pastorales ne sont pas sans liens avec l'étude des textes eux-mêmes[61]. Nous présenterons notre modeste position sur ces questions et passerons à l'étude des textes. En vue de découvrir la conception de l'Église qui se dégage des Pastorales, nous étudierons une première série de textes : 1 Timothée 3.14-16 et 2 Timothée 2.19-21 ; nous en tirerons les idées forces, sans omettre un regard, fort utile à notre étude, sur la conception des ministères qui s'en dégage (chapitre 2).

La deuxième partie de notre étude sera intitulée : Le ministre-modèle des Épîtres pastorales et ses critères d'évaluation. La deuxième série de textes que nous aborderons est perçue comme des « exhortations directes[62] » à

---

61. Fee, « L'organisation de l'Église », p. 22.
62. Y. Redalié, *Paul après Paul. Le temps, le salut, la morale selon les épîtres à Timothée et à Tite*, MoBi 31, Genève, Labor et Fides, 1994, p. 295, note que « Les pastorales se présentent comme une exhortation indirecte, de manière explicite, lorsque que Timothée et Tite sont invités à transmettre plus loin les directives reçues, ou bien de manière implicite, lorsque les instructions sont formulées "directement", mais comme des règles ou des ordonnances. Le discours est indirect à un deuxième niveau, si l'on comprend l'ensemble des monitions aux destinataires comme une exhortation aux responsables des communautés, objet du souci pastoral de l'auteur ». Nous partageons l'avis de l'auteur. Toutefois, notons qu'avant d'être transmises, c'est bien Timothée et Tite qui reçoivent d'abord les directives. D'où le caractère de la communication présenté dans des catégories de « discours directs » pour Timothée et Tite et de « discours indirects » pour les responsables locaux.

Timothée et Tite : 1 Timothée 4.6-11 ; 6.11-16 ; 2 Timothée 2.22-26 ; 3.10-17 (chapitre 3). La troisième série de textes est perçue comme des « exhortations indirectes » adressées aux ministres locaux (épiscope, diacres, anciens) : 1 Timothée 3.1-7 ; 3.8-13 ; 5.17-25 ; Tite 1.5-9 (chapitre 4). L'étude des différents textes remplira une fonction essentielle, à savoir découvrir le ministre-modèle des Pastorales. Cette étape franchie, nous pourrons définir les critères d'évaluation qui en découlent (chapitre 5).

La troisième partie de l'étude sera intitulée : De la normativité du modèle ministériel des Épîtres pastorales et de son applicabilité dans le contexte de l'Église CMA de Côte d'Ivoire. Notre tentative d'application des résultats de l'étude au contexte de notre Église nécessite que nous en fassions une présentation, avec un accent sur ses particularités (chapitre 6). Cette partie de l'étude sera aussi l'occasion de parvenir à quelques données concernant : la normativité ou non du modèle pastoral qui découle des Épîtres pastorales, le bon droit ou non d'une transposition du fruit de l'étude à une autre culture (chapitre 7).

Première partie

L'Église dans les Épîtres pastorales, contexte de déploiement des ministères

Introduction

Notre travail de recherche sur l'évaluation du ministère pastoral, à la lumière des Pastorales, passe avant tout par une réflexion sur l'essence de l'Église, telle que présentée par ces écrits. Ce que nous posons ici en principe pour les Pastorales, reste valable pour l'ensemble du NT. Comme l'indique judicieusement P.-H. Menoud, « l'étude des ministères doit prendre son point de départ dans les affirmations du Nouveau Testament sur l'essence de l'Église. Car les ministères qui s'exercent dans l'Église en reflètent les caractères propres. Ce sont les ministères qui sont ordonnés à l'Église et non l'inverse[1] ».

Si les ministères se déploient ainsi à l'intérieur de l'Église et reflètent le caractère de celle-ci, il convient alors d'entamer notre étude par une réflexion sur l'Église dans les Pastorales. De là, il deviendra aisé, nous semble-t-il, de saisir au mieux la réalité des ministères et d'envisager, finalement, une pratique évaluative.

Pour mener à bien notre réflexion sur l'ecclésiologie des Pastorales, il est indiqué de situer celle-ci « *en perspective historique*[2] ». La démarche se justifie. Certains auteurs, en effet, considèrent que « l'ecclésiologie des Épîtres pastorales nous fait pénétrer dans une atmosphère toute différente » de celle des lettres authentiques de Paul[3]. Plus précisément, d'aucuns croient discerner dans les Pastorales les indices du « précatholicisme[4] » ou « protocatholi-

---

1. P.-H. Menoud, *L'Église et les ministères selon le Nouveau Testament*, Neuchâtel/Paris, Delachaux & Niestlé, 1949, p. 9-10.
2. S. Bénétreau, *La première épître de Pierre*, p. 178. Les italiques sont de l'auteur.
3. R. Schnackenburg et K. Thieme, *La Bible et le Mystère de l'Église*, Tournai, Desclée & Co, 1964, p. 46 (voir en particulier, § 6. « L'Église dans les Épîtres pastorales », p. 46-52).
4. L. Sabourin, *Protocatholicisme et ministères. Commentaire bibliographique*, Montréal, Bellarmin, 1989, p. 12, estime que « précatholicisme » ne rend pas au mieux le sens de « Frühkatholizismus ». D'où la suggestion du mot « protocatholicisme ».

cisme[5] ». E. Käsemann, la désigne comme « la transition entre la chrétienté primitive et ce qu'on appelle l'Église ancienne, transition caractérisée par l'effacement de l'attente imminente…[6] ». Cette période est celle de la « deuxième[7] » ou de la « troisième génération[8] » ; le temps qui passe rend nécessaire la mise en place d'une structure ecclésiale solide.

Dans ce contexte, marqué par les hérésies, l'enseignement apostolique va alors constituer un « dépôt » (1 Tm 6.20) que Paul transmet à ses délégués (Timothée et Tite) ; ceux-ci le transmettront aux ministres locaux (évêques et presbytres) chargés d'enseigner dans les communautés. « Ainsi commencent à se dessiner le principe de tradition et de succession […] L'Église acquiert dans les Épîtres pastorales un aspect plus "institutionnel", qui semble contraster avec la nature "pneumatique" et même céleste de l'Église dans les lettres antérieures de saint Paul[9]. » Les ministères étant concentrés « entre les mains des notables locaux[10] », il va de soi que la communauté n'a plus part à

---

5. E. Käsemann, *Essays on New Testament Themes*, SBT no. 41, Londres, SCM, 1964, p. 63-94 ; J. D. G. Dunn, *Unity and Diversity in the New Testament. An Inquiry into the Character of Earliest Christianity*, Londres, SMC, 1977, p. 362-333 : « On peut difficilement contester que le catholicisme ancien se trouve déjà dans le NT, qu'il existe des tendances évidentes dans certains écrits du NT qui se sont développées directement dans le catholicisme des siècles suivants, que la trajectoire du catholicisme primitif commence au cours du premier siècle et que certains documents du NT reposent fermement là-dessus. Les exemples les plus clairs sont les Pastorales : dans celles-ci l'espoir de la parousie est une ombre indistincte de sa toute première expression, l'institutionnalisation a déjà bien avancé, et la foi chrétienne s'est déjà ancrée dans des formes traditionnelles » (Citation en version originale : « It can hardly be disputed that early Catholicism is to be found already in the NT, that there are clear-cut tendencies evident in some NT writings which developed directly into the Catholicism of later centuries, that the trajectory of early Catholicism begins within the first century and some NT documents lie firmly on it. The clearest examples are the Pastorals: in them the parousia hope is a faded shadow of its earliest expression, in them institutionalization is already well advanced, in them Christian faith has already set fast in fixed forms »).

6. E. Käsemann, *Essais exégétiques*, coll. « Le Monde de la Bible », Neuchâtel, Delachaux et Nestlé, 1972, p. 256. Il explicite sa pensée dans une abondante note (p. 256, note 2). Sur les caractéristiques du « protocatholicisme », voir D. J. Downs, « "Early Catholicism" and Apocalypticism in the Pastoral Epistles », *CBQ* 67 (2005), p. 642.

7. H. Hauser, *L'Église à l'âge apostolique*, LecDiv 164, Paris, Cerf, 1996, p. 127.

8. C. Perrot note que « d'emblée, à leur lecture [les Pastorales] on mesure la distance avec les écrits authentiques de l'Apôtre ou encore avec les lettres appartenant au deuxième cercle de la tradition paulinienne (Col ; Ep et 2 Th). La troisième génération chrétienne est maintenant là… » (*Après Jésus. Le ministère chez les premiers chrétiens*, coll. vivre, croire, célébrer, Paris, Ateliers/Ouvrières, 2000, p. 161).

9. Schnackenburg et Thieme, « L'Église dans les Épîtres pastorales », p. 50.

10. Hauser, *L'Église à l'âge apostolique*, 164.

l'autorité spirituelle. Telle est, du moins, la thèse de H. Schlier : « Nous ne constatons, dit-il, d'activité de la communauté que dans son service divin au cours duquel elle prie (1 Tm 2.1 ; 2.8 ; 4.13) et écoute (1 Tm 4.16) …[11]. »

Le lecteur pourra l'admettre avec nous, la somme de ce qui précède invite à traiter l'ecclésiologie des Pastorales en lien avec les « questions introductives » : origine, motifs de rédaction, datation. La première partie de l'étude va donc commencer par un regard, à grands traits, sur l'arrière-plan des Pastorales ; puis, elle se poursuivra par l'ecclésiologie, à partir d'une étude de textes bibliques.

---

11. H. SCHLIER, *Le temps de l'Église. Recherche d'exégèse*, Casterman, 1961, p. 156 (cf. chap. X, « La hiérarchie dans l'Église d'après les Épîtres Pastorales », p. 140-156).

CHAPITRE 1

L'arrière-plan des Épîtres pastorales

La désignation « Épîtres pastorales » (EP) ou, plus simplement, les « Pastorales » est assez tardive[1]. Elle fut vraisemblablement donnée d'abord par D. N. Berdot en 1703, puis par P. Anton en 1727[2]. Bien que l'expression soit universellement usitée, l'on peut objecter qu'elle ne convient pas parfaitement[3] ; elle semble accorder une place disproportionnée aux questions pastorales. Cependant, ces écrits étant adressés à des personnes qui ont des charges pastorales, l'expression est « commode[4] » et « acceptable[5] ». Très tôt, les EP seront reçues par l'ensemble des Églises chrétiennes comme des écrits inspirés.

Cependant, à partir du XIXe siècle, l'authenticité de ces écrits sera sérieusement mise en doute par la critique biblique[6]. D'abord, en 1804, J. Schmidt émit quelques doutes sur l'authenticité de 1 Timothée[7]. Ses critiques ont été, en 1807, fortifiées par F. Schleiermacher qui fit surtout ressortir le manque de liaison dans les idées que renferme cette lettre, les caractères extraordinaires

---

1. Cette désignation se rapporte aux trois œuvres, 1 Timothée, 2 Timothée et Tite, jugées proches et ayant des caractères spécifiques (E. ELLIS, « The Authorship of The Pastorals: A Resume and Assessment of Current Trends », *EQ* XXXII, no. 3, 1960, p. 151).

2. D. GUTHRIE, *The Pastoral Epistles and the Mind of Paul*, Londres, Tyndale, 1956, p. 11.

3. Récemment, P. H. TOWNER, *The Letters to Timothy and Titus*, Grand Rapids, Eerdmans, 2006, p. 88-89, suggérait que l'on se défasse de ce titre.

4. J. MOFFATT, *An Introduction to the Literature of the New Testament*, Edimbourg, T & T Clark, 1920, p. 556.

5. D. CARSON et D. MOO, *Introduction au Nouveau Testament*, Cléon d'Andran, Excelsis, 2007, p. 516.

6. F. GODET, *Introduction au Nouveau Testament*, Neuchâtel, Delachaux et Niestlé, 1893, p. 677.

7. *Ibid.*

du style et la difficulté de trouver pour un tel écrit une situation convenable dans la vie de Paul. Il finit par conclure que 1 Timothée est « la composition d'un plagiaire, fabriqué au moyen des deux autres épîtres[8] ». Mais, l'on lui objecta que les arguments opposés à 1 Timothée pourraient bien s'appliquer aussi à 2 Timothée et Tite. Ce qui conduisit J. G. Eichhorn à adopter, en 1812, une position plus radicale : il rejette l'authenticité des trois épîtres. Il sera suivi par d'autres auteurs sans qu'ils ne parviennent, pour autant, à clore le débat ainsi ouvert[9].

En fait, depuis F. Schleiermacher, l'on peut repérer trois positions majeures face à la question de l'authenticité des EP : « Paul[10] », « Paul et après Paul[11] » et « Après Paul[12] ». Parvenir à un consensus semble être pratiquement impossible.

Or, de l'avis de G. Fee, il s'agit là « du problème majeur des épîtres pastorales qui affecte presque tout ce qui est dit à leur sujet[13] ». S. Bénétreau

---

8. *Ibid.*

9. *Ibid.*, p. 677-684. La plupart des commentaires se font l'écho des débats en cours : D. GUTHRIE, *The Pastoral Epistles*, TNTC, Grand Rapids/Leicester, Eerdmans/IVP, 1990, p. 21-62 ; G. W. KNIGHT, *Commentary on the Pastoral Epistles*, NIGTC, Grand Rapids, Eerdmans, 1992, p. 21-52 ; I. H. MARSHALL, *A Critical and Exegetical Commentary on the Pastoral Epistles*, ICC, Edimbourg, T & T Clark, 1999, p. 57-92 ; W. D. MOUNCE, *Pastoral Epistles*, WBC 46, Nashville, T. Nelson Publishers, 2000, p. Lxxxiii-cxxix ; L. T. JOHNSON, *The First and Second Letter to Timothy*, AB 35A, New York, Doubleday, 2001, p. 55-90 ; M. PRIOR, *Paul the Letter-Writer and the Second Letter to Timothy*, JSNTSup 23, Sheffield, JSOT Press, 1989, p. 55-90 ; TOWNER, *Letters to Timothy and Titus*, p. 9-26 ; BÉNÉTREAU, *Les Épîtres pastorales*, p. 13-32 ; GOURGUES, *Les deux lettres à Timothée*, p. 27-59 ; Y. REDALIÉ, M. GOURGUES, H. PONSOT, « Dossier: Timothée », *LV*, 285, 2010.

10. Pour nous limiter aux commentaires les plus récents : MOUNCE, *Pastoral Epistles* ; JOHNSON, *First and Second Letters to Timothy* ; TOWNER, *Letters to Timothy and Titus* ; BÉNÉTREAU, *Les Épîtres pastorales*.

11. Certains auteurs renoncent à une stricte paternité paulinienne des EP et admettent la présence d'éléments pauliniens authentiques au milieu d'éléments étrangers, soit par l'insertion de billets écrits par Paul lui-même dans une composition postérieure (P. N. HARRISON, *The Problem of the Pastoral Epistles*, Londres, Oxford University Press, 1921), soit en postulant la rédaction par un proche collaborateur de Paul, Luc le plus souvent (C. F. D. MOULE, « The Problem of the Pastoral Epistles: A Reappraisal », *BJRL* 47, 1965, p. 430-452). D'autres encore prennent le soin de dissocier 2 Timothée de 1 Timothée et Tite, le caractère paulinien de 2 Timothée paraissant mieux assuré (J. MURPHY O'CONNOR, « 2 Timothy contrasted with 1 Timothy and Titus », *RB* 98, 1991, p. 403-418).

12. C'est la thèse de la pseudépigraphie : L. R. DONELSON, *Pseudepigraphy and Ethical Argument in the Pastoral Epistles*, Tübingen, Mohr, 1986 ; D. MEADE, *Pseudonymity and Canon*, Grand Rapids, Eerdmans, 1986 et Y. REDALIÉ, *Paul après Paul*.

13. FEE, « L'organisation de l'Église », p. 22, note 2.

y perçoit même un risque ; « celui d'une exclusion du corpus paulinien proprement dit, mais aussi celui d'une sous-estimation et d'une réduction au statut de documents secondaires, à prendre avec précaution[14] ».

Pris comme tel, l'on est quelque peu contraint d'aborder la question dans le développement de notre propos. Nous nous excusons auprès de notre lecteur, notre présentation manquera d'originalité et n'a pas pour prétention de convaincre les spécialistes. Il s'agira pour nous de présenter les arguments en présence et de nous déterminer. En sus de la question de l'auteur, notre propos prendra aussi en compte celle des adversaires et de l'occasion de rédaction des Pastorales.

La question de l'origine : Écrits pauliniens ou pseudépigraphiques ?

Les discussions critiques qui, au cours des deux derniers siècles, ont contesté l'authenticité des EP, ont porté dans trois directions : les considérations linguistiques, les données historiques et les accents théologiques[15].

---

14. BÉNÉTREAU, *Les Épîtres pastorales*, p. 26.

15. Les arguments critiques sont, pour l'essentiel, limités au plan interne. Cela s'explique : sur le fondement des preuves externes, les EP sont pratiquement inattaquables. En effet, peu de textes du NT sont aussi solidement attestés, par le témoignage de l'Église ancienne, que les Pastorales. Deux types de témoins méritent ici notre attention : les citations patristiques et les textes anciens. Clément de Rome (vers 95), Ignace d'Antioche (vers 110), Polycarpe de Smyrne (vers 135), semblent bien utiliser ces épîtres au même titre que les grandes lettres pauliniennes (cf. P. DORNIER, *Les Épîtres pastorales*, SB, Paris, Gabalda, 1969, p. 10). BÉNÉTREAU, *Les Épîtres pastorales*, p. 22, ajoute que « Irénée, Clément d'Alexandrie, Tertullien confirment leur statut d'ouvrages reçus. Eusèbe de Césarée écrit dans le même sens, ne les rangeant pas parmi les livres discutés ». Les citations des Pères avaient été remises en cause par l'omission des Pastorales du canon de Marcion (vers 140). Mais l'argumentation reste fragile puisque Marcion exclut également, entre autres écrits du NT, trois des évangiles, (Mt, Mc et Jn). En plus, « les Pastorales qui condamnent si vivement les tendances hérétiques et qui montrent une si grande estime pour l'AT, ne pouvaient pas trouver grâce à ses yeux » (DORNIER, *Les Épîtres pastorales*, p. 11). Le témoignage du Fragment du Muratori ou « Canon de Muratori », datant du IIe siècle, s'avère aussi déterminant. Il mentionne les lettres de Paul adressées à sept Églises et révèle l'existence d'une épître à Tite et de deux à Timothée (cf. M. J. LAGRANGE, *Histoire ancienne du canon du Nouveau Testament*, Paris, J. Gabalda et Cie, 1933, p. 71-73). Cette datation fait débat : A. C. SUNDBERG (« Canon Muratori : A Fourth Century List », *HThR* 66, 1973, p. 1-41) avance une série d'arguments en faveur d'une datation au IVe siècle. Il sera suivi par G. M. HAHNEMAN, *The Muratorian Fragment and the Development of the Canon*, Oxford, Clarendon Press, 1992. Mais J.-D. KAESTLI montre les limites des arguments avancés et plaide en faveur de la thèse traditionnelle, c'est-à-dire le IIe siècle (cf. « La place du fragment de Muratori dans l'histoire du Canon. A propos de la thèse de Sundberg et Hahneman », *Cristianesimo nella storia* 15, 1994, p. 609-634). Les onciaux

1. Les objections d'ordre linguistique

La première objection contre l'authenticité paulinienne est une question de forme ; le vocabulaire et le style des EP semblent trancher avec les épîtres dites authentiques[16]. P. N. Harrison constate que la quantité des *hapax* est normalement élevée[17]. Inversement, il constate que des mots et des termes fréquents chez Paul sont absents des EP[18]. À ces deux premiers constats, s'ajoute un troisième : le style de Paul contraste avec celui des EP. Alors que le style paulinien est vif, alerte et dynamique dans les autres épîtres, celui des EP est sobre et pondéré[19].

De ce qui précède, Harrison tire une première conclusion : Paul n'est pas l'auteur des EP. Aussi, au regard des particularités linguistiques des EP[20], il parvient à une seconde conclusion : l'auteur des EP est un écrivain du IIe siècle contemporain des Pères apostoliques et des premiers Apologistes.

---

les plus notables contiennent les Pastorales : *Sinaïticus*, *Alexandrinus* et *Ephraemi rescriptus*. Notons que l'absence des Pastorales dans le papyrus P[46] et dans le Vaticanus est le principal argument de la critique externe. Ici aussi, l'on se souviendra que les derniers feuillets du manuscrit ont été perdus ; ce qui rend subjective toute conclusion négative (J. Duff, « P[46] and The Pastorals: A misleading consensus? », *NTS* 44, 1998, p. 578-590). Les citations ou allusions aux EP sont abondantes au second siècle. La *Biblia Patristica*, par exemple, en relève au moins 450 (cf. J. D. Quinn et W. C. Wacker, *The First and Second Letters to Timothy*, ECC, Grand Rapids/Cambridge, Eerdmans, 2000, p. 3). Pour les preuves externes jusqu'au XVIIIe siècle, voir S. Bénétreau, *Les Épîtres pastorales*, p. 22-26.

16. Les charges les plus déterminantes contre une origine strictement paulinienne, du point de vue linguistique (vocabulaire, syntaxe, style) demeurent celle de P. N. Harrison. L'auteur développe ses vues dans deux ouvrages majeurs : *The Problem of the Pastoral Epistles*, Londres, Oxford University Press, 1921, et *Pauline and Pastorals*, Londres, Villiers, 1964. Entre les deux, il a produit deux articles en rapport avec le sujet : « The authorship of the Pastoral Epistles », *The Expository Times* LXVII, 1955-1956, p. 77-81 et « The Pastoral Epistles and Duncan's Theory », *NTS* 2, 1956, p. 250-261. Bien qu'il ne soit pas le seul auteur à construire son argumentation autour des données statistiques, nous estimons qu'il est celui qui en a fait une présentation exhaustive.

17. Harrison, *Problem of the Pastoral Epistles*, p. 20. Sur un ensemble de 902 mots que comporte le vocabulaire des EP, l'auteur note que 306 ne figurent dans aucune épître de Paul. Et sur ces 306 mots, il se trouve que 175 sont totalement inconnus du NT, en dehors des Pastorales. En comparant la moyenne d'*hapax absolu* par page de texte, Harrison arrive à 96 pour 1 Timothée, soit 15,2 par page, 60 pour 2 Timothée, soit 12,9 par page, 43 pour Tite, soit 16,1 par page.

18. *Ibid.* Harrison dénombre 112 mots, particules, prépositions et prénoms caractéristiques de Paul qui ne se retrouvent pas dans les Pastorales, alors qu'ils apparaissent 9 fois par page, en moyenne, dans les 10 lettres reconnues authentiques (p. 36-40).

19. *Ibid.* p. 40-42.

20. *Ibid.*, p. 68. Par exemple, sur les 175 *hapax logemena* ou *hapax* absolus, Harrison fait remarquer que 60 se retrouvent chez les Pères apostoliques et 93 chez les Apologistes.

Néanmoins, il admet que l'épître à Tite et la deuxième lettre à Timothée contiennent des fragments de textes écrits par la main de Paul lui-même[21].

Les conclusions de P. N. Harrison ne font pas l'unanimité. Relativement à la première (Paul n'est pas l'auteur des Pastorales), D. Guthrie montre que la démarche qui consiste à apprécier le vocabulaire des EP exclusivement à la lumière des données statistiques, est hasardeuse. Elle se construit sans tenir compte de la psychologie de l'auteur, de son intention, ni du sujet traité, ni des circonstances historiques[22].

Pour ce qui est de la seconde conclusion (l'auteur serait du second siècle), D. Guthrie indique qu'il ne suffit pas de constater qu'on retrouve un nombre important d'*hapax* des EP chez les auteurs du second siècle ; il faudrait aussi parvenir à montrer que ces mots étaient inusités au premier siècle[23]. Or, c'est l'inverse qui est vrai. D. Guthrie estime donc que les *hapax* n'offrent pas de raisons substantielles pour maintenir que l'auteur utilise la langue du second siècle, pas plus que celle du premier siècle, rejetant ainsi la seconde conclusion de P. N. Harrison[24].

Comment expliquer alors les différences de styles entre les EP et les autres épîtres pauliniennes ? Plusieurs hypothèses ont été avancées.

C. F. D. Moule, ayant constaté qu'un nombre important des termes non pauliniens des EP apparaissent dans l'Évangile de Luc, a émis l'hypothèse que Luc a bien pu être le proche collaborateur dont Paul s'est servi pour rédiger les EP[25]. Ses idées seront relayées par S. G. Wilson qui fera une distinction entre deux personnages : un « Luc historique », collaborateur

---

21. L'auteur croit discerner trois sortes de fragments qu'il énumère dans « Authorship of the Pastoral Epistles », p. 77-81. Précisons que D. Cook a démontré que le style et le vocabulaire des fragments ne peuvent être distingués nettement du reste des matériaux des EP (« The Pastoral Fragments Reconsidered », *JTS* 35, 1984, p. 120-131).

22. D. Guthrie, *New Testament Introduction*, Leicester/Downers Grove, Apollos/IVP, 1990, p. 633.

23. Guthrie, *Pastoral Epistles and the Mind of Paul*, p. 39-40.

24. Guthrie, *New Testament Introduction*, p. 634-635. Pour un autre regard sur les limites des conclusions d'Harrison, voir J. N. D. Kelly, *A Commentary on the Pastoral Epistles*, BNTC, Londres, A. and C. Black, 1963, p. 22-24. Il montre que les arguments d'Harrison en faveur d'un auteur du second siècle se retournent contre lui-même puisque les *hapax* des autres épîtres pauliniennes se retrouvent pratiquement dans les mêmes proportions, voir même plus pour certaines, chez les Pères Apostoliques.

25. Moule, « The Problem of the Pastoral Epistles », p. 430-452. L'article cité a été réimprimé : C. F. D. Moule, *Essays in the New Testament Interpretation*, Cambridge, Cambridge University Press, 1982, p. 113-132.

de Paul et un « Luc hypothétique », auteurs de l'Evangile, des Actes et des Pastorales[26]. Dans le prolongement de ce débat, certains auteurs avanceront l'hypothèse d'un *amanuensis* (secrétaire) qui aurait été le Luc historique[27]. M. Prior ne sera pas de cet avis[28]. Certes, M. Prior reconnaît une différence de style entre les EP et les autres épîtres de Paul. Mais, il fait appel au caractère particulier des EP pour l'expliquer : ce sont des lettres privées à double titre. Elles sont adressées à des individus, d'une part et elles ont été écrites par Paul lui-même, sans *amanuensis*, d'autre part. En cela, les Pastorales seraient une exception puisqu'il est attesté que Paul se servait généralement d'un secrétaire pour écrire ses lettres. Pour sa part, J. Murphy O'Connor avance l'idée d'un secrétaire jouissant d'un statut de co-auteur[29]. Ses vues seront réfutées par Hervé Ponsot[30].

Finalement, face aux arguments stylistiques, T. L. Wilder estime qu'ils ont tendances à être plutôt subjectifs et moins convaincants[31]. Dans ce sens, D. Guthrie démontre que les différences de style n'existent pas seulement entre

---

26. S. G. Wilson, *Luke and the Pastoral Epistles*, London, SPCK, 1979. Il avance une double hypothèse : (1) Luc, l'auteur de l'évangile et des Actes, est aussi l'auteur des Pastorales mais (2) ce Luc n'était pas, en aucune manière, le collaborateur de Paul.

27. G. Fee, *1 and 2 Timothy, Titus*, NIBC, Peabody, Hendrickson, 1988, p. 26, 30, note 39 ; E. Ellis, *Pauline Theology. Ministry and Society*, Grand Rapids, Eerdmans, 1989, p. 104-111.

28. Prior, *Paul the Letter-Writer*, p. 37-59.

29. J. Murphy O'Connor, *Paul et l'art épistolaire*, Paris, Cerf, 1994. Selon l'auteur, Paul, dans ses adresses, s'associe les noms de ceux qu'il a choisis pour qu'ils jouent dans l'épître un rôle de co-auteurs. Il paraît clair, estime-t-il, que les destinataires voyaient spontanément dans le « nous » une référence aux expéditeurs (p. 38). Sur ce fondement, l'auteur va se livrer à une analyse des épîtres de Paul pour montrer que le passage du « nous » au « je » et inversement, s'expliquerait justement par le caractère communautaire (co-auteurs) des épîtres (p. 39-55).

30. H. Ponsot, « Les Pastorales serait-elles les premières lettres de Paul ? », *LV* 231, p. 83-93 ; 232, p. 79-90 ; 233, p. 83-89. H. Ponsot montre aisément que s'il est difficile de définir un style de Paul, en revanche, il est possible de repérer un style des « Pastorales », qui marque une unité d'écriture. En effet, poursuit-il, les Pastorales ont en commun de ne pas se référer à un co-auteur, ni à un secrétaire, de ne pas passer d'un « je » à un « nous » et de partager en outre beaucoup d'expressions communes, notamment 2 et 1 Timothée (n°231, p. 86).

31. T. L. Wilder, « A Brief Defense of the Pastoral Epistles' Authenticity », *MJT* 2, no. 1, 2003, p. 39.

les EP et le reste du corpus paulinien ; elles existent à l'intérieur même des autres lettres de Paul[32]. Est-ce pour autant que leur authenticité est rejetée ?[33]

2. Les objections d'ordre historique

La deuxième objection est d'ordre historique : les données des EP ne semblent pas cadrer avec ce que nous savons de la vie de Paul[34].

La première incompatibilité semble concerner la captivité de Paul telle que racontée par les Actes et 2 Timothée. Selon Luc, Paul demeura pendant deux ans au domicile qu'il avait loué. Il jouissait d'une grande liberté et enseignait « ce qui concerne le Seigneur Jésus-Christ en toute assurance et sans empêchement » (Ac 28.30-31, Colombe). Les « épîtres de la captivité », écrites pendant cette période, corroborent le témoignage Lucanien[35]. Cependant, l'image de cette même captivité qui se dégage de 2 Timothée est totalement différente. Paul, au soir de sa vie, est un prisonnier (1.8-16), enchaîné « comme un malfaiteur » (2.9), dont le procès se terminera par une condamnation à mort (4.5-8). Abandonné de tous, en dehors de Luc (4.9-11), il demande à Timothée de venir le retrouver au plus vite (4.9, 21).

D'autres incompatibilités sont évoquées. 1 Timothée montre Paul quittant Éphèse pour la Macédoine et laissant Timothée sur place (1.3), avec l'espoir d'y revenir bientôt (3.14). Effectivement, Paul a quitté la ville après un séjour de trois ans (Ac 20.1). Mais, 1 Timothée ne peut dater de cette

---

32. GUTHRIE, *New Testament Introduction*, p. 635.

33. G. K. BARR, « Two Styles in the New Testament Epistles », *LLC* 18, 2003, p. 235-248, montre que les différences constatées sont le signe, non pas de plusieurs auteurs, mais d'une différence de style comme cela est perceptible au sein des écrits d'un même auteur. À ce sujet, M. Hitchcock, « Tests for the Pastorals », *JTS* 30, 1928-1929, p. 272-279, a fait une étude intéressante des œuvres oratoires et des œuvres littéraires de Cicéron. Il a constaté que dans les premières citées, la moyenne des *hapax* est de 4 par page. Par contre, dans les secondes œuvres, la moyenne est de 25. Et pourtant, ce sont les écrits du même auteur. Ce constat montre bien les possibles limites d'une hypothèse fondée uniquement sur une étude linguistique sans lien avec la psychologie de l'auteur, des circonstances de rédaction et de la situation des destinataires.

34. Pour le développement de cette pensée, voir W. G. KÜMMEL, *The New Testament. The History of the Investigation of Its Problems*, Nashville, Abingdon, 1972, p. 377-378.

35. Les « Épîtres de la captivité », œuvres de Paul le prisonnier, sont au nombre de quatre : Éphésiens, Philippiens, Colossiens et Philémon. Cet avis n'est pas partagé par les tenants de la pseudépigraphie qui considèrent Colossiens et Éphésiens comme inauthentiques. Pour S. LEGASSE, par exemple, « on ne possède aucune correspondance de Paul dont on puisse dire qu'elle a été expédiée de Rome » (*Paul apôtre : Essai de biographie critique*, Paris, Cerf/Fides, 1991, p. 241).

époque puisque Timothée était de ce voyage avec Paul pour la Macédoine (Ac 20.4 ; cf. 2 Co 1.1). À son retour, Paul évite Éphèse et convoque les anciens de l'Église à Milet (Ac 20.17). Il ne se rendra plus à Éphèse avant sa captivité romaine. D'après l'épître à Tite, Paul vient de quitter l'île de Crète, laissant à Tite l'organisation des Églises (1.5-9). Tite doit rejoindre Paul à Nicopolis (Épire), après avoir été remplacé en Crète par Artémas ou Tychique (3.12). Or, le récit des Actes ne permet pas de situer un séjour de Paul en Crète encore moins, un voyage en Épire où il aurait passé tout un hiver.

Indubitablement, les données historiques des EP entrent difficilement dans les limites du ministère connu de Paul. Comment concilier ces données et ce que nous savons de Paul ?

S. Bénétreau répertorie quatre types de solutions[36] :
- La solution ancienne et toujours en vigueur chez la plupart des tenants de l'authenticité paulinienne : les EP s'inscrivent dans une dernière période de la vie de Paul, qui n'est pas rapportée dans les Actes. Ce qui suppose une libération du premier emprisonnement à Rome (Actes 28 ne signale pas la mort de Paul)[37]. Cette dernière période s'achève donc lors d'un second emprisonnement, fatal, celui évoqué par 2 Timothée[38].
- La solution de « recadrage[39] » consenti récemment pour placer les Pastorales dans le ministère de Paul tel que présenté par le livre des Actes. Et cela, compte tenu des informations fournies par les autres lettres de Paul, donc avant son (premier) emprisonnement à Rome[40].

---

36. Bénétreau, *Les Épîtres pastorales*, p. 29-32.

37. Cette solution bénéficie de l'appui de deux témoignages anciens. Clément de Rome (*Épître aux Corinthiens*, ch. 5) écrit que Paul a voyagé jusqu'au « terme de l'Occident » (probablement jusqu'en Espagne bien que certains aient estimé que pour un Juif comme Clément de Rome, Rome représentait déjà le « terme de l'Occident »), après un premier emprisonnement. Puis, Eusèbe de Césarée (*Histoire Ecclésiastique* II, 2. 22) qui rapporte deux séjours à Rome, le second, après un nouveau voyage missionnaire.

38. Une défense argumentée de cette position a été faite, entre autres, par G. Fee, *1 and 2 Timothy, Titus*, p. 4-6.

39. L'expression n'est pas de S. Bénétreau dont nous nous inspirons ici. Elle semble pourtant bien exprimer sa pensée, avec l'avantage de respecter le parallélisme des formes.

40. Johnson, *First and Second Letters to Timothy*, p. 135-137, suggère un itinéraire en se basant exclusivement sur 1 et 2 Timothée et fait observer que s'il est difficile de faire correspondre 1 Timothée avec les informations que nous possédons sur les déplacements

- La solution radicale, celle de l'inauthenticité paulinienne. Ici, « on ne recherche plus un cadre historique, les indications étant fictives et servant à donner un air d'authenticité, de lettre véritable[41] ».
- La solution de l'« édition retravaillée[42] ». Les tenants de cette solution écartent une rédaction par Paul lui-même mais supposent une origine proche dans le temps de la mort de Paul, à partir d'éléments authentiques laissés par l'apôtre lui-même[43].

Laquelle de ces solutions est la plus plausible ?

De l'avis de D. Carson et D. Moo, les EP « portent la marque du particularisme historique ». De ce fait, « elles n'ont rien des détails légendaires qui caractérisent, par exemple, les Actes de Paul du IIe siècle » et « s'apparentent davantage aux lettres incontestées de Paul qu'à des documents pseudonymes connus qui circulaient dans l'Église ancienne[44] ».

Pour situer les EP dans le temps, certains auteurs se sont basés sur un autre argument : les structures des Églises et des ministères qui s'y exercent. Quelques auteurs, en effet, pensent que les structures ecclésiales que présupposent les EP ne correspondent pas à la situation du vivant de Paul. D'où la légitimité d'une datation tardive. W. Thiessen note que dans les premières Églises pauliniennes, il n'y avait pas de fonction ou de ministère établi. Il revenait donc à tous, aux dirigeants et à l'ensemble de la communauté, d'accomplir les tâches attribuées dans les EP à des ministères spécialisés[45].

P. Dornier montre les limites d'une telle argumentation. L'auteur fait une présentation des structures des Églises apostoliques puis, de celles des

---

de Paul selon le livre des Actes et selon ses lettres, cela n'est toutefois pas impossible. Ainsi, le cadre du premier emprisonnement décrit dans les Actes conviendrait à 2 Timothée (p. 319s).

41. Cf. Bénétreau, *Les Épîtres pastorales*, p. 31.

42. Cf. A. Lemaire, *Les ministères aux origines de l'Église*, LecDiv 68, Paris, Cerf, 1971, p. 124 : « Les épîtres pastorales seraient un écrit retravaillé à partir de lettres authentiques de l'apôtre ».

43. Cf. Marshall, *Critical and Exegetical Commentary*, p. 92s.

44. Carson et Moo, *Introduction au Nouveau Testament*, p. 525.

45. W. Thiessen, *Christen in Ephesus*, TANZ 12, Tübinger/Basel, Francke, 1995, p. 162, cité par S. Bénétreau, *Les Épîtres pastorales*, p. 33.

lettres d'Ignace d'Antioche (vers 110)[46]. Il fait remarquer que Philippiens 1.1 mentionne des « épiscopes et des diacres » et que l'Église apostolique avait une direction collégiale (« collèges d'anciens », assistés éventuellement de diacres).

Avec Ignace, c'est une autre structure : l'évêque a autorité sur le collège des anciens, les diacres et la communauté des fidèles. Ou convient-il alors de placer les EP par rapport à ces deux types de structures ?

Dans les EP, le terme épiscope se rencontre deux fois (1 Tm 3.2 et Tt 1.7), le mot « anciens » (presbytres) apparaît également deux fois (1 Tm 5.17-19 et Tt 1.5 ; cf. en 1 Tm 4.14) et les diacres mentionnés en une seule fois (1 Tm 3.1-13). En analysant trois textes majeurs (1 Tm 3.1-13 ; 1 Tm 5.17-19 ; Tt 1.5-9), P. Dornier conclut : épiscope et anciens « sont des termes qui, au moins, à certains points de vue, s'appliquent aux mêmes personnages[47] ». En fin de compte, l'organisation ecclésiale des EP serait « plus proche de celle reflétée par Ph 1.1, que celle dont témoignent les épîtres de S. Ignace[48] ». Et, « il parait sage de placer la rédaction des Pastorales à une époque intermédiaire entre les grandes missions de Paul et la fin du Ier siècle[49] ». Plusieurs auteurs sont de cet avis et rejettent, par conséquent, une datation tardive des Pastorales[50].

3. Les objections d'ordre théologique

Les objections d'ordre théologique portent sur la théologie des EP et la nature des hérésies en cause dans les Églises. Les concepts théologiques reflétés par les EP, dit-on, présupposent une époque postérieure à la vie de Paul. L'on relève d'abord l'absence des termes et des thèmes majeurs pour la théologie paulinienne. C. K. Barrett liste des termes théologiquement importants

---

46. DORNIER, *Les Épîtres pastorales*, p. 16 et excursus « Les ministères aux origines de l'Église », p. 163-175.

47. *Ibid.*

48. *Ibid.*

49. *Ibid.*, p. 18.

50. Par exemple, FEE, *1 and 2 Timothy, Titus*, p. 25, 28 (note 12). Il affirme que la situation de l'Église d'Éphèse convient mieux à la période des années 60, marquée par la lutte contre les hérétiques, plutôt que celle de la fin du Ier siècle qu'il conviendrait d'inscrire dans la ligne orthodoxe d'Apocalypse 2.1-7 et de la lettre d'Ignace (110-115). Voir aussi GUTHRIE, *Pastoral Epistles*, p. 39 ; *New Testament Introduction*, p. 627 ; MARSHALL, *Critical and Exegetical Commentary*, p. 77.

chez Paul et absents des Pastorales : *eucharisteô, Kauchaomaï, pneumatikos, sophia, sôma, psuchè, euaggélizomaï*[51]. Les thèmes suivants, dit-on, accusent un glissement par rapport à leur énoncé dans les autres épîtres pauliniennes : la notion de Dieu, la Loi, le Saint-Esprit, la condition chrétienne dans le monde. Ensuite, plus surprenant, les mots semblent ne plus avoir le même sens. C'est le cas, entre autres, des expressions : *en Christô* (« en Christ »), *agapè* (« amour »), *dikaïosunè* (« justice »), *pistis* (« foi ») ou encore *eusébeia* (« piété »)[52].

Enfin, un certain nombre de glissements théologiques par rapport à la christologie, la sotériologie, la pneumatologie, l'éthique et l'eschatologie donnent à penser que les EP sont une reprise maladroite de traditions existantes[53]. Ainsi, E. Lohse leur dénie un projet théologique cohérent ; elles sont une mosaïque d'emprunts, de fragments de confessions de foi et d'hymnes, dont il est difficile de repérer la vision d'ensemble[54].

Pour S. Bénétreau, au-delà des différences éventuelles, des similitudes existent entre les Pastorales et les épîtres de Paul[55]. Il note que la sotériologie des EP est fondamentalement identique à celle de Paul, à condition de ne pas avoir une vision trop réductrice de l'enseignement de Paul[56]. De même, E. F. Scott, bien que partisan d'une disparité théologique des EP, admet que leur christologie se résume aisément en ces termes :

---

51. C. K. BARRETT, *The Pastoral Epistles*, NCB, Oxford, Oxford University Press, 1963, p. 5-7. Toutefois, BARRETT prévient qu'une telle liste ne prouve en réalité pas grand-chose.

52. À titre indicatif, l'expression *en Christô* (« en Christ ») qui traduit l'union mystique entre le Christ et le croyant n'est plus mentionnée. L'expression revient neuf fois mais, dit-on, avec un sens différent : elle se rapporte davantage à des notions qu'à des personnes, ou à introduire les grâces disponibles en Christ (cf. M. BOUTTIER, *En Christ : Étude d'exégèse et de théologie pauliniennes*, Paris, PUF, 1962, p. 142-143). Dans le même ordre, J. A. ALLAN, « The "in Christ" Formula in the Pastoral Epistles », *NTS* 10, 1963-1964, p. 115-121. Pour une réponse appropriée, voir MARSHALL, *Critical and Exegetical Commentary*, p. 395-396.

53. Cf. Y. REDALIÉ, « Les Épîtres pastorales », dans D. MARGUERAT, sous dir., *Introduction au Nouveau Testament*, Genève, Labor et Fides, 2001, p. 317-318.

54. E. LOHSE, *Théologie du Nouveau Testament*, Genève, Labor et Fides, 1987, p. 234.

55. BÉNÉTREAU, *Les Épîtres pastorales*, p. 36-39.

56. *Ibid*. L'auteur note que le message du salut s'exprime aussi dans les autres épîtres par des métaphores diverses ; pas seulement par des expressions juridiques. Certes, les épîtres aux Galates et aux Romains emploient le langage forensique. Mais, l'on peut penser que la menace judaïsante y est pour beaucoup. Ainsi, une « hérésie » différente amène un langage différent. N'empêche que c'est toujours l'Évangile d'un salut glorieux (1 Tm 1.11), acquis par le Christ, témoignage de la miséricorde divine (1 Tm 1.12-17) qui est annoncé.

> Christ s'est donné lui-même pour notre rédemption [...] nous sommes justifiés par la foi en Christ et non par notre propre justice [...] Dieu nous a appelés par sa grâce avant la création du monde [...] nous sommes destinés à la vie éternelle qui nous est accessible dès à présent[57].

Il existerait donc une profonde unité entre la christologie des EP et celle des autres écrits pauliniens. Il en est de même pour l'eschatologie[58]. Somme toute, les différences d'accents théologiques semblent s'expliquer par une évolution adaptée à des circonstances nouvelles[59].

L'on suppose également que les hérésies combattues dans les EP n'existaient pas encore du temps de Paul ; elles ne sont apparues qu'au IIe siècle. En 1955, F. D. Gealy affirmait que les Pastorales trouvent leur place la plus significative dans l'histoire du christianisme primitif, lorsqu'on les interprète dans un contexte de gnose marcionite[60]. Les hérétiques visés par les EP sont donc identifiés avec les gnostiques du IIe siècle[61].

---

57. E. F. Scott, *The Pastoral Epistles*, MNTC, Londres, Hodder and Stoughton, 1936, p. xxx.

58. Pour nous en convaincre, retraçons les grandes lignes de l'eschatologie paulinienne (cf. G. E. Ladd, *Théologie du Nouveau Testament*, coll. Théologie, Cléon d'Andran/Genève, Excelsis/PBU, 1999, p. 601-602) : la mort et la résurrection de Jésus sont des évènements eschatologiques qui inaugurent un siècle nouveau. Par conséquent, le chrétien vit de la vie du siècle nouveau, bien que vivant encore dans ce siècle présent. L'Église marche vers un avenir marqué par le retour du Christ et l'établissement de son royaume. Or, l'eschatologie des Pastorales ne semble pas s'inscrire dans une autre ligne. Certes, « la note de l'imminence ne retentit pas comme dans d'autres textes » (S. Bénétreau, *Les Épîtres pastorales*, p. 38). Mais, la tension entre le « déjà » et le « pas encore » est bien réelle (cf. 1 Tm 6.14 ; 3.13 ; Tt 2.13).

59. Pour plus de détails sur cette position qui justifie le changement de tonalité des Pastorales, nous ne pouvons que recommander M. Silva, « The Place of Historical Reconstruction in the New Testament Criticism », dans D. A. Carson et J. D. Woodbridge, sous dir., *Hermeneutics, Authority and Canon*, Grand Rapids, Zondervan, 1986, p. 105-133 et 383-388. Signalons aussi que, dans une étude récente et fort stimulante, G. D. Fee, *Pauline Christology : An Exegetical-Theological Study, Peabody*, Hendrickson Publishers, 2007, chap. 10, p. 418-478, démontre le caractère circonstanciel de la christologie propre à 1 Timothée, Tite puis 2 Timothée sans pour autant remettre en cause leur caractère paulinien.

60. F. D. Gealy, « The First and Second Epistles to Timothy and the Epistle to Titus », dans A. Buttrick, sous dir., *The Interpreter's Bible*, vol. 11, Nashville, Abingdon Press, 1955, p. 360.

61. La question est de savoir si les EP combattent le même courant hérétique. C. Spicq, *Les Épîtres pastorales* (1969), p. 31, observe que « toutes les trois sont du même style, contiennent la même doctrine, visent les mêmes tendances hérétiques ». Cette position est largement partagée par les commentateurs.

P. Dornier observe que les doctrines essentielles du gnosticisme du IIe siècle manquent à ce que l'on croit pouvoir déterminer à l'intérieur des EP : système cosmologique fondé sur le dualisme du monde, opposition entre le Dieu de l'AT et celui du NT, émanations d'êtres intermédiaires (éons), échelonnés entre la divinité et la matière[62]. Sans doute que l'hypothèse d'un courant pré-gnostique conviendrait mieux ici. N'est-il pas clairement admis qu'au Ier siècle, certaines fractions du judaïsme évoluaient vers un courant syncrétique caractérisé ?[63] Cette hypothèse est corroborée par les découvertes de Qumran ; un courant judéo-gnostique existait déjà à cette époque[64]. En fait, « rien, dans la manière dont les faux enseignements sont décrits dans ces lettres, n'est incompatible avec ce que l'on sait du ministère de Paul[65] » et nous ne sommes « pas très éloigné du discours anti-hérétique d'autres lettres de Paul[66] ».

De tout ce qui précède, comment se positionner par rapport à la question de l'origine des Pastorales : Paul ou un pseudépigraphe ?

Nous avons pu nous en rendre compte, la critique relève des arguments pour ou contre l'authenticité des EP. À chacun d'apprécier, selon ses propres convictions théologiques. C'est le lieu, toutefois, de relayer la mise en garde de S. Bénétreau contre deux attitudes regrettables. La première consisterait en « une fixation sur les différences et l'adhésion sans examen à ce qu'on présente comme un consensus critique : ces lettres ne peuvent pas avoir été rédigées par Paul ». Pire, le fait d'estimer qu'« il n'est même plus nécessaire de faire état de l'existence d'un point de vue différent, et encore moins d'entrer véritablement dans une discussion ». La deuxième attitude regrettable « consiste à fermer les yeux sur ces différences, à valoriser uniquement ce qui est commun et à dénoncer tout questionnement[67] ». Il faut accepter de

---

62. Dornier, *Les Épîtres pastorales*, p. 16. Pour le gnosticisme, du passé au présent, voir J. D. Dubois, « Les Pastorales, la Gnose et l'Hérésie », *Foi et Vie* 94, 1995, p. 41-48.

63. R. M. Grant, *La Gnose et les origines chrétiennes*, Paris, Seuil, 1964, p. 22-23.

64. Cf. O. Cullmann, « The Significance of the Qumrân Texts for Research into the Beginnings of Christianity », *JBL* 74, 1955, p. 213-226. Pour une opinion analogue, voir aussi P. Bonnard, p. 9 (préface à H. Roux, *Les Épîtres Pastorales*, Genève, Labor et Fides, 1959) et Kelly, *Commentary on the Pastoral Epistles*, p. 12.

65. Carson et Moo, *Introduction au Nouveau Testament*, p. 525.

66. Bénétreau, *Les Épîtres pastorales*, p. 21.

67. *Ibid.*, p. 40-41.

descendre dans l'arène du débat. Aussi, s'il est vrai qu'aucun des arguments présenté ne soit à lui seul décisif, il nous semble légitime de faire un choix. Le nôtre se dessine de la manière suivante.

D'abord, la nature et la pertinence des arguments obligent-elles au verdict de la pseudépigraphie ? Les arguments en faveur de cette hypothèse ne manquent pas. Certains ont même du poids. Cependant, nous avons pu nous en apercevoir, à chacun d'eux, des auteurs ont pu opposer des critiques, des limites.

Y. Redalié perçoit l'accumulation des indices comme « un poids déterminant pour conclure[68] » en faveur de la pseudépigraphie[69]. Et pourtant, cet avis de T. L. Johnson devrait interpeller : « Même ceux qui, comme moi, ne sont pas absolument persuadés qu'elles (les EP) proviennent directement de Paul, jugent peu convaincantes certaines raisons qui sont invoquées pour attribuer leur composition à un auteur pseudépigraphe[70]. »

Finalement, pour C. Spicq, « il semble établi qu'aucun argument de critique interne ne force à nier l'authenticité des Pastorales où l'élément spécifiquement paulinien est prédominant[71] ».

Ensuite, quel est le problème que pose la pseudonymie ? La pseudonymie est la pratique qui consiste à attribuer une œuvre littéraire à quelqu'un qui n'en est pas l'auteur[72]. Comme motivation en arrière-plan des écrits du NT considérés comme pseudépigraphiques, il s'agit de personnaliser la tradition[73]. La finalité étant de maintenir sa pureté, face au danger d'un

---

68. REDALIÉ, « Les Épîtres pastorales », p. 314.

69. Pour K. L. MCKAY, *GDB*, Cléon d'Andran, Excelsis, 2004, p. 1204, « ces objections, même ajoutées les unes aux autres, ne constituent pas une base suffisante pour rejeter l'authenticité paulinienne ».

70. JOHNSON, *First and Second Letters to Timothy*, p. 423.

71. C. SPICQ, *Les Épîtres pastorales* (1969), p. 212.

72. Cf. D. GUTHRIE, « Pseudonymie », *GDB*, p. 1366. D. CARSON, « Pseudonymity and Pseudepigraphy », dans C. A. EVANS et S. E. PORTER, sous dir., *DNTB*, Downers Grove, IVP, 2000, p. 856s, note que l'œuvre en question est faussement (*pseud-*) nommée (*onoma*, « nom », d'où « pseudonymie ») ou attribuée (*epigraphos*, « suscription », d'où « pseudépigraphie »).

73. J.-D. KAESTLI, « Mémoire et pseudépigraphie dans le christianisme de l'âge post-apostolique », *RThP*, 125, 1993, p. 49. À travers son étude, l'auteur affirme vouloir « montrer, à partir de l'exemple de 2 Pierre et des épîtres Pastorales, que la pseudépigraphie peut effectivement être comprise comme une forme d'actualisation de l'enseignement apostolique, comme une manière de "faire mémoire" de la tradition après la disparition des apôtres qui en sont les fondateurs ». En reprenant des objections formulées depuis le

enseignement déviant[74]. Ce qui n'empêche pas I. H. Marshall de dénoncer les méthodes utilisées et surtout le caractère « amoral » de la pseudonymie[75]. Quelques données externes suggèrent que l'Église condamna la pratique de ce procédé littéraire[76].

Dans le contexte du NT, la pseudonymie semble donc soulever un réel problème psychologique et moral que peu de spécialistes sont prêts à admettre[77]. Dès lors, la possibilité de se retrouver dans un dilemme existe : comment échapper à ce caractère problématique de la pseudonymie sans pour autant opter pour une stricte paternité paulinienne ? L'issue trouvée a été, nous l'avons signalé, le recours à un *amanuensis* (« secrétaire »). Une telle aide n'est pas exclue, bien qu'elle ne soit pas indispensable[78]. D'où notre dernière question : quelle est la figure de l'auteur que renvoient les EP ?

Cette figure, dit-on, ne peut provenir de la plume de Paul. Celui qui prétend être Paul « articule l'exhortation et l'expérience du salut. D'une

---

XIXe siècle, il est intéressant de voir comment P. ROLLAND, *La mode « pseudo » en exégèse*, Versailles, Édition de Paris, 2004, prouve l'authenticité, entre autres, de 2 Pierre et des Pastorales (voir en particulier, p. 100-134).

74. KAESTLI, « Mémoire et pseudépigraphie », p. 49. KAESTLI cite alors 1 Tm 6.20-21 et 2 Tm 1.14.

75. MARSHALL, *Critical and Exegetical Commentary*, p. 79-83.

76. GUTHRIE, « Pseudonymie », p. 1366, cite le *Canon de Muratori*, Sérapion et Tertullien. L'on peut lire : « Tertullien raconte comment un presbytre d'Asie fut défroqué après avoir reconnu être l'auteur des Actes de Paul et avoir rédigé cet écrit par amour pour Paul ». GUTHRIE, « The Development of the Idea of Canonical Pseudepigraphy in NT Criticism », dans GUTHRIE, *The Authorship and Integrity of the NT*, Londres, SPCK, 1965, p. 38 : « Il n'y a aucune preuve, dans la littérature chrétienne, de l'idée d'une fiction littéraire conventionnelle par laquelle un auteur aurait publié ses productions sous un autre nom parce que telle aurait été la coutume littéraire, et cela avec la pleine approbation du cercle des lecteurs ».

77. KAESTLI, « Mémoire et pseudépigraphie », p. 41-63, présente la pseudépigraphie comme une forme légitime de la mémoire des origines chrétiennes. Il passe en revue l'interprétation de ce procédé, dans la littéraire antique et dans le NT. En se servant de 2 Pierre et des Pastorales, il présente ce recours comme un effort d'actualisation de l'enseignement des apôtres. Mais S. BÉNÉTREAU dénonce « l'attitude extrême qui consiste non seulement en une défense de la pseudépigraphie et de son éventuelle utilisation dans le canon, mais encore en une sorte d'exaltation du procédé, pris comme un indice de fidélité aux origines » (*La deuxième épître de Pierre et l'épître de Jude*, Vaux-sur-Seine, Edifac, 1994, p. 35).

78. La contribution d'un secrétaire n'est pas à exclure puisque Paul semblait déjà avoir eu recours à de tels collaborateurs (1 Co 16.21 ; Ga 6.11 ; Col 4.18 ; 2 Th 3.17 ; Rm 16.22). Ce qui pourrait rendre compte des particularités de vocabulaire et de style des Pastorales. Elle n'est pas indispensable puisqu'aucun argument ne semble déterminant pour nier une rédaction par Paul lui-même.

part, il formule avec autorité les exhortations, d'autre part il est celui en qui pour la première fois le salut a été dans l'histoire ("le premier sauvé" 1 Tm 1.15s)[79] ». Bien plus, ce « Paul se présente comme le passage obligé de l'annonce du salut, le centre de sa transmission correcte[80] ». Il n'est pas exclu que ces arguments, soient développés, nous semble-t-il, pour la cause d'une datation tardive. En fait, quelles sont les notices personnelles du texte ?

L'auteur se présente lui-même : « Paul, apôtre de Jésus-Christ » (1 Tm 1.1 ; Tt 1.1 ; 2 Tm 1.1). Il se considère comme le premier des pécheurs (1 Tm 1.5), persécuteur et homme violent (1 Tm 1.13) et rappelle la grâce miraculeuse qui lui a été faite, celle de servir le Seigneur (1 Tm 1.12-14). Il affirme donc sa vocation et son statut : « héraut, apôtre et docteur » (2 Tm 1.11). Il entretient avec les destinataires de ses écrits une relation affective et filiale (1 Tm 1.2, 18 ; 2 Tm 1.1 ; 2.1 ; Tt 1.4). Il a le souci de ses disciples et de la continuation de l'œuvre (1 Tm 1.10 ; 2 Tm 4.3 ; Tt 1.9 ; 2.1). Il évoque volontiers sa solitude (2 Tm 4.16), ses souffrances liées au ministère (2 Tm 2.9). Il est prêt à mourir car il a achevé sa course (2 Tm 4.7). De l'avis de Bo Reicke, « les arguments tenant compte des notices personnelles – en accord avec la situation de Paul – ont plus de poids que les hypothèses reposant sur la datation inévitablement schématique et arbitraire du développement stylistique et ecclésiastique[81] ».

En définitive, « d'un point de vue fondamental et historique, il nous semble que la naissance des Pastorales est beaucoup plus facile à expliquer si l'on met celles-ci en relation avec Paul comme auteur[82] ». Nous retenons donc la thèse de l'authenticité paulinienne foncière. Elle n'est pas sans problèmes, en raison de notre ignorance de nombreux éléments[83]. Cependant, ces obstacles peuvent être surmontés « si l'on tient compte des différences de sujets, des changements dus à l'âge, de l'élargissement du vocabulaire consécutif au nouvel environnement et de la diversité des destinataires[84] ». À cela

---

79. Y. REDALIÉ, « Les Épîtres pastorales », p. 320.

80. *Ibid.* L'auteur consacre d'ailleurs l'ensemble des § 4.2 et 4.3 au développement du caractère incongru de cette image de Paul renvoyée par les Pastorales.

81. B. REICKE, « Les Pastorales dans le ministère de Paul », *Hokhma* 19, 1982, p. 60.

82. *Ibid.*, p. 48.

83. Cf. BÉNÉTREAU, *Les Épîtres pastorales*, p. 47.

84. GUTHRIE, *Pastoral Epistles*, p. 47.

pourrait s'ajouter l'hypothèse d'un deuxième emprisonnement partagé par plusieurs auteurs[85]. Pour S. Bénétreau, « l'explication la plus simple et la plus solide reste celle d'un discours quelque peu nouveau (pas contradictoire !) en raison de destinataires nouveaux[86] ». Les EP s'adressent en premier à de fidèles collaborateurs de Paul dont la connaissance du message apostolique est acquise[87]. En tenant compte du second emprisonnement de Paul à Rome

---

[85]. B. B. Edwards, « The Genuineness of the Pastoral Epistles », *BS*, 150, 1993, p. 139, considère que la difficulté de concilier la question de l'auteur des EP et la chronologie de la vie de Paul disparaît avec la théorie du second emprisonnement à Rome.

[86]. Bénétreau, *Les Épîtres pastorales*, p. 48.

[87]. La question de l'authenticité des Pastorales a son corollaire, celle des destinataires : Timothée, Tite ou des personnages fictifs ? Les tenants de la pseudonymie, pour être en harmonie avec leurs argumentations, voient en Timothée et Tite des personnages fictifs. N. Cochand, *Les ministères dans les Épîtres pastorales*, Neuchâtel, 2002, p. 7-8, affirme que « les épîtres pastorales sont très vraisemblablement pseudépigraphiques. Elles n'ont pas été écrites par Paul, ni par un secrétaire mandaté par l'apôtre. Elles ne contiennent pas non plus des fragments de lettres authentiques ». Puis, il ajoute : « de la même manière, les destinataires, Timothée et Tite sont également fictifs ». Y. Redalié parlera alors de *double pseudépigraphie* mettant en scène *expéditeurs et destinataires* (*Paul après Paul*, p. 26. Les italiques sont de l'auteur). Sans doute que cette question pourrait trouver une réponse à la lumière du genre littéraire des Pastorales. Bien qu'adressées à des compagnons de Paul, sont-elles pour autant des lettres personnelles ? Pour nous intéresser à la démarche de Redalié, il les rattache, pour ce qui est du couple 1 Tm-Tt, à la *littérature d'exhortation* qui « vise à transmettre un savoir-faire ou un savoir-vivre à de jeunes notables, à des fonctionnaires récemment nommés, à de nouveaux membres d'une association » (cf. Redalié, « Les Épîtres pastorales », p. 333). Mais, au regard du contenu des exhortations à Timothée et Tite et le caractère indirect de la communication, il évoque aussi les *lettres administratives* envoyées par une autorité à ses représentants. D'autre part, il rattache 2 Tm à la catégorie du testament. La situation représentée en 2 Tm étant différente : le triangle communicatif, Paul-son destinataire-la communauté, fait place à un rapport duel, Paul-destinataire. En plus, Paul est prisonnier (1.8, 12, 16 ; 2.9), abandonné (1.15 ; 4.10, 16) et proche de la mort (4.6-8). D'où la nécessité d'un testament. La démarche mérite quelques commentaires. Bénétreau, *Les Épîtres pastorales*, p. 17 estime que la description faite des lettres administratives « est si englobante et diverse que beaucoup d'écrits adressés à des personnes ou groupes peuvent s'y rattacher ». Et Johnson, *First and Second Letters to Timothy*, p. 97, considère que 1 Tm et Tt ont la forme d'une correspondance royale de l'époque : les *mandata principis* (littéralement, « les commandements d'une autorité »). Paul s'en serait servi dans le cas d'espèce. Ajoutons aussi que la nette séparation entre 1 Tm-Tt et 2 Tm, du point de vue littéraire, nous semble difficilement tenable. D'ailleurs, Y. Redalié le reconnaît : « contre une séparation trop nette des deux groupes (1 Tm-Tt vs 2 Tm), je défendrai donc une certaine continuité littéraire de la correspondance à Timothée ». Ainsi, les trois lettres ont une continuité littéraire, elles sont des lettres personnelles. Elles révèlent aussi bien le caractère affectif et intime de la relation entre Paul et ses collaborateurs, que son testament qu'il leur lègue avant sa mort (en particulier en 2 Tm où le ton de Paul est plein d'émotion). Les données textuelles relatives à Timothée et à Tite, dans les Actes, dans les autres épîtres et dans les EP finissent de convaincre que Timothée et Tite ne relèvent pas de la fiction littéraire.

et de sa mort, généralement établie en 67-68, nous considérons qu'il a rédigé les EP entre 63 et 67[88].

L'identité de l'auteur et des destinataires étant ainsi déclinée, l'on peut à présent s'interroger sur les motifs de rédaction des EP. Pourquoi Paul adresse-t-il ces lettres à ses collaborateurs ? Quelles que soient les options de paternité, les EP sont considérées comme une réponse appropriée aux idées subversives des adversaires de Paul dans certaines Églises issues de lui. Nonobstant, les avis diffèrent en ce qui concerne la primauté ou non à accorder au motif de ces adversaires dans l'exégèse et l'interprétation des Pastorales.

La question des adversaires : ultime motif ou raison seconde ?

Les EP mettent le lecteur en présence d'une diversité de recommandations visant aussi bien les deux destinataires, Timothée et Tite, que les différentes communautés. Toutefois, il ne fait pas de doute que la dimension polémique occupe « une place centrale » dans l'arrière-plan de ces écrits[89]. La première préoccupation qui s'impose au lecteur est celle de l'identité des enseignants mis en cause et de la nature des leurs enseignements décriés.

1. Identités et enseignements des adversaires dans les EP

Les EP se font l'écho d'une grave menace qui pèse sur les communautés : la présence et l'activité des faux docteurs, prédicateurs d'une « autre doctrine ». Paul, dès le début, se veut précis dans sa recommandation à Timothée : « demeure à Éphèse pour enjoindre à certains de ne pas enseigner une autre doctrine » (1 Tm 1.3, TOB). La dernière recommandation s'inscrira dans le même registre : « O Timothée, garde le dépôt, en évitant les discours vains

---

88. Bénétreau, *Les Épîtres pastorales*, p. 49. Cette période, et particulièrement l'automne 67 s'harmonise bien avec, nous l'évoquions, le témoignage d'Eusèbe de Césarée : « Il vint pour la seconde fois dans la même ville et fut consommé par le martyre : c'est alors qu'étant dans les chaînes, il composa la seconde épître à Timothée, où il signifie à la fois sa première défense et sa consommation imminente » (*Histoire ecclésiastique* II, 22, 2).

89. P. H. Towner, *The Goal of Our Instruction. The Structure of Theology and Ethics in the Pastoral Epistles*, JSNTS 34, Sheffield, Sheffield Academic Press, 1989, p. 21 : « There is general agreement that the heresy reflected in the Pastoral Epistles is the most important aspect of the background of these letters. At almost every turn it forms the backdrop to the author's parenesis and theological expression, and one most assume that letters are intended in some sense as a response to this dangerous situation ».

et profanes, et les disputes de la fausse science » (1 Tm 6.20-21a). Il en sera de même pour Tite : « il y a, en effet, surtout parmi les circoncis, beaucoup de gens rebelles, de vrais discoureurs et de séducteurs auxquels il faut fermer la bouche » (Tt 1.10-11a). Manifestement, ces faux docteurs font courir un péril aux communautés. Timothée et Tite devront donc s'en détourner (1 Tm 4.7 ; 5.11 ; 2 Tm 2.23), après leur avoir donné un ou deux avertissements (Tt 3.10) ; les réfuter (Tt 1.13 ; 2.15), les éviter (2 Tm 3.5), les rejeter (Tt 3.9) et même les museler (Tt 1.11)[90]. La présence des adversaires est telle que, pour le dire avec J.-D. Dubois, « on sent une préoccupation constante des pastorales à valoriser la qualité de l'enseignement délivré par les docteurs et les anciens des communautés chrétiennes[91] ».

La nette impression qui émane des textes rend la situation d'autant plus grave : c'est à l'intérieur même des communautés, non à l'extérieur, que ces adversaires exerçaient leurs activités. G. Fee note que « contrairement à Galates ou à 2 Corinthiens, il n'y a pas dans 1 et 2 Timothée d'allusion à de faux docteurs venant du dehors. En fait tout amène à penser qu'ils font partie de l'Église[92] ». Bien plus, G. Fee admet que ces faux docteurs « sont probablement des anciens qui se sont écartés de l'Évangile prêché par Paul et qui sont sur le point de conduire l'Église ou un grand nombre de ses membres dans l'erreur[93] ». C'est dire que Timothée et Tite ont à défendre la vraie foi. Mais contre quoi et contre qui ?

Autant l'admettre, Paul ne prend pas la peine de donner un exposé clair et précis de l'enseignement qu'il dénonce. Nous constatons, à la suite de S. Bénétreau, que « les reproches sont épars, peu précis et pas toujours argumentés » et qu'« il est donc ardu de se faire une idée de la nature du danger[94] ». Pour plus d'un auteur, Paul réagit contre un seul et même courant d'opposition dans les trois lettres ; il pourrait s'agir de gnosticisme ou proto-gnosticisme, en lien avec le judaïsme[95]. Sans préjuger de la pertinence

---

90. C. Spicq, *Les Épîtres pastorales* (1969), p. 85.
91. Dubois, « Les Pastorales, la gnose et l'hérésie », p. 44-45.
92. Fee, « L'organisation de l'Église », p. 26.
93. *Ibid.* p. 25-26.
94. Bénétreau, *Les Épîtres pastorales*, p. 195.
95. Cf. Scott, *Pastoral Epistles*, p. xxix-xxx ; M. Dibelius et H. Conzelmann, *The Pastoral Epistles*, Hermeneia, Philadelphia, Fortress Press, 1972, p. 65-66 ; Knight, *Pastoral Epistles*, p. 11-12.

de cet avis, cela nous laisse au moins la possibilité d'appréhender l'enseignement dénoncé : elle consiste à rassembler les « reproches épars » en vue d'en établir une cohérence propre.

Pour l'essentiel, nous reprendrons ici à notre compte quelques données des travaux d'E. Cothenet[96] et de J. L. Sumney[97]. Le premier nommé fait un relevé des textes puis s'efforce « de situer les erreurs en cause dans l'histoire des courants religieux du temps[98] ». Le second auteur se donne plus d'espace pour aborder la question. Il identifie les adversaires des EP, de manière séparée, selon 1 Timothée, 2 Timothée et Tite. Pour chaque lettre, il fait une distinction entre les affirmations explicites, les allusions, les assertions et conclut ses investigations sur ce qui est spécifique aux adversaires dans ladite lettre. Nous accorderons notre attention aux affirmations explicites qui, somme toute, sont partagées par les deux auteurs, avec quelques nuances. Nos propres commentaires suivront.

1.1. Les adversaires dans 1 Timothée

- 1 Timothée 1.3-7[99] : les adversaires enseignent une fausse doctrine (*hetero-didaskalein*) opposée à la « saine doctrine » (v. 10 ; 2 Tm 4.3 ; Tt 1.9) ou à la « bonne doctrine » (1 Tm 4.6), c'est-à-dire conforme à la piété (v. 3)[100]. Ce qui est en cause est nommé : « mythes » et « généalogies sans fin[101] », avec pour conséquences des « querelles » (v. 5). Les adversaires « se posent

---

96. Cothenet, *Les Épîtres Pastorales*, p. 15-16.

97. J. L. Sumney, *'Servants of Satan', 'False Brother' and Other Opponents of Paul*, JSNTS 188, Sheffield, Sheffield Academic Press, 1999, p. 253-302.

98. Cothenet, *Les Épîtres Pastorales*, p. 15.

99. Intervenant juste après les salutations, la polémique dénoncée ici pourrait être, selon Donelson, *Pseudepigraphy and Ethical Argument*, p. 116, la substance du même conflit en arrière-plan de toute la lettre.

100. Cothenet, *Les Épîtres Pastorales*, p. 15.

101. Il n'est pas aisé de déterminer la nature exacte des « mythes » et « généalogies » en question. Pour J. L. Sumney (*'Servants of Satan'*, p. 257) : « Le but d'appeler leur enseignement des "mythes" ici n'est pas de décrire avec précision l'enseignement des adversaires mais de les dénigrer et de créer une impression défavorable à propos d'eux avant de dire quelque chose de spécifique » (Citation en version originale : « The point of calling their teaching myths here is not to accurately describe the opponents' teaching, but to denigrate them and create an unfavorable impression about them before saying anything specific »).

en enseignants de la Loi » (Bible Semeur), quoique leurs discours soient de vains bavardages (v. 6)[102].

- 1 Timothée 4.1-7[103] : la fin des temps sera marquée par l'émergence des doctrines à inspiration démoniaque. Quelques points saillants : « ils prescrivent de ne pas se marier et de s'abstenir d'aliments que Dieu a créés[104]. » « "Commérage de vieille femme", tel est le verdict de cette seconde mise en garde[105] ».
- 1 Timothée 6.3-5[106] : En plus d'indiquer que les opposants enseignaient de « fausses doctrines », le texte lève un pan sur leur vie morale : ils sont enflés d'orgueil (v. 4) et avides de gain (v. 5)[107].

---

102. L'un des reproches fait aux adversaires, porte sur leur utilisation de l'AT. Les sujets de discussions sont relatifs à la Loi. Sans doute que les prétentieux « docteurs de la Loi » n'approuvaient pas l'interprétation paulinienne de la validité de la Loi. Ce qui pourrait expliquer l'exigence d'une soumission à la Loi (cf. les restrictions alimentaires, 1 Tm 4.3 ; Tt 1.15). Paul trouve la nécessité de préciser que la Loi n'est pas faite « pour le juste » (1 Tm 1.9). Sumney, '*Servants of Satan*', p. 258, note : « Thus, these first explicit statements about false teachers show that there are Christians who interpret and use the Law in ways that 1Timothy finds unacceptable. Given the mention of Law in v. 7, it seems probable that the myths and genealogies of v. 4 are related to interpreting the Hebrew Bible ». Toutes ces données ne plaideraient-elles pas pour une origine juive des adversaires ?

103. Donelson (*Pseudepigraphy and Ethical Argument*, p. 182) suggère le v. 10 comme fin de péricope. Notre préférence est celle du v. 5, une nouvelle péricope commençant au v. 6.

104. W. Lock, *A Critical and Exegetical Commentary on the Pastoral Epistles*, ICC, Edimbourg, T & T Clark, 1930, p. 47 suggère une origine essénienne à une telle recommandation.

105. Cothenet, *Les Épîtres Pastorales*, p. 15. Le jugement des adversaires sur la création de Dieu est très pessimiste. Est-ce une mauvaise interprétation des pensées de Paul sous le coup de littératures apocryphes, telle les *Actes de Paul* ? (cf. D. C. Verner, *The Household of God : The Social World of the Pastoral Epistles*, SBL DS 71, Chico, Scholars Press, 1983, p. 178). Pour sûr, Paul réagit, non seulement en valorisant le mariage (1 Tm 2.15 ; 5.14 ; Tt 2.4) et la procréation (1 Tm 2.15) mais, en affirmant aussi que « tout ce que Dieu a créé est bon » (v. 4). L'on se demande si des judaïsant auraient pu avoir un jugement aussi négatif et pessimiste sur le mariage et sur la création de Dieu.

106. Cette section peut aller jusqu'au v. 10, comme le suggère G.W. Knight, *Pastoral Epistles*, p. 249, en intitulant les vv. 3-5 : « L'accusation finale des faux enseignants » (Citation en version originale : « Final Indictment of false teachers »). Au v. 11 commencera une nouvelle péricope avec une nouvelle thématique.

107. Au plan moral, le tableau est bien sombre. Rusés (« égarant les autres et égarés eux-mêmes », 2 Tm 3.13) et immoraux (1 Tm 1.6 ; 2 Tm 2.16 ; 3.2-3), ils croient « que la piété est une source de gain » (1 Tm 6.5 ; 2 Tm 3.2 ; Tt 1.11). Sumney, '*Servants of Satan*', p. 266 : « Ainsi, 6.3-5 ne donne aucune nouvelle indication à propos des adversaires à

- 1 Timothée 6.20-21[108] : « au dépôt de la foi que Timothée doit garder précieusement s'opposent les bavardages [...] impies et les "antithèses d'une pseudo-gnose"[109] ».

Que retenir de ces affirmations explicites ?[110] Les adversaires sont membres de la communauté et professent un enseignement proscrit par 1 Timothée : un appel à observer la Loi de Moïse, notamment dans le cadre alimentaire ; une forme de prohibition du mariage ; la probabilité d'un « entretien » de la part de leurs partisans[111]. Toutefois, il est peu certain que ces opposants soient des Gnostiques ou proto-gnostiques ou même des ascètes[112].

1.2. Les adversaires dans 2 Timothée

- 2 Timothée 2.16-18[113] : La nature des « bavardages impies » (TOB) est exposée : les adversaires affirment que « la résurrection

---

part la possibilité qu'ils acceptent un paiement de leurs convertis » (Citation en version originale : « Thus, 6.3-5 yield no new evidence about opponents except the possibility that they accept pay from their converts »). Pour une description appropriée des vices stigmatisés ici, voir le commentaire de N. J. McEleney, « Vice Lists of the Pastoral Epistles », *CBQ* 36, 1974, p. 210-211, sur 1 Tm 6.4-5.

108. Quoique la péricope 6.20-21 soit le résumé et « la conclusion parfaite de l'Épître » (cf. Spicq, *Les Épîtres pastorales* (1969), p. 580 ; Donelson, *Pseudepigraphy and Ethical Argument*, p. 163), son caractère polémique est affirmé (R. J. Karris, « The Background and Significance of the Polemic of the Pastoral Epistles », *JBL* 92, 1973, p. 551).

109. Cothenet, *Les Épîtres Pastorales*, p. 15. L'on a cru percevoir ici des traits du gnosticisme en gestation. En effet, le terme *gnôsis*, connaissance de Dieu, est l'une des prétentions des faux docteurs (Tt 1.16). Ils auraient donc une conception élitiste du salut. Le mot connaissance, utilisée ici (v. 20), est sans attribut ; elle se distingue donc de la connaissance de Dieu, motif purement judaïsant. Ainsi, l'on a cru pouvoir reconnaître dans les EP des gnostiques primitifs sous l'influence de judéo-chrétiens : « À Éphèse et en Crète, saint Paul a eu à faire avec un judéo-christianisme que l'on peut qualifier de pré-gnostique, en ce sens qu'on y discerne une tendance ou des symptômes qui exploseront trente-quarante ans plus tard », C. Spicq, *Les Épîtres pastorale* (1969), p. 114.

110. Somme toute, après une analyse des affirmations explicites, des allusions (1 Tm 1.8-11 ; 4.4, 7-8 ; 2.4-7) et des assertions (1 Tm 3.16 ; 4.10 ; 1.12-17 ; 6.6-10), Sumney ('*Servants of Satan*', p. 277-278) parvient aux mêmes conclusions pour l'ensemble de la Première à Timothée.

111. *Ibid.* p. 267.

112. *Ibid.* p. 268.

113. Cette péricope contient sans doute la formulation la plus explicite de l'hérésie en cours dans la Deuxième à Timothée (cf. Sumney, '*Servants of Satan*', p. 280).

est déjà arrivée ». Deux d'entre eux sont nommément cités et condamnés : Hyménée et Philète[114].
- 2 Timothée 3.1-9[115] : De même qu'en 1 Timothée 4.1, les derniers temps verront une croissance massive des séducteurs, avec un impressionnant cortège de vices[116]. Au regard des versets 6-7, un « nouvel élément d'identification : les faux prophètes se spécialisent dans la propagande à domicile et réussissent à rallier complètement les femmes à leurs idées[117] ».

---

114. La négation de la résurrection des croyants est sans doute l'enseignement le plus caractérisé des adversaires. Que faut-il comprendre par cet énoncé : « la résurrection a déjà eu lieu » ? De l'avis de J.-D. Dubois, « Les Pastorales, la gnose et l'hérésie », p. 17, il pourrait se rattacher à une lecture unilatérale de l'Épître aux Éphésiens. En effet, selon Ep 2.5s, « [Dieu] nous a rendus à la vie avec Christ [...] il nous a ressuscités ensemble, et nous a fait asseoir ensemble dans les lieux célestes, en Jésus-Christ ». Ou encore : « Réveille-toi, toi qui dors, relève-toi d'entre les morts, et Christ t'éclairera » (Ep 5.14). Cette insistance sur le « déjà là » du salut servira d'appui aux adversaires pour prôner la thèse d'une eschatologie pleinement réalisée (cf. J.-D. Dubois, *Supplément CE* n°58, p. 161s). En d'autres termes, « l'idée est, apparemment, que tous les biens du salut sont maintenant accessibles et qu'il n'y a pas à attendre une intervention divine majeure dont bénéficieraient les croyants » (Bénétreau, *Les Épîtres pastorales*, p. 19). Les Pastorales reprendraient alors le conflit supposé par 1 Co 15.12-19 : la mise en doute de la résurrection des morts est une absolue négation de la foi chrétienne. Sans doute que les adversaires ne croyaient qu'en une résurrection spirituelle et non corporelle. G. W. Knight, *Pastoral Epistles*, p. 414, résume : « Leur enseignement ne reliait apparement la résurrection qu'à la vie spirituelle. Il était probablement associé à un faux ascétisme et à une opinion négative du monde matériel, particulièrement du corps humain (cf. 1 Tm 4.1ss), et pourrait avoir résulté d'une utilisation incorrecte des mots de Paul (cf. 2 P 3.16) à propos du fait que les chrétiens sont maintenant ressuscités avec Christ (Rm 6.1-11 ; Ep 2.6 ; 5.14 ; Col 2.12, 13 ; 3.1-4...) » (Citation en version originale : « Their teaching apparently related the resurrection only to the inner spiritual life. It was probably associated with a false asceticism and a low view of the material world, specially the human body [cf. 1 Tim. 4:1ff], and might have resulted from an incorrect handling of Paul's words [cf. 2 Pet. 3:16] about Christians being presently raised with Christ [Rom. 6:1-11; Eph. 2:6; 5:14; Col. 2:12, 13; 3:1-4...] »). De même : C. Spicq, *Les Épîtres pastorales* (1969), p. 757 ; Kelly, *Commentary on the Pastoral Epistles*, p. 184-185 ; Dibelius et Conzelmann, *Pastoral Epistles*, p. 112.

115. Karris, « The Background and Significance », p. 559 : « 2 Timothée 3.1-9 est la seule section de cette lettre qui peut être convenablement appelée une polémique contre les adversaires » (Citation en version originale : « 2 Tim 3:1-9 is the only section of this letter which can be properly called a polemic against the opponents »).

116. Il est à signaler que ces temps sont déjà en cours (Knight, *Pastoral Epistles*, p. 429).

117. Spicq, *Les Épîtres pastorales* (1969), p. 777. De même : Dibelius et Conzelmann, *Pastoral Epistles*, p.116 ; Towner, *Goal of Our Instruction*, p. 26-27. Les femmes constituaient un groupe à risque face aux adversaires, l'autre groupe étant celui des esclaves. À ces deux groupes, Paul recommandait la soumission (1 Tm 2.12 ; Tt 2.5 ; 2 Tm 3.6, pour les femmes et 1 Tm 6.1s ; Tt 2.9s, pour les esclaves). Ce qui pourrait

Au regard des affirmations explicites, J. L. Sumney parvient à une conclusion que nous partageons :

> Notre étude des exhortations explicites en 2 Timothée montre que les contradicteurs de cette épître sont les tenants d'une eschatologie accomplie à l'excès. On dirait qu'ils prétendent posséder ou expérimenter dans le temps présent quelque chose que l'auteur de 2 Timothée estime devoir être reçu seulement lors de la résurrection. Qu'ils expriment leur position dans les termes de 2.18, cela reste à vérifier. En tous cas, 2 Timothée ne donne aucun indice du contexte des contradicteurs relevant de la théorie ou de l'expérience de la compréhension de l'existence présente ni de la vie dans l'*eschaton*... Il est possible qu'ils aient eu un certain succès pour gagner les femmes à leur cause. Mais cela demeure très conjectural...[118]

1.3. Les adversaires dans Tite

- Tite 1.10-16[119] : ce passage laisse supposer que le milieu d'origine des fausses doctrines est juif (des *mythoi* « fables » juives qui ont du succès parmi les circoncis)[120].

---

supposer des tendances émancipatrices enseignées par les adversaires. Un avis que semble partager KARRIS, « Background and Significance », p. 561 : « Les adversaires ont peut-être pu avoir du succès parmi les femmes, en partie à cause de la doctrine de l'émancipation qu'ils soutenaient. Il n'est cependant pas possible de conclure, sur la base de ce passage, que les adversaires avaient des tendances libertines » (Citation en version originale : « The opponents may have had success among the women, partly because of the emancipation doctrine which they espoused. It is not possible, however to conclude, on the basic of this passage, that the opponents had libertinistic tendencies »).

118. SUMNEY, *'Servants of Satan'*, p. 285-286. Citation en version originale : « Our study of explicit statements in 2 Timothy reveals that the opponents of this letter advocate an overrealized eschatology. They seem to claim to possess or experience something in the present time that the author of 2 Timothy believes will be received only at the resurrection. Whether they state their views in the language of 2.18 remains questionable. So far, 2 Timothy gives no hint about the theoretical or experiential background of the opponent's understanding of present existence or life in the eschaton... It is possible, that they were especially successful in gaining women as adherents. But this remains very speculative... ».

119. Le caractère polémique de la péricope 1.10-16 est affirmé (cf. KARRIS, « Background and Significance », p. 551, note 9 ; KNIGHT, *Pastoral Epistles*, p. 295).

120. COTHENET, *Les Épîtres Pastorales*, p. 16. Pour une origine juive des adversaires mises en cause ici : FEE, *1 and 2 Timothy, Titus*, p. 177 ; A. T. HANSON, *The Pastoral Epistles*, NCBC, Grand Rapids, Eerdmans, 1982, p. 175 ; KNIGHT, *Pastoral Epistles*, p. 297.

- Tite 3.9-11[121] : ce texte condamne à nouveau les vaines controverses relatives à la Loi et indique les sanctions à appliquer : « Celui qui est hérétique (*hairétikos*...), écarte-le après un premier et un second avertissement[122]. »

J. L. Sumney nous fait une synthèse de la polémique en Tite :

> Ce qui est dit explicitement montre que ces opposants sont des docteurs judéo-chrétiens, ou du moins que leur enseignement s'enracine dans leur interprétation de la loi et que leur origine se situe parmi les chrétiens d'origine juive. Ils soutiennent que les chrétiens doivent observer certains commandements dont l'auteur de Tite estime qu'ils doivent être rejetés. Ces contradicteurs sont aussi identifiés comme étant d'origine crétoise. Ainsi, ils ne semblent pas faire partie du mouvement plus vaste qui est venu d'ailleurs. Ils semblent bien avoir joui d'un certain succès dans la communauté à laquelle s'adresse cette épître[123].

Après cet exposé, à grands traits, des indices caractériels et doctrinaux des adversaires, à qui identifier les adversaires des Pastorales ?

En suivant le raisonnement de J. L. Sumney, qui consiste à étudier la figure des adversaires, séparément, selon les lettres, l'on pourrait conclure que

---

121. La péricope 3.9-11 est marquée par la polémique. Si certains suggèrent que le v. 8b en soit le début (Dibelius et Conzelmann, *Pastoral Epistles*, p. 151), d'autres optent pour le v. 9 (C. Spicq, *Les Épîtres pastorales* [1969], p. 685 ; Fee, *1 and 2 Timothy, Titus*, p. 210).

122. Cothenet, *Les Épîtres Pastorales*, p. 16. La sanction que Tite se doit de prononcer ici est la dernière d'une trilogie de jugement. Le premier est le fait même de Dieu : « Alexandre, le forgeron, m'a fait beaucoup de mal. Le Seigneur lui rendra selon ses œuvres » (2 Tm 4.14). Il se poursuit par l'entremise de Paul : « De ce nombre sont Hyménée et Alexandre, que j'ai livrés à Satan, afin qu'ils apprennent à ne pas blasphémer » (1 Tm 1.20). Tite, en fin de compte, doit traduire concrètement ces précédents jugements : « Éloigne de toi [...] celui qui provoque des divisions, sachant qu'un homme de cette espèce est perverti, et qu'il pèche, en se condamnant lui-même » (Tt 3.10-11).

123. Sumney, *'Servants of Satan'*, p. 296. Citation en version originale : « Explicit statements reveal that these opponents are Jewish-Christian teachers, or at least that their teaching is rooted in their interpretation of the law and their origin was among Jewish Christians. They advocate that Christians observe some commands that the author of Titus thinks must be rejected. These opponents also are identified as native Cretans. Thus, they do not seem to be part of the larger movement that arrived from outside. They do seem to have enjoyed some success in the community addressed by the letter. »

les adversaires de 2 Timothée ne sont pas les mêmes que ceux de 1 Timothée ou Tite[124]. L'argumentation est pertinente bien qu'insuffisante pour nous décider à endosser la thèse de J. L. Sumney.

Si l'on considère que les trois lettres sont traversées par un seul et même courant d'opposition, le consensus demeure pourtant loin, quand il s'agit de déterminer l'identité des remises en cause. D'aucuns y voient des gnostiques, au sens propre du terme. Si l'on en croit S. Bénétreau, J. Roloff en sera l'un des principaux tenants[125]. D'autres feront l'économie de la thèse gnostique en optant pour un milieu juif-chrétien[126]. Entre ces deux thèses

---

124. *Ibid.*, p. 301-302. J. L. Sumney consolide ses conclusions pour chacune des lettres dans une étude plus récente : « Studying Paul's opponents : Advances and Challenges », dans S. E. Porter, sous dir., *Paul and His opponents*, Pauline Studies vol. 2, Leiden, Brill, 2005, p. 39-50.

125. Pour Roloff, les éléments constitutifs sont une attitude négative à l'égard du monde matériel, l'ascétisme et le goût pour la spéculation et l'ésotérisme, qui sont des éléments caractéristiques de la pensée gnostique. Les traits d'origines juives repérables sont relégués à un plan secondaire. Il écarte donc la thèse d'une offensive de judéo-chrétiens venant de Palestine et juge l'idée d'une origine proprement juive de la gnose inacceptable. Roloff perçoit alors le christianisme comme ayant fourni un pont de pénétration du gnosticisme à partir de sa christologie. Les Pastorales seraient donc un aperçu de cette pénétration dans les Églises pagano-chrétiennes (cf. J. Roloff, *Der Erste Brief an Timotheus*, EKKNT, Zürich/Neukirchen-Vluyn, Benziger/Neukirchen, 1988, p. 228-239, cité par S. Bénétreau, *Les Épîtres pastorales*, 195-196). Les critiques contre la thèse gnostique ne manquent pas. Nous mentionnons déjà l'absence des doctrines essentielles du gnosticisme du IIe siècle dans ce que l'on croyait pouvoir discerner, à l'intérieur de ces écrits, comme indices gnostiques. Pour J.-D. Dubois, « si l'on tient à caractériser la perspective christologique des adversaires, les quelques passages des pastorales où l'on rencontre des formulations christologiques [...] indiquent des données traditionnelles sans pointe anti-gnostiques particulières » (Dubois, « Les Pastorales, la gnose et l'hérésie », p. 47). Pour C. Spicq, *Les Épîtres pastorales* (1969), p. 110, identifier les adversaires aux gnostiques serait un abus de langage. Une telle position « supposerait soit que l'on ignore les écrits gnostiques de mieux en mieux connaissables par les découvertes de Nag-Hammadi en 1946, soit que l'on n'ait point lu les Pastorales ». Cette formulation abrupte de l'auteur veut justement « stigmatiser certains exégètes qui parlent de la gnose et semblent en ignorer le contenu ». Tout en rejetant la thèse gnostique, Spicq affirme que les erreurs repérables des adversaires sont « d'origine juive et mêlées d'éléments d'origine grecque ou indigène ». En outre, il fait remarquer que nous sommes encore loin d'une hérésie bien structurée. En général, les arguments en faveur d'une origine judéo-chrétienne seront une contre argumentation de la thèse gnostique.

126. C. Spicq, *Les Épîtres pastorales* (1969), p. 110. Kelly, *Commentary on the Pastoral Epistles*, p. 12, identifiera aussi les adversaires à des gnostiques à caractère judéo-chrétien. Pour Dornier, *Les Épîtres pastorales*, p. 16, les adversaires représentent « un stade de l'évolution d'un judaïsme hétérodoxe vers une gnose proprement dite, mais cette évolution n'est pas encore parvenue à son terme ». Une telle position écarte une datation tardive des EP. Marshall, *Critical and Exegetical Commentary*, p. 47, note aussi que, dans ce débat contre les adversaires, rien ne nous contraint à un éloignement dans le temps à l'époque de Paul. Pour Mounce (*Pastoral Epistles*, p. lxxv), « un point est clair » : l'enseignement

« traditionnelles », une troisième sera développée : celle qui situe le conflit à l'intérieur de la tradition paulinienne[127].

En définitive, un large consensus refuse d'identifier les adversaires des EP aux gnostiques du IIe siècle et croit pouvoir discerner soit des judéo-chrétiens, soit un mouvement religieux dans la trajectoire du paulinisme[128].

Mais, au-delà de ce débat d'identité des adversaires, quelle place convient-il d'accorder à la polémique dans les motifs de rédaction de ces lettres ? Quelle est l'impact de cette polémique sur l'interprétation de ces écrits ?

2. Les motifs de rédaction des Pastorales

G. Fee reproche aux commentateurs la trop grande proportion à considérer les EP comme un « manuel ecclésiastique » au détriment de la dimension polémique. « Ils ont laissé de côté cette raison (la menace des faux docteurs) dans l'exégèse, sauf lorsque les faux docteurs sont explicitement mentionnés[129]. »

En s'appuyant, pour l'essentiel, sur les données textuelles de 1 Timothée[130], il indique les réels motifs de rédaction des EP ; il en discerne trois.

---

des opposants n'est pas du gnosticisme au vrai sens du terme mais un enseignement assez proche des erreurs dénoncées à Colosses et à Corinthe. Il s'agirait d'un mélange de judaïsme marginal (« aberrant Judaism »), de superstition, voire de magie. De même, FEE, *1 and 2 Timothy, Titus*, p. 24, note 1, y voit ici « d'authentique affinités avec l'hérésie née à Colosses quelques années auparavant ».

127. REDALIÉ, *Paul après Paul*, p. 390. L'auteur discerne ici le pourquoi de la mobilisation de la figure de Paul pour s'opposer aux adversaires. Ainsi, « l'enjeu des débats est la vraie tradition de l'apôtre et sa juste interprétation ». D'une part, l'hérétique en appelle de manière indue à Paul et d'autre part, la pseudépigraphie cherche à dénoncer cet état de fait. Il s'agirait donc de dénoncer un enseignement concurrent dont les adversaires seraient les porteurs. Les indices textuels seront aussi bien bibliques qu'extrabibliques (*Les Actes Apocryphes de Paul*, IIe siècle). Pour la même position, voir aussi N. COCHAND, *Les ministères dans les Épîtres pastorales*, p. 67ss ou, avec quelques nuances, J.-D. DUBOIS, « Les Pastorales, la gnose et l'hérésie », p. 48 : « Il vaut mieux situer les pastorales dans l'histoire de la trajectoire des courants pauliniens, à mi-chemin entre les controverses de Paul à Corinthe et les débats des courants gnostiques ».

128. Nous l'avons, sans doute, perçu assez rapidement : la question de l'identité des adversaires, née au courant du XIXe siècle, est toujours en rapport avec la paternité des Pastorales. Il va s'en dire que les positions seront déterminées selon que l'on fait remonter l'origine des Pastorales à Paul (authenticité) ou que l'on opte pour une datation tardive (pseudépigraphie). C'est du moins, ce que cachent mal les deux principales positions.

129. FEE, « L'organisation de l'Église », p. 23.

130. En admettant que les trois lettres sont traversées par la même polémique, les éléments de cette polémique peuvent être aisément placés dans le contexte des deux autres épîtres.

D'une part, Paul dit explicitement à Timothée que la raison pour laquelle il l'a laissé à Éphèse n'est pas d'organiser l'Église (Tt 1.5) mais « d'enjoindre à certains de ne plus enseigner de fausses doctrines » (1 Tm 1.3). Face aux succès des hétérodoxes, il était urgent pour le jeune collaborateur de s'y opposer et de sauver ses auditeurs.

D'autre part, le deuxième motif qui amène Paul à écrire (3.15) n'est pas tant « que tu saches comment te conduire dans la maison de Dieu », mais plutôt « que tu saches quelle sorte de conduite doit adopter un membre de famille de Dieu ». Il s'agirait donc d'instruire le véritable peuple de Dieu sur la manière de se comporter, par opposition aux mœurs et conduite des faux docteurs.

Enfin, en tenant compte du témoignage d'Actes 20.30, il devient clair que la tâche de Timothée à Éphèse, à la différence de celle de Tite en Crète, ne consiste pas à choisir des anciens. Cette Église en avait déjà et Paul avait prédit qu'au nombre de ses anciens quelques-uns s'élèveront pour égarer ses membres.

G. Fee note aussi que, dans le contexte des EP, chaque Église de maison est dirigée par un ou plusieurs anciens. La question en jeu n'est donc pas tant un schisme dans une grande assemblée que la soumission presque simultanée de plusieurs Églises de maison à leurs dirigeants égarés. La mission de Timothée consistait à y mettre un terme ; il se devait de répondre de manière appropriée à la situation des Éphésiens, aux prises avec leurs anciens devenus apostats.

Nous partageons la sensibilité de G. Fee relativement au caractère circonstanciel des EP. Ce serait une grave méprise que d'interpréter ces écrits sans en tenir compte et de parvenir à des déductions péremptoires pour l'Église aujourd'hui[131].

Toutefois, nous nous demandons si l'auteur n'est pas excessif dans la primauté accordée au motif des adversaires[132]. N'y a-t-il pas d'autres richesses

---

131. Allusion est faite ici à ceux qui utilisent les EP comme un traité détaillé de l'organisation de l'Église et de l'exercice des ministères. C'est justement cette méprise qui explique le fait que des Églises aux structures très diverses utilisent les EP comme justificatif scripturaire.

132. Face à la sobriété des indices textuels, F. VOUGA, « Le corpus paulinien », dans D. Marguerat, sous dir., *Introduction au Nouveau Testament. Son histoire, son écriture, sa théologie*, Genève, Labor et Fides, 2001, p. 143, recommande la prudence s'agissant de

dans ces écrits ? Considérer que la dimension polémique des Pastorales cohabite avec un message authentiquement positif, nous semble être une position raisonnable. D'une part, c'est de ce contraste que l'image des adversaires sert à faire ressortir et à différencier celle des destinataires[133]. D'autre part, les EP demeurent, encore aujourd'hui, des documents précieux pour la vie de l'Église. Le vocabulaire ministériel, par exemple, met en évidence « deux types de service majeurs, la présidence-surveillance-direction-gestion et la prédication-enseignement-exhortation, auxquels il faudrait ajouter le soin des personnes[134] ».

En outre, la place considérable des qualifications spirituelles et morales attendues des responsables nous semble essentielle pour l'édification de l'Église aujourd'hui. Ajoutons à cela, l'interpellation de ces écrits sur l'impérieuse nécessité pour l'Église d'annoncer fidèlement l'Évangile apostolique. Sa survie en dépend. Autant de richesses qui ne sauraient limiter la pertinence des Pastorales à une époque donnée et qui militent en faveur de leur étude, dans les contingences historiques qui sont les siennes.

Conclusion partielle : La situation des Églises en arrière-plan des EP

Au terme de ce parcours à grands traits de l'arrière-plan des Pastorales, nous pouvons à présent nous prononcer sur la situation des Églises. Celle-ci est-elle si distante de ce que l'on sait des premières lettres de Paul ?

Les conclusions auxquelles nous sommes parvenus nous permettent, d'une part, de prendre de la distance par rapport à cette thèse[135] : (1) Les

---

la question des adversaires dans les lettres de Paul et prévient que rien n'autorise à une surinterprétation des conflits pour en déduire des débats théologiques de fond.

133. REDALIÉ, *Paul après Paul*, p. 397, considère que la lutte contre les faux docteurs est l'aspect négatif d'une instruction dont la perspective positive est l'amour et la série des vertus (1 Tm 1.5). C'est donc elle qui met en relief Timothée comme modèle pour les fidèles (1 Tm 4) et sa tâche de garder intact « le commandement » et le « dépôt » reçus de Dieu (1 Tm 6.14 et 20). La polémique sert donc de faire-valoir aux exhortations directes à Timothée à propos de son comportement et de son enseignement.

134. BÉNÉTREAU, *Les Épîtres pastorales*, p. 169.

135. Signalons ici le sérieux avec lequel I. H. MARSHALL montre les limites de cette thèse, à travers deux contributions majeures : « "Early Catholicism" in the New Testament », dans R. LONGENECKER et M. C. TENNEY, sous dir., *New Dimensions in the New Testament Study*, Grand Rapids, Zondervan, 1974, p. 217-231 ; *Pastoral Epistles*, p. 516-518. La

EP sont des lettres authentiques de Paul, datant du Ier siècle ; (2) Timothée et Tite sont des destinataires authentiques ; (3) Les faux docteurs en activité dans ces Églises ne sont pas des gnostiques du IIème siècle mais, probablement, des judéo-chrétiens ; (4) La gravité de la situation est un motif majeur de rédaction ; (5) La dimension polémique cohabite avec le caractère positif du message des Pastorales.

D'autre part, si nous rassemblons les données internes des Pastorales, nous ne trouvons pas une situation ecclésiale en rupture complète avec celle des Églises dites « authentiquement » pauliniennes. En effet, que savons-nous de la situation des Églises en arrière-plan des Pastorales ?

Le lecteur constate aisément la prééminence des rôles des disciples de Paul : Timothée et Tite. Le premier a en charge un ministère dans la grande cité d'Éphèse (1 Tm 1.3). Le second a la responsabilité des Églises en Crète (Tt 1.5). Tous deux, des représentants de l'apôtre auprès des communautés. Dans la pratique, Timothée avait pour tâche l'instruction des ministres sur les devoirs qui s'attachent à leurs charges (1 Tm 3.1-13). Lui-même veillera à être un modèle des vertus chrétiennes (1 Tm 4.12 ; cf. Tt 2.7) et à bien remplir son ministère (1 Tm 4.6 ; 2 Tm 4.5). Pour les candidats au ministère, il veillera à les éprouver (1 Tm 3.10) avant de les établir dans leurs fonctions (cf. 1 Tm 4.14 ; 2 Tm 1.6). Tite en fera de même en Crète : organiser les Églises, établir des ministres (1.5-9).

Au-delà de ces tâches organisationnelles, les délégués ont pour fonction essentielle l'enseignement de la saine doctrine (1 Tm 4.6, 11, 13, 16 ; 2 Tm 3.10, 16 ; Tt 2.7, 10). Timothée accomplira cette fonction avec soin (2 Tm 2.15 ; 4.2), rejetant les nouveautés (1 Tm 6.20), les vains discours (2 Tm 2.16, 23). À l'occasion, il exercera la discipline (1 Tm 5.20 ; 2 Tm 3.16 ; 4.2). Les ministres institués ont aussi pour tâche l'enseignement et la direction des communautés (1 Tm 3.2, 4 ; 5.17 ; Tt 1.7).

Les Églises sont composées de personnes de tous les âges (1 Tm 5.1-2 ; Tt 2.2, 6), de toutes les conditions (1 Tm 6.1-2 ; Tt 2.9-10). Les femmes occupent une place de choix. En règle générale, elles doivent garder le « silence »

---

première contribution est surtout un dialogue avec les thèses du protestant E. KÄSEMANN et de son interprétation de l'œuvre lucanienne. L'auteur ne manque toutefois pas de s'intéresser aux autres textes supposés contenir des indices du « protocatholicisme » : Les Épîtres pastorales, Jacques, 2 Pierre, une partie de Matthieu (p. 224). Relativement aux EP, voir son argumentaire, en quatre points, dans le commentaire indiqué. Nous y reviendrons.

dans les assemblés, « avec une entière soumission » (1 Tm 2.11-12). Les plus âgées instruisent les plus jeunes (Tt 2.4). Il n'est pas exclu que certaines femmes aient eu accès au diaconat (1 Tm 3.11). L'on signale la présence de veuves. Celles qui sont secourues par l'Église figurent dans un registre (1 Tm 5.9-10).

Sur le plan liturgique, Timothée doit organiser les cultes, « en tout lieu » placé sous son autorité (1 Tm 2.1-12). La liturgie est faite de prières (1 Tm 2.1 ; 5.5), de lectures bibliques (1 Tm 4.13), d'enseignement centré sur les paroles du Christ-Jésus (1 Tm 6.3), d'hymnes et de doxologies (cf. 1 Tm 2.5-6 ; 3.16 ; 6.15-16 ; 2 Tm 2.11-13). Les prophéties ne sont pas exclues (cf. 1 Tm 4.14).

Par contre, nos informations restent quelque peu fragmentaires à l'égard de « la vie chrétienne en générale[136] ». Ou encore à l'égard de « la société » et du « rapport aux autorités ». Sans doute faut-il discerner les pensées de l'auteur à partir des exhortations relatives à ces points (cf. 1 Tm 2.1-4)[137].

Pour S. Bénétreau, « le tableau de l'Église laissé par les Pastorales met indéniablement en valeur des aspects nouveaux par rapport aux premières épîtres de Paul ». Toutefois, poursuit-il, « si l'on prend en compte l'identité des destinataires, le fait de dangers pressants et spécifiques, une date un peu plus tardive, on parvient à la conclusion que, sur l'essentiel, on ne doit pas parler d'une distance, encore moins d'une modification profonde[138] ».

Finalement, saisir une vue d'ensemble de la situation des communautés ecclésiales en arrière-plan des Pastorales nous a été fort utile. Toutefois, l'entreprise demeure insuffisante pour discerner plus nettement la nature et les fonctions de l'Église dans les Pastorales. Pour y parvenir, la voie royale est celle de l'étude de quelques textes spécifiques. Tel sera à présent notre propos.

---

136. À ce sujet, signalons l'effort très appréciable déployé par I. H. Marshall pour restituer la vie chrétienne selon 1 Timothée (cf. « The Christian Life in 1 Timothy », *RTR* XLIX, 1990, p. 81-90). Nous y reviendrons.

137. Cf. H. Blocher, « Prier pour les autorités (1 Timothée 2.1-2) », dans *La Bible au microscope. Exégèse et théologie biblique du Nouveau Testament*, vol. 2, Vaux-sur-Seine, Edifac, 2010, p. 187-188.

138. Bénétreau, *Les Épîtres pastorales*, p. 185-186 (cf. *Excursus*, « L'Église dans les Pastorales »).

CHAPITRE 2

Étude de la première série de textes

L'étude de la première série de textes répond à une préoccupation de départ, à savoir discerner l'idée de l'Église qui émane des EP. Les notions décrivant l'Église dans les EP sont rares et l'ecclésiologie est à reconstituer à travers des données, considérées comme éparses[1]. Ainsi, si l'ecclésiologie n'est jamais traitée en tant que telle dans les EP, « la parénèse est ecclésiologie et l'ecclésiologie se dessine dans l'exhortation[2] ».

En effet, le terme ἐκκλησία apparaît clairement, à trois reprises, dans 1 Timothée : ἐκκλησίας θεοῦ « Église de Dieu » (3.5) ; ἐκκλησία θεοῦ ζῶντος « Église du Dieu vivant » (3.15) ; ἡ ἐκκλησία « l'Église » (5.16). Par la suite, le terme ἐκκλησία fera place à une diversité de formules se référant à la réalité ecclésiale, selon l'usage qu'en fait ailleurs l'apôtre Paul[3].

En dépit de cette diversité de données, 1 Timothée 3.15 et 2 Timothée 2.19-21 sont généralement considérés comme deux textes mettant bien en évidence la description de l'Église par l'auteur[4]. Nous ne ferons donc pas

---

1. *Supra*, p. 12, note 42.
2. REDALIÉ, *Paul après Paul*, p. 260.
3. Cf. « *économe de Dieu* » (Tt 1.7) ; « les croyants » (1 Tm 1.16 ; 4.3, 12 ; 5.16 ; 6.2-3 ; Tt 3.8) ; « que tous les hommes soient sauvés et parviennent à la connaissance de la vérité », (1 Tm 2.4) ; « les frères » (1 Tm 4.6 ; 6.2) ; « un peuple qui lui appartienne » (Tt 2.14) ; « les élus » (Tt 1.1 ; 2 Tm 2.10) ; « les saints » (1 Tm 5.10) ; « ceux du dehors » (1 Tm 3.7) ; « ceux qui lui [le Seigneur] appartiennent » (2 Tm 2.19 ; Tt 2.14), etc.
4. TOWNER, *Goal of Our Instruction*, p. 129. REDALIÉ, *Paul après Paul*, p. 274 : « Même si la préoccupation ecclésiologique traverse les pastorales de bout en bout, 1 Timothée 3.15 et 2 Timothée 2.19s restent les deux textes les plus explicites à ce sujet ». Ce qui ne saurait signifier une absence d'indice textuelle portant sur l'ecclésiologie dans la lettre à Tite. « Dans Tite, la seule mention explicite de l'organisation ecclésiale se trouve dans l'instruction d'établir des anciens dans toutes les Églises, avec une courte liste de qualités souhaitables chez l'ancien » (Citation en version originale : « In Titus, the only explicit mention of ecclesial organization comes in the instruction of establishing elders/supervisors

un traitement des données éparses ; nous nous concentrerons sur ces deux grands textes. Alors que le premier texte fait une description de l'Église à travers une combinaison de termes (ἐκκλησία, « Église » ; οἶκος θεοῦ, « maison de Dieu » ; στῦλος καὶ ἑδραίωμα τῆς ἀληθείας, « colonne et soutien de la vérité »), le second introduit une instruction sur l'Église dans un contexte de développement sur l'apostasie à Éphèse.

Si les ministères se déploient à l'intérieur des communautés, il importe de connaître ce cadre ecclésiologique, lieu d'inscription des qualités attendues des ministres, qu'ils soient délégués de l'Apôtre ou ministres locaux. Plus précisément, comment l'auteur des EP concevait-il l'Église ? Dans quel modèle d'Église inscrit-il les différents ministères ayant cours dans les Pastorales ?

L'auteur semble faire référence à l'image de la maison (cf. 1 Tm 3.15 ; 2 Tm 2.20) pour traduire sa conception de la communauté et le lecteur des Pastorales est saisi par la récurrence des codes domestiques. D'où l'hypothèse selon laquelle l'image de la « maison de Dieu » est la métaphore par excellence pour définir la communauté des Pastorales[5]. Si l'Église est une entité sociologique, basée sur le modèle de la maison et de la famille antiques, quelles en sont les implications pour la compréhension des ministères et, en rapport avec notre problématique, pour l'évaluation des ministères ? Pour y répondre, nous étudierons les deux principaux textes indiqués : 1 Timothée 3.14-16 et 2 Timothée 2.19-21.

1 Timothée 3.14-16 : L'Église et le mystère de la piété

1. Traduction

[14]Je t'écris cela, en espérant te rejoindre au plus tôt. [15]Mais si je tarde, sache bien comment il faut se conduire dans la maison de

---

in every church, with a short list of qualities desirable in the supervisor [Titus 1:5-9] ») (L. T. JOHNSON, « Paul's Ecclesiology », dans J. D. G. DUNN, sous dir., *The Cambridge Companion to St Paul*, Cambridge, CUP, 2003, p. 210).

5. N. COCHAND signale que depuis H. VON LIPS, *Glaube, Gemeinde, Amt. Zum Verständnis der Ordination in den Pastoralbriefen*, Göttingen, Vandenhoeck u. Ruprecht, 1979 et D. C. VERNER, *The House of God. The Social World of the Pastoral Epistles*, Chico, Scholars Press, 1983, la recherche accorde une place de choix au thème de la maison de Dieu (*Les ministères dans les Épîtres pastorales*, p. 177).

Dieu, qui est l'Église du Dieu vivant, la colonne et le soutien de la vérité. ¹⁶*Et, assurément, il est grand le mystère de la piété :* « *Lui qui fut manifesté dans la chair, il fut justifié dans l'Esprit ; il fut vu par les anges, il fut proclamé chez les nations ; il fut cru dans le monde, il fut enlevé dans la gloire.* »[6]

2. Délimitation, contexte littéraire et structure du texte

2.1. Délimitation de 1 Timothée 3.14-16

Peut-on considérer 3.14-16 comme une unité textuelle ? En amont, le verset 14 marque une rupture avec la péricope 3.8-13 consacrée aux diacres. L'auteur quitte le registre du pluriel (« ils/elles ») pour s'adresser directement à Timothée ; c'est le retour du registre du singulier (« je-tu ») interrompu plus loin, en 1.18-20. En plus de ce changement de style et de personnage, l'auteur opère un changement thématique : « Il ne s'agit plus d'une réflexion sur divers aspects de la vie ecclésiale, mais des raisons pour lesquelles l'épître est rédigée[7]. » En aval, avec la péricope 4.1-5, l'auteur renoue aussi bien avec le registre du pluriel (« ils ») qu'avec une nouvelle thématique : il dénonce l'enseignement démoniaque des adversaires (« *Certains se détourneront de la foi en s'attachant à des esprits trompeurs et à des enseignements de démons...* », v. 1ss).

Ces différents déplacements stylistiques et thématiques plaident en faveur d'une homogénéité de notre péricope dont le contexte littéraire reste à clarifier.

2.2. Contexte littéraire de 1 Timothée 3.14-16

Quels sont les liens que la péricope 1 Timothée 3.14-16 entretient avec le contexte antécédent et subséquent ? De l'avis de C. Spicq, notre péricope est « sans rapport grammatical ni doctrinal avec ce qui précède ou ce qui suit immédiatement[8] ». Notre avis ne sera pas aussi tranché. En effet, notre texte est « *central dans l'organisation générale de la lettre*, qu'il distribue en deux

---

6. Les traductions des passages bibliques en début d'analyse des textes bibliques sont de l'auteur. Elles sont mises en italiques.

7. E. ELENGABEKA, *L'exploitation des Écritures, L'intertextualité scripturaire dans les Épîtres Pastorales*, Bern, PUE, 2009, p. 84.

8. SPICQ, *Les Épîtres pastorales* (1969), p. 464.

séquences parénétiques (2.1-3, 13 et 4.1-6, 2)⁹ ». Le pronom démonstratif neutre pluriel ταῦτά (« cela ») de l'affirmation du verset 14 (« Ταῦτά σοι γράφω ἐλπίζων ἐλθεῖν πρὸς σὲ ἐν τάχει... ») établit un lien littéraire avec tout le contenu de l'Épître[10]. Si le verset 15 évoque la conduite appropriée « dans la maison de Dieu » (« εἰδῇς πῶς δεῖ ἐν οἴκῳ θεοῦ ἀναστρέφεσθαι... ») ce sont les critères de choix des ministres locaux en 1 Timothée 3.1-13 qui constituent, au plus près, les critères d'appréciation d'une telle conduite[11].

L'hymne au « mystère de la piété » (εὐσεβείας μυστήριον) du verset 16 renvoie le lecteur à un thème clé des EP. Terme inconnu des Évangiles et des Épîtres (hormis 2 P 2.9), εὐσέβεια (« piété ») est usité une dizaine de fois dans les EP et « se présente avant tout comme une qualité de vie chrétienne ou une note de la vie commune de l'Église[12] ». Dans 1 Timothée, le substantif εὐσέβεια est distribué en 2.2 ; 4.7-8 ; 6.3, 5, 11, un usage auquel il faut adjoindre celui des mots apparentés : « εὐσεβέω » (5.4) et « θεοσέβεια » (2.10). Ainsi, « 1 Tm 3.14-16 remplit la fonction d'un relais dans le réseau des textes où circule ce concept déterminant de l'existence chrétienne[13] » selon les Pastorales. En évoquant le « mystère de la piété » au verset 16, l'auteur n'hésite pas à le définir comme le contenu de la foi au Christ ressuscité

---

9. REDALIÉ, *Paul après Paul*, p. 244-245. Les italiques sont de l'auteur.

10. KELLY, *Commentary on the Pastoral Epistles*, p. 86. Le pronom ταῦτά est usité ici pour la première fois dans les EP. Il reviendra par la suite, sept fois en 1 Tm (4.6, 11, 15 ; 5.7, 21 ; 6.2, 11), deux fois en Tite (2.15 ; 3.8) et trois fois en 2 Tm (1.12 ; 2.2, 14). Pour un traitement exhaustif des fonctions de ταῦτα dans les EP, voir G. W. KNIGHT, *Pastoral Epistles*, p. 178, 204-205, 247-248. L'on se demande ici à quoi est-ce qu'il s'applique : au texte immédiat en amont, 1 Tm 3.1-13 ? ; à l'ensemble 1 Tm 2, 1-3, 13 ? ; à l'ensemble de la Première à Timothée ou même des Pastorales ? Le verbe γράφω, étant au présent et non à l'aoriste épistolaire (cf. ἔγραψα, Gal 6.11), nous permet de supposer que ταῦτα s'applique à l'ensemble de la Première à Timothée (cf. SPICQ, *Les Épîtres pastorales* [1969], p. 464).

11. Nous convenons avec E. ELENGABEKA que « Visant à fixer des exigences sur le plan de la conduite, 1 Tm 3.14ss partage la même perspective que les obligations requises aux épiscopes et aux diacres. Par le biais de l'impersonnel «δεῖ» (3.2, 7, 15), 3.14ss s'attache à une chaîne de devoirs, dont les prescriptions éthiques de 3.2-13 constituent les autres maillons. D'ailleurs, on retrouvera de part et d'autre l'analogie entre la gestion domestique et l'animation de l'Église, par l'association de l'expression « ἐκκλησία θεοῦ » et du terme « οἶκος » (3.5, 15). 1 Tm 3.14ss partage la même thématique ecclésiale que le reste du chapitre » (*L'exploitation des Écritures*, p. 87).

12. Cf. SPICQ, *Les Épîtres pastorales* (1969), p. 482 et 485. B. M. METZGER, *LASNTG*, New Jersey, Clarendon Press, 1981, p. 30, indique que le mot εὐσέβεια apparaît une quinzaine de fois dans tout le NT. Ce qui fait saisir la place prépondérante de εὐσέβεια dans le discours théologique des EP.

13. ELENGABEKA, *L'exploitation des Écritures*, p. 88.

et glorifié. Il convient de garder une telle foi dans « une conscience pure » (cf. v. 9)[14] d'autant plus que « quelques-uns abandonneront la foi » (4.1). De la sorte, il s'établit un lien entre 1 Timothée 3.16 et 1 Timothée 4.1.

Finalement, le contexte littéraire de notre péricope est tout à la fois, celui d'une élaboration de ce qu'il convient de croire (doctrine) et de vivre dans l'Église (éthique), que celui d'une mise en garde contre le risque d'abandon de la foi véritable.

2.3. Structure de 1 Timothée 3.14-16

Nous partageons l'avis d'Elengabeka selon lequel la structure de notre péricope pourrait se décliner en deux parties (v. 14-15 et v. 16) selon le mouvement des personnages, du genre littéraire et de la thématique[15].

En effet, au seuil de la péricope, la proposition ταῦτά σοι γράφω (v. 14a) attire l'attention du lecteur sur la relation épistolaire existant entre le destinateur et le destinataire[16]. Les versets 14b-15a mettent en évidence « l'état d'esprit » du destinateur : « ... ἐλπίζων ἐλθεῖν πρὸς σὲ ἐν τάχει· ἐὰν δὲ βραδύνω...[17] » Et le verset 15b, en exposant le motif de la lettre, introduit le destinataire : « ... ἵνα εἰδῇς πῶς δεῖ ἐν οἴκῳ θεοῦ ἀναστρέφεσθαι...[18] » Le passage du « je » (v. 14b-15a) à la tournure impersonnelle « il faut » (v. 15b) confirme donc ce mouvement des personnages qui, du reste, n'est pas fortuit : la communication épistolaire sert ici « la même cause ecclésiale, car l'instruction de l'un à l'attention de l'autre voudrait dire ce qui convient à la maison de Dieu[19] ».

---

14. DIBELIUS et CONZELMANN, *Pastoral Epistles*, p. 61, considèrent que μυστήριοντῆς εὐσεβείας (3.16) est pratiquement le synonyme de μυστήριον τῆς πίστεως (3.9).

15. ELENGABEKA, *L'exploitation des Écritures*, p. 89.

16. *Ibid.*

17. (... espérant aller vers toi au plus tôt. Mais si je tarde...).

18. (... sache bien comment il faut se conduire dans la maison de Dieu...).

19. ELENGABEKA, *L'exploitation des Écritures*, p. 90. D'un avis identique R. VAN NESTE, *Cohesion and Structure in the Pastoral Epistles*, London/New York, T&T Clark, 2004, p. 45, note : « Il ne semble pas y avoir de contestation sur la cohérence de 3.14-15. La continuité des personnes impliquées (Paul à Timothée) réunit les deux versets, les quatre premières formes verbales renvoyant à Paul et le cinquième verbe renvoyant à la réaction de Timothée. Le contenu de ce que Timothée doit connaître introduit le thème de l'Église, qui constitue le sujet de 3.15b. En conséquence, le verbe passe ici à la 3ᵉ personne du singulier » (Citation en version originale : « There does not seem to be any contention against the cohesiveness of 3.14-15. The continuity of participants [Paul to Timothy] unites the two verses, with the first four verbal referring to Paul and the fifth verb shifting to Timothy's response. The

Notre péricope s'achève en 3.16 par une orientation théologique différente de celle de 3.14-15 ; elle-même portée par un style différent[20]. Alors que le verset 15 abordait le thème de « l'Église du Dieu vivant », le verset 16 introduit et développe un hymne christologique. Ce contraste fait dire à R. A. Campbell que le verset 16 n'entretient qu'un lien faible avec les versets 14-15[21].

En réalité, ce lien n'est pas aussi lâche que l'on pourrait le croire. C'est du moins ce que R. Neste parvient à démontrer : le lien entre 3.15 et 3.16 se trouve dans ceux existant entre ἀναστρέφω, ἀληθείας et εὐσεβείας μυστήριον[22].

D'une part, analyse-t-il, ἀλήθεια et μυστήριον sont, en dépit des nuances, deux termes clés du message chrétien[23]. Tenant compte du fait que déjà en 3.9, μυστήριον τῆς πίστεως a été clairement utilisé en référence à ce message chrétien, 3.15 conclut la discussion sur l'Église en mettant en relief son rôle en relation avec la vérité[24]. Le verset 16 remplit ici une fonction : elle explique la teneur de la vérité révélée[25].

D'autre part, εὐσέβεια qui caractérise ici μυστήριον, fait allusion à toute l'existence chrétienne comme une manière de vivre résultant de l'acceptation

---

content of what Timothy is to know introduces the topic of the church, which is then the focus of 3.15b. Accordingly the verb shifts to third person singular here »).

20. Comme le commente si bien ELENGABEKA, *L'exploitation des Écritures*, p. 90 : « Les accents épistolaires des versets 14-15 disparaissent devant le rythme de l'hymne, qui se ressent au pronom relatif "ὅς" et à la litanie des aoristes passifs "ἐφανερώθη", "ἐδικαιώθη", "ὤφθη", "ἐκηρύχθη", "ἐπιστεύθη", "ἀνελήφθη" ».

21. CAMPBELL note : « Il est universellement admis que ce verset n'a qu'un faible lien avec ce qui actuellement le précède, c'est-à-dire un passage qui ne traite aucunement du Christ mais plutôt de l'Église décrite comme "la colonne et l'appui de la vérité" » (Citation en version originale : « It will be admitted by all that this verse is weakly attached to what at present precedes it, a passage which is not about Christ at all, but rather about the church described as "the pillar and bulwark of the truth" »). CAMPBELL, « Identifying the faithful sayings in the Pastoral Epistles », *JSNT* 54, 1994, p. 81.

22. VAN NESTE, *Cohesion and Structure*, p. 45.

23. *Ibid.* En prenant appui, entre autres, sur les travaux de MARSHALL, *Critical and Exegetical Commentary*, p. 122, 490-491 et TOWNER, *Goal of Our Instruction*, p. 122, 87-88, l'auteur note que si dans ses écrits antérieurs, Paul désignait la révélation du salut par le terme ἀλήθεια, dans les EP, face à la polémique, il va l'utiliser pour signifier l'authenticité de la révélation du salut accordé par Dieu. Quant au terme μυστήριον il est usité en référence au plan du salut de Dieu en Christ, maintenant révélé. Déjà, en 1 Tm 3.9 l'expression μυστήριον τῆς πίστεως a été utilisée pour indiquer le contenu du message chrétien.

24. *Ibid.*, p. 45-46.

25. *Ibid.*, p. 46.

du message chrétien[26]. Les connotations éthiques de la piété (εὐσέβεια) en 3.16 établissent ainsi un lien avec la conduite appropriée (ἀναστρέφω) dans la maison de Dieu évoquée en 3.15. Tout bien considéré, nous retiendrons qu'il y a un lien ferme entre 3.15 et 3.16, quoique plaidant pour une structure bipartite de la péricope.

Si la structure des versets 14-15 se détermine sans difficulté, diverses approches se confrontent lorsqu'il s'agit de déterminer celle du verset 16[27]. Si l'on y repère assez aisément un récapitulatif biographique du parcours du Christ, la plupart des commentateurs optent pour un plan binaire ou ternaire, les deux configurations étant plausibles[28]. En tenant compte des parallélismes des vers et des trois contrastes (chair / esprit ; anges / nations ; monde / gloire), notre préférence est ternaire[29].

---

26. *Ibid.* Se lit aussi chez MARSHALL, *Critical and Exegetical Commentary*, p. 523 : « μυστήριον (3.9) is another way of referring of the "truth" (v. 15) ; it is the secret, revealed by God, which forms the basic or ground for the life described as εὐσέβεια ».

27. R. H. GUNDRY, « The Form, Meaning, and Background of the Hymn Quoted in 1 Timothy 3: 16 », dans W. W. GASQUE et R. P. MARTIN, sous dir., *Apostolic History and the Gospel. Biblical Historical presented to F. F. BRUCE*, Exeter, The Paternoster Press, 1970, p. 203-209, fait un bilan des différentes approches.

28. Pour une présentation de ces deux configurations dominantes, voir MARSHALL, *Critical and Exegetical Commentary*, p. 500-501 ; MOUNCE, *Pastoral Epistles*, p. 216-217.

29. Une explication de ces contrastes se lit chez G. W. KNIGHT, *Pastoral Epistles*, p. 183 : « Le premier des trois distiques présente l'œuvre accomplie par Christ, le deuxième, l'oeuvre connue de Christ, et le troisième est son oeuvre reconnue » (Citation en version originale : « The first of the three couplets presents Christ's work accomplished, the second his work made known and the third his work acknowledged »). La structure en trois strophes : a-b, b-a, a-b (terre-ciel, ciel-terre, terre-ciel) est aussi le choix de E. SCHWEIZER, « Two New Testament Creeds Compared : 1 Corinthians 15:3-5 and 1 Timothy 3:16 », *Neotestamentica. Deutsche und englische Aufsätze 1951-1963*, Zurich, Zwingli, 1963, p. 125-126.

Finalement, la structure de notre péricope se présente comme suit[30] :

v. 14-15 : Les motivations de la lettre
    v. 14-15a : L'absence prévue et la présence souhaitée du destinateur[31]
    v. 15b : La conduite appropriée dans la maison de Dieu[32]
v. 16 : Le mystère de la piété et sa manifestation
    v. 16a : L'introduction au mystère
    v. 16b : L'hymne au Christ, véritable mystère manifesté
        A : Il a été manifesté dans la chair / justifié dans l'Esprit
            B : il est apparu aux anges / proclamé chez les païens
        A' : cru dans le monde / enlevé dans la gloire

Notre péricope étant ainsi structurée, nous pouvons à présent en faire une interprétation et déterminer sa contribution à la problématique de notre travail.

3. Interprétation de 1 Timothée 3.14-16

3.1. Les motivations de la lettre (v. 14-15)

« Je t'écris cela, tout en espérant te rejoindre bientôt » (v. 14, TOB). Paul envisageait (ἐλπίζων, « espérer »[33]) de rejoindre Timothée, au plus vite. N'étant pas « maître » de ses déplacements, un imprévu pouvait l'empêcher d'y être à temps. Rappelons-le, dès le début de l'Épître, le lecteur est entraîné dans l'extrême urgence de la situation à Éphèse (1.3-11) ; au plus tôt, Timothée devrait donc recevoir des instructions (ταῦτα « cela », « ces choses ») pour y faire face.

---

30. Nous faisons nôtres les structures proposées par ELENGABEKA, *L'exploitation des Écritures*, p. 91 et BÉNÉTREAU, *Les Épîtres pastorales*, p. 175, en apportant, au besoin, une autre lecture.

31. Nous empruntons de Y. REDALIÉ, « Entre absence prévue et présence espérée » (*Paul après Paul*, p. 244). Ce sous titre, nous semble-t-il, traduit au mieux l'état d'esprit du destinateur.

32. Nous préférons ici parler de « La conduite appropriée dans la maison de Dieu » là où E. ELENGABEKA, *L'exploitation des Écritures*, p. 91, propose pour sous titre « La conduite du destinataire », le texte grec étant de portée plus générale (cf. DORNIER, *Les Épîtres pastorales*, p. 66).

33. *BAGD* (1979), p. 252.

Ainsi, « si je tarde » (ἐὰν δὲ βραδύνω, v. 15a)³⁴, « *sache bien comment il faut se conduire dans la maison de Dieu* ». Le pronom personnel σοι (v. 14) indique que Paul s'adresse personnellement à Timothée³⁵, ce que confirme l'emploi de οἶδα au singulier (cf. εἰδῇς, v. 15)³⁶.

Cependant, Timothée étant appelé à être un modèle pour les croyants (1 Tm 4.12, 15) et à transmettre à l'Église ce qu'il a reçu de Paul (cf. 1 Tm 4.11 ; 6.2), les instructions (ταῦτα, ces choses) lui sont adressées pour chaque membre de l'Église³⁷. L'adresse personnelle à Timothée est donc doublée de la responsabilité d'instruire tous les croyants (épiscopes-anciens, diacres, hommes, femmes) dans la fidélité à ce qu'il a reçu de Paul³⁸. Le verset 15a qui conclut le verset 14 montre que chacun saura ainsi comment se conduire dans la maison de Dieu. En effet, le motif qui amène Paul à écrire (ἵνα, v. 15a)³⁹ n'est pas tant « que tu saches comment te conduire dans la maison de Dieu », « ce qui sous-entend que Timothée pourrait apprendre par ce moyen comment agir "dans l'Église"⁴⁰ » mais, plus précisément, « que tu saches quelle sorte de conduite doit adopter un membre de la famille de Dieu⁴¹ ». Cette dernière lecture se trouve confirmée par l'emploi de ἀναστρέφεσθαι, avec un sens réflexif : « se conduire soi-même⁴² ». De cette analyse, il découle

---

34. Le subjonctif de βραδύνω peut être traduit au passif : « but in case I am delayed » (cf. Dibelius et Conzelmann, *Pastoral Epistles*, p. 60).

35. Comme en 1 Tm 1.18 (cf. Marshall, *Critical and Exegetical Commentary*, p. 505).

36. Knight, *Pastoral Epistles*, p. 178.

37. *Ibid*.

38. Cette lettre se veut, *a priori*, une confirmation des instructions que Paul avait déjà données à Timothée, de vive voix, lorsqu'ils étaient ensemble à Éphèse, avec pour intention finale de renforcer l'autorité de son délégué. Il n'en fallait pas moins, face à la présence des faux-enseignants à Éphèse (cf. Guthrie, *Pastoral Epistles*, p. 87).

39. La conjonction de subordination ἵνα indique le pourquoi de « ces choses » écrites par Paul. Spicq, *Les Épîtres pastorales* (1969), p. 465, note que Paul semble répondre par prolepse à une question de son délégué : « quoi et comment faire ? ». La réponse est introduite par ἵνα εἰδῇς. Ainsi, à la proposition subordonnée (la conjonction de subordination ἐὰν avec le subjonctif présent de βραδύνω, v. 15a), correspond la proposition principale (εἰδῇς...) explicitant l'intention : ἵνα ... πῶς « de quelle manière ».

40. Fee, « L'organisation de l'Église », p. 25.

41. *Ibid. Supra*.

42. *BAGD* (1979), p. 61.

une question pertinente : comment chacun, y compris Timothée, doit-il savoir se conduire dans la maison de Dieu ?[43]

La conduite appropriée a été exposée, à travers l'ensemble de l'Épître. Pour chacun, d'une manière générale, ce qui est en jeu c'est « l'attitude personnelle devant Dieu et devant les frères, les relations diverses, l'exercice concret du ministère[44] ». La conduite appropriée est « une manière d'agir et de réagir, d'écouter, de parler…[45] », finalement, une manière d'être et de faire.

Pour Timothée, d'une manière particulière (cf. σοι, v. 14), ce qui est en vue, c'est sa manière d'exercer sa responsabilité[46]. Selon les instructions reçues, il veillera à ce que les nominations des responsables soient appropriées[47]. En tant que délégué de l'apôtre, Timothée organise la vie de communauté (culte, choix des responsables, etc.) ; en le faisant, il veillera sur sa manière de le faire[48]. Ainsi, l'enjeu n'est pas tant sa conduite personnelle, mais son rôle en tant que responsable chargé d'exhorter les autres au sujet du *comment* ils devraient se conduire comme membres de la maison de Dieu[49] ; ce qu'indiquent les chapitres précédents.

Cette conduite appropriée est d'autant plus importante qu'elle se vit dans un cadre précis : la maison de Dieu (οἶκος θεοῦ). L'auteur des EP utilise le motif de la maison comme la métaphore majeure pour désigner l'Église[50]. Ce

---

43. Fee, *1 and 2 Timothy, Titus*, p. 92, pose la question autrement : « What kind of conduct benefits a member of God's household? ».

44. Bénétreau, *Les Épîtres pastorales*, p. 171-172.

45. *Ibid.*

46. Guthrie, *Pastoral Epistles*, p. 87, note : « Son (Timothée) propre comportement officiel ne peut pas être considéré comme étranger au contexte actuel. Le verbe grec *anastrephō, se comporter*, veut dire "se conduire soi-même", et pourrait bien s'appliquer à l'exécution des responsabilités officielles » (Citation en version originale : « … his (Timothy) own official behavior cannot be deemed alien to the present context. The Greek verb *anastrephō, behave*, means 'to conduct oneself', and could well apply to the discharge of official duties »).

47. *Ibid.*

48. R. C. H. Lenski, *The Interpretation of St Paul's Epistles to the Colossians, to Thessalonians, to Timothy, to Titus and to Philemon*, Minneapolis, Minnesota, Augsburg, 1946, p. 605.

49. W. Hendriksen, *Exposition of the Pastoral Epistles*, NTC 11, Grand Rapids, Eerdmans, 1957, p. 136.

50. R. F. Collins, *I & II Timothy and Titus. A commentary*, NTL, Louisville/London, Westminster/John Knox Press, 2002, p. 102 (cf. Excursus 5 "The House of God": Theology and Sociology).

motif peut avoir une double connotation : *édifice* et *famille*. L'auteur verrait alors « l'Église comme un édifice à la fois solide grâce à ses fondations et au soutien de ses colonnes, et aussi comme une cellule sociale, noyau d'unité compacte[51] ».

Depuis les travaux de H. von Lips et D. C. Verner, la métaphore de la maison comme maisonnée, basée sur le modèle de la maison antique, est perçue comme la métaphore directrice[52]. Y. Redalié note que « la maison doit son succès comme métaphore au fait d'être le lieu le plus concret et immédiat de la vie dans le monde antique[53] ». Cette maisonnée « est définie

---

51. S. de Lestapis, *L'Énigme des Pastorales de Saint Paul*, Paris, Gabalda, 1976, p. 336. Dans son Excursus III, « Le temple d'Artémis - L'Église maison de Dieu », C. Spicq, *Les Épîtres pastorales* (1969), p. 475-482, présente ces deux aspects. Partant de l'arrière-plan vétérotestamentaire, il note que la « maison de Dieu » c'est le « Temple saint », « où Dieu se manifeste, que l'on découvre et lit le livre de l'alliance » ; c'est aussi « que chaque âme vient louer son Seigneur [...] offrir dons et sacrifices [...] *une maison de prière* » (p. 480). Mais, ajoute-t-il, « la maison de Dieu » c'est « d'abord ses habitants, la *domus* du père, de l'épouse, des enfants, et finalement un groupe, une *unité sociale* » (p. 481). Dans une perspective néotestamentaire, cette « maison de Dieu, qui est l'Église s'applique au nouvel Israël » (Gal 6.16) qui est tout à la fois maison, temple et peuple de Dieu (p. 481). Une insistance sur le double registre « édifice » et « entité sociale », comme le fait R. F. Collins, n'est pas de trop : « Les thèmes d'assemblée et de demeure se rapprochent sous la notion biblique de "maison de Dieu". C'est là que Dieu réside ; c'est là que le peuple de Dieu se rassemble pour rencontrer Dieu » (Citation en version originale : « The motifs of assembly and dwelling place come together in the biblical notion of the "house of God". There God dwells; there God's people come together to meet God ») (Collins, *I & II Timothy and Titus*, p. 102).

52. En plaidant pour un ordre ecclésial modelé à partir d'un ordre domestique, Von Lips (et les auteurs qui adhèrent à sa pensée, voir N. Cochand, *Les ministères dans les Epîtres pastorales*, p. 36ss) fait appel à plusieurs éléments principaux : (1) L'utilisation répétée des codes domestiques (cf. 1 Tm 2.8-15 ; 5.1-2 ; 6.1-11 ; Tt 2.1-10 ; 3.1) ; (2) Le langage de l'autorité et de la soumission pour décrire les rapports entre les responsables et la communauté ; (3) Une insistance sur l'enseignement, une fonction qui revient de droit au chef de famille ; (4) La passivité des autres membres de la communauté, appelés à écouter et à apprendre dans le silence, comme dans la maison (cf. Cochand, *Les ministères dans les Epîtres pastorales*, p. 183). Or, N. Cochand précise : « Une métaphore directrice est une image qui n'éclaire pas seulement un point précis de l'argumentation, mais qui fourni un cadre d'interprétation pour d'autres éléments du texte, en particulier pour d'autres relevant du même domaine de référence » (p. 177-178). Il analyse et constate qu'un tel cadre d'interprétation ne peut être fourni (p. 178-182). Il en conclut que « la thèse selon laquelle l'image de la maison de Dieu (1 Tm 3.15) est une métaphore directrice pour l'ensemble des Pastorales ne résiste pas à l'étude critique. Dans les Pastorales, les véritables métaphores qui utilisent la terminologie de la maison sont rares. Elles ne relèvent pas toutes du même registre ». Il propose, comme élément central à valoriser, l'Église comme « communauté d'apprentissage ».

53. Redalié, *Paul après Paul*, p. 264.

par des relations d'interdépendance et de subordination »⁵⁴ et « en faire partie, c'est avoir sa place et son rôle au sein d'un réseau de relations non seulement verticales (hiérarchiques), mais aussi horizontales (parentés et amitiés), dont chacune a ses obligations⁵⁵ ». Le tout, placé sous l'autorité du chef de famille. Cette organisation, avec son mode de gestion, traduirait au mieux la conception de l'Église exprimée en 3.15. La démarche est risquée : en appliquant à la communauté la structure de la société, le ministre, notamment l'épiscope, est investi d'une autorité analogue à celle du chef de famille. Un avis qui est loin d'avoir l'assentiment de tous, du moins pas celle de N. Cochand⁵⁶.

J. N. Aletti s'interroge : « Plus que la maisonnée, le terme οἶκος ne désigne-t-il pas plutôt la famille [...] la famille *de Dieu* – et ne prolonge-t-il pas plutôt les idées du Paul des protopauliniennes sur l'être fils, frères, héritiers ?⁵⁷ » Au fond, l'expression οἶκος θεοῦ peut être usitée sans nécessairement faire appel « aux types de relations à promouvoir parmi les divers éléments de la communauté familiale⁵⁸ » mais « à un comportement fidèle et respectueux qui est la vocation de tous⁵⁹ ». Cette οἶκος θεοῦ n'est ni la propriété de Paul, ni de ses délégués-Timothée et Tite, encore moins des ministres locaux – épiscopes-presbytres, diacres ; c'est bien l'Église du Dieu vivant (ἐκκλησία θεοῦ ζῶντος). Quelle est la fonction de la proposition ἥτις ἐστὶν ἐκκλησία θεοῦ ζῶντος (« qui est l'Église du Dieu vivant », v. 15b) et quel est le sens du verbe ζῶντος rattaché au nom θεός ?

---

54. *Ibid.* p. 265.

55. *Ibid.* p. 266.

56. Procédant à une analyse rigoureuse du langage de l'autorité et de la soumission, l'auteur montre que le genre littéraire des Pastorales (lettres administratives) attribue une autorité souveraine à l'émetteur (Paul) ; ce dernier transmet, à son tour, son autorité au destinataire qui le représente dans un lieu de compétence précis. « On ne peut (donc) pas s'appuyer sur l'autorité attribuée à Timothée et à Tite dans le cadre de la lettre administrative pour affirmer que les ministres sont investis de l'autorité du maître de maison » (Cochand, *Les ministères dans les Épîtres* pastorales, p. 183). Nous sommes loin d'« une autorité monarchique étendue du type de celle de maître de maison ». Quant au langage de la soumission, il ne s'applique qu'à « deux catégories sociales, les esclaves et les femmes » (p. 184).

57. J. N. Aletti, *Essai sur l'ecclésiologie des lettres de Saint-Paul*, Paris, J. Gabalda, 2009, p. 7.

58. Bénétreau, *Les Épîtres pastorales*, p. 173.

59. *Ibid.*

Le pronom relatif ἥτις, au lieu de prendre le genre de οἶκος (datif, masc. sing), l'antécédent auquel il se rapporte, prend plutôt le genre du nom ἐκκλησία (nom fém. sing.) qui suit. Nous sommes en présence d'une clause explicative[60] indiquant le pourquoi d'une conduite appropriée dans la « maison de Dieu » : parce ce que c'est l'Église du Dieu vivant. La précision « le Dieu vivant » (ὁ)θέος (ὁ)ζῶν[61] n'est pas fortuite. Alors que la « maison de Dieu » se réfère à l'Église locale, la désignation « Église du Dieu vivant » pourrait se référer à l'Église universelle[62]. Est-il aussi possible que Paul se serve ici d'un concept usité dans l'AT pour créer un contraste entre le culte de l'Église et celui, sans vie, des idoles ?[63] Le contexte immédiat n'étant pas polémique, cette lecture est peu probable[64]. Assurément, ζῶν insiste sur la présence de Dieu au milieu de son peuple[65] ; il est la source de la vie, communiquant la vie et le salut aux croyants en Christ, leur apportant la vitalité pour le servir et lui obéir[66]. Finalement, préciser que l'Église appartient au « Dieu vivant » n'est pas sans lien avec la conduite appropriée attendue ; cela « contribue à magnifier une grandeur et une sainteté qui doivent inspirer le comportement de tous, des responsables comme de chaque membre de la communauté[67] ».

Paul achève le verset 15 par une affirmation unique dans la Bible, sans doute la plus significative des EP[68] : στῦλος καὶ ἑδραίωμα τῆς ἀληθείας « colonne et soutien de la vérité ». Quoique ἑδραίωμα, terme parallèle à

---

60. Cf. F.-M. Abel, *Grammaire du grec biblique suivi d'un choix de papyrus*, Paris, Gabalda, 1927, p. 140 (§ 35c).

61. *BAGD* (1979), p. 336.

62. Cf. Towner, *Letters to Timothy and Titus*, p. 274 : « On trouvait déjà le terme "Église de Dieu" en référence à l'assemblée des croyants (3.5). Dans ce contexte, Paul semble penser à l'Église au sens universel du terme » (Citation en version originale : « The term "church of God" has already been encountered in reference to the local assembly of believers [3:5]. In this context, Paul seems to be thinking of the church in universal terms »).

63. Cf. D. C. Arichea et H. A. Hatton, *Paul's Letters to Timothy and to Titus*, UBS Handbook Series, New York, United Bible Societies, 1995, p. 79.

64. Marshall, *Critical and Exegetical Commentary*, p. 509.

65. *Ibid.* p. 509-510 ; Towner, *Letters to Timothy and Titus*, p. 274.

66. Knight, *Pastoral Epistles*, p. 181.

67. Bénétreau, *Les Épîtres pastorales*, p. 173.

68. Mounce, *Pastoral Epistles*, p. 222.

στῦλος, ne soit pas indiqué dans le grec profane avant 1 Timothée[69], la traduction des termes s'impose : στῦλος « colonne, pilier »[70] et ἑδραίωμα « fondement, base, support »[71]. Tout comme leur force symbolique qui, du reste, est identique : « solidité, stabilité, caractère de ce qui est entièrement digne de confiance[72]. » Ἡ ἀλήθεια demeure une référence à l'Évangile[73], à toute la révélation de Dieu en Christ[74]. La réalité cachée sous les symboles στῦλος et ἑδραίωμα constitue le point d'appui essentiel de la vérité[75], le socle sur lequel elle repose, en toute sécurité. Il importe donc de déterminer la nature de cette réalité : « colonne et fondement » se réfèrent-ils à Timothée ou à l'Église ?[76] À l'état actuel des débats, seuls deux interprétations, l'une ecclésiale et l'autre individuelle, sont en concurrence[77]. La plupart des exégètes considère que « colonne » et « fondement » sont des symboles de l'Église. Les arguments ne font pas défaut.

---

69. Cf. S. E. Fowl, *The story of Christ in the Ethics of Paul. An Analysis of the Function of the Hymnic Material in the Pauline Corpus*, JSNTS 36, Sheffield, Sheffield Academic Press, 1990, p. 181.

70. *BAGD* (1979), p. 772 ; DGF (Bailly), p. 1804 ; Wilckens, *TDNT* VII, p. 732-736.

71. *BAGD* (1979), p. 218 ; DGF (Bailly), p. 578 ; Stauffer, *TDNT* II, p. 362-364.

72. J. Murphy O'Connor, « La "vérité" chez Saint Paul et à Qumrân », *RB* 72, no. 1, 1965, p. 67.

73. Mounce, *Pastoral Epistles*, p. 222.

74. Kelly, *Commentary on the Pastoral Epistles*, p. 87. La vérité dans les EP désigne constamment le message apostolique à garder de toute corruption et à transmettre pour le salut de ceux qui la reçoivent (1 Tm 2 ; 4.7).

75. J. Murphy O'Connor, « La "vérité" chez Saint Paul », p. 67.

76. Lock, *Critical and Exegetical Commentary*, p. 43-44 présente les constructions qui ont eu cours avec στῦλος καὶ ἑδραίωμα : « (i) En apposition avec ἐκκλησία. (ii) En apposition avec le nominatif de εἰδῇς. (iii) En apposition libre et non grammaticale avec θεοῦ. (iv) À joindre avec καὶ ὁμολ. μέγα en tant que nominatif à ἐστι. » Il s'empresse d'ajouter : « De ceux-ci, (iii) et (iv) peuvent être mis de côté », non sans justifier. [Citations en version originale : « (i) In apposition with ἐκκλησία. (ii) In apposition with the nominative of εἰδῇς. (iii) In loose ungrammatical apposition with θεοῦ. (iv) To be joined with καὶ ὁμολ. μέγα as nominative to ἐστι » ; « Of these (iii) and (iv) may be put aside »].

77. Autant souligner que plusieurs exégètes ne mentionnent qu'une seule possibilité d'interprétation, se limitant à ce qui va de soi, à savoir que « colonne » et « fondement de vérité » s'appliquent exclusivement à l'Église (cf. entre autres, Hanson, *Pastoral Epistles*, p. 82-83 ; Knight, *Pastoral Epistles*, p. 181 ; Collins, *I & II Timothy and Titus*, p. 101-102 ; Elengabeka, *L'exploitation des Écritures*, p. 92-97 ; E. Cothenet, « La prière chrétienne selon les épîtres pastorales », *EV* 112, 2004, 21-27).

Le premier est syntaxique. Il est plus naturel de lire στῦλος καὶ ἑδραίωμα τῆς ἀληθείας en apposition avec ἐκκλησία, le terme le plus proche[78]. Il en découle cette traduction : « *La maison de Dieu, qui est l'Église du Dieu vivant, (et qui est) colonne et soutien de la vérité*[79] ». La finale du verset 15 serait alors la description de l'Église en termes de responsabilité et de fonction[80]. L'Église, maison de Dieu, est la colonne et le fondement de la vérité ; elle est protectrice et gardienne de la vérité[81].

Un autre argument est celui de l'antécédent qumrânien. De l'expression στῦλος καὶ ἑδραίωμα τῆς ἀληθείας, nous mentionnions la rareté du terme ἑδραίωμα ; ce qui plaiderait en faveur d'un emprunt, à la communauté de Qumrân (cf. 1QS V, 5)[82]. E. Elengabeka signale une double similitude entre le texte source (1QS V, 5) et le texte d'arrivée (1 Tm 3.15)[83]. D'une

---

78. Spicq, *Les Épîtres pastorales* (1969), p. 466-467, note que si l'on ne tient pas compte de l'insistance sur « maison-Église » (d'où l'image architecturale) mis en relief par tout le contexte, l'on aboutit à d'autres constructions « peu naturelles ou trop elliptiques ».

79. Cf. TOB comme la plupart des traductions, à partir de cette construction naturelle.

80. Marshall, *Critical and Exegetical Commentary*, p. 510 : « Une phrase finale, en apposition avec ἐκκλησία, remplit la description de l'Église en termes de sa responsabilité et sa fonction » (Citation en version originale : « A final phrase, in apposition to ἐκκλησία, fills out the description of the Church in terms of its responsibility and function »).

81. Cf. Arichea et Hatton, *Paul's Letters*, p. 80 : « Cette question peut alors être posée : l'Église est-elle la protectrice de la vérité ou est-elle le fondement et la base de la vérité ? Ces deux choses ne sont pas mutuellement exclusives, cependant. Étant donné la situation de l'Église à l'époque de l'écriture des Lettres Pastorales, il était très important de mettre l'accent sur le rôle de l'Église en tant que garante de la vérité au milieu des affirmations contradictoires et des faux enseignements » (Citation en version originale : « The question then can be asked: is the church the protector of the truth, or is it the foundation and ground of the truth? These two things are not mutually exclusive, however. Considering the situation of the church during the time of the writing of the Pastoral Letters, it was very important to emphasize the role of the church as the guarantor of the truth in the midst of conflicting claims and erroneous teachings »).

82. Cf. Dibelius et Conzelmann, *Pastoral Epistles*, p. 60.

83. Pour le texte de 1QS V. 5, voir A. Dupont-Sommer et M. Philonenko, sous dir., *La Bible. Les Écrits intertestamentaires*, Paris, Gallimard, 1987 : « Que personne n'aille dans l'obstination de son cœur et ses yeux et les pensées de son penchant (mauvais) ! Mais ils circonciront, dans la Communauté, le prépuce du penchant (mauvais) et de l'insubordination afin de poser un fondement de vérité pour Israël, pour la Communauté de l'alliance éternelle... » (1QS V.4b-5). Le contexte du texte source est connu. Les règles de conduite édictées au sein de la communauté qumrânienne proscrivent l'insubordination et recommandent l'obéissance. En toile de fond de ces règles, il faut voir les raisons profondes du retrait de cette collectivité juive sur les bords de la mer Morte : l'impiété criante en Israël. Par l'obéissance à ses propres règles morales et éthiques, la communauté qumrânienne veut devenir le lieu propice à l'émergence de la vérité (1QS V, 3). Par son obéissance, elle devient tout le contraire du judaïsme officiel (« une assemblée de fourberie », 1QS V, 2) posant ainsi

part, les deux textes « se présentent comme des discours sur des collectivités religieuses, dont ils dégagent la nature et énoncent l'éthique[84] ». D'autre part, « l'accent polémique que comportait le concept de vérité dans l'écrit qumrânien se retrouve dans le texte d'accueil[85] », au regard de la place que la vérité occupe dans le conflit à Éphèse. Ainsi, l'Église est colonne et fondement de la vérité parce qu'elle se pose comme la garante de l'orthodoxie face aux doctrines déviantes, tout comme la communauté qumrânienne[86].

Ajoutons à ces deux arguments un dernier, d'ordre théologique. C. Spicq trouve cocasse « d'imaginer comme pilier un Timothée dénommé toujours enfant, ayant mal à l'estomac, se faisant respecter difficilement, timide […], donc sans prestance[87] ».

En dépit du poids des protagonistes de l'interprétation ecclésiale[88], une minorité d'auteurs soutient l'interprétation individuelle[89]. Elle y parvient en surmontant d'abord une difficulté syntaxique : en apposant στῦλος καὶ ἑδραίωμα à la proposition complétive πῶς δεῖ ἀναστρέφεσθαι (« comment il faut se comporter dans la maison de Dieu […], à savoir comme colonne et fondement de la vérité »)[90]. De la sorte, Timothée jouerait, à l'intérieur

---

« un fondement de vérité pour Israël ». Telle est l'image que la communauté essénienne avait d'elle-même (cf. A. CAQUOT, « La secte de Qumrân et le temple », *RHPR* 72, no. 1, 1992, p. 3-14 ; A. DEASLEY, *The Shape of Qumran Theology*, Carlisle, Paternoster, 2000, p. 189-197).

84. ELENGABEKA, *L'exploitation des Écritures*, p. 96. La dimension morale de 1QS V, 5 émane de son appartenance à un code de conduite et celle de 3.15 portée par ἀναστρέφω l'inscrivant dans le même registre.

85. *Ibid.*

86. Toutefois, nous convenons avec E. ELENGABEKA que cette analogie a des limites car s'il est vrai que 1QS V, 5 et 1 Tm 3.15 admettent un lien entre la communauté et la vérité, l'auteur des Pastorales inscrit « l'Église et la vérité dans un prisme christologique » créant ainsi, pour sa part, « une dialectique Christ-Eglise-vérité qui transforme le concept importé » (*L'exploitation des Écritures*, p. 97).

87. SPICQ, *Les Épîtres pastorales* (1969), p. 467.

88. A. T. HANSON, C. SPICQ, I. H. MARSHALL, S. BÉNÉTREAU, E. COTHENET, etc.

89. D'abord A. JAUBERT, « L'image de la colonne (1 Timothée 3.15) », *Studiorum Paulinorum Congressus Internationalis Catholicus* 1961, II (AnBib 18), Rome, E. Pontificio Instituto Biblico, 1963, II, p. 101-108. Puis, J. MURPHY-O'CONNOR, « La "vérité" chez Saint Paul », p. 67-76. Enfin, l'article de M. GOURGUES, « "Colonne et socle de la vérité" : note sur l'interprétation de 1 Timothée 3, 15 », *ScEs* 59, no. 2-3, 2007, p. 173-180 repris dans M. GOURGUES, *Les deux lettres à Timothée*, p. 134-137.

90. SPICQ, *Les Épîtres pastorales* (1969), p. 466 reprochait déjà aux tenants de l'interprétation individuelle le fait d'apposer στῦλος καὶ ἑδραίωμα à ἵνα εἰδῇς. En procédant ainsi, A. JAUBERT, « L'image de la colonne », p. 102, était parvenue à la traduction : « Je t'écris ces choses […], afin que tu saches (Timothée), comment te conduire dans la maison

de l'Église-édifice, le rôle de « colonne » et « fondement » de la vérité[91] et « la doctrine de l'Église, soutien de la vérité pour le monde, serait un second sens par rapport au premier[92] ».

En rapportant à Timothée les images de colonne et fondement de la vérité, l'on évoque aussi (curieusement) les antécédents qumrâniens. En réalité, l'image d'un fondement est appliquée, dans les documents de Qumrân, tant à une communauté qu'à un individu[93]. Étudiant particulièrement trois textes qumrâniens[94], J. Murphy O'Connor indique que le « Maître de justice[95] » est « fondement de vérité » eut égard à « sa relation spéciale avec Dieu, laquelle inclut la possession d'une connaissance unique[96] » (cf. Ep 3.3). Tout effort du Maître est motivé : « Préserver la pureté de la doctrine qui lui a été confiée pour les autres[97] ».

Finalement, des analogies s'établissent entre cette conception et 1 Timothée : c'est bien une personne qui est « le fondement » de la vérité étant donné que « son rôle de médiateur de la révélation demande qu'il exerce une vigilance incessante pour empêcher la contamination par des enseignements hétérodoxes[98] ». Or le contexte des EP est celui de l'affirmation du rôle de Timothée dans le maintien de la foi contre les doctrines erronées et dans la sauvegarde de la vérité[99]. C'est justement en remplissant sa responsabi-

---

de Dieu – je veux dire l'Église du Dieu vivant - (toi qui es) colonne et support de la vérité » (v. 15). Elle reconnaît qu'en appliquant les symboles « colonne » et « fondement de la vérité » à Timothée la construction qui en résulte est un peu elliptique, pouvant même prêter à confusion. Mais M. Gourgues, *Les deux lettres à Timothée.*, p. 136 et 147, note que ce reproche ne s'appliquerait plus si l'on rattachait στῦλος καὶ ἑδραίωμα à πῶς δεῖ ἀναστρέφεσθαι.

91. Jaubert, « L'image de la colonne », p. 102.

92. *Ibid.*

93. Cf. Murphy-O'Connor, « La "vérité" chez Saint Paul », p. 69-74.

94. 1QH 2, 9-10 ; 5, 25-26 ; 5, 8-9.

95. Cette expression signifie « maître qui enseigne la justice » avec pour titres et fonctions : prêtre, prophète, juge, élu (cf. A. Michel, *Le maître de justice d'après les documents de la Mer Morte, la littérature apocryphe et rabbinique*, Paris, Aubanel, 1954, p. 267-269).

96. Murphy-O'Connor, « La "vérité" chez Saint Paul », p. 75.

97. *Ibid.*

98. *Ibid.* Ici aussi, l'analogie entre le Maître et Timothée a des limites. L'article défini qui précède « vérité » indique que la fonction de Timothée est de dispenser « la vérité » (cf. 2 Tm 2.15), à savoir Christ, « le grand mystère de la piété ». Or celle du Maître essénien consistait à dispenser la Loi.

99. Jaubert, « L'image de la colonne », p. 105. C'est à Timothée de fermer la bouche aux faux-enseignants (1.3), de combattre pour la foi (1.18), d'exposer la vérité (4.1-6),

lité à l'égard de la saine doctrine (4.2, 6 ; 6.3) que Timothée se montrera « colonne » et « soutien de la vérité », dans la maison de Dieu[100]. Dès lors que son comportement « est lié à un service ecclésial non à la poursuite d'un idéal personnel[101] », il peut être désigné comme colonne et fondement de la vérité.

Finalement, comment se déterminer vu que l'application des symboles à Timothée n'est pas dénuée de probabilité ?[102]

À l'analyse des versets 14-15a (cf. le datif singulier σοι et οἶδα au singulier), une question s'était imposée à nous : Paul s'adresse-t-il ici à Timothée ou à toute la communauté ? Nous l'indiquions, Paul s'adressait personnellement à Timothée. Mais, considérant qu'il était appelé à être un modèle pour les croyants (4.12, 15) et à transmettre à l'Église ce qu'il a reçu de Paul (cf. 4.11 ; 6.2), les instructions (ταῦτα, ces choses) lui étaient adressées pour chaque membre de l'Église. Il en découlait que le comportement approprié était attendu, pas seulement de lui, mais de tous (« *sache comment il faut*

---

d'être un modèle pour tous (4.12), de garder l'authentique dépôt (6.20), de le transmettre et de l'enseigner (6.3).

100. Gourgues, *Les deux lettres à Timothée*, p. 136. L'auteur reproche aux protagonistes de l'interprétation ecclésiale leur manque de précision quant au rôle de l'Église en tant que colonne et fondement de la vérité (p. 135). J. Murphy-O'Connor analyse que « dans cette épître (1 Timothée) aucune mention n'est faite de l'activité de l'Église en tant que telle » alors que celui de Timothée y est vigoureusement mis en évidence (« La "vérité" chez Saint Paul », p. 68). Redalié (*Paul après Paul*, p. 276) argumente que l'Église en tant que colonne et fondement de la vérité « rend compte de la vérité du salut de Dieu dont elle est porteuse pour le monde et permet à cette vérité d'y être reconnue ». Pour A. Jaubert, « L'image de la colonne », p. 108, ce rôle a été favorisé par « une réflexion plus tardive sur le rôle de l'Église pour le monde » ou encore selon J. Murphy-O'Connor, « en fonction de la reconnaissance croissante de la position de l'Église vis-à-vis du monde » (« La "vérité" chez Saint Paul », p. 68). Or la perspective selon laquelle la communauté ecclésiale et ses membres jouent le rôle de colonne et fondement de vérité à l'égard du monde semble inconnue des Pastorales (Gourgues, *Les deux lettres à Timothée*, p. 135).

101. Gourgues, *Les deux lettres à Timothée*, p. 137. Sans doute, si c'était le cas, C. Spicq, aurait-il raison de trouver cocasse que Timothée dans ses limitations humaines (physiques, émotionnelle, etc.) puisse être colonne et fondement de la vérité.

102. Cette application au niveau individuel ne semble pas démesurée puisqu'elle se retrouve ailleurs dans le NT, sous la plume de Paul. En Gal 2.9, Jacques, Céphas et Jean sont considérés comme des colonnes, dans les sens de « la rectitude de la foi ». En Ep 2.20, ce sont les apôtres et les prophètes qui constituent le θεμέλιος (« fondement ») du temple (la maison de Dieu, cf. Ep 2.19). En Ap 3.12, il est dit au sujet du vainqueur (celui qui aura été fidèle à la vérité), « je ferai de lui une colonne dans le temple de mon Dieu ». À cause de sa portée eschatologique, ce dernier texte est peu probant (Dornier, *Les Épîtres pastorales*, p. 67). En sus du NT, l'interprétation individuelle n'a pas manqué d'appui au cours de la période patristique, notamment chez les pères grecs (cf. Jaubert, « L'image de la colonne », p. 106-107).

se conduire dans la maison de Dieu », v. 15a). Si notre analyse ne souffre pas d'inexactitude, alors, pour rester cohérent, nous appliquons les symboles « colonne » et « fondement de la vérité » à « l'Église du Dieu vivant » (ἐκκλησία θεοῦ ζῶντος), en référence à l'Église universelle[103].

Parvenir à une telle conclusion n'élimine pas toutes les interrogations. Bien au contraire, elle en suscite : n'est-il pas excessif de présenter l'Église comme la colonne et le fondement de la vérité ? Il est rappelé que d'une part, ἐκκλησία, στῦλος et ἑδραίωμα ne sont pas précédés d'un article défini[104] et que, d'autre part, c'est l'Église qui est fondée sur la vérité du Christ (1 Co 3.11) et sur la parole des apôtres et prophètes, avec Christ comme pierre angulaire (Ep 2.20)[105]. Certes. Mais, il suffira de signaler que la suppression de l'article est récurrente et ne mérite pas tant d'importance[106]. En outre, que l'Église soit soutien de la vérité ne dénote pas d'une distance par rapport à l'ecclésiologie des écrits antérieurs de Paul. Il convient plutôt d'y voir « une nouvelle configuration, avec un nouveau langage pour une situation

---

103. Le contexte nous fait préférer l'Église universelle comme « colonne » et « fondement de la vérité ». Certes, la communauté d'Éphèse est concernée, c'est le lieu d'application immédiat des instructions de Paul. Toutefois, la réalité de l'Église comme communauté locale (cf. 1 Tm 3.5 ; 5.16) fait place ici à une autre qui la dépasse et la transcende (cf. Towner, *Letters to Timothy and Titus*, p. 274).

104. Mounce, *Pastoral Epistles*, p. 224 : « L'Église n'est pas ὁ στῦλος καὶ τὸ ἑδραίωμα, "la colonne et l'appui", mais plutôt στῦλος καὶ ἑδραίωμα, "une colonne et un appui". Cela pourrait signifier que l'Église d'Éphèse est l'une des Églises servant d'appui, ou bien cela peut vouloir dire que l'Église n'est que l'un des quelques éléments qui servent d'appui à l'Évangile, un autre appui possible étant l'Écriture. Même si l'Église faillit à sa tâche, l'Évangile continuera (2 Tm 2.9) » (Citation en version originale : « The church is not ὁ στῦλος καὶ τὸ ἑδραίωμα "the pillar and support", but is rather στῦλος καὶ ἑδραίωμα, "a pillar and support". This could mean that the Ephesian church is one of many supporting churches, or it could mean that the church is only one of several entities that support the gospel, another support possibly being Scripture. Even if the church fails in its task, the gospel will continue [2 Tim 2:9] »).

105. *Ibid.*, p. 223 : « Rien dans les Épîtres Pastorales ne soutient l'idée que l'évangile est subordonné à l'Église (que l'Église est le fondement de l'évangile) comme cela a été développé dans les siècles ultérieurs. C'est l'évangile qui prend la prééminence » (Citation en version originale : « Nothing in the PE supports the idea that the gospel is subordinate to the church [that the church is the foundation of the gospel] as developed in later centuries. It is the gospel that takes preeminence »). Bien avant, Irénée de Lyon considérait l'Église, à la lumière de 1 Tm 3.15, comme établie sur les colonnes de l'Évangile : « Cet Évangile, ils [les apôtres] nous nous l'ont transmis dans les Écritures, pour qu'il soit le fondement et la colonne de notre foi » (Irénée de Lyon, *Contre les hérésies*, Livre III, sous dir., A. Rousseau et L. Doutreleau, Paris, Cerf, 1974, p. 21, puis note 1.a.).

106. Cf. Bénétreau, *Les Épîtres pastorales*, p. 173, note 3.

complètement différente dans laquelle Paul emploie le langage architectural pour souligner la responsabilité de l'Église de garder l'Évangile et de le proclamer[107] ». Ainsi, il plaît à Dieu d'utiliser son Église pour « dresser la vérité devant les hommes[108] », telle une colonne qui permet à l'édifice d'être reconnu à l'extérieur.

Dans la pratique, il revient à chaque membre de l'Église, sans distinction aucune, de porter et de servir la vérité[109]. Bien plus encore, aux ministres, au regard du contexte général de 1 Timothée. N'est-ce pas à Timothée qu'il revient de garder l'authentique dépôt et de veiller ainsi sur la vérité ?[110]

Paul va développer ce qu'il entend par « vérité » et cela, à travers une affirmation d'une rare densité (v. 16).

3.2. Le mystère de la piété et sa manifestation (v. 16)[111]

3.2.1. L'introduction au mystère (v. 16a)

« *Et, de l'aveu de tous, il est grand le mystère de la piété* » (v. 16a). Le mystère de la piété (τὸ τῆς εὐσεβείας μυστήριον) est introduit avec solennité.

---

107. Towner, *Letters to Timothy and Titus*, p. 275. Idem, Marshall, *Critical and Exegetical Commentary*, p. 511 : « Dans ce contexte, la relation entre l'Église et la vérité est représentée différemment. La métaphore de l'édifice n'est pas employée en référence à la cause ou à la source de l'Église, comme dans 1 Co 3 et Ep 2, mais plutôt d'une manière qui ressemble à l'auto-compréhension de Qumrân mentionnée ci-dessus, en référence à la responsabilité et la mission de l'Église » (Citation en version originale : « In this setting the relationship between the church and the truth is depicted differently. The building metaphor is not employed in reference to the church's source or cause, as in 1 Co 3 and Eph 2, but rather, in a way that resembles the Qumran self-understanding noted above, in reference to the church's responsibility and mission »).

108. Pour employer cette belle expression de S. Bénétreau, *Les Épîtres pastorales*, p. 174.

109. En affirmant cela, nous rejoignons, dans un sens, L. T. Johnson, *First and Second Letters to Timothy*, p. 231. À la suite de Towner, *Letters to Timothy and Titus*, p. 275, nous signalons que la perspective de l'Église au service de la vérité constitue un désaveu de toute idée tendant à considérer l'Église comme une institution hiérarchisée installée dans le monde.

110. Cf. 1 Tm 1.3, 19-20 ; 4.1, 6, 12 ; 6.3, 20, 21.

111. Mounce, *Pastoral Epistles*, p. 224-225, indique les raisons pour lesquelles Paul cite l'hymne précisément au v. 16 : (1) Après avoir mentionné la vérité (v. 15), il épelle à présent (v. 16) certains éléments de la vérité ; (2) L'hymne sert de pivot entre les chapitres 3 et 4. Il fournit la raison pour laquelle l'Église, colonne et support de la vérité, devra suivre les instructions de Paul (chap. 2-3), d'une part. Il oriente vers les faux enseignements desquelles l'Église doit être protégée (chap. 4), d'autre part ; (3) Le v. 16 est la clé pour comprendre pourquoi les Pastorales établissent un lien fort entre théologie et éthique. La vie chrétienne trouve sa source dans l'événement salvifique du Christ ; (4) L'hymne met en évidence la

L'adverbe ὁμολογουμένως « incontestablement, très certainement[112] », qui découle du verbe ὁμολογέω « confesser, professer[113] », lui donne « le statut de vérité incontestable, manifeste, et aussi de vérité à garder précieusement pour bénéficier de tout ce qu'elle implique[114] ». Un statut, un rang et une dignité que confirme la présence du qualificatif μέγας « grand, sublime, important[115] », voir « une affirmation de divinité[116] ». *A priori* Paul avait encore à l'esprit les acclamations entendues lors de l'émeute des orfèvres : « *Grande est l'Artémis des Éphésiens* » (Ac 19.28, 34)[117]. Ce qui fait suggérer que μέγα ἐστὶν τὸ τῆς εὐσεβείας μυστήριον sonne comme une antithèse à l'hymne éphésienne[118]. Le terme « mystère » (τὸ μυστήριον, « chose ou objet mystérieux », « secret[119] ») est souvent mal compris. Et pour cause : dans les religions à mystères, les rites ésotériques et les enseignements devant conduire à la perfection ne sont transmis qu'aux seuls initiés[120]. Toutefois, dans la perspective néotestamentaire, le « mystère » en vient à désigner l'Évangile

---

place centrale du Christ dans l'Evangile ; (5) L'hymne montre l'exemplarité de la vie du Christ, servant comme un modèle de véritable piété pour tous.

112. *BAGD* (2000), p. 709 ; O. Michel, *TDNT* V, p. 213.

113. Metzger, *LSNTG*, p. 24.

114. Bénétreau, *Les Épîtres pastorales*, p. 174. Kelly, *Commentary on the Pastoral Epistles*, p. 88, note que l'adverbe ὁμολογουμένως signifie « d'un commun accord » et exprime la conviction unanime des chrétiens. Mounce (*Pastoral Epistles*, p. 226) precise que « les croyants s'accordent pour confesser que le mystère de la piété, qui est l'Évangile, est en effet grand (...) L'idée de base est que tous doivent confesser que l'Évangile est en effet grand ; c'est indéniable » (Citation en version originale : « Believers are of one voice in confessing that the mystery of godliness, which is the Gospel, is indeed great [...] The basic idea is that all must confess that the Gospel is indeed great ; it is undeniable »). *Idem*, G. Fee, *God's Empowering Presence*, Peabody, Hendrickson, 1994, p. 761, note 28. Ce qui fait penser à un *crédo* (cf. Michel, *TDNT* V, p. 213), une idée renforcée par le καὶ emphatique qui n'a pas ici une fonction de conjonction de coordination mais d'un adverbe au sens de « réellement, en vérité, certes » (cf. Spicq, *Les Épîtres pastorales* [1969], p. 468).

115. *GEL* 87.22.

116. Spicq, *Les Épîtres pastorales* (1969), p. 469.

117. *Ibid*. Voir aussi Kelly, *Commentary on the Pastoral Epistles*, p. 89.

118. *Ibid.*, p. 479. S. E. Fowl, *The Story of Christ in the Ethics of Paul*, JSNTS 36, Sheffield, Sheffield Academic Press, 1990, p. 182, signale que l'adverbe « ὁμολογουμένως » est toujours usité avec un accent polémique en 4M.

119. *DGF* (Carrez et Morel), p. 166.

120. Cf. W. L. Liefeld, « Mystery Religion », dans M. C. Tenney, sous dir., *The Zondervan Pictorial Encyclopedia of the Bible*, vol. 4, Grand Rapids, Zondervan, 1976, p. 330-333; M. W. Meyer, « Mystery Religions », dans D. N. Freedman et al., *The Anchor Bible Dictionary*, vol. 4, New York, Doubleday, 1992, p. 941-944.

lui-même[121]. « Il s'agit (donc) du salut donné et éternellement voulu par Dieu, demeuré néanmoins caché aux hommes jusqu'au moment propice, puis révélé en Jésus-Christ et proclamé à toutes les nations[122]. » Ce mystère est « sublime » (μέγα[123]) ; il est qualifié par le génitif τῆς εὐσεβείας ; c'est le « mystère de la piété » (τὸ τῆς εὐσεβείας μυστήριον).

L'εὐσέβεια peut être perçu comme le devoir que l'homme doit à Dieu, dans son rapport à lui, à savoir la piété, la religion[124]. Pris comme tel, εὐσέβεια se rapporte à la « manière de vivre appropriée pour celui qui sert le Dieu vivant[125] », toute l'existence chrétienne étant ici concernée[126]. Bien plus que cela, l'εὐσέβεια est « une nouvelle capacité ou potentiel pour vivre d'une manière qui s'accorde avec la volonté de Dieu[127] ». Tout aussi convenable est de référer εὐσέβεια au « fondement du Christianisme[128] ». Ainsi, de part et d'autre, Jésus-Christ, le mystère de la piété, est à la fois la source et la force de toute vie acceptable devant Dieu[129] mais aussi « le cœur du message du salut[130] ». Toutefois, le présent contexte – le mystère de la foi en 3.9 et la conduite appropriée dans l'Église en 3.15 – ne rend pas nécessaire une

---

121. C. REYNIER, *Évangile et mystère*, LecDiv 149, Paris, Cerf, 1992, p. 222.

122. LADD, *Théologie du Nouveau Testament*, p. 426. En réalité, la thématique de la révélation des secrets de Dieu aux hommes est massivement présente dans l'AT et dans le judaïsme (cf. R. E. BROWN, *The Semitic Background of the Term « Mystery » in the NT*, Philadelphia, Fortress Press, 1968, p. 1-10 ; B. RIGAUX, « Révélation des mystères et perfection à Qumrân et dans le Nouveau Testament », *NTS* 4, 1957-58, p. 237-262).

123. MARSHALL, *Critical and Exegetical Commentary*, p. 522.

124. *BAGD* (2000), p. 412 ; KNIGHT, *Pastoral Epistles*, p. 182.

125. S. BÉNÉTREAU, *Les Épîtres pastorales*, p. 175.

126. TOWNER, *Letters to Timothy and Titus*, p. 277.

127. P. H. TOWNER, « The Shape and Motive of Piety in Chinese Religions Tradition and the Biblical Tradition: Li and Eusebeia », *Jian Dao* 5, 1996, p. 95-125, en particulier, p. 121, cité par D. J. MACLEOD, « Christology in Six Lines: An exposition of 1 Timothy », *BS* 159, 2002, p. 337.

128. FEE, *1 and 2 Timothy, Titus*, p. 92 : « Ici, aussi souvent qu'avec "foi" dans ces lettres, il (eusebeia) ne fait pas référence à la qualité de la "piété" en tant que telle mais à "*la* piété", pensée de manière plus objective en tant que contenu ou base du christianisme » (Citation en version originale : « Here, as often with "faith" in these letters, it (eusebeia) is not referring to the quality of "godliness" as such but "*the* godliness", thought of in a more objective way as the content or basic of Christianity »).

129. W. KELLY, *An Exposition of the Two Epistles to Timothy*, London, Hammond, 1948, p. 72.

130. DIBELIUS et CONZELMANN, *Pastoral Epistles*, p. 61 : « Le terme (eusebeia) ici désigne le cœur du message du salut » (Citation en version originale : « The term (eusebeia) here designates the core of the message of salvation »).

distance entre εὐσέβεια comme « conduite » et εὐσέβεια comme « corps de doctrine » ; il s'établit plutôt un lien étroit entre la doctrine et la conduite[131].

À cette introduction, succède une proclamation christologique (v. 16b).

3.2.2. L'hymne au Christ, véritable mystère révélé (v. 16b)

À quelques exceptions près[132], il est unanimement admis que Paul n'est pas l'auteur de cet hymne[133]. M. M. Yarbrough applique au verset 16 les critères d'identification des formulaires anciens et parvient à la même conclusion[134]. Il pourrait donc s'agir d'un emprunt à un formulaire liturgique déjà existant[135] et qui « a pu naître à l'intérieur de l'Église comme une louange magnifiant l'ampleur du parcours et de l'œuvre du Christ[136] ». Quoique les Pastorales n'aient « pas l'occasion d'ajouter beaucoup à la christologie[137] », parcourons, à grands traits, les trois strophes de l'hymne pour en découvrir sens et portée.

Première strophe : « *Manifesté dans la chair, justifié en esprit.* »
Cette première strophe, dominée par l'opposition *chair-esprit*, est sans doute la plus difficile à interpréter. De l'avis de nombreux commentateurs, ἐφανερώθη ἐν σαρκί (« manifesté en chair ») se réfère à l'incarnation du Christ (cf. Jn 1.14 ; Rm 1.3 ; Ph 2.7-8)[138]. En effet, le verbe φανερόω (« ma-

---

131. Lock, *Critical and Exegetical Commentary*, p. 44 ; Knight, *Pastoral Epistles*, p. 182 : « Ainsi, l'intérêt du verset 15 à la fois pour la "vérité" et la "conduite" est réitéré dans cette phrase » (Citation en version originale : « Thus the concern of v. 15 for both "truth" and "conduct" is restated in this phrase »).

132. Par exemple, Marshall, *Critical and Exegetical Commentary*, p. 499.

133. Cf. Gundry, « Form, Meaning and Background », p. 203, 216-222.

134. M. M. Yarbrough, *Paul's Utilization of Performed Traditions in 1 Timothy*, Londres, T&T Clark, 2009, p. 95-102. Voir aussi M. Gourgues, *Les deux lettres à Timothée*, p. 148, note 16.

135. Pourrait-il s'agir d'un fragment emprunté ? Kelly, *Commentary on the Pastoral Epistles*, p. 89, le suppose.

136. Bénétreau, *Les Épîtres pastorales*, p. 176. Pour les débats sur le contexte d'émergence de l'hymne : A. T. Hanson, « An Academic Phrase: 1 Timothy 3.16a », dans A. T. Hanson, sous dir., *Studies in the Pastoral Epistles*, Londres, SPCK, 1968, p. 22s ; Gundry, « Form, Meaning and Background », p. 216-222.

137. H. Blocher, *La doctrine du Christ*, Vaux-sur-Seine, Edifac, 2002, p. 69.

138. Lock, *Critical and Exegetical Commentary*, p. 45 ; Kelly, *Commentary on the Pastoral Epistles*, p. 90 ; Knight, *Pastoral Epistles*, p. 184 ; Hendriksen, *Exposition of the Pastoral Epistles*, p. 140 ; Marshall, *Critical and Exegetical Commentary*, p. 524 ; Fee, *1 and 2 Timothy, Titus*, p. 93 ; Mounce, *Pastoral Epistles*, p. 227 ; Bénétreau, *Les Épîtres pastorales*, p. 176 ; Gourgues, *Les deux lettres à Timothée*, p. 139. Au lieu de l'incarnation, C. Spicq, *Les Épîtres pastorales* (1969), p. 472, y voit des « apparitions » du Christ ressuscité.

nifester »), synonyme du substantif ἐπιφάνεια (1 Tm 6.14 ; 2 Tm 1.10 ; 4.1, 8 ; Tt 2.13) et du verbe ἐπιφαίνω (Tt 2.11 ; 3.4), exprime l'idée d'apparition ou de manifestation. La réalité de l'incarnation est suggérée par la σάρξ (« chair ») mise en opposition avec le πνεῦμα (« esprit ») : « manifesté *dans la chair* (ἐν σαρκί) / justifié *dans l'esprit* (ἐν πνεύματι) ». En se référant à deux autres textes empruntés à des formulaires préexistants, Romains 1.3-4 et 1 Pierre 3.18, l'on constate la même opposition chair-esprit, suggérant son application traditionnelle au Christ[139]. Puisque dans ces textes, σάρξ fait clairement allusion à « l'existence et à la condition terrestres, par opposition à la condition céleste à laquelle le Christ a eu accès à travers la résurrection[140] », il en sera de même avec le texte parallèle de 1 Timothée 3.16[141]. Ainsi, l'expression ἐφανερώθη ἐν σαρκί renvoie à la condition du Christ antérieure à sa résurrection, à son incarnation et, implicitement, à sa préexistence éternelle[142]. À quoi renvoie alors la mention ἐν πνεύματι ?

Le verbe δικαιόω (« justifier ») peut avoir une diversité de sens, selon les contextes[143]. En 1 Timothée 3.16, L. Morris suggère que l'on lui conserve le sens de « déclarer juste », « être montré comme juste[144] ». Si « Jésus n'avait pas besoin, comme nous, d'une justification par rapport à un passé qui condamne[145] », alors en quoi aurait consisté sa justification ? « Sa justification, c'est l'approbation de Dieu sur son œuvre, la confirmation que même sa mort était dans le plan divin[146] » et cela, par sa résurrection[147].

---

139. Cf. Gourgues, *Les deux lettres à Timothée*, p. 139.

140. *Ibid.*

141. *Ibid.*

142. Kelly, *Commentary on the Pastoral Epistles*, p. 67.

143. *GEL* 34.46 ; 88.16 ; 56.34 ; 38.138 ; 36.22.

144. L. Morris, *The Apostolic Preaching of the Cross*, Grand Rapids, 1965, p. 259.

145. Bénétreau, *Les Épîtres pastorales*, p. 176.

146. *Ibid.* Il convient de mentionner que la mort de Christ était dans le plan divin : X. Leon-Dufour, *Résurrection de Jésus et message pascal*, Seuil, Paris, 1971, p. 60, note que la justification de Jésus vient comme une sanction divine opposée à la malédiction de la croix sous laquelle il avait été placé (le maudit qui a été sous la malédiction de la croix). Nous ne souscrivons pas à une telle lecture.

147. Pour Gundry, « Form, Meaning, and Background », p. 213, la justification en esprit, en rapprochement avec 1 P 3.18s, est une descente du Christ au séjour des morts, entre sa mort et sa résurrection. Sur ce point, voir S. Bénétreau, « Il est descendu aux enfers », *Fac-Réflexion*, Vaux-sur-Seine, FLTE, 1982.

H. Blocher nous éclaire : « Pour un condamné couvert d'ignominie, la résurrection le troisième jour signifie la *réhabilitation* par Dieu. Cette portée évidente a dû être première pour les disciples. À la résurrection, Jésus-Christ a été *"justifié par l'Esprit"* (1 Tm 3.16), certifié le Saint et le Juste[148]. » L'expression ἐν πνεύματι fait référence à la condition du Christ ressuscité[149] : le πνεῦμα contrasté avec la σάρξ comme c'est le cas ici « peut désigner un domaine, celui où Dieu règne et où l'Esprit ne rencontre aucune opposition, la sphère céleste ; c'est le lieu d'exaltation par laquelle est ratifiée l'œuvre du Christ[150] » (cf. Rm 1.14 ; 1 P 3.18).

Deuxième strophe : « *vu des anges, proclamé chez les nations* »
Le verbe ὁράω (« voir »), ici à l'aoriste indicatif passif 3ᵉ sing. (ὤφθη, « *il fut vu* »), est usité en 1 Corinthiens 15.5, en Luc 24.34, et en Actes 13.31, sous la même forme qu'en 1 Timothée 3.16[151]. Dans chaque cas, il est suivi d'un datif avec un complément d'agent désignant une ou des personnes[152]. En 1 Timothée 3.16, il y a une particularité : les témoins ne sont pas des messagers terrestres mais des êtres célestes (ἀγγέλοις, « anges »)[153].

---

148. BLOCHER, *La doctrine du Christ*, p. 218. Les italiques sont de l'auteur.

149. Pour certains auteurs, la préposition ἐν est instrumentale (« par ») et le πνεῦμα (« esprit ») se rapporte au Saint-Esprit (QUINN et WACKER, *First and Second Letter to Timothy*, p. 333 ; HENDRIKSEN, *Exposition of the Pastoral Epistles*, p. 140 ; KNIGHT, *Pastoral Epistles*, p. 184-185). Pour d'autres, la préposition signifie « dans » et le πνεῦμα se rapporte à l'esprit du Seigneur (GUNDRY, « Form, Meaning and Background », p. 211-212 ; C. J. ELLICOTT, *The Pastoral Epistles of St Paul*, Londres, Longman, 1864, p. 67-68 ; GUTHRIE, *Pastoral Epistles*, p. 89-90 ; KELLY, *Commentary on the Pastoral Epistles*, p. 90-91).

150. BÉNÉTREAU, *Les Épîtres pastorales*, p. 177 : ἐν évoque plus un « lieu » (dans l'Esprit) qu'une instrumentalité.

151. Que ὤφθη soit traduit par « il fut vu » ne donne pas satisfaction à tous. MARSHALL, *Critical and Exegetical Commentary*, p. 526 (voir aussi note 86) signale que ὤφθη exprime souvent l'idée de « devenir visible », « se montrer soi-même ». Dans ce cas, il s'agirait d'une apparition de Christ aux « anges » plutôt que des anges « observant » Christ. Voir aussi, GUNDRY, « Form, Meaning, and Background », p. 214.

152. 1 Co 15.5 (ὤφθη Κηφᾷ) ; Lc 24.34 (ὤφθη Σίμωνι) ; Ac 13.31 (ὤφθη [...] συναναβᾶσιν αὐτῷ).

153. KITTEL, *TDNT* I, p. 83. Si cet avis est largement partagé, J. MURPHY-O'CONNOR, « Redactional Angels in 1 Tim 3:16 », *RB* 91, 1984, p. 186, par exemple, estime qu'il s'agit ici des témoins humains, témoins de la résurrection christique. D'un avis similaire, BARRETT, *Pastoral Epistles*, p. 65 ; JOHNSON, *First and Second Letters to Timothy*, p. 233). Mais le contexte plaide en faveur des créatures célestes : le πνεῦμα dans la strophe précédente et la δόξα dans la troisième strophe. Ce qui correspond d'ailleurs à notre choix structurel de 1 Tm 3.16 : terre/ciel, ciel/terre et terre/ciel.

Ainsi, il s'établit un prolongement de pensée entre les strophes 1 et 2 : le Christ ressuscité, victorieux, est exalté dans les lieux célestes, par les créatures célestes (cf. Ph 2.10 ; Col 2.15 ; Hé 1.6 ; 1 P 3.18)[154]. Le monde d'« en haut » ne sera pas le seul lieu de la glorification du Christ ressuscité ; il en sera aussi dans celui d'« en bas », par l'Évangile « proclamé chez les païens » (ἐκηρύχθη ἐν ἔθνεσιν). Le verbe ἐκηρύχθη[155], évoque le message à « prêcher » à toutes les nations (ἔθνος)[156]. Cette « prédication ecclésiale d'après Pâques[157] » n'est sujet à aucune controverse, un résumé en a été donné dans la première strophe ; c'est la personne de Jésus-Christ[158], le mystère révélé. Ainsi, cette strophe se fait l'écho des « retentissements de la résurrection au ciel et sur la terre[159] ».

Troisième strophe : « *cru dans le monde, enlevé dans la gloire* »
La première clause de la dernière strophe reprend autrement à son compte la finale de la strophe précédente[160]. La démarche n'est pas fortuite : elle souligne la portée universelle du message proclamé et en célèbre les résultats : ἐπιστεύθη ἐν κόσμῳ (« *cru dans le monde* »). Se trouvent ainsi justifiée la

---

154. L'ascension du Christ en vue ici est l'avis majoritaire : MARSHALL, *Critical and Exegetical Commentary*, p. 527 ; FEE, *1 and 2 Timothy, Titus*, p. 94 ; KELLY, *Commentary on the Pastoral Epistles*, p. 91 ; MACLEOD, « Christology in Six Lines », p. 342-343. BÉNÉTREAU, *Les Épîtres pastorales*, p. 177 ; GOURGUES, *Les deux lettres à Timothée*, p. 143.

155. Le temps passé du verbe (aoriste, ἐκηρύχθη) questionne : l'hymne affirmerait-il que la proclamation de l'Évangile dans toutes les nations serait une tâche achevée ? GOURGUES, *Les deux lettres à Timothée*, p. 144-145, estime que l'aoriste n'est pas à prendre ici « au sens strict comme renvoyant à une action déjà terminée mais indiquant simplement que la proclamation de l'Evangile comme déjà commencée à se répandre parmi les non-juifs ». À cela s'ajouterait le fait que les Pastorales réservent κηρύσσω et ses dérivés (cf. 1 Tm 2.7 ; 2 Tm 1.11 ; 2 Tm 4.17 ; Tt 1.3) « à la première annonce de l'Evangile faite par Paul et ceux de la même génération » (excepté 2 Tm 2.4). Ce serait « à cette percée initiale faite par l'évangélisation dans le monde païen que l'hymne pourrait alors faire référence, ce qui expliquerait qu'il la représente comme une étape déjà passée ».

156. Le terme ἔθνος serait ici inclusif et prendrait en compte tous les peuples, y compris les juifs qu'il n'est pas nécessaire d'exclure ici (cf. FEE, *1 and 2 Timothy, Titus*, p. 55).

157. GOURGUES, *Les deux lettres à Timothée*, p. 143.

158. MARSHALL, *Critical and Exegetical Commentary*, p. 527.

159. GOURGUES, *Les deux lettres à Timothée*, p. 143. P. DORNIER croit retrouver dans cette strophe les éléments essentiels de notre hymne : « l'existence du Mystère, sa manifestation aux puissances angéliques, son annonce aux païens, sa découverte à travers l'Église » (*Les Épîtres pastorales*, p. 70).

160. Les expressions ἐν ἔθνεσιν (« parmi les nations ») et ἐν κόσμῳ (« dans le monde ») ont les mêmes visées universalistes.

référence au monde (ἐν κόσμῳ) et l'utilisation du verbe πιστεύω (« croire ») à l'aoriste indicatif passif ἐπιστεύθη (« être cru[161] », « être cru dans[162] »).

Dans cet élan de victoire et de triomphe, l'hymne s'achève par l'évocation de l'enlèvement du Christ : ἀνελήμφθη ἐν δόξῃ (*enlevé dans la gloire*). Le verbe ἀναλαμβάνω (ἀνελήμφθη, aoriste indicatif passif, « être pris en haut »)[163] est utilisé en rapport avec l'ascension christique en Marc 16.19 et Actes 1.2 ; 11.22[164]. Très peu usité dans le NT en dehors de ces textes pour évoquer l'ascension[165], il est rattaché ici à δόξα, assez usité dans le NT, surtout chez Paul[166] et Jean[167].

Euan Fry identifie une triple signification au mot δόξα dans le NT : « Éclat ou splendeur » ; « Grande puissance et force » ; « Majesté et honneur[168] ». L. Cerfaux l'indique, c'est la δόξα « qui fait la splendeur, l'illustration, l'honneur d'un être[169] ». L'expression ἐν δόξῃ ferait alors référence au « lieu du séjour définitif du Christ », à « sa divinité, sa relation au Père[170] ». C'est la session : « Jésus-Christ est "monté au ciel" *pour* s'asseoir "à la droite du Père" »[171] ; « l'opération *in fieri* (il s'est assis) et l'état qui en résulte (il est

---

161. Kittel, *Dictionnaire biblique* : *Foi*, Genève, Labor et Fides, 1976, p. 60.

162. *BAGD* (1979), p. 661. Importe ici l'objet de la foi : « croire que Jésus est mort et qu'il est ressuscité », « que Jésus est le Christ » (Kittel, *Dictionnaire biblique*, p. 61).

163. *BAGD* (1979), p. 56.

164. Cf. M. Gourgues, « La résurrection dans les credo et les hymnes », dans O. Mainville, D. Marguerat, sous dir., *Résurrection. L'après-mort dans le monde ancien et le Nouveau Testament*, Le monde de la Bible 45, Genève, Labor et Fides, 2001, p. 168.

165. En dépit du fait que M. R. Vincent, *Word Studies in the New Testament*, Grand Rapids Eerdmans, 1965, p. 241, considère ἀναλαμβάνω comme le terme formel pour décrire l'ascension du Christ, en se référant à Ac 1.2, 22.

166. M. Carrez, *De la souffrance à la gloire*, Neuchâtel, Delachaux et Niestlé, 1964, p. 7-32.

167. R. G. Bratcher, « What Does "Glory" mean in relation to Jesus? Translating *doxa* and *doxazo* in John », *BT*, 1991, p. 401-408.

168. E. Fry, « Translating "Glory" in the New Testament », *The Bible Translator*, 1976, p. 422-427.

169. L. Cerfaux, *La théologie de l'Église suivant saint Paul*, Paris, Cerf, 1965, p. 35.

170. Spicq, *Les Épîtres pastorales* (1969), p. 174.

171. Blocher, *La doctrine du Christ*, p. 220. Si le Christ-Jésus est monté au ciel pour siéger « à la droite de Dieu », il n'est pas superflu de préciser qu'« il est ici question non pas de la disposition du corps, mais de la majesté de son empire, en sorte qu'être assis ne signifie autre chose que présider au trône céleste » (p. 222), l'auteur citant ici J. Calvin, *Institution*, II, 16, 15.

assis)¹⁷² » ; « le recouvrement de sa gloire originelle par le Fils, dans ses deux natures cette fois, Jean 17.5¹⁷³ », « son couronnement qui le désigne comme l'Homme accompli, Hébreux 2.8s¹⁷⁴ ».

En somme, ἀνελήμφθη ἐν δόξῃ « doit indiquer [...] l'état stable consécutif à l'enlèvement et évoquer ainsi la condition actuelle du Christ ressuscité admis à partager en permanence la gloire de Dieu¹⁷⁵ ».

L'hymne de 1 Timothée 3.16, « rapide et sobre évocation du "grand mystère de la piété"¹⁷⁶ », à savoir le Christ-Jésus, « ne décrit rien d'autre que la glorification dans les cieux et sur la terre¹⁷⁷ ». Cette glorification, l'hymne ne l'ignore pas, « présuppose une humiliation et une condamnation antérieure que Jésus a eu à subir dans la passion et la mort¹⁷⁸ ». Il s'en dégage une valeur salvifique : la glorification jaillit de l'humiliation comme d'une source, comme conséquence de la justice du Christ et de sa fidélité au Père (Ph 2.11 : *c'est pourquoi* Dieu l'a souverainement élevé)¹⁷⁹. C'est ici « la Vérité dont vit l'Église et qu'elle a pour mission de porter et de soutenir¹⁸⁰ ».

Pour élargir notre champ d'analyse de l'ecclésiologie des Pastorales, nous proposons d'étudier dans la foulée, le second texte explicite qui s'y rapporte : 2 Timothée 2.19-21.

---

172. *Ibid*. La représentation « ... à la droite de Dieu » est sans doute l'une des répandues dans le NT, à la suite des anciens symboles de la foi chrétienne (hymnes, credo, kérygme). Pour poursuivre la réflexion, voir M. Gourgues, *À la droite de Dieu. Résurrection de Jésus et actualisation du Psaumes 110 :1 dans le Nouveau Testament*, EtB, Paris, Gabalda, 1978 ; M. Hengel, « "Sit at My Right Hand!" The Enthronement of Christ at the Right Hand of God and Psalm 110.1 », dans M. Hengel, sous dir., *Studies in Early Christology*, Edinburgh, T. & T. Clark, 1995, p. 119-225.

173. *Ibid*.

174. *Ibid*.

175. Gourgues, *Les deux lettres à Timothée*, p. 146. Voir aussi, P. Benoit, *Exégèse et théologie* I, Paris, Cerf, 1961, p. 363-411.

176. H. Roux, *Les Épîtres pastorales*, p. 67.

177. V. Fusco, *Les premières communautés chrétiennes. Traditions et tendances dans le christianisme des origines*, LecDiv 188, Paris, 2001, p. 121.

178. *Ibid*.

179. *Ibid*. En cela, nous rejoignons M. Gourgues lorsqu'il note que « Non isolable par rapport à l'existence de service dont elle est l'aboutissement, la croix ne l'est pas davantage de la gloire dans laquelle elle aboutit » (*Le crucifié. Du scandale à l'exaltation*, coll. Jésus et Jésus-Christ, Paris, Desclée-Mame, 1995, p. 101).

180. Roux, *Les Épîtres pastorales*, p. 67.

2 Timothée 2.19-21 :
La métaphore de la « grande maison »

1. Traduction

[19]*Cependant, le solide fondement demeure, avec ce sceau* : « *Le Seigneur connaît ceux qui sont de lui* ». *Et* : « *Qu'il s'éloigne de l'injustice, quiconque nomme le nom du Seigneur* ». [20]*Dans une grande maison, il n'y a pas seulement des vases d'or et d'argent mais aussi de bois et d'argile, les uns pour l'honneur et les autres pour le déshonneur.* [21]*Celui qui se purifie en s'éloignant de ceux-ci, il sera un vase pour l'honneur, sanctifié, utile au Maître, propre à toute bonne œuvre.*

2. Délimitation, contexte et structure de 2 Timothée 2.19-21

2.1. Délimitation de 2 Timothée 2.19-21

P. Dornier considère la péricope 2.19-21 comme une entité à part entière, à l'intérieur de la section 2 Timothée 2.14-26 qu'il divise en trois parties : (1) « Les faux docteurs, 2.14-18 », (2) « La maison de Dieu, 2.19-21 », (3) « Le vrai docteur, 2.22-26[181] ». De même, S. Bénétreau discerne à l'intérieur de la même section trois moments qu'il décline en 2.14-18 ; 2.19-21 et 2.22-26[182]. Notre péricope (2.19-21) occuperait donc une position charnière entre 2.14-18 et 2.22-26.

Ces différentes hypothèses nous semblent tenables. En effet, le verset 19 nous situe au seuil d'une nouvelle péricope : la particule μέντοι (« cependant ») tranche avec les cas de ruines évoqués en 2.17-18[183]. En outre, l'image de la solide fondation, à laquelle le verset 19 fait appel pour créer un contraste avec ce qui précède, annonce, *de facto*, celle de la maison qui

---

181. Dornier, *Les Épîtres pastorales*, p. 212s.

182. Bénétreau, *Les Épîtres pastorales*, p. 393s : 2.14-18 (« Dispenser droitement la Parole de vérité, en dépit de l'opposition ») ; 2.19-21 (« Le Seigneur connaît les siens et la qualité de leur œuvre ») ; 2.22-26 (« Instruire avec douceur »).

183. Redalié, *Paul après Paul*, p. 277, note que μέντοι a ici la même fonction de l'opposition indiquée ailleurs dans les contrastes avec les hétérodoxes (cf. Σὺ δὲ, 2 Tm 3.10 et 14 ; Tt 2.1).

s'achève en 2.21. Le οὖν du verset 21 se veut conclusif de l'argumentation amorcée, pour le plus près, en 2.19.

2.2. Contexte de 2 Timothée 2.19-21

Nous l'indiquions, notre péricope fait partie de la section 2.14-26 qui semble « à première vue touffue et désarticulée[184] », avec un plan « difficile à discerner[185] ». Ses limites non plus ne font pas l'objet d'un consensus[186].

Il est admis que le verset 14 marque la fin d'une unité textuelle (2.11-13) et le début d'une nouvelle[187]. Le démonstratif ταῦτα « par sa fonction déictique, crée une certaine distance entre l'énoncé qui le porte et 2.11-13, dont il désigne le contenu[188] ». Ce que confirme le retour à l'impératif (interrompue en 2.11), interpellant ainsi directement Timothée : ὑπομίμνῃσκε (« rappelle ces choses », v. 14), σπούδασον (« efforce-toi », v. 15), περιΐστασο (« évite-les », v. 16)[189]. Ce déplacement stylistique est aussi porté par la proposition « διαμαρτυρόμενος ἐνώπιον τοῦ θεοῦ » (2.14) « qui cause une rupture tonale en introduisant une note de solennité[190] ». En outre, le verset

---

184. Gourgues, *Les deux lettres à Timothée*, p. 288.

185. Spicq, *Les Épîtres pastorales* (1969), p. 752 ; Van Neste, *Cohesion and Structure*, p. 167 : « Bien que la plupart des commentateurs soient d'accord pour regrouper 2.14-26, ils ne sont souvent pas très clairs sur la manière dont ces versets forment un ensemble cohérent ou sur s'ils forment un ensemble cohérent » (Citation en version originale : « While most commentators agree in grouping 2.14-26 together, they are often not clear on how or if these verses cohere »). Une affirmation faite en référence à J. D. Miller, *The Pastoral Letters as Composite Document*, SNTS MS 93, Cambridge, Cambridge University Press, 1997, p. 111 ; J.L. Houlden, *The Pastoral Epistles: I and II Timothy, Titus*, Londres/Philadelphie, SCM Press, 1976, p. 120 ; Marshall, *Critical and Exegetical Commentary*, p. 743.

186. Par exemple, Johnson, *First and Second Letters to Timothy*, p. 398, qui établit la cohérence de la section 2.14-21. Le οὖν du v. 21 vient donc conclure le discours amorcé au v. 14.

187. En effet, la péricope 2.11-13 constitue une unité littéraire à part entière. Sans doute constitue-t-elle en bloc la citation d'un formulaire préexistant (cf. Marshall, *Critical and Exegetical Commentary*, p. 732 ; Mounce, *Pastoral Epistles*, p. 501).

188. Elengabeka, *L'exploitation de l'Écriture*, p. 170. À quoi renvoi ταῦτα ? Sans doute à la proclamation immédiate de 2.11-13 (Van Neste, *Cohesion and Structure*, p. 199) ou à l'ensemble des parénèses précédentes (Dibelius et Conzelmann, *Pastoral Epistles*, p. 110) ou encore aux deux à fois, en tenant compte de 2.2 (Fee, *1 and 2 Timothy, Titus*, p. 254).

189. Elengabeka, *L'exploitation de l'Écriture*, p. 170.

190. *Ibid.* Un effet identique, nous fait remarquer l'auteur, se trouve en 2 Tm 4.1 avec le syntagme « διαμαρτυρόμενος ἐνώπιον τοῦ θεοῦ ».

14 ouvre une nouvelle thématique ; celle de la crise doctrinale à l'intérieur de la communauté.

Certes, le discours parénétique s'adresse à Timothée. Mais, c'est ici, avant tout, en sa qualité de ministre de l'Évangile auprès des communautés[191]. Les impératifs qui se succèdent ont une portée communautaire (« rappelle ces choses », v. 14)[192]. Ainsi, « ce qui est évoqué, plus exactement, de 2.14 à 2.26, et qui incite à voir une unité dans ce passage [...] c'est un aspect particulier de l'expérience communautaire ayant trait à la parole de la foi et à sa proclamation[193] ».

Cette Parole et sa proclamation font justement l'objet d'une vive tension au sein de la communauté. Une situation conflictuelle qui traverse toute la section 2.14-26 et qui est le fait de personnes désignées comme étant des *contradicteurs* (v. 25). Sans doute que 2.14-26 contient la première référence explicite à cette erreur doctrinale[194]. En 3.1-9 commence une nouvelle unité : il adviendra, dans les « derniers jours », des périls transcendant les difficultés de l'Église locale.

---

191. Cf. Van Neste, *Cohesion and Structure*, p. 166 ; Marshall, *Critical and Exegetical Commentary*, p. 745 ; Knight, *Pastoral Epistles*, p. 409.

192. Ce qui ne semblait pas être le cas des impératifs précédents, en début de chapitre : ἐνδυναμοῦ ἐν τῇ χάριτι (« fortifie-toi dans la grâce », v. 1), συγκακοπάθησον (« prends ta part de souffrance », v. 3), μνημόνευε Ἰησοῦν Χριστὸν (« souviens-toi de Jésus-Christ », v. 8). Quinn et Wacker, *First and Second Letters to Timothy*, p. 672 estiment que « ὑπομίμνῃσκε » s'applique uniquement à Timothée et ne lui trouve aucun aspect communautaire. Ce qui tranche avec l'avis des auteurs susmentionnés.

193. Gourgues, *Les deux lettres à Timothée*, p. 288.

194. Van Neste, *Cohesion and Structure*, p. 167 : « On peut supposer qu'il y a une certaine opposition, à en juger par les appels à savoir souffrir en 1.6 – 2.13 ; et 1.15 indique que Paul a été abandonné, mais la contestation explicite au sein de la congrégation émerge pour la première fois dans cette section » (Citation en version originale : « Some opposition is implied by the calls to suffer in 1.6-2.13 and 1.15 mentions a desertion from Paul, but explicit opposition within the congregation occurs for the first time in this unit »). L'hérésie en question pourrait-être une méprise au sujet de la résurrection. Sumney, *'Servants of Satan'*, p. 280 : « L'énoncé le plus clair sur les contradicteurs vient en 2.17-18 dans cette épître. Non seulement deux faux docteurs y sont nommés, mais leur enseignement est caractérisé par une affirmation doctrinale particulière : ils soutiennent que 'la résurrection a déjà eu lieu' (v. 18) » (Citation en version originale : « The clearest statement about opponents in this letter comes in 2.17-18. Not only are two false teachers named, but their teaching is characterized in a specific doctrinal assertion: they contend that 'the resurrection has already occurred' [v. 18] »).

Si la section 2.14-26 constitue donc un ensemble « assez homogène[195] », il reste à revenir sur nos propos (§ 2.1) pour confirmer le lien existant entre notre texte (2.19-21) et son contexte (2.14-26).

M. Gourgues note que l'ensemble 2.14-26 présente en alternance deux sections à l'impératif (2.14-16a et 2.22-23) et deux à l'indicatif (2.16b-21 et 2.24-26)[196]. Les deux sections à l'impératif sont parénétiques : elles indiquent à Timothée son rôle dans la crise que traverse la communauté[197]. À l'indicatif, les deux autres sections sont relatives à l'expérience communautaire : « Les répercussions et les réactions, négatives et positives suscitées en elle ou attendues d'elle au regard de la situation problématique qu'elle traverse[198] ». La péricope 2.19-21 ferait alors partie des réactions au sein de la communauté (2.16b-21). Mieux, elle serait l'écho de la réaction positive des croyants (la résistance des croyants, 2.19-21) après les suites négatives des pratiques des déviants (la foi ébranlée, 2.16-18)[199].

Ainsi, le contexte de la péricope est d'abord celui du danger, de la présence active des « contradicteurs » (v. 25). Ces derniers, prisonniers du diable (v. 26), au nombre desquels Hyménée et Philète (v. 17), se répandent en vains discours (v. 16), source de conflits (v. 22). « L'ambiance est au conflit plus qu'à la tolérance ! Mais tout se passe dans l'"aire" du christianisme, qui n'est plus tout à fait "naissant"[200] ».

En plus d'être celui du danger, le contexte de 2.19-21 est aussi celui du réconfort ; ce qui est suggéré par le contexte immédiat en amont : l'adverbe μέντοι établit un contraste entre le trouble causé par l'hérésie (v. 18) et la réalité décrite au v. 19a[201]. H. Blocher note que si Paul « affirme l'inébranlable solidité des fondations divines (v. 19a), c'est que l'hérésie est parvenue

---

195. Bénétreau, *Les Épîtres Pastorales*, p. 393, une conclusion largement partagée.
196. Gourgues, *Les deux Lettres à Timothée*, p. 288.
197. *Ibid.*
198. *Ibid.*
199. *Ibid.*, p. 291-294. La démarche de l'auteur articulée autour des impératifs et des antithèses entre éléments positifs et négatifs est assez proche de celle de bien d'autres : Van Neste, *Cohesion and Structure*, p. 167-174 ; Marshall, *Critical and Exegetical Commentary*, p. 743-744 ; Mounce, *Pastoral Epistles*, p. 523.
200. H. Blocher, « Les vases séparés (2 Timothée 2. 19-21) », *ThEv* 1, no. 2, 2002, p. 88.
201. Cf. Spicq, *Les Épîtres pastorales* (1969), p. 759.

à renverser la foi de quelques-uns (v. 18)²⁰² ». Dans ces conditions, le travail (« ἐργάτης », v. 15) attendu de Timothée est celui de la réminiscence : ὑπομίμνησκε (« rappelle ces choses », v. 14) : Dieu a posé un fondement que nul homme ne peut ébranler (v. 19a). N'est-ce pas un réconfort pour l'Église que de redire une telle certitude²⁰³ ?

Il s'établit aussi un lien entre 2.19-21 et son contexte subséquent immédiat. En effet, l'éloignement de l'injustice en 2.19 (par « *quiconque nomme le nom du Seigneur* ») se poursuit en 2.21 (« *si donc quelqu'un se purifie de (hors de) ceux-ci* ») et trouve un écho en 2.22b où le « cœur pur » est associé à l'invocation du Seigneur (« *ceux qui invoquent le Seigneur d'un cœur pur* »).

En définitive, notre péricope se développe dans un contexte conflictuel. Dès lors, elle se veut porteuse d'un double message : encourager les membres de la communauté à fixer leurs regards sur ce qui demeure mais aussi à se garder purs pour le Seigneur qu'ils invoquent. C'est la réaction positive attendue d'eux.

2.3. Structure de 2 Timothée 2.19-21

En vue de rendre la communauté réceptive à son message dans la crise qu'elle traverse, l'auteur fait appel à une suite de métaphores. Il commence d'abord par celle du « fondement » (v. 19a) qui prend, nous l'indiquions, « un caractère de réconfort face à l'hérésie²⁰⁴ ». À cette métaphore du fondement, l'auteur ajoute celle du « sceau » qui rassemble une double thématique ; l'appartenance à Dieu (v. 19b) et l'impératif de l'invocation divine (v. 19c). Cette dernière thématique trouvera d'ailleurs un développement au verset 20 à travers la métaphore des « vases » dans la grande maison. Le verset 21 va clore l'argumentation par une application pratique.

La structure de notre péricope, construite autour des trois métaphores, se présente ainsi :

    v. 19a : La solidité du fondement
    v. 19b-19c : Le sceau du Seigneur
        v. 19b : L'appartenance au Seigneur

---

    202. BLOCHER, « Les vases séparés », p. 88.
    203. Plusieurs auteurs rattachent ce même besoin de réconfort à la péricope 2.11-13 (cf. SPICQ, *Les Épîtres pastorales* (1969), p. 748 ; MOUNCE, *Pastoral Epistles*, p. 518s).
    204. REDALIÉ, *Paul après Paul*, p. 277.

v. 19c : L'impératif de l'invocation du Seigneur

v. 20-21 : Les vases de la grande maison

v. 20 : Vases pour l'honneur et vases pour le déshonneur

v. 21 : Application pratique

3. Interprétation de 2 Timothée 2.19-21

3.1. La solidité du fondement (v. 19a)

ὁ μέντοι στερεὸς θεμέλιος τοῦ θεοῦ ἕστηκεν, « *Cependant, le solide fondement demeure* ». La particule d'affirmation et d'opposition μέντοι est plus forte que δέ ; elle introduit « une note d'assurance confiante » dans le contexte trouble de la crise[205]. Ainsi, « après le regard porté sur les déviations et les dangers [...] il est temps de contempler ce qui demeure, ce que les défaillances et la folie des hommes ne peuvent atteindre[206] » : Dieu a posé un θεμέλιος (fondement) qui est « solide, ferme[207] », « inamovible[208] » (στερεὸς[209]). Et parce qu'il est posé par Dieu (τοῦ θεοῦ), il tient debout (ἕστηκεν). Le parfait de ἵστημι est intransitif et signifie « tenir ferme[210] », ce qui renforce manifestement le sens de στερεὸς.

Toutefois, une question demeure ici : que représente le vocable θεμέλιος ? Il désigne la base sur laquelle repose une structure, une construction[211] et qui dessine par la suite tout le plan schématique de la structure[212]. Faut-il l'appliquer à Christ (cf. 1 Co 3.11), aux apôtres (cf. Ep 2.20) ou à l'Église elle-même ?[213] Il n'est pas aisé de trancher, note H. Blocher. Toutefois, à la suite

---

205. *DGF* (Carrez et Morel), p. 158 ; Spicq, *Les Épîtres pastorales* (1969), p. 759.
206. Bénétreau, *Les Épîtres pastorales*, p. 399.
207. *AGL*, London, S. Bagster & Sons, 1971, p. 375.
208. Spicq, *Les Épîtres pastorales* (1969), p. 759.
209. Cf. G. Bertram, *TDNT* VII, p. 609-614.
210. *BAGD* (1979), p. 382.
211. Cf. *BAGD* (2000), p. 449 ; W. Grundmann, *TDNT* VII, p. 636-653.
212. R. Martin, *Manuel d'architecture grecque*, Paris, A. et J. Picard et Cie, 1965, p. 307s.
213. Les hypothèses sont bien plus nombreuses : P. Dornier entend θεμέλιος de la « foi de l'Église » (*Les Épîtres pastorales*, 216-217), A.T. Hanson, de la prédication apostolique (*The Pastoral Letters. Commentary on the First and Second Letters to Timothy and the Letter to Titus*, CBC, Cambridge, Cambridge University Press, 1966, p. 88), W. Lock, de Christ et des apôtres (*Critical and Exegetical Commentary*, p. 100), de la foi authentique

de nombreux commentateurs, il l'applique à l'Église[214]. La référence à l'image de la colonne et du socle pour l'Église en 1 Timothée 3.15 a été l'élément décisif[215]. En s'en tenant à 2 Timothée, au moins deux arguments s'imposent : « L'autre image, celle du *sceau*, et les citations qui suivent conduisent à penser qu'il s'agit plutôt de l'Église [...] car elles s'intéressent à des personnes » ; de même que la métaphore de la « maison » aux versets 20-21[216].

Probablement, la métaphore du θεμέλιος est un écho à Ésaïe 28.16[217] :

διὰ τοῦτο οὕτως λέγει κύριος ἰδοὺ ἐγὼ ἐμβαλῶ εἰς τὰ θεμέλια Σιων λίθον πολυτελῆ ἐκλεκτὸν ἀκρογωνιαῖον ἔντιμον εἰς τὰ θεμέλια αὐτῆς καὶ ὁ πιστεύων ἐπ' αὐτῷ οὐ μὴ καταισχυνθῇ

Cependant, ainsi parle le Seigneur DIEU : Voici que je pose dans Sion une pierre à toute épreuve, une pierre angulaire, précieuse, établie pour servir de fondation. Celui qui s'y appuie ne sera pas pris de court

---

à garder par l'Église (B. GÄRTNER, *The Temple and the community in Qumran and the New Testament: A Comparative Study in the Temple Symbolism of the Qumran Texts and the New Testament*, Cambridge, the University Press, 1965, p. 71), J. CALVIN, de l'élection de Dieu (*Commentaires* t.4, p. 289), E. F. SCOTT, de l'Église (*Pastoral Epistles*, p. 112), M. GOURGUES, « des croyants fidèles » (*Les deux lettres à Timothée*, p. 294), etc.

214. BLOCHER, « Les vases séparés », p. 89. Pour : MARSHALL, *Critical and Exegetical Commentary*, p. 755-56 ; DIBELIUS et CONZELMANN, *Pastoral Epistles*, p. 112-113 ; JOHNSON, *First and Second Letters to Timothy*, p. 396 ; BÉNÉTREAU, *Les Épîtres pastorales*, p. 400 ; TOWNER, *Goal of our Instruction*, p. 132.

215. GOURGUES, *Les deux lettres à Timothée*, p. 293, sans être pour autant opposé à l'application ecclésiale de θεμέλιος, signale que le rapprochement entre le v. 19 et 1 Tm 3.15 reste assez fragile. D'une part, le terme ἑδραίωμα, utilisé en 1 Tm 3.15 n'est pas le même ici (θεμέλιος). Et lorsque que 1 Tm utilise ce dernier vocable, c'est dans un autre registre (6.19 : capital financier). D'autre part, l'application même des images « colonne » et « fondement » à l'Église reste problématique, puisqu'elles s'appliquent à Timothée et aux serviteurs de la communauté.

216. BÉNÉTREAU, *Les Épîtres pastorales*, p. 400. GOURGUES, *Les deux lettres à Timothée*, p. 293-294, mentionne deux autres arguments : la mise en opposition marquée par la particule θεμέλιος par rapport aux croyants ébranlés (v. 18) fait identifier, par contraste, le θεμέλιος aux croyants qui résistent. En plus, le v. 19 fait appel à deux textes qui concernent tous les deux les croyants.

217. G. K. BEALE et D.A. CARSON, *Commentary on the New Testament Use of the Old Testament*, Grand Rapids/Nottingham, Baker Academic/Apollos, 2007, p. 904 ; FEE, *Pauline Christology*, p. 456. Pour le texte de la LXX, A. RAHLFS, sous dir., *Septuaginta* vol. I, Stuttgart, Württembergische, 1952.

Le concept du fondement demeure le même dans les deux textes. Toutefois, E. Elengabeka nous rend sensible au fait qu'il s'exprime par le substantif neutre en Ésaïe 28.16 (θεμέλιον) alors qu'il est porté par le masculin en 2.19 (θεμέλιος)[218]. À cela, s'ajoute le fait qu'Ésaïe traduit la notion de solidité à travers une double négation (cf. le verbe καταισχύνω) alors que l'auteur des Pastorales choisit une formulation positive (cf. le qualificatif στερεὸς) : le premier choix se perçoit « avec une note de crédibilité » alors que le second « connote plutôt la stabilité[219] ». Et pourtant, « la résistance de la construction divine est affirmée » dans les deux cas[220].

Pour sa part, P. H. Towner signale que le texte d'Ésaïe 28.16 était devenu, dans l'Église primitive, un important témoignage christologique de l'AT (cf. Rm 9.33 ; 1 P 2.6)[221]. Pour répondre à la grave crise, Paul va adapter volontiers le texte d'Ésaïe 28.16 ; il fait appel à la certitude des actes de Dieu dans l'AT et les applique à la stabilité de l'Église[222]. Or, selon le contexte (2.8, 11), c'est justement la vérité de la résurrection du Christ qui ancre cette fondation (« anchors this "foundation" ») ; c'est elle qui peut stabiliser la foi vacillante de quelques-uns (v. 18)[223].

Ainsi, dans un contexte trouble, le motif de l'*Église-fondation* est « interprété comme une réponse à la menace de l'hérésie, dans le sens de la permanence et de l'inébranlable[224] » et « plus que le Christ, les apôtres ou la tradition, le fondement désigne l'Église elle-même[225] ». Il y est marqué une double inscription.

3.2. Le sceau du Seigneur (v. 19b-19c)

ἔχων τὴν σφραγῖδα ταύτην, « ayant ce sceau ». Le nom σφραγίς (« sceau, cachet, anneau pour cacheter, empreinte[226] ») peut désigner, l'un ou l'autre,

---

218. E. Elengabeka, *L'exploitation de l'Écriture*, p. 183.
219. *Ibid.*
220. *Ibid.*
221. Towner, *First and Second Letters to Timothy*, p. 531.
222. *Ibid.*
223. *Ibid.*
224. Redalié, *Paul après Paul*, p. 278-279.
225. *Ibid.*, p. 279.
226. *DGF* (Bailly), p. 1883.

le sceau lui-même et l'inscription sur le sceau[227]. Son usage implique « possession privilégiée », « authenticité », « garantie et sécurité »[228]. La première inscription du sceau est en rapport avec l'appartenance au Seigneur.

3.2.1. L'appartenance au Seigneur (v. 19b)

ἔγνω κύριος τοὺς ὄντας αὐτοῦ, « *Le Seigneur connaît ceux les siens* », nous renvoie au texte quasiment identique de Nombres 16.5[229] :

... וַיֹּדַע יְהוָה אֶת־אֲשֶׁר־לוֹ ...

« ... Que le Seigneur fasse connaître ceux qui sont à lui... »

... ἔγνω ὁ θεὸς τοὺς ὄντας αὐτοῦ...

« ... le Seigneur connaît ceux qui sont de lui... »

Les différents textes sont relatifs à l'appartenance à Dieu. Une différence, cependant, ne passe pas inaperçue : alors que la LXX utilise « ὁ θεὸς » pour le nom divin, « κύριος » a la préférence de l'auteur de 2 Timothée. Ce dernier fait ainsi le choix d'une variante attestée par la syrohexaplaire (Syr) et se rapproche plus de la version hébraïque, si l'on considère que κύριος rend au mieux le sens de יְהוָה[230].

P. H. Towner suggère que l'on compare les deux contextes pour percevoir au mieux la force de la déclaration, « Le Seigneur connaît ceux qui sont de lui »[231]. De même qu'en 2.19, le contexte de Nombres 16.5 est aussi celui

---

227. *BAGD* (1979), p. 796 ; G. Fitzer, *TDNT* VII, p. 939-53 ; *AGL*, p. 394.

228. Spicq, *Les Épîtres pastorales* (1969), p. 760.

229. Cf. Fee, *Pauline Christology*, p. 456.

230. Beale et Carson, *New Testament*, p. 904 : « L'hébreu dispose du tétragramme "YHWH" qui est traduit habituellement par *kyrios* dans la LXX. Cette tendance a pu influencer le passage de *theos* à *kyrios* dans l'adaptation néotestamentaire des documents vétérotestamentaires » (Citation en version originale : « The Hebrew has the tetragrammaton ["YHWH"], which normally is translated in the LXX with *kyrios*. This tendency may have influenced the shift from *theos* to *kyrios* in the NT adaptation of the OT material »). Il n'est pas exclu que ce choix soit révélateur d'une visée christologique (cf. Johnson, *First and Second Letters to Timothy*, p. 397 ; Towner, *First and Second Letters to Timothy*, p. 532, note 88). Pour une visée baptismale, voir J. Bassler, *1 Timothy, 2 Timothy, Titus*, ANTC, Nashville, Abingdon, 1996, p. 153 ; Redalié, *Paul après Paul*, p. 278.

231. Towner, *First and the Second Letters to Timothy*, p. 533.

d'un grave conflit au sein de la communauté[232]. Mais, la nature du conflit varie d'un contexte à l'autre.

Dans le contexte de départ, il s'agissait de la révolte de Koré et de ses acolytes contre l'autorité de Moïse ; ils lui contestaient le droit de gouverner le peuple et d'exercer le sacerdoce[233]. Dans le contexte d'arrivée, le conflit est plutôt doctrinal[234] ; il est le fait d'enseignants déviants, tels Hyménée et Philète. Ainsi, si « l'appartenance à Dieu devait se vérifier sur la base de l'exercice d'un pouvoir (Nb 16.5), elle se détermine maintenant à partir d'un positionnement doctrinal (2 Tm 2.19)[235] ». Toujours est-il qu'une certitude demeure ; elle transcende les contextes et crée un lien entre eux : Le Seigneur connaît (« ἔγνω[236] ») ceux qui sont de lui et il reste constant dans le traitement de tels conflits.

En Nombres 16.5, il intervient « pour départager, parmi les Israélites au désert, ceux qu'il a choisis, Moïse et Aaron, et ceux qu'il réprouve, Coré le contestataire et sa troupe[237] ». Le souvenir de la révolte de la bande à Koré et de son jugement consécutif est bien présent en 2 Timothée 2.19 et « les oreilles devraient tinter aux autres Hyménée et autres Philète ![238] ». Ils sont avertis[239].

Pour Timothée et les autres, il s'agit d'une occasion d'encouragement : aussi malheureux qu'aura été l'épisode de la rébellion de Koré et de sa bande,

---

232. Fee, *Pauline Christology*, p. 456.
233. Cf. J. De Vaux, *Les Nombres* (SBi), Paris, Gabalda, 1972, p. 189-191.
234. Elengabeka, *L'exploitation de l'Écriture*, p. 189.
235. *Ibid.*

236. Γινώσκω ici le sens habituel de « connaître, savoir ». Il n'a aucun lien avec la gnose (cf. Barrett, *Pastoral Epistles*, p. 107) et s'inscrit dans un contexte hébraïque (cf. R. Bultmann, *TDNT* I, p. 706). D. Guthrie note qu'il s'agit du « discernement infaillible de Dieu », avec en seconde intention l'idée de prédestination « puisque la connaissance de Dieu est inséparable de son dessein ». La première intention étant d'indiquer que « Dieu connaît infailliblement ses vrais enfants » (*Pastoral Epistles*, p. 162-163).

237. Blocher, « Les vases séparés », p. 88.
238. *Ibid.*

239. Towner, *First and Second Letters to Timothy*, p. 533 : « Le résultat du récit de l'Ancien Testament fut la destruction dramatique des rebelles ; il n'est pas difficile de voir comment le récit accédé par la citation peut fonctionner comme un avertissement (...) La déclaration de Moïse citée ici était une déclaration de justification, et désignait le jugement » (Citation en version originale : « The result of the OT story was the dramatic destruction of the rebels; it is not hard to see how the story accessed by the citation might function as a warning [...] The statement of Moses quoted here was a statement of vindication, and pointed forward to judgment »).

« il n'a pas dévasté la congrégation d'Israël », par conséquent, « le faux enseignement ne dévastera pas non plus l'Église d'Éphèse[240] ». Puisque Dieu est capable de faire la différence entre les vrais croyants et ceux qui ne le sont pas, il y a lieu de croire que le solide fondement qu'il a posé restera ferme la situation présente[241]. Tel est l'écho de la citation de Nombres 16.5 en 2 Timothée 2.19b. Une certitude que vient renforcer la seconde inscription du sceau.

3.2.2. L'exigeante invocation divine (v. 19c)

καί· ἀποστήτω ἀπὸ ἀδικίας πᾶς ὁ ὀνομάζων τὸ ὄνομα κυρίου, « *Et : Qu'il s'éloigne de l'injustice quiconque nomme le nom du Seigneur* ». La conjonction καί remplit une double fonction : elle établit le lien entre les deux inscriptions du sceau, d'une part et indique que la seconde inscription est une citation, d'autre part. Il n'est toutefois pas aisé de déterminer le verset que cite 2.19c. En effet, « la multiplicité des références vétérotestamentaires possibles complexifie l'identification des sources de 2 Timothée 2.19c[242] ». Sans doute faut-il considérer cette citation comme « la reprise d'expressions empruntées à plusieurs passages[243] ».

De cette citation, nous pouvons dégager au moins deux attitudes : « *Qu'il s'écarte de l'injustice* » et « *Quiconque invoque le nom du Seigneur* ». Il nous paraît judicieux de rattacher, entre autres, la première attitude à Ésaïe 52.11[244] :

> ἀπόστητε ἀπόστητε ἐξέλθατε ἐκεῖθεν καὶ ἀκαθάρτου μὴ ἅπτεσθε ἐξέλθατε ἐκ μέσου αὐτῆς ἀφορίσθητε οἱ φέροντες τὰ σκεύη κυρίου
>
> « *Partez, partez, sortez de là ! Ne touchez rien d'impur ! Sortez du milieu d'elle ! Purifiez-vous, vous qui sortez les vases de l'Éternel !* »

---

240. Knight, *Pastoral Epistles*, p. 416.
241. *Ibid.*
242. Elengabeka, *L'exploitation de l'Écriture*, p. 186. L'auteur conclut ainsi après avoir mentionné une série de textes.
243. Bénétreau, *Les Épîtres pastorales*, p. 401.
244. Cf. Guthrie, *Pastoral Epistles*, p. 163. Il ne faut être intransigeant pour autant : Nb 16.26-27 est tout aussi tenable, favorisé même par le contexte (cf. 2.19b citant Nb 16.5).

Dans les deux textes, nous avons le même verbe ἀφίστημι : « s'éloigner de », « s'abstenir de », « se détourner de »[245]. À l'impératif (ἀποστήτω), il sous-entend le pouvoir de se détourner de l'« iniquité », de l'« injustice » (ἀδικίας)[246].

L'ἀδικία, selon l'usage qu'en fait Paul (cf. Rm 1.18 ; 2.8 ; 2 Th 2.10 et 12), est ce qui contraire à la vérité, à savoir ce qui est immoral[247]. Ainsi, l'expression idiomatique ἀποστήτω ἀπὸ ἀδικίας commande non seulement de s'éloigner de l'immoralité mais aussi de tout ce qui est contraire à la vérité et qui conduit à l'immoralité[248].

La seconde attitude (πᾶς ὁ ὀνομάζων τὸ ὄνομα κυρίου, « *Quiconque nomme le nom du Seigneur* ») pourrait trouver sa source en Lévitique 24.15b-16[249] :

ὀνομάζων δὲ τὸ ὄνομα κυρίου θανάτῳ θανατούσθω λίθοις λιθοβολείτω αὐτὸν πᾶσα συναγωγὴ Ισραηλ ἐάν τε προσήλυτος ἐάν τε αὐτόχθων ἐν τῷ ὀνομάσαι αὐτὸν τὸ ὄνομα κυρίου τελευτάτω

« *Qui blasphème le nom de Yahvé sera puni de mort, toute la communauté le lapidera. Qu'il soit citoyen ou étranger il mourra s'il blasphème le nom* ».

Le verbe ὀνομάζω (« nommer », « appeler un nom »)[250] associé au nom ὄνομα (« nommer », « nom propre »)[251] aboutit à l'expression idiomatique ὀνομάζων τὸ ὄνομα (« nommer le nom »). Le tout rattaché à κύριος (« Seigneur ») indique que nous sommes dans le registre de la foi, de la foi en Lui[252]. Si nous

---

245. *BAGD* (2000), p. 157-158.

246. Guthrie, *Pastoral Epistles*, p. 163.

247. Knight, *Pastoral Epistles*, p. 416.

248. *Ibid.*, p. 416-417.

249. Cf. Elengabeka, *L'exploitation de l'Écriture*, p. 187 ; Marshall, *Critical and Exegetical Commentary*, p. 758. « ὀνομάζων τὸ ὄνομα κυρίου » pourrait être une légère modification de Jl 3.5 dans la LXX (πᾶς ὃς ἂν ἐπικαλέσηται τὸ ὄνομα κυρίου) avec un écho en Ac 2.21 ; Rm 10.13 et 1 Co 1.2 (Knight, *Pastoral Epistles*, p. 416 ; H. Bietenhard, *TDNT* V, p. 263).

250. *DGF* (Carrez et Morel), p. 176.

251. *BAGD* (2000), p. 711.

252. Marshall, *Critical and Exegetical Commentary*, p. 758 : « La forme idiomatique […] l'insistance habituelle consiste à "invoquer Dieu [dans la prière]". Donc, l'expression peut simplement n'être qu'une façon de se référer aux chrétiens à moins qu'elle ne soit une référence à la pratique réelle de la prière » (Citation en version originale : « The idiom form […] the usual force is to "to call upon God [in prayer]". Hence the phrase may be simply

considérons 2.19c comme un écho à Lévitique 24.16 (qui stigmatise l'usage blasphématoire du nom divin) alors la locution ὀνομάζων τὸ ὄνομα κυρίου se voudrait descriptive des blasphèmes des faux enseignants à Éphèse[253]. Relativement à ces derniers, ce qui est attendu de Timothée et des autres membres de la communauté (cf. πᾶς « quiconque »[254]), c'est qu'ils se dissocient d'eux et de leurs enseignements.

Finalement, la double inscription sur le sceau conduit à un admirable équilibre : « les deux grandes vérités complémentaires de la souveraine élection divine [*Le Seigneur connaît ceux qui sont de lui*] et la responsabilité humaine [*Qu'il s'éloigne de l'injustice, quiconque nomme le nom du Seigneur*] proclamés ensemble[255] ». Ainsi, nous avons « l'une qui rassure et l'autre qui aiguillonne, l'une qui marque l'origine de la disposition en cause et l'autre sa finalité[256] ».

La métaphore des « vases » de la grande maison est un développement de l'impératif de l'invocation divine, à savoir la séparation d'avec le mal (v. 19c). Le verset 20 présente les différents « vases » et le verset 21 en fera une application pratique.

3.3. *Les vases de la grande maison (v. 20-21)*

Ἐν μεγάλῃ δὲ οἰκίᾳ…, « *Dans une grande maison…* ». Dès l'entame de la métaphore, surgit la question de la nature de la maison (οἰκία)[257]. Si, comme

---

a way of referring to Christians or a reference to the actual practice of prayer ») ; KNIGHT, *Pastoral Epistles*, p. 416.

253. *Ibid.* : « La clause renvoie donc plutôt aux contradicteurs dont l'enseignement est considéré comme une forme de blasphème et elle les exhorte à rectifier leur position » (Citation en version originale : « The clause refers then rather to the opponents whose teaching is regarded as a form of blasphemy and urges them to mend their way »).

254. Dès lors que l'on nomme le nom du Seigneur, l'on est soumis à la même exigence.

255. BLOCHER, « Les vases séparés », p. 88, prenant appui sur DIBELIUS et CONZELMANN, *Pastoral Epistles*, p. 112-113. MOUNCE, *Pastoral Epistles*, p. 530 : « Paul ne voit pas de problème, comme c'est souvent le cas dans les discussions modernes, dans le fait de mettre la doctrine de l'élection et de la sanctification côte à côte » (Citation en version originale : « Paul feels no tension, as is often the case in modern discussions, in placing the doctrine of election and sanctification side by side »).

256. BLOCHER, « Les vases séparés », p. 88.

257. Le débat n'est pas nouveau. Au nombre des Pères grecs, J. CHRYSOSTOME, *Lettre à Timothée, Lettre à Tite, Lettre à Philémon, Lettre aux Hébreux*, sous dir. J. PENTHOS, Paris, F.-X. de Guilbert, 2009, fait figure de défenseur d'une application de la « maison » au « monde ». J. CALVIN, *Commentaire*, t. 4, p. 290, est pour une lecture ecclésiologique de l'image de la maison, sans être pour autant fermé à une application au « monde ».

l'indique H. Blocher, la métaphore de la maison « se comprend mieux aussi en rapport avec l'Église[258] », c'est parce que la métaphore de la fondation (2.19) en avait préparé le chemin[259]. La correspondance entre 2.19 et 1 Timothée 3.15 est signalée : « De manière analogue à 1 Timothée 3.15, l'Église est, d'une part, décrite à l'aide de la métaphore de l'édifice, "fondement posé par Dieu" (θεμέλιος τοῦ θεοῦ), et de l'autre, présentée comme maison/ "espace social" : "dans une grande maison (ἐν μεγάλῃ οἰκίᾳ) il y a plus que des vases d'or", v. 20[260]. »

L'adjectif μέγας (grande) nous introduit dans une maison de riche (μεγάλῃ οἰκίᾳ) où l'on trouve des objets de différentes valeurs. Autant le préciser, l'intérêt de l'auteur se fixe ici, non pas sur l'image de la maison elle-même, mais sur le mobilier[261]. Il prend donc le soin d'en faire une description[262].

3.3.1. Vases pour l'honneur et vases pour le déshonneur

> Ἐν μεγάλῃ δὲ οἰκίᾳ οὐκ ἔστιν μόνον σκεύη χρυσᾶ καὶ ἀργυρᾶ ἀλλὰ καὶ ξύλινα καὶ ὀστράκινα, καὶ ἃ μὲν εἰς τιμὴν ἃ δὲ εἰς ἀτιμίαν·

Le nom σκεῦος (litt. « vase ») peut être appliqué à une multitude de d'ustensiles, pour divers usages dans la maison[263]. L'auteur indique ici quatre sortes de vases, conçu avec des matériaux différents : or (χρυσᾶ), argent (ἀργυρᾶ), bois (ξύλινα), terre (ὀστράκινα). Le contraste entre ces différents matériaux est signalé : οὐκ ἔστιν μόνον […] ἀλλὰ καὶ… (« ne sont pas seulement […] mais aussi… »). « Cette diversité paraît à la fois naturelle et nécessaire à la vie de la maison[264]. »

---

258. Blocher, « Les vases séparés », p.89.
259. Towner, *First and Second Letters to Timothy*, p. 537.
260. Redalié, *Paul après Paul*, p. 277.
261. Dornier, *Les Épîtres pastorales*, p. 218.
262. Towner, *First and Second Letters to Timothy*, p. 538 : « La vrai raison pour laquelle l'image de la maison est présentée est pour faire la description des "objets" » à l'intérieur » (Citation en version originale : « The real reason for introducing the image of house is to describe the "articles" within »).
263. C. Maurer, *TDNT* VII, p. 364 ; E. Plümacher, *EDNT* III, p. 250-251.
264. Bénétreau, *Les Épîtres pastorales*, p. 402.

À cette différence liée aux matériaux de fabrications, s'ajoute une différence d'usage. En effet, les deux premiers vases, en or et en argent, ont de la valeur. « Ils sont réservés pour l'esthétique ou pour des usages distingués ; s'ils servent pour des repas, ce sera pour de grandes occasions[265]. » Ces ustensiles acquièrent donc l'honorabilité (τιμή) par l'usage que l'on en fait (« et ceux-ci pour l'honneur »)[266]. Les deux autres, en bois et en terre, sont pour un usage ordinaire. Là aussi, ces ustensiles ne sont « sans honneur » (litt.) que par l'usage que l'on en fait[267]. À chaque type d'ustensile correspond donc un usage et nul ne voudra utiliser un ustensile pour un usage qui ne lui sied pas[268]. Ainsi, « un service est rendu par les deux types d'ustensiles, mais l'un honore le maître de maison alors que l'autre est banal [...] et ne reflète pas l'excellence de la maison[269] ». Cette différence d'usage est sans doute décisive pour l'application de la métaphore (v. 21). Mais, avant d'y arriver, une question demeure inévitable : Que représente « les vases pour le déshonneur » ? En rapport avec notre étude, faut-il voir, comme s'interroge H. Blocher, « des serviteurs subalternes, au ministère moins glorieux dans la maison de Dieu mais qui y gardent leur place[270] » ?

La question est difficile[271] ; elle reste ouverte. Pour nous déterminer, nous partirons d'emblée du contexte de la péricope. Nous l'indiquions, le contexte

---

265. *Ibid.*
266. MARSHALL, *Critical and Exegetical Commentary*, p. 760.
267. *Ibid.*
268. *Ibid.* : « Ainsi, "certains" vases sont destinés à des usages honorables, tel le service délicat de la nourriture à table, et ils sont traités avec égards et respect. D'autres sont pour un usage vil, comme de servir de récipient aux déchets, et on les tient hors de la vue. On ne se servirait pas de tel type de vase pour un usage qui ne lui correspondrait pas » (Citation en version originale : « Thus "some" vessels are for honourable purposes, such as serving food daintily on the table and they are treated with respect and honor. Others are for dishonourable purpose, such as containing garbage and dirt, and they are kept out of sight. People would not use one type of vessel for other type of purpose ».
269. BÉNÉTREAU, *Les Épîtres pastorales*, p. 402.
270. L'interrogation de l'auteur est suscitée par la traduction de la Bible du Semeur : « ... Les premières sont réservées aux grandes occasions. Les autres sont destinées à l'usage courant » (2 Tm 2.20b).
271. BÉNÉTREAU, *Les Épîtres pastorales*, p. 402 : « S'il s'agit de l'Église, elle semble, à première vue, légitimer la cohabitation de croyants digne d'approbation, glorifiant leur Seigneur, et d'autres péjorativement évalués (*pour le déshonneur*). Si l'on pense à la distinction entre les chrétiens fidèles et les faux docteurs, on rencontre une difficulté entre l'exclusion d'Hyménée (1 Tm 1.20) montrant que pour Paul, certains ne sont plus à leur place dans l'Église ».

est celui du combat, né de l'activité des « contradicteurs », tels Hyménée et Philète qui « *prétendent que la résurrection est déjà arrivée* ». M. Dibelius et H. Conzelmann considèrent qu'« il ne s'agit pas de savoir qui aurait moins de talents que les autres, mais de savoir qui séduit et qui est séduit », non sans se justifier : « Cette interprétation est justifiée par le contexte »[272].

Ainsi, au regard du contexte du verset 20, « les vases pour le déshonneur » s'appliquent aux apostats. Une implication majeure est à considérer : il ne sied pas d'assimiler les « vases vulgaires » à des ministres de second rang qui seraient nécessaires et utiles, malgré tout[273]. H. Blocher renforce cette lecture en ajoutant, à l'argument textuel, un argument sémantique : le mot $ἀτιμία$ suggère le rejet[274]. Ainsi, que de tels faux docteurs (vases pour le déshonneur) « accomplissent un service vaut d'ailleurs des pires adversaires de Dieu : Dieu sait ployer la méchanceté des méchants à l'exécution de ses desseins…[275] ». Notre lecture trouverait-elle confirmation au verset 21 ?

3.3.2. Application

ἐὰν οὖν τις ἐκκαθάρῃ ἑαυτὸν ἀπὸ τούτων, ἔσται σκεῦος εἰς τιμήν, « *Si donc quelqu'un se purifie lui-même de ces choses, il sera un vase pour l'honneur…* ». Le οὖν vient conclure l'argumentation et fait une application de la métaphore. Curieusement, l'auteur semble devenir moins précis[276] : ἐὰν τις (« si quelqu'un »). Et pourtant, l'intention, elle, ne souffre d'aucune ambiguïté :

---

272. Dibelius et Conzelmann, *Pastoral Epistles*, p. 112–113. Citations en version originale : « We are not dealing with a problem of those who are less gifted, but with the seducers and the seduced » ; « This interpretation is demanded by the context ».

273. Spicq, *Les Épîtres Pastorales* (1947), p. 358 : « Logiquement la parabole conduirait à penser que les vases inférieurs sont utiles et nécessaires. Mais cette interprétation s'oppose à l'ordre du v. 21a : on sait que saint Paul ne traite jamais rigoureusement les comparaisons, et le contexte montre qu'il a en vue la discrimination des bons et des faux docteurs ; les premiers sont assimilés aux vases d'honneur, les seconds aux objets sans valeur. Ainsi est atténué le scandale de la présence simultanée des membres saints et corrompus ».

274. Blocher, « Les vases séparés », p. 88-89. L'auteur signale que « le parallélisme au moins partiel avec Romains 9.21, où les vases "pour le déshonneur" représentent les objets de la Colère de Dieu, va dans le même sens ».

275. *Ibid.*, p. 89.

276. Marshall, *Critical and Exegetical Commentary*, p. 761 : « À ce stade, la question de ce dont le vase est constitué semble avoir été perdue de vue, et également les questions de l'adaptation du vase à tel ou tel usage (en termes de taille et de forme) ne sont pas pertinentes » (Citation en version originale : « At this point the question of what the vessel is made of seems to have disappeared from sight, and equally questions of the suitability of the vessel for one purpose or another (in terms of its size and shape) are irrelevant »).

il invite à se purifier (ἐκκαθαίρω[277]), à une conduite noble, pour l'honneur (εἰς τιμήν). Le sujet de la phrase (τις) ne pouvant se rapporter aux vases, il faut lire ici « tout membre de l'assemblée[278] ». Surgit alors la question de la nature de ce dont il faut se purifier. Elle se pose puisque ἀπὸ τούτων n'a pas d'antécédent immédiat : de ces gens-là[279] ou de ces choses-là[280] ?

P. H. Towner note que le sens et le contexte font préférer la seconde interprétation[281]. D'une part, l'appel initial à s'écarter (v. 19c) était relatif à l'enseignement et à la conduite des hétérodoxes, considérés comme ἀδικία. D'autre part, dans l'ordre parallèle que Paul donne à Timothée au verset 22, il s'agit de fuir les attitudes nuisibles, de rechercher les vertus et non de se séparer des personnes.

Celui qui se préservera « de la contamination des souillures et de la gangrène des fausses doctrines (v. 17)[282] », « *sera un vase d'honneur, sanctifié, utile, propre à toute bonne œuvre* » (ἔσται σκεῦος εἰς τιμήν, ἡγιασμένον, εὔχρηστον τῷ δεσπότῃ, εἰς πᾶν ἔργον ἀγαθὸν ἡτοιμασμένον, v. 21b). La réalisation d'une telle condition est assurée, comme l'indique le subjonctif aoriste dans la protase (ἐὰν οὖν τις ἐκκαθάρῃ) et le futur indicatif dans l'apodose (ἔσται σκεῦος εἰς…)[283]. Le prix obtenu en vaudra le sacrifice consenti[284] : (1) « un état de sanctification » (cf. ἡγιασμένον) ; (2) « plein de ressources pour le service de son propriétaire » (cf. εὔχρηστος) ; (3) « parfaitement

---

277. Cf. F. Hauck, *TDNT* III, p. 413-31.

278. Marshall, *Critical and Exegetical Commentary*, p. 761 : « …et une précision supplémentaire (p.ex. les faux docteurs ou ceux qui subissent leur influence, les croyants orthodoxes, voire une subtile référence à Timothée lui-même) n'est pas nécessaire. » (Citation en version originale : « … and further specification [e.g. the false teachers or those influenced by them, orthodox believers, or even a delicate reference to Timothy himself] is unnecessary »).

279. À savoir, les heterodoxies : Kelly, *Commentary on the Pastoral Epistles*, p. 188 ; Dibelius et Conzelmann, *Pastoral Epistles*, p. 113 ; Knight, *Pastoral Epistles*, p. 418.

280. À savoir, l'enseignement et la conduite des faux-enseignants mais pas d'eux-mêmes en tant que personnes : Spicq, *Les Épîtres pastorales* (1969) ; Fee, *1 & 2 Timothy, Titus*, p. 262 ; Marshall, *Critical and Exegetical Commentary*, p. 762 ; Johnson, *First and Second Letters to Timothy*, p. 397-398 ; Bénétreau, *Les Épîtres pastorales*, p. 403. Gourgues, *Les deux lettres à Timothée*, p. 294.

281. Towner, *First and Second Letters to Timothy*, p. 541. Nous reprenons à notre compte les deux raisons évoquées.

282. Roux, *Les Épîtres pastorales*, p. 133-134.

283. Spicq, *Les Épîtres pastorales* (1969), p. 763.

284. *Ibid.*

préparé, adapté et disposé » (cf. ἡτοιμασμένον). En définitive, « se purifier pour être utile au maître, tel pourrait être le but exhortatif[285] » de la métaphore des vases.

Conclusion partielle : L'Église-maison de Dieu, contexte de déploiement des ministères et d'évaluation

L'ecclésiologie des lettres pauliniennes s'exprime à travers diverses images et métaphores[286]. L'une des plus expressives est celle de l'« Église corps du Christ[287] ». Le lecteur des Pastorales en découvre une autre ; celle de l'« Église maison de Dieu[288] ». Quelle est la compréhension de l'Église supposée par cette image ?[289] Et, de ce fait, quelle est la conception du ministère qui en découle ?[290]

Que l'Église soit la « maison de Dieu » est la conviction qui surgit de l'étude de 1 Timothée 3.14-16 et 2 Timothée 2.19-21 ; elle « est à la base

---

285. REDALIÉ, *Paul après Paul*, p. 279-280.

286. Cf. ALETTI, *Essai sur l'ecclésiologie*, p. 1-10.

287. P. BENOÎT, « L'Église corps du Christ », *Exégèse et Théologie* IV, Paris, Cerf, 1982, p. 205-262 ; J. D. G DUNN, *The Theology of Paul the Apostle*, Grand Rapids, Eerdmans, 1988, p. 548-564.

288. Sans doute faut-il voir une continuité de la pensée ecclésiologique de Paul (cf. le vocabulaire sur la maison-maisonnée en 1 Co 3.9 ; 4.1 ; 9.17 ; Ga 6.10 ; Ep 2.19). La thèse de la continuité est celle que défend, par exemple, J.-N. ALETTI, « Le statut de l'Église dans les lettres pauliniennes. Réflexion sur quelques paradoxes », *Bib* 83 (2002), p. 153-174. Nous aurions apprécié qu'il étende la réflexion aux EP. Toutefois, son article est une réponse appropriée à la thèse contraire ; celle défendue par D. G. HORRELL qui plaide pour une ecclésiologie paulinienne par étape, selon qu'il s'agit de lettres proto-, deutéro- et tritopauliniennes (« From ἀδελφοί to οἶκος θεοῦ : Social Transformation in Pauline Christianity », *JBL* 120, 2001, p. 293-311, en particulier, p. 307-309, pour les EP).

289. A. D. CLARKE, *A Pauline Theology of Church Leadership*, LNTS 362, Londres/ New York, T&T Clark, 2008, p. 137-138 : « La maison était (...) une métaphore paulinienne clé pour sa conception de l'Église » (Citation en version originale : « The household was [...] a key Pauline metaphor for his conception of the Church »).

290. Nous partageons l'avis de J. D. G. DUNN selon lequel la conception du ministère est déterminée par la compréhension de l'Église. Ainsi, en rapport avec « L'Église corps du Christ », il note : « Le concept du ministère de Paul est déterminé par sa compréhension de l'Église en tant que corps du Christ » (Citation en version originale : « Paul's concept of ministry is determined by his understanding of the church as the body of Christ ») (§ 29 « Ministry in Pauline Church », dans *Unity and Diversity in the New Testament*, Londres, SCM Press, 1977, p. 109).

de l'ecclésiologie, de la compréhension des ministères et de l'éthique des Pastorales[291] ».

En tant que « maison de Dieu », l'Église est, d'une part, un édifice, avec un « solide fondement de Dieu » (1 Tm 3.15a ; 2 Tm 2.19). Cette solidité se trouve confirmée : l'Église est « la colonne et l'appui de la vérité » (1 Tm 3.15b) ; elle est enracinée dans la vérité. Un réconfort face à l'hérésie : « le solide fondement de Dieu reste debout » (2 Tm 2.19). L'Église est, d'autre part, une famille, une « grande maison », cadre de vie communautaire (1 Tm 3.15b ; 2 Tm 2.20). Telle est la nature de l'Église des EP : « maison de Dieu », « famille de Dieu ».

Qu'il en soit ainsi, est source de préoccupation : « L'Église, déjà marquée du fait de l'appartenance sociale de ses nouveaux membres par les structures sociales traditionnelles de l'*oikos*, se laissera-t-elle investir par les conceptions strictement hiérarchisées au point de penser sur ce modèle... ? »[292] Pas nécessairement. Les membres de la maison, autant qu'ils sont en leur statut, sont entrés dans une nouveauté relationnelle, avec Dieu : « Dieu est le père de sa maison[293]. » D'où l'instance sur l'appartenance divine : « ... la maison de Dieu, qui est l'Église du Dieu vivant... » (1 Tm 3.15). Ainsi, M. Ferrier-Welty suggère que l'on ne perde pas de vue le caractère théocentrique de l'Église-maison de Dieu : « Son image peut se trouver dans la famille hellénistique ou romaine, mais son modèle est dans le ciel. Tout dans la maison de Dieu rend compte d'une seule réalité centrale : nous avons un Père en Jésus-Christ et, par lui, nous sommes entrés les uns avec les autres dans une relation nouvelle, l'« *agapê* »[294]. À cette nature d'Église-famille, se rattachent des fonctions spécifiques.

L'Église est colonne et soutien de la vérité : « Il s'agit de sa fonction propre par rapport à la vérité[295]. » La colonne est d'abord, à l'intérieur, fonctionnelle

---

291. REDALIÉ, *Paul après Paul*, p. 263.

292. R. D. ROC, *Saint Paul : une théologie de l'Église ?*, Cahiers Evangile 147, Paris, Cerf, 2009, p. 64.

293. CLARKE, *Pauline Theology*, p. 139 (Citation en version originale : « God is the father of his household »).

294. M. FERRIER-WELTY, « La transmission de l'Évangile. Recherche sur la relation personnelle dans l'Église d'après les épîtres pastorales », *ETR* 32, 1957, p. 115. Voir aussi, R. AASGAARD, *My Beloved Brothers and Sisters!* JSTN.S 265, Londres, T&T Clark, 2004, p. 127, avec le cas d'Onésime dans la maison de Philémon.

295. ROUX, *Les Épîtres pastorales*, p. 65.

à l'édifice. Ainsi, l'Église est le lieu de la connaissance de la vérité (1 Tm 2.4 ; 4.3 ; 2 Tm 2.25 ; 3.7 ; Tt 1.1) et les croyants sont ceux qui connaissent la vérité (1 Tm 6.5 ; 2 Tm 4.4 ; Tt 1.1). Une fonction envisageable ici est celle de l'*Église enseignante*[296]. Le lecteur des EP comprend ; dans le contexte de lutte contre les hétérodoxes, l'enseignement demeure la fonction primordiale de l'Église. Le corollaire de cette fonction est la défense de la vérité, contre les attaques de toutes sortes (1 Tm 3.15 ; 2 Tm 2.19). En cela, l'Église est gardienne de la vérité.

Mais, la colonne est aussi, à l'extérieur, fonctionnelle à l'édifice : « Elle en est le signe vers l'extérieur, la visibilité[297]. » « Ainsi, l'Église rend compte de la vérité du salut de Dieu dont elle est porteuse pour le monde et permet à cette vérité d'y être reconnue[298]. » Le contenu de la vérité que l'Église maintient, défend et proclame au monde est le Christ-Jésus lui-même (1 Tm 3.16). Cette mission vers « ceux du dehors » importe : « L'Église n'est "maison de Dieu" que parce qu'elle annonce prophétiquement, dans l'ancienne création, l'avènement et l'accomplissement de la nouvelle création. Telle est sa vocation, sa raison d'être et sa mission[299]. » Telles sont les fonctions « internes » et « externes » de l'Église.

Si l'Église est la « maison de Dieu », alors elle est une entité sociale, un cadre de vie[300] qui exige une certaine conduite : « Tu sauras comment il faut se conduire dans la maison de Dieu » (1 Tm 3.15, Segond 21). En effet, dans la « grande maison » (2 Tm 2.20), s'articulent deux réalités distinctes mais non antagonistes : la certitude de l'appartenance au Seigneur et la responsabilité morale de l'élu de se séparer de l'iniquité (2 Tm 2.19). J. Stott le signale : « Le premier sceau est secret et invisible : "Le Seigneur connaît ceux qui lui appartiennent" et il saura les garder sains et saufs pour toujours. Le second est public et visible : "Que celui qui invoque le nom du Seigneur s'éloigne

---

296. COCHAND, *Les ministères dans les Epîtres pastorales*, p. 177, utilise « communauté d'apprentissage » et BÉNÉTREAU, *Les Épîtres pastorales*, p. 183-184, « *Église éducatrice, formatrice* ». L'italique est de l'auteur.

297. REDALIÉ, *Paul après Paul*, p. 276.

298. *Ibid.*

299. ROUX, *Les Épîtres pastorales*, p. 66.

300. Nous partageons l'avis de REDALIÉ, *Paul après Paul*, p. 276 : « Le choix de "maison de Dieu" plutôt que ναός qui désigne "le temple", permet le passage de la communauté à la maison comme entité sociale, comme espace du comportement quotidien ».

du mal" : qu'il prouve ainsi, par sa sainteté, qu'il appartient au Seigneur[301]. »
Ainsi, la « maison de Dieu » devient le lieu où s'articulent la théologie (ce qu'on confesse, « le mystère de Christ ») et l'éthique (le style de vie, « le mystère de la piété »)[302]. En cela, la « maison de Dieu » ne devient-elle pas un espace social où l'on est témoin de la vie des uns et des autres ? « Bien que nous ne puissions pas voir dans les cœurs, nous pouvons voir la vie, qui est la preuve évidente de la condition du cœur ; or, elle est apparente pour tous[303]. » Telle est la vie attendue « à l'intérieur » de la maison de Dieu : une éthique qui s'enracine dans l'œuvre du Christ-Jésus et qui se traduit par une vie de sainteté. Et la vie « à l'extérieur », à quoi doit-on s'attendre ?

L'auteur des EP accorde de l'importance au témoignage rendu par « ceux du dehors » (1 Tm 3.7). La colonne de l'édifice, présentant la vérité à « ceux du dehors » indiquait la vocation de la « maison de Dieu » à leur égard. Ici aussi, « la visibilité de la vérité, présente dans le monde, prend la forme d'une réalisation éthique que la société païenne a difficulté à réaliser[304]. » Ainsi, si « à l'intérieur », l'éthique est un test de la sincérité de la foi confessée, « à l'extérieur », l'éthique devient un test de crédibilité et de visibilité de la vérité proclamée au monde.

Mais, quelle est la conception du ministère qui résulte de la nature, de la vocation et de l'éthique de l'Église-maison de Dieu ?

En présentant l'Église comme la « maison de Dieu », l'auteur s'approprie l'image de la famille antique. Certes, cette « maison », avec sa composante (père, mère, frères, sœurs, esclaves…) sera fondée sur Dieu comme *paterfamilias*. Mais, le lien entre les deux types de maisons ne sera jamais loin[305]. Ainsi, 1 Timothée 3.5 fait une comparaison entre « maison antique » et

---

301. JStott, *Guard the Gospel*, p. 70.
302. Cf. Redalié, *Paul après Paul*, p. 276-277.
303. Stott, *Guard the Gospel*, p. 70.
304. Redalié, *Paul après Paul*, p. 292.
305. Clarke, *Pauline Theology*, p. 154 : « La maison offre à Paul à la fois une deuxième métaphore et le contexte pour l'Église (…) Cette métaphore souligne la nature hiérarchique des communautés pauliniennes, mais aussi les motivations paternelles de ses responsables. L'obéissance et la soumission sont attendues, mais dans le cadre des paramètres de la modération et de l'évangile de Christ » (Citation en version originale : « The household provides for Paul both a second metaphor and the context for church […] This metaphor underlines the hierarchical nature of the Pauline communities, but also the paternal motivations of his leaders. Obedience and submission are expected, but within the parameters of moderation and the gospel of Christ »).

« maison de Dieu », en relation avec la tâche à exercer : « Car si quelqu'un ne sait pas diriger sa propre maison comment prendra-t-il soin de l'Église de Dieu ? ». Ainsi, dès lors qu'il s'agit d'une maison, le besoin d'une gouvernance s'impose. Comment pouvait-il en être autrement, la maison étant un espace social à habiter et à vivre ?

Selon les Pastorales, les ministères répondent à un besoin de direction et de gouvernance dans la maison de Dieu ; « Dieu n'est pas un dieu de désordre, mais de paix » (1 Co 14.33). Cette tâche de la direction est assurée par ceux qui ont en charge un ministère spécifique[306] : « épiscope », « presbytres » et « diacres » ; tous installés par Timothée et Tite, représentants de Paul.

L'étude de la troisième série de textes permettra de souligner les qualités attendues d'eux et, à l'occasion, leurs fonctions. L'image même de la « maison de Dieu » rend nécessaire leur rôle ; ces différents ministères structurent la vie de l'Église-maison de Dieu[307]. Toutefois, si dans la maison antique, la position d'autorité revenait de droit au père de famille, dans « l'Église du Dieu vivant », c'est Dieu qui a l'initiative des ministères et du choix des ministres.

« Je t'exhorte à ranimer le don de Dieu que tu as reçu par l'imposition de mes mains. Car ce n'est pas un esprit de timidité que Dieu nous a donné, mais un esprit de force, d'amour et de sagesse » (2 Tm 1.6-7). Ainsi, si la maison de Dieu apparaît comme une administration, les ministères qui s'y exercent sont des dons de Dieu[308]. La sainteté du Seigneur ayant été soulignée (cf. 2 Tm 2.19-21), le ministre, objet du don de Dieu, remplira des critères qualitatifs, appréciables par tous. Dès lors, il peut diriger et exercer l'autorité dans la « maison de Dieu » (cf. 1 Tm 3.5). Toutefois, l'autorité du

---

306. SCHNACKENBURG et THIEME, « L'Église dans les Épîtres pastorales », p. 47.

307. LEMAIRE, *Les ministères dans l'Église*, p. 24 : « l'idéal de l'Église n'est pas d'être un simple conglomérat d'individus directement rattaché au Christ ; l'Église doit être un peuple organisé, une communauté structurée, car c'est là une des conditions concrètes de sa vie et de sa croissance ».

308. Présenter les ministères comme « don de Dieu », nécessite que l'on mentionne, même sommairement, le rôle de l'Esprit dans les Pastorales. Les mentions explicites de l'Esprit sont plutôt rares (1 Tm 3.16 ; 4.1 ; 2 Tm 1.14 ; Tt 3.5). Ajoutons à ces références, une mention implicite de taille : 2 Tm 1.7. BÉNÉTREAU, *Les Épîtres pastorales*, p. 184, note que « le *pneuma* n'est peut-être pas nécessairement l'Esprit avec un E majuscule, mais en tant que capacité "donnée" par Dieu, l'action de l'Esprit Saint pour communiquer aux fidèles l'énergie souhaitable est sous-entendu, même si les Pastorales ne s'attachent pas directement au motif des charismes ». En dehors de 1 Tm 3.16 (exaltation du Christ), 1 Tm 4.1 (derniers temps), Tt 3.5 (régénération), ce qui est souligné c'est la réception du « don » par le ministre et le soin qu'il doit lui accorder (1 Tm 4.14 ; 2 Tm 1.7 ; 1.14).

ministre des Pastorales sera celle du service : « tu seras un bon serviteur de Jésus-Christ » (1 Tm 4.6, Segond 21).

Mais, cette « autorité de service » est au bénéfice de quoi ou de qui ?

L'autorité est, avant tout, au service de la Parole qu'elle transmet. En effet, le ministère de la Parole, sous ses formes diverses, demeure la priorité des ministres de la communauté des EP. Timothée doit s'y consacrer, avec persévérance et détermination (1 Tm 4.13 ; 2 Tm 4.2). Les ministres locaux (épiscope, presbytres) devront être aptes à l'enseignement (1 Tm 3.2 ; Tt 1.9) et un « honneur-rémunération » plus important sera réservé à ceux qui peinent à l'enseignement (1 Tm 5.17). Ce ministère devra se poursuivre ; il devra survivre aux ministres. L'apôtre en avait la paternité ; tout comme le souci de sa continuité (2 Tm 2.2). La mise en place des ministres locaux répond à cela (1 Tm 5.22 ; Tt 1.5). Mais, jusqu'à la fin des temps, la transmission fidèle de la Parole devra perdurer (2 Tm 1.12). L'Église des Pastorales est *enseignante* ; elle ne l'est que par le service d'éducation et de formation exercé par ses ministres. En mettant de la sorte l'autorité au service de la Parole, les ministres la mettent, tacitement, au service de tous. Ce qui suppose des rapports particuliers dans la « maison de Dieu ».

La métaphore de l'Église-famille porte en elle-même le modèle de relation à promouvoir. Les vieillards, le ministre les exhortera comme des pères ; les femmes âgées, comme des mères ; les jeunes gens, comme des frères ; les jeunes femmes, comme des sœurs (1 Tm 5.1-2). Ici, le verbe ἐπιπλήσσω (« réprimander »), n'exclut pas des paroles dures ; elles sont nécessaires face aux hétérodoxes. Plus habituelles, sont les paroles d'exhortations[309], « une parole inspirée par l'amour pour le frère, le souci de l'honneur de Dieu et du bien de la communauté, signalant éventuellement des manques, des erreurs, mais pour inviter à reprendre l'attitude juste, avec l'aide du Seigneur et le soutien de l'Église ; elle cherche à persuader, encourage, stimule[310] ». Dans l'Église-famille, l'autorité est donc au service des uns et des autres. Exercer ainsi, elle ne fera que se conformer à la nature même de l'Église et à la parenté nouvelle en Jésus-Christ.

---

309. Cf. 1 Tm 4.13 ; 5.1 ; 2 Tm 4.2 ; Tt 1.9 ; 2.6 ; 2.15.
310. BÉNÉTREAU, *Les Épîtres pastorales*, p. 224.

L'autorité au service de la Parole et de la communauté ne peut être efficace que si les ministres sont eux-mêmes modèles des vertus enseignées (1 Tm 4.12 ; Tt 2.7). L'éthique fait partie du mandat du ministre en service, dans la « grande maison » (2 Tm 2.20-21). « Quiconque est appelé et désigné par Dieu à exercer un office pour le service de sa maison doit éviter des manières de penser et d'agir incompatibles avec cette vocation sainte ; moyennant quoi il restera ou deviendra un "vase pour l'honneur"[311]. »

Le ministère qui prend place au sein de l'Église-maison de Dieu étant ainsi décrit, il importe pour notre étude de nous demander s'il y a un « espace » possible pour l'évaluation des ministères ? Aussi, si d'aucuns estiment que l'Église dans les EP est marquée par une concentration de l'autorité entre les mains de « quelques-uns » (les ministres), réduisant ainsi les communautés à la passivité, à la soumission, la question ne saurait être ignorée.

I. H. Marshall, nous l'indiquions, fustige la thèse du « protocatholicisme ». Relativement à la passivité supposée des Églises des EP, il note : « Il ne faut pas tomber dans l'erreur de supposer que, les Épîtres pastorales s'adressant à des conducteurs d'Églises, les assemblées n'auraient plus d'importance ou seraient inopérantes [...] L'antithèse entre l'assemblée et ses chefs locaux est absente...[312] » Une réponse appropriée se lit aussi chez J. D. G. Dunn : « Paul encourageait l'assemblée à assumer la responsabilité de ses propres affaires et il s'attendait à ce qu'elle joue un rôle dans la reconnaissance et l'ordonnancement du ministère[313]. » L'argument de la passivité communautaire, d'une manière générale, et de la passivité de la communauté des Pastorales, d'une manière particulière, reste donc fragile.

Le ministère est expressément qualifié de διακονία, « service » (1 Tm 1.12 ; 4.6 ; 2 Tm 2.24 ; Tt 1.1) ; ce qui interpelle. « Dans la maison antique, le serviteur et l'esclave ne sont pas des étrangers à la famille. C'est

---

311. Spicq, *Les Épîtres pastorales* (1947), p. 358.

312. Marshall, *Critical and Exegetical Commentary*, p. 517 (Citation en version originale : « we must avoid making the mistake of assuming that, because the PE are written to church leaders, the congregations themselves no longer matter or are longer active [...] The antithesis between the congregation and their [local] leaders is not there... »).

313. Dunn, *Theology of Paul the Apostle*, § 21.5 « The authority of the congregation ». (Citation en version originale : « Paul encouraged the congregation to take responsibility for its own affairs and expected it to play a part in the recognition and regulation of ministry. ») L'auteur développe ensuite sa pensée en quatre points pour souligner l'importance de cette dimension du ministère.

pourquoi [...] leur titre honore ceux qui le portent, puisqu'il rend témoignage d'une relation privilégiée au Père ; il est signe d'appartenance et non d'abjection[314]. » S'il trouve ainsi sa place dans la maison de Dieu et qu'il se définit par le service qu'il rend à la maisonnée, alors le ministre-serviteur peut être sujet à évaluation. Ainsi, les limites du ministère lui viennent de ce qu'il « n'est qu'un service dont l'importance est limitée par les buts qui lui ont été assignés[315] ». Ce service n'est confié, en amont, qu'à la suite d'un test d'approbation (cf. 1 Tm 3.10). En aval, il est attendu « une conduite » (un style de vie et de service) qui soit en adéquation avec les exigences éthiques de la « maison de Dieu ». Autant de considérations qui, à ce stade de la réflexion, laissent entrevoir des perspectives évaluatives du ministère.

En outre, la mention des ministres au pluriel suggère que nul ministre n'avait le monopole de la direction de la communauté ; celle-ci était collégiale. « Il y a donc en ce sens, égalité entre les ministres comme entre tous les croyants en tant qu'ils participent tous au même apostolat[316]. » Cette collégialité est synonyme de réciprocité dans la consolation, dans l'encouragement à être et à faire ce que Dieu attend de chacun (2 Co 7.6-7 ; 2 Tm 1.3-4 ; 2 Tm 4.9 ; 4.21).

Finalement, nous retiendrons que l'Église des Pastorales est une maison de Dieu, une famille. Colonne et soutien de la vérité, elle s'attelle à enseigner et à défendre la vérité qu'elle fait aussi connaître au monde. Faire partie de la maison, par la foi en Christ, c'est entrer dans des relations nouvelles. Ce qui sied à la vie dans la maison, c'est la sainteté. L'éthique confirme la sincérité de la foi et permet une meilleure visibilité de la vérité à l'extérieur.

Pour assurer le bon ordre dans la maison, il faut des ministres. Ils sont choisis par Dieu et reconnus par la communauté. Ainsi, ils dirigent et exercent l'autorité. Cette autorité, à laquelle devront se soumettre les gens de la maison, est une autorité de transmission de la Parole de Dieu et de service, au bénéfice de ceux qui habitent la maison. Précisément, ils devront bâtir sur le fondement de Dieu, protéger la maison des dangers et accroître sa vie intérieure.

---

314. Ferrier-Welty, « La transmission de l'Évangile », p. 114.
315. Lemaire, *Les ministères dans l'Église*, p. 35.
316. *Ibid.*, p. 118.

L'autorité du ministère est limitée par le fait même qu'il est une *diakonia*. Il est exercé en toute collégialité avec les autres ministres et en lien avec la communauté. Ce qui laisse de la place à une évaluation, la communauté étant témoin de la vie et de l'exercice d'un service confié aux uns, au bénéfice de tous.

Ce que nous venons d'apprendre du contexte de l'Église dans les EP, de la conception du ministère et de son éthique dresse le cadre dans lequel devront s'inscrire les différents ministères. Au reste, qui sont ces ministres ? Quelles sont les qualifications attendues d'eux ? Comment peut-on, à la lumière de ces qualifications, évaluer leur fidélité ? Telles sont des préoccupations majeures auxquelles il nous faudra répondre dans la deuxième partie de l'étude.

Deuxième partie

Le ministre-modèle des Épîtres pastorales et ses critères d'évaluation

Introduction

La deuxième partie de notre travail de recherche sera consacrée à l'étude de deux séries de textes bibliques. Cette étape est déterminante, au regard de son aboutissement ; celui de définir les critères d'évaluation du ministère pastoral.

La première série de texte concerne de plus près la personne et le ministère de Timothée. Il s'agira de découvrir le portrait du ministre-modèle de la communauté des Pastorales. Mieux, de cerner le contenu de ce modèle et d'en dégager quelques idées forces d'un ministère de qualité.

La deuxième série de textes concerne les ministres locaux. Leur étude s'inscrira dans la même ligne que la première. À la différence qu'il s'agira plus ici de conditions d'accès au ministère. En tout état de cause, quelques traits saillants du ministre-modèle seront aussi à découvrir et à expliciter.

Les résultats auxquels l'étude sera parvenue seront exploités pour définir les critères d'évaluation du ministère pastoral. La structure en trois articulations de la deuxième partie du travail de recherche se laisse ainsi découvrir, aisément.

CHAPITRE 3

Étude de la deuxième série de textes

La deuxième série de textes se présente comme des « exhortations directes » à Timothée et à Tite. La lettre à Timothée en contient quatre particulièrement développées (1 Tm 4.6-16 ; 6.11-16 ; 2 Tm 2.22-26 ; 3.10-17) ; chacune est présentée en contraste avec la description des adversaires qui, dans chaque cas, les précède, respectivement en 1 Timothée 4.1-5 ; 6.3-10 ; 2 Timothée 2.14-18 ; 3.1-9[1].

Ces quatre textes ont ceci de particulier : ce sont des exhortations qui attribuent à Timothée un titre, moins de fonction ministérielle que de figure modèle du responsable chrétien et chacune d'elles contient un catalogue de vertus[2]. Leur étude aura pour fonction essentielle la découverte du portrait

---

1. REDALIÉ, *Paul après Paul*, p. 298-299. Nous partageons cette vue de l'auteur ; la particule adversative δὲ et les brèves formules péjoratives pour désigner les adversaires et leurs enseignements à proscrire le prouvent : (a) 1 Tm 4.7 : « Quant aux fables impies, commérages de vieilles femmes, rejette-les » (τοὺς δὲ βεβήλους [...] παραιτοῦ) ; (b) 1 Tm 6.11 : « Pour toi, homme de Dieu, fuis ces choses. Recherche la justice... » (Σὺ δέ, [...] ταῦτα φεῦγε· δίωκε δὲ δικαιοσύνην...) ; (c) 2 Tm 2.22s : « Fuis les passions de la jeunesse, recherche la justice [...] Mais les controverses vaines et stupides évite-les » (Τὰς δὲ [...] φεῦγε, δίωκε δὲ [...], τὰς δὲ [...] παραιτοῦ) ; (d) 2 Tm 3.10-14 : « v. 10 Mais toi tu as suivi ; v. 13 Quant aux hommes mauvais et aux imposteurs... ; v. 14 Mais toi demeure ferme » (v. 10 Σὺ δὲ ; v. 13 πονηροὶ δὲ ; v. 14 σὺ δε).

2. *Ibid.*, p. 299-300. (a) 1 Tm 4.6 : « Expose cela aux frères : *tu seras un bon serviteur du Christ-Jésus* » (καλὸς ἔσῃ διάκονος Χριστοῦ Ἰησοῦ) ; (b) 1 Tm 6.11 : « Pour toi *homme de Dieu* (ἄνθρωπε θεοῦ), fuis ces choses. Recherche la justice » ; (c) 2 Tm 2.24 : « Or, *un serviteur du Seigneur* ne doit pas se quereller (δοῦλον δὲ κυρίου οὐ δεῖ), mais être affable avec tous » ; (d) 2 Tm 3.17 : « ... afin que *l'homme de Dieu* (ὁ τοῦ θεοῦ ἄνθρωπος) soit accompli, équipé pour toute bonne œuvre ». Les catalogues de vertus correspondantes : (a) 1 Tm 4.12 : « Que personne ne méprise ton jeune âge. Tout au contraire, sois un modèle pour les fidèles *en parole, en conduite, en amour, en foi, en pureté* » (ἐν λόγῳ, ἐν ἀναστροφῇ, ἐν ἀγάπῃ, ἐν πίστει, ἐν ἁγνείᾳ) ; (b) 1 Tm 6.11 : « Recherche *la justice, la piété, la foi, l'amour, la persévérance, la douceur* » (δικαιοσύνην εὐσέβειαν πίστιν, ἀγάπην ὑπομονὴν πραϋπαθίαν) ; (c) 2 Tm 2.22 : « Recherche *la justice, la foi, l'amour, la paix* avec ceux qui, d'un cœur pur,

des capacités et devoirs du ministre idéal, dans un contexte de lutte avec les faux docteurs.

1 Timothée 4.6-16 : « Veille sur toi-même et sur ton enseignement »

1. Traduction

⁶En exposant cela aux frères, tu seras un bon ministre du Christ-Jésus, nourri des paroles de la foi et du bel enseignement que tu as toujours suivi. ⁷Quant aux fables impies, contes de vieilles femmes, écarte-les ; exerce-toi plutôt à la piété, ⁸car l'exercice corporel est utile à peu de choses tandis que la piété est utile à tout : elle a la promesse de la vie de maintenant et de celle qui est à venir. ⁹C'est une parole certaine et digne de tout accueil. ¹⁰Car si nous nous donnons de la peine et si nous luttons, c'est parce que nous avons mis notre espérance dans le Dieu vivant, lui qui est le Sauveur de tous les humains, en particulier des croyants. ¹¹Prescris ces choses et enseigne-les. ¹²Que personne ne méprise ton jeune âge, mais deviens un modèle pour les croyants en parole, en conduite, en amour, en foi, en pureté. ¹³Jusqu'à ce que je vienne applique-toi à la lecture, à l'exhortation, à l'enseignement. ¹⁴Ne néglige pas le charisme qui est en toi, qui t'a été donné par l'intermédiaire d'une prophétie, avec l'imposition des mains du collège des anciens. ¹⁵Prends ces choses à cœur, sois-y tout entier, afin que tes progrès soient manifestes pour tous. ¹⁶Veille sur toi-même et sur ton enseignement. Persévère en (tout) cela. Car c'est en le pratiquant que tu te sauveras, toi-même et ceux qui t'écoutent.

---

invoquent le Seigneur » (δικαιοσύνην πίστιν ἀγάπην εἰρήνην) ; (d) 2 Tm 3.10s : « Mais toi tu m'as suivi dans l'enseignement, la conduite, les projets, *la foi, la patience, l'amour, la persévérance*, les persécutions, les souffrances que j'ai connues à Antioche, à Iconium, à Lystre » (... τῇ διδασκαλίᾳ, τῇ ἀγωγῇ, τῇ προθέσει, τῇ πίστει, τῇ μακροθυμίᾳ, τῇ ἀγάπῃ, τῇ ὑπομονῇ τοῖς διωγμοῖς, τοῖς παθήμασιν...).

2. Délimitation, contexte et structure de 1 Timothée 4.6-14

2.1. Délimitation de 1 Timothée 4.6-14

En 1 Timothée 4.1, Paul faisait le rappel d'une prophétie relative à une hérésie des derniers temps. Les versets 3-5 en feront le développement[3]. Au verset 6, l'auteur ouvre une nouvelle péricope qui concerne directement Timothée. M. Gourgues note qu'« au v. 7 se présente, pour la première fois depuis le début de la lettre, l'emploi de l'impératif à la deuxième personne du singulier ("écarte-les", "entraîne-toi"), attesté pas moins de onze fois jusqu'au v. 16[4] ».

La proposition τοῦτο γὰρ ποιῶν donne un caractère récapitulatif (une note d'instance sur les impératifs précédents, vv. 12-14) et conclusif au verset 16. En 1 Timothée 5.1 commence une autre péricope, avec des personnages nouveaux. La péricope 4.6-16 constitue donc un ensemble homogène exhortant personnellement Timothée[5].

2.2. Contexte de 1 Timothée 4.6-14

L'ensemble de la péricope 4.6-16 est relative au ministère et à la vie personnelle de Timothée. En amont, la péricope 4.1-5 pose le cadre dans lequel son ministère prend place : les derniers temps[6]. Paul a déjà abordé la question de l'hérésie et la menace qu'elle représente en 1.3-20. S'il y revient ici, c'est pour aiguiser la conscience de son collaborateur sur la forme qu'elle prend dans le fâcheux contexte des derniers temps : « l'hérésie n'est plus seulement un fait, une donnée dont il faut mesurer la gravité, mais elle accède au

---

3. Il est généralement admis que la péricope 4.1-5 est une référence directe aux hétérodoxes, cf. R. J. KARRIS, « The Background and Significance of the Polemic of the Pastoral Epistles », *JBL* 92, 1973, p. 551.

4. GOURGUES, *Les deux lettres à Timothée*, p. 159. ELENGABEKA, *L'exploitation des Écritures*, p. 86, s'appuyant sur MARSHALL, *Critical and Exegetical Commentary*, p. 505, suggère que l'on considère le v. 6 comme la conclusion de la thématique commencée en 4.1. La proposition « ταῦτα ὑποτιθέμενος τοῖς ἀδελφοῖς καλὸς ἔσῃ διάκονος Χριστοῦ Ἰησοῦ... » serait une récapitulation-appréciation de la doctrine exposée aux vv. 4-5. Quant au v. 7, il marquera le début d'une nouvelle thématique : « il ne s'agira plus d'une déviation au sujet du mariage ou des aliments, mais de la conduite envers les fables et les légendes ». Le mouvement des personnages (de la dénonciation des hérétiques et l'interpellation de Timothée sur l'attitude attendue de lui) fait préférer le v. 6 comme le début de la péricope.

5. SPICQ, *Les Épîtres pastorales*, p. 140.

6. Sur la nature des hérésies en cause en 4.1-5, voir SUMNEY, *'Servants of Satan'*, p. 259-262.

statut de réalisation de la prophétie et de caractéristique majeure de toute une économie[7]. »

Ainsi, en dépit du futur employé par Paul (ἀποστήσονταί), les derniers temps ont commencé ; c'est bien au temps présent qu'il décrit l'insidieuse pénétration de la tromperie et de ses effets dans l'Église (4.3-5)[8]. Dans ce contexte trouble, ce qui est attendu de Timothée c'est d'adopter une attitude doctrinale contraire à celle des hétérodoxes ; en apportant le « bel enseignement » du « bon ministre du Christ-Jésus » (v. 6). Cette attitude antithétique à celle des hétérodoxes ne saurait se limiter à la doctrine ; elle devra nécessairement prendre en compte la vie personnelle. Ce qui est donc demandé à Timothée, c'est d'offrir un modèle de vie à tous (v. 12). En aval, la péricope 5.1-2ss indique, avec pragmatisme, comment cette intégrité personnelle attendue de lui doit aboutir à des relations exemptes de tout reproche avec les divers membres de l'Église[9].

2.3. Structure de 1 Timothée 4.6-14

Le contenu du texte semble autoriser une division en deux parties : la première, versets 6-11, se rapporte à la tâche d'enseignant de Timothée et à des exhortations générales, la deuxième, versets 12-16, s'articule autour de la vie personnelle de Timothée[10]. Cette division pourrait se justifier.

D'une part, sur le plan formel, le verset 11, avec les termes « cela » (ταῦτα) et « enseigne » (δίδασκε), forme une inclusion par rapport au verset

---

7. BÉNÉTREAU, *Les Épîtres pastorales*, p. 187.

8. La démarche de Paul, nous semble-t-il, est conforme aux données des Évangiles et des autres Épîtres : la résurrection de Jésus-Christ et l'effusion du Saint-Esprit ont marqué le début des derniers temps. Sans doute faut-il aussi remonter plus loin, jusqu'au judaïsme (cf. Dn 12.1). MOUNCE, *Pastoral Epistles*, p. 234, signale d'ailleurs une abondante littérature intertestamentaire qui mentionne ces derniers temps. Pour P. DORNIER (*Les Épîtres pastorales*, p. 73), « C'est donc une longue tradition qui permet à Paul de dire que l'Esprit a expressément annoncé, pour les derniers temps, une insurrection des forces du mal ». Le signe patent de ces temps est l'apostasie, le reniement de la foi, pour s'attacher à des esprits séducteurs et des doctrines de démons. Cette insurrection est menée contre l'Église par des puissances invisibles mais bien déterminées. Ce qui importe, c'est d'y faire face en menant le beau combat de la foi. Timothée, en sa qualité de responsable d'Églises, devrait en avoir une conscience aiguë.

9. Pour des détails sur le lien entre 4.6-16 et 4.6-10 puis 5.1-2, voir VAN NESTE, *Cohesion and Structure*, p. 91-94.

10. Si la structure binaire est généralement adoptée, l'unanimité n'est pas faite autour des subdivisions. La subdivision (1) vv. 6-10 et (2) vv. 11-16 est la plus adoptée (cf. KNIGHT, *Pastoral Epistles*, p. 193 et 204).

6 (« cela », ταῦτα et « enseignement », διδασκαλία)[11]. D'autre part, sur le plan thématique, les versets 6-11 concernent le ministère d'enseignement de Timothée, tout en s'ouvrant sur des exhortations plus générales et nécessaires pour tout croyant (vv. 8-10). Par contre, les versets 12-16 touchent spécifiquement à la vie personnelle de Timothée. On dénombre, en l'espace de cinq versets, huit verbes à l'impératif dont sept à la deuxième personne du singulier : τύπος γίνου « sois un modèle » (v. 12b) ; πρόσεχε « applique-toi » (v. 13) ; μὴ ἀμέλει « ne néglige pas » (v. 14) ; μελέτα « occupe-toi », ἐν τούτοις ἴσθι « sois tout entier » (v. 15) ; ἔπεχε σεαυτῷ « veille sur toi-même », ἐπίμενε « persévère » (v. 16). Le premier impératif au verset 12a, καταφρονείτω « ne méprise », est le seul à être à la troisième personne du singulier. Ces impératifs soulignent fortement les attitudes et actions attendues de Timothée en tant que pasteur : la qualité de vie (v. 12) ; les priorités dans le ministère, avec un rappel sur l'enseignement (v. 13) ; la grâce de Dieu en vue du ministère (v. 14) ; la nécessité de la fidélité (v. 15). Le verset 16 conclut en reprenant les thèmes de chaque partie : « veille sur ton enseignement » (vv. 6-11) et « veille sur toi-même » (vv. 12-16)[12]. Nous retiendrons donc la structure suivante :

- Versets 6-11 : Le ministère d'enseignement de Timothée
- Versets 12-16 : La vie personnelle de Timothée

3. Interprétation de 1 Timothée 4.6-14

3.1. Le ministère d'enseignement de Timothée : « Veille sur ton enseignement » (vv. 6-11)

Verset 6 : Ταῦτα ὑποτιθέμενος τοῖς ἀδελφοῖς καλὸς ἔσῃ διάκονος Χριστοῦ Ἰησοῦ, ἐντρεφόμενος τοῖς λόγοις τῆς πίστεως καὶ τῆς καλῆς διδασκαλίας ᾗ παρηκολούθηκας.

Dans le contexte de lutte anti-hérétique qui est le sien, Timothée doit avoir un atout premier : l'enseignement. Sa διδασκαλία sera aux antipodes de ceux qui enseignent une autre doctrine : « En exposant cela aux frères… », le pronom ταῦτα (« ces choses », 4.6) faisant allusion à la négation de la bonté du

---

11. GOURGUES, *Les deux lettres à Timothée*, p. 159.
12. P. H. TOWNER, *1-2 Timothy & Titus*, NTCS, Leicester, IVP, 1994, p. 113, signale le caractère conclusif du v. 16 mais le traite comme une subdivision à part entière. Ce qui donne à notre péricope une rare structure tripartite : « Spiritual Priorities » (4.6-10), « Effective Ministry » (4.11-15), « The Fruit of Effective Ministry » (4.16).

crée par le Dieu créateur (4.1-5)¹³. Mieux, son contenu devra être conforme aux « paroles de la foi » (λόγοις τῆς πίστεως) et au « bel enseignement » (καλῆς διδασκαλίας). Le nom διδασκαλία est au génitif (« enseignement ») et qualifié par l'adjectif καλή (« bon »), ce qui le distingue des enseignements erronés, fustigés précédemment (v. 1)¹⁴. La tâche de Timothée consiste donc à enseigner les membres de la communauté (ἀδελφοί, « les frères¹⁵ ») dans la fidélité à la norme, l'Évangile reçu de Paul.

---

13. En tenant compte du contexte immédiat en amont, il est préférable de rattacher ταῦτα à ce qui est dénoncé en 4.1-5 (cf. Kelly, *Commentary on the Pastoral Epistles*, p. 98 ; Hendriksen, *Exposition of the Pastoral Epistles*, p. 149) ou alors, de manière restreinte à 4.3b-5 (cf. Marshall, *Critical and Exegetical Commentary*, p. 548 ; Towner, *Letters to Timothy and Titus*, p. 302). Quelques auteurs suggèrent que l'on prenne en compte toute la section 3.14-4.5 (Quinn et Wacker, *First and Second Letters to Timothy*, p. 372) ou même l'ensemble de la Première à Timothée (Mounce, *Pastoral Epistles*, p. 248). Knight, *Pastoral Epistles*, p. 193, tout en préférant un lien immédiat avec les versets précédents, n'exclut pas un lien plus large. Quelle que soit l'hypothèse retenue, il est à remarquer que toutes les mentions de l'enseignement, du moins jusqu'ici (4.6) s'inscrivent dans ce contexte d'hostilité : 1.3 : τισὶν μὴ ἑτεροδιδασκαλεῖν « ne pas enseigner autre chose » ; 1.10 : ὑγιαινούσῃ διδασκαλίᾳ ἀντίκειται « ce qui s'oppose à la saine doctrine » ; 4.1 : διδασκαλίαις δαιμονίων « attachés à des doctrines de démons ». L'on comprend aussi l'usage du qualificatif καλῆς διδασκαλίας (4.6) ; c'est par opposition à son contraire (cf. Gourgues, *Les deux lettres à Timothée*, p. 167, note 6).

14. Les expressions λόγοις τῆς πίστεως et καλῆς διδασκαλίας traduisent la même réalité : l'Évangile reçu de Paul, « Évangile de gloire du Dieu bienheureux qui m'a été confié » (1 Tm 1.11). L'expression ᾗ παρηκολούθηκας indique que l'enseignement selon les normes s'inscrit dans l'histoire de la transmission de Paul à Timothée « Je vous ai transmis ce que j'ai moi-même reçu » (1 Co 15.3).

15. Knight, *Pastoral Epistles*, p. 194 : « Ceux que l'on instruit sont appelés "frères" en tant que membres de la même famille de Dieu (1 Tm 3.15). Jésus employait ce même terme pour quiconque s'attachait à lui (cf. Mt 12.50 ; Mc 3.35…) et c'est devenu un terme employé par les chrétiens dans leurs relations les uns avec les autres (cf. Rm 8.29 ; 1 Co 5.11…). Tel est le sens que l'on retrouve dans trois des quatre occurrences de ce mot dans les Épîtres pastorales (ici, 6.2 ; 2 Tm 4.21) » (Citation en version originale: « Those to be taught are called, "brothers", as fellow members of the family of God [1 Tim. 3:15]. Jesus used this term for everyone who was devoted to him [cf. Mt. 12:50; Mk. 3:35…], and it became a term used by Christians in their relation with each other [cf. Rom. 8:29; 1 Cor. 5:11…]. This is the meaning found in three of the four PE occurrences [here; 6:2; 2 Tim. 4:21] »).

Une telle tâche suppose nécessairement des acquis : ἐντρεφόμενος, « se nourrir[16] » continuellement de la vérité (participe présent passif duratif)[17], puis avoir l'habilité de l'exposer (cf. ὑποτιθέμενος, participe présent moyen)[18].

Ces acquis ne semblent pas faire défaut à Timothée. Le ᾗ παρηκολούθηκας « *que tu as toujours suivi* » rattaché aux paroles de la foi et au bel enseignement constitue un bel éloge. En effet, en dehors de 2 Timothée 3.10, deux indices textuels de notre péricope le suggèrent. Le verbe « nourrir » (ἐντρέφω) a aussi le sens de « être élevé » ; Timothée a « été élevé », éduqué, dans les paroles de la foi par sa famille, depuis sa tendre enfance (cf. 2 Tm 1.5 ; 3.15)[19]. En plus, le verbe παρακολουθέω est évocateur d'un ministère déjà long et jusqu'ici fidèle[20]. D'où la confiance que Paul lui porte et les charges qui seront les siennes. Ce qui importe donc ici c'est la persévérance dans cette bonne voie. En fait, l'emploi du participe présent « suggère la continuité et évoque un accueil de la bonne parole impliquant assimilation régulière, "rumination", pénétration de la pensée et de l'existence[21] ».

En agissant ainsi, Timothée sera un καλὸς διάκονος Χριστοῦ Ἰησοῦ « un bon serviteur[22] », « un excellent pasteur[23] » du Christ Jésus. Le nom διάκονος[24] est défini par καλός « excellent », et εἰμί est usité au futur (ἔσῃ). Être un καλὸς διάκονος Χριστοῦ Ἰησοῦ obéit donc à des conditions qualitatives.

---

16. Cf. Quinn et Wacker, *First and Second Letters to Timothy*, p. 373 : « yourself nourished by ».

17. Guthrie, *Pastoral Epistles*, p. 106 ; Fee, *1 and 2 Timothy*, p. 103.

18. ὑποτίθημι, « enseigner », « suggérer », « faire connaître », *BAGD* (2000), p. 1042 ; Bénétreau, *Les Épîtres pastorales*, p. 200, donne au verbe ὑποτίθημι le sens fort d'enseigner avec autorité. Kelly, *Commentary on the Pastoral Epistles*, p. 98, estime que le verbe grec utilisé ici ne contient aucune note d'autorité ou d'un commandement péremptoire. Marshall, *Critical and Exegetical Commentary*, p. 548, abonde dans le même sens. Sans doute ne faut-il pas exclure ici l'autorité qui se rattache nécessairement à l'enseignement apostolique dont Timothée est le porteur (Towner, *Letters to Timothy and Titus*, p. 303, note 4).

19. Cf. Mounce, *Pastoral Epistles*, p. 250.

20. S. Bénétreau, *Les Épîtres pastorales*, p. 200.

21. *Ibid.*

22. Mounce, *Pastoral Epistles*, p. 32-33, 249.

23. Hendriksen, *Exposition of the Pastoral Epistles*, p. 149.

24. Le mot διάκονος a ici le sens général de « serviteur » (cf. Rm 13.4 ; 1 Co 3.5 ; 2 Co 3.6 ; 6.4) et non technique de « diacre » comme en 1 Tm 3.8 et 12. (cf. Marshall, *Critical and Exegetical Commentary*, p. 487-8). C'est dans ce sens qu'il est appliqué à Paul lui-même dont l'apostolat est une poursuite du service de Christ-Jésus (Col 1.23-25 ; Ep 3.7).

Marquant une transition avec l'argumentation contre les adversaires, le verset 6 évalue la qualité du ministre au contenu de son enseignement[25]. La conformité du contenu de l'enseignement à l'Évangile constitue un critère qualitatif du ministère pastoral ; l'on en tiendra nécessairement compte dans l'évaluation.

Verset 7 : τοὺς δὲ βεβήλους καὶ γραώδεις μύθους παραιτοῦ. Γύμναζε δὲ σεαυτὸν πρὸς εὐσέβειαν.

L'excellence du ministère de la Parole s'inscrit résolument dans un contexte d'hostilité. De ce fait, enseigner dans la fidélité à l'Evangile reçu implique une lutte : « *Quant aux fables impies* (μύθοις), *contes de vieilles femmes, écarte-les* » (v. 7a)[26]. De même que les mythes sont opposés aux paroles de la foi, ils le sont aussi à l'εὐσέβεια (« piété »). D'où l'exhortation : Γύμναζε δὲ σεαυτὸν πρὸς εὐσέβειαν « *Exerce-toi plutôt à la piété* » (v. 7b).

L'impératif présent actif γύμναζε (« entraîner », « subir une discipline »)[27], peut se traduire par « se discipliner soi-même », « se maintenir soi-même discipliné »[28] et suggère une analogie familière : celle des compétitions sportives[29]. À son origine se trouve, sans doute, l'opposition – courante dans le monde hellénistique – entre la valorisation de la culture physique (avec les lauriers qui s'y rattachent) et les critiques tenues par les philosophes stoïciens et cyniques[30]. Toutefois, autant le préciser, ce n'est pas tant « l'effort et l'ap-

---

25. Cochand, *Les ministères*, p. 56s, 95.

26. Paul faisait déjà mention des μύθος (« mythes ») en 1 Tm 1.4. Il s'agissait de fictions, de légendes et de narrations imagées, contraires au vrai et forgées – surtout à propos de l'histoire biblique (généalogies-toledoth) – sur la vie des patriarches (cf. Spicq, *Les Épîtres pastorales* [1969], p. 322). Les mythes mentionnés ici constituent un « ensemble de légendes ou de récits traditionnels concernant les dieux, les demi-dieux ou les événements antérieurs aux premiers faits historiques connus : mythologie et cosmogonie » (*ibid.*, p. 93). Pris comme tel, l'on comprend pourquoi Paul les considère comme futiles et inutiles. Apparemment, Paul semble ne pas situer leur gravité au même degré que les « enseignements de démons » mentionnés en 4.1-3. Toutefois, ces mythes, qualifiés de profanes (βέβηλος, BAGD, 1979, p. 138, « profane », « impie », donc dépourvu de tout caractère sacré), sont tout aussi dommageables pour la foi. D'où, l'injonction faite à Timothée de les écarter énergiquement (cf. δὲ adversatif et παραιτοῦ à l'impératif).

27. *GEL*, 33.88, 36.11 ; A. Oepke, γυμνασία, *TDNT* I, p. 775-776.

28. *Ibid.*

29. *BAGD* (2000), p. 208.

30. Dornier, *Les Épîtres pastorales*, p. 79, considère que « le jugement de Paul sur la culture physique peut être rapproché des critiques acerbes que les stoïciens et cyniques lançaient à l'adresse des athlètes ».

plication qu'exige l'épreuve sportive elle-même qui retiennent l'attention, mais plutôt la longue et souvent pénible préparation, faite d'exercices maintes fois répétés, d'efforts progressif et de discipline de vie[31] ». Le regard que Paul y jette est richement instructif au sujet de la piété.

Verset 8 : ἡ γὰρ σωματικὴ γυμνασία πρὸς ὀλίγον ἐστὶν ὠφέλιμος, ἡ δὲ εὐσέβεια πρὸς πάντα ὠφέλιμός ἐστιν ἐπαγγελίαν ἔχουσα ζωῆς τῆς νῦν καὶ τῆς μελλούσης.

D'abord, la piété est à préférer aux mythes profanes (δὲ adversatif de v. 7b)[32] : « Exerce-toi *plutôt* à la piété ». La piété est orientée vers (πρὸς + acc.)[33] la vie la plus noble : « l'amour, la crainte de Dieu, le respect des choses de Dieu[34] ».

Ensuite, l'utilité de la piété est totalisante ; elle l'emporte sur les exercices physiques : « *Car l'exercice corporel est utile à peu de choses tandis que la piété est utile à tout* » (v. 8a)[35]. L'opposition entre les exercices physiques et la piété s'interprète dans des catégories d'ὀλίγος « peu/petit »[36] pour le premier et de πᾶς « tout »[37] pour le second. Le profit (ὠφέλιμος, « utile, avantageux »)[38] des exercices physiques ne se limite qu'à la vie présente tandis que le profit de la piété inclut aussi bien la vie présente que la vie future[39]. En cela, elle lui est supérieure.

---

31. BÉNÉTREAU, *Les Épîtres pastorales*, p. 202.

32. La particule δὲ remplie ici au moins une double fonction. Elle marque la fin d'un propos précédent (fables, etc.) et introduit un nouveau sujet (piété) (cf. HENDRIKSEN, *Exposition of the Pastoral Epistles*, p. 150). Mais, aussi, le contraste entre « mythes » et « piété » (MOUNCE, *Pastoral Epistles*, p. 250) en suggérant la piété comme une autre sorte d'activité à mener (MARSHALL, *Critical and Exegetical Commentary*, p. 553).

33. Cf. C. SPICQ, « Gymnastique et morale d'après 1 Tm 4.7-8 », *RB* 54, 1947, p. 233.

34. A. KOUADIO, *1, 2 Timothée et Tite*, Abidjan, CPE, 2010, p. 57.

35. Sans doute ne faut-il pas voir nécessairement ici l'ascèse des faux docteurs (Pour des détails, voir KNIGHT, *Pastoral Epistles*, p. 195-197). Le propos de Paul est loin d'avoir une connotation négative dans le v. 8a puisque ce n'est pas tant l'exercice physique en lui-même qui est stigmatisé.

36. BAGD (1979), p. 564 ; *GEL*, 59.3 ; 59.13 ; 78.8 : « to a small degree, slight ».

37. *GEL* 58.28 : « all sorts of, every kind of ».

38. BADG (1979), p. 900.

39. C'est là le sens du « tout » attribué à la piété comme le confirme d'ailleurs la fin du v. 8b. Son profit s'inscrit dans le « maintenant » et dans le « pas encore » contrairement à l'activité physique dont la valeur est limitée. JOHNSON, *First and Second Letters to Timothy*, p. 150, traduit, judicieusement, « pour peu » par « pour un peu de temps ».

Enfin, la piété conduit à la vie promise : « *elle a la promesse de la vie de maintenant et de celle qui est à venir* » (v. 8b). La piété est payante. Elle a, d'une part, une valeur existentielle. Pour *la vie de maintenant*, elle « permet d'éviter des erreurs coûteuses » et de saisir « ce qui est véritablement précieux dans divers domaines, ce que Dieu approuve »[40]. « Elle apprend à se contenter de ce que l'on possède (v. 6), et c'est de Dieu qu'elle attend le nécessaire en ce monde[41]. » Certes, elle comporte son lot d'épreuves (2 Tm 3.12), mais Dieu s'en sert pour purifier et affermir les justes (2 P 2.9). La piété, d'autre part, débouche sur la vie promise ; la vie éternelle (« *qui est à venir* »), celle qui est dans le Christ-Jésus (2 Tm 1.1, 10) et à laquelle on accède par la piété[42] : c'est son « utilité » suprême.

Finalement, nous pouvons définir la piété comme « une relation, mais celle-ci, au lieu d'être, comme dans la piété antique, relation de l'homme envers la divinité, est relation de Dieu à l'homme[43] ». Elle est donc avant tout christocentrique ; Jésus-Christ demeure « le fondement de la piété en tant qu'il est lui-même la piété, il en est le mobile parce que c'est en Lui seul que nous pouvons vivre la piété, il en est la fin, car toute notre piété tend vers Lui, et notre adoration reconnaissante n'aura qu'un objet : Lui[44] ».

Dans la pratique, « *l'exercice de la piété* sera fait de commerce assidu avec la Parole, de prière persévérante, d'application dans le service de Dieu et la promotion du bien[45] ».

Verset 9 : πιστὸς ὁ λόγος καὶ πάσης ἀποδοχῆς ἄξιος.

---

40. Bénétreau, *Les Épîtres pastorales*, p. 203.

41. Spicq, *Les Épîtres pastorales* (1969), p. 488.

42. La « vie promise » est rendue par « vie éternelle » dans 1 Tm 1.16 et 1 Tm 6.12. Toutefois, ils feront dépendre l'accès de la vie éternelle de la foi, alors que 1 Tm 4.8 évoque plutôt la piété comme moyen d'accès. Loin d'être en concurrence, « cela manifeste [...] le caractère englobant de ces deux réalités (foi et piété) et comment elles se recouvrent en partie » (Gourgues, *Les deux lettres à Timothée*, p. 163).

43. Y. Cruvellier, « La notion de piété dans les épîtres pastorales », *EtEv* 23, no. 2, 1963, p. 48. Par exemple, sur la piété dans la Grèce des cités, qui, somme toute, est un effort pour « établir une relation avec la divinité par le geste ou la parole » (p. 13), voir L. B. Zaidman, *Le commerce des dieux*, Paris, La Découverte, 2001.

44. *Ibid.*

45. S. Bénétreau, *Les Épîtres pastorales*, p. 202. Les italiques sont de l'auteur.

La valeur de la piété est telle que Paul renforce sa pensée par une attestation emphatique : « *C'est une parole certaine et digne de tout accueil* »[46]. Saint Jean Chrysostome commente : « Cette parole est "fidèle", c'est-à-dire vraie, pour ce monde et pour l'autre. Considérez comment Paul ramène partout cette pensée ; il n'a pas besoin de prouver, mais seulement d'affirmer, parce que c'est à Timothée qu'il s'adresse[47] ». Le contexte suggère que le verset 9 soit rattaché au verset 8, avec pour fonction de confirmer les promesses faites à la piété[48].

Verset 10 : εἰς τοῦτο γὰρ κοπιῶμεν καὶ ἀγωνιζόμεθα, ὅτι ἠλπίκαμεν ἐπὶ θεῷ ζῶντι, ὅς ἐστιν σωτὴρ πάντων ἀνθρώπων μάλιστα πιστῶν.

L'exhortation du verset 8 et son importance (v. 9) repose sur le fondement du verset 10. En effet, il nous ramène à la promesse de la vie, celle « à venir » en verset 8b. Il y revient d'abord pour expliciter la déclaration du verset 9, « *C'est une parole certaine et digne de tout accueil* », parole qui faisait l'éloge de la piété. Puis, pour indiquer la finalité de la lutte croyante (cf. εἰς + l'accusatif τοῦτο exprime le but, « en vue de cela ») : « *C'est en vue de cette vie à venir que nous nous donnons de la peine et que nous luttons* ». Il fournit ainsi le fondement de cette lutte : « ὅτι ἠλπίκαμεν ἐπὶ θεῷ ζῶντι, *parce nous avons mis notre espérance dans le Dieu vivant* ».

Formulé en « nous » (cf. κοπιῶμεν/ ἀγωνιζόμεθα/ ἠλπίκαμεν), il se réfère vraisemblablement à Paul, à Timothée, à l'ensemble des ministres consacrés au ministère de la Parole (cf. 1 Th 2.2 ; Col 1.29)[49]. Toutefois, sa portée s'étend à tous les « frères », du fait que la lutte spirituelle s'impose à tout

---

46. La formule de 1.15 et 3, 1 est reprise ici. Son lien immédiat avec son contexte en amont ou en aval fait débat. Deux grandes tendances se dessinent. D'aucuns rattachent le v. 9 au v. 8 (une partie ou la totalité du v. 8, voir MARSHALL, *Critical and Exegetical Commentary*, p. 554s ; KELLY, *Commentary on the Pastoral Epistles*, p. 101). D'autres suggèrent le lien entre le v. 9 et le v. 10 (cf. GUTHRIE, *Pastoral Epistles*, p. 107-108 ; MOUNCE, *Pastoral Epistles*, p. 254). Pour poursuivre la réflexion, voir G. W. KNIGHT, *The Faithful Sayings in the Pastoral Letters*, Kampen, J. H. Kok, 1968, p. 62-78.

47. SAINT JEAN CHRYSOSTOME, *Homélie XII*, p. 319, cité par O. PETIT, « 1 Timothée 4 : où la piété se découvre une pratique salutaire », *SémBib* 105, 2002, p. 33.

48. Cf. FEE, *1 and 2 Timothy, Titus*, p. 104-105.

49. Référence à Paul et Timothée (DIBELIUS et CONZELMANN, *Pastoral Epistles*, p. 69), Paul et l'ensemble de ses collaborateurs (MARSHALL, *Critical and Exegetical Commentary*, p. 555).

croyant qui met son « *espérance dans le Dieu vivant* »[50]. Ainsi, le verset 10 enracine le ministère dans la condition du croyant et le salut offert par Dieu fonde l'agir du ministère[51]. La première partie de la péricope s'achève (v. 11) par une directive similaire en 1 Timothée 4.6 concernant le ministère d'enseignement de Timothée : Παράγγελλε ταῦτα καὶ δίδασκε, « *Prescris ces choses et enseigne-les*[52]. »

Mais, que pourrait représenter le bel enseignement de Timothée s'il ne s'articule pas avec sa vie personnelle ? C'est à cette réalité que s'attelle la seconde partie de notre péricope (vv. 12-16).

---

50. N. J. D. White, « The First and Second Epistles to Timothy and the Epistle to Titus », dans W. R. Nicoll, sous dir., *The Expositor's Greek Testament*, vol. 4, Grand Rapids, Eerdmans, 1970, p. 125 ; Collins, *I & II Timothy and Titus*, p. 127. Pour l'arrière-plan et la portée missionnaire de cette expression dans le paulinisme, voir M. J. Goodwin, « The Pauline Background of the Living God as Interpretive Context for 1 Timothy 4:10 », *JSNT* 61, 1996, p. 65-85. Certains auteurs ont cru voir dans le « *nous nous donnons de la peine et nous luttons* » une référence seulement aux ministres. Cette lecture, faite à la lumière de Col 1.29, ne semble toutefois pas pertinente dans le contexte de 1 Tm (les différentes mentions du « nous » ramènent toujours aux croyants dans leur ensemble : 1.1, 2, 12, 14 ; 2.3 ; 6.3, 8, 14, 17). En effet, l'*espérance dans le Dieu vivant* n'est pas l'apanage des seuls ministres de l'Évangile mais de tous les croyants ; autant qu'ils sont, ils dépendent du même Dieu, Sauveur de tous les hommes « σωτὴρ πάντων ἀνθρώπων », en particulier des croyants (« μάλιστα πιστῶν »). Nous avons traduit l'adverbe μάλιστα par son sens habituel de « surtout, avant tout, particulièrement » (cf. *DGF* [Carrez et Morel], p. 155), en référence aux seuls croyants (cf. T. S. Skeat, « "Especially the parchments" : a note on 2 Tm 4:13 », *JThS* 30, 1979, p. 175-176 ; Knight, *Pastoral Epistles*, p. 203-204). Bien entendu, le Dieu des Pastorales est ouvert à tous et son salut offert à tous les hommes (cf. 1 Tm 2.2 ; 2.4 ; 2.6). Mais, les hommes ne peuvent être sauvés sans croire. Il n'est donc pas nécessaire de maintenir la visée universelle des Pastorales en considérant que « tous les hommes sont potentiellement croyants » (Marshall, *Pastoral Epistles*, p. 557) mais en insistant sur l'appel pressant à un engagement de la foi de la part de l'homme (cf. 1 Tm 1.14). Pour les débats sur le sens de σωτήρ, voir la synthèse de Bénétreau, *Les Épîtres pastorales*, p. 204-206. Sur σώζω et ses dérivés dans les Pastorales, cf. Towner, *Goal of Our Instruction*, p. 75-119.

51. Cochand, *Les ministères*, p. 95.

52. Faut-il voir dans la répétition de l'injonction, une référence à la timidité (Kelly, *Commentary on the Pastoral Epistles*, p. 103) et au manque d'assurance (Spicq, *Les Épîtres pastorales* [1969], p. 511) ? Pas nécessairement. Timothée est, en l'absence de Paul, le responsable d'une assemblée (v. 6). Il doit savoir prescrire, avertir et donner des ordres. D'où l'emploi de παραγγέλλω qui évoque l'autorité (cf. les ordres de Jésus aux démons, Lc 8.29, et aux diverses maladies guéries, Lc 5.13 ; 8.54 ; 9.21), la prescription ou encore le fait d'enjoindre (cf. le substantif παραγγελία en 1.5 et 18). Autant de notions qui résument la tâche d'enseignant de Timothée et en donnent le contenu.

3.2. La vie personnelle de Timothée : « *Veille sur toi-même* » (vv. 12-16)

Verset 12 : Μηδείς σου τῆς νεότητος καταφρονείτω, ἀλλὰ τύπος γίνου τῶν πιστῶν ἐν λόγῳ, ἐν ἀναστροφῇ, ἐν ἀγάπῃ, ἐν πίστει, ἐν ἁγνείᾳ.

Le début de l'exhortation, « *Que personne ne méprise ton jeune âge* » (v. 12a), révèle ce qui aurait pu être un handicap pour le ministère de Timothée : sa jeunesse[53]. Déjà couvert par l'autorité de Paul, son mandant, Timothée doit compenser ce fait par une moralité exemplaire, « *un modèle pour les croyants* », en contraste avec celle des adversaires.

C. Spicq note que τύπος n'est pas tout à fait synonyme de « paradigme, exemple » mais une sorte d'étalon auquel on se rapporte pour vérifier la conformité à l'idéal et qui a valeur normative. Ainsi, ceux qui contemplent le type n'ont pas à lui ressembler exactement, mais à s'y conformer[54].

Paul est présenté comme un ὑποτύπωσις (« prototype ») à imiter par « ceux qui allaient croire » (cf. 1 Tm 1.16 mais aussi 1 Co 4.16 ; Ph 3.17 ; 2 Th 3.9)[55]. En son absence, c'est ce type de relation qui doit transparaître

---

53. Dans une culture qui rattache la sagesse et le discernement au poids de l'âge, le handicap du jeune âge n'était pas banal. L'injonction, « *Que personne ne méprise ta jeunesse* », par-delà la personne de Timothée, estime DORNIER, *Les Épîtres pastorales*, p. 81, s'adresse aux fidèles de l'Eglise. Il rapporte, à cet effet, la recommandation d'Ignace aux Magnésiens : « La jeunesse de votre évêque ne doit pas être pour vous le prétexte d'une trop grande familiarité ; c'est la puissance de Dieu le Père que vous devez pleinement vénérer en lui » (*Magn.* 3, 1). Quant au rapport entre la charge pastorale et l'âge de Timothée, P. DORNIER, fait le commentaire suivant : « S'il est un homme jeune, il n'est pas pour autant un jeune homme. Lorsque Paul le rencontra à Lystres [...] il pouvait avoir une vingtaine d'années. À l'époque de 1 Tm, il doit approcher la quarantaine. Le mot νεότης employé par Paul confirme cette supposition. Dans le monde grec, est νέος un homme adulte capable de porter des armes. Irénée précise que l'on est νέος jusqu'à 40 ans. (Lorsque Paul assiste au martyre d'Etienne il a environ 30 ans ; or Luc le présente comme un homme jeune νεανίας, Ac 7.58). L'accent porte donc moins sur l'âge de Timothée considéré en lui-même, que sur le fait que le disciple est encore relativement jeune pour accéder aux responsabilités qui lui sont confiées ». Pour une réflexion stimulante sur la catégorie des « adolescents ou les hommes dans la force de l'âge » dans des « Eglises de Palestine et d'Asie Mineure », voir C. SPICQ, « La place ou le rôle des jeunes dans certaines communautés néotestamentaires », *RB* 76, 1969, 508-527.

54. SPICQ, *Les Épîtres pastorales* (1969), p. 513.

55. DONELSON, *Pseudepigraphy and Ethical Argument*, p. 93 : « Les Pastorales n'utilisent pas le terme paradigme mais font plutôt référence à Paul en tant que prototype (ὑποτύπωσις) et à Timothée en tant que type ou modèle (τύπος) » (Citation en version originale : « The Pastorals do not use the term paradigm but rather refer to Paul as a

entre Timothée et les membres de la communauté[56]. Sa foi, traduisible et visible en une qualité de vie, est le modèle à imiter par ces auditeurs. La préposition ἐν « introduit une série de paramètres par lesquels Paul définit le cadre ou le lieu de l'exemplarité qu'il attend de Timothée[57] » : « *en parole, en conduite, en amour, en foi, en pureté* » (v. 12b).

Les deux premiers termes, ἐν λόγῳ « en parole » et ἐν ἀναστροφῇ « en conduite », ne sont pas tant des vertus que des modalités de l'exercice des vertus attendues[58]. Leur association se comprend : les versets 11 et 12 articulent enseignement et conduite personnelle (δίδασκε / τύπος γίνου). C'est en vue de savoir comment se conduire (cf. ἀναστροφῇ 4.12 et ἀναστρέφεσθαι 3.14s) dans la maison de Dieu que Paul a instruit Timothée des λόγοις τῆς πίστεως. Cette association permet de saisir ἐν λόγῳ comme conversation : « une référence à toute expression verbale, quelle qu'en soit le lieu »[59]. Le champ couvert par le caractère modèle de Timothée est celui de toute son existence ; il transparaîtra à travers : ἐν ἀγάπῃ « l'amour », ἐν πίστει « la foi », ἐν ἁγνείᾳ « la pureté ».

L'ἀγάπη (« amour »)[60] a le sens de dilection fraternelle, de respect, d'attachement sincère ; cherchant à promouvoir le bien de tous[61]. La πίστις (« confiance »)[62] qui lui est associée est sans doute la confiance en la Providence de Dieu[63] ou en sa fidélité[64]. L'ἁγνεία (« pureté »)[65] peut avoir le sens large de « pureté d'intention », « une intégrité en quelque sorte

---

prototype [ὑποτύπωσις] and Timothy as a type or model [τύπος] »). Du même auteur, voir « The Structure of Ethical Argument in the Pastoral Epistles », *BTB* 3, 1988, p. 110 ("The author presents Paul as the prototype of Christian behavior").

56. Petit, « 1 Timothée 4 », p. 35 : « Paul demande ici à Timothée de lui succéder en devenant un modèle auquel les croyants puissent se référer. A Timothée de reprendre le témoin laissé par Paul, ce qui lui est possible du fait de cette jeunesse car elle lui offre la possibilité de progresser s'il prend le relais ».

57. *Ibid.*
58. Redalié, *Paul après Paul*, p. 311.
59. Bénétreau, *Les Épîtres pastorales*, p. 208.
60. *GEL* 25.43.
61. Spicq, *Les Épîtres pastorales* (1969), p. 513.
62. *GEL* 31.85.
63. Spicq, *Les Épîtres pastorales* (1969), p. 513.
64. Kelly, *Commentary on the Pastoral Epistles*, p. 104.
65. *GEL* 88.29.

transparente, au-dessus de tout soupçon⁶⁶ ». Mais, il faut lui donner ici le sens de chasteté dans les relations avec le sexe opposé (cf. 1 Tm 5.2 mentionne l'attitude face aux jeunes femmes). L'auteur n'hésite pas à associer l'ἁγνεία, visant une tentation éventuelle très concrète, à des mots aussi lourds et riches qu'amour et foi⁶⁷. En définitive, « la personne du chef compte peu, si toute sa vie et ses propos sont clairement conformes à l'Évangile et marqués du sceau de la probité⁶⁸ ». L'âge n'est pas un critère d'évaluation ; il ne qualifie ni ne disqualifie au ministère. Ce qui est déterminant c'est la qualité de vie du ministre ; le modèle qu'il inspire aux autres.

Verset 13 : ἕως ἔρχομαι πρόσεχε τῇ ἀναγνώσει, τῇ παρακλήσει, τῇ διδασκαλίᾳ.

La mission de Timothée est provisoire : « *Jusqu'à ce que je vienne* » (ἔρχομαι est au présent et suppose une éventualité assurée v. 13a). D'ici là, Paul lui rappelle (cf. v. 11) les soins que réclame son ministère au service des croyants : « *applique-toi à la lecture, à l'exhortation, à l'enseignement* » (v. 13b)⁶⁹. Ces trois fonctions essentielles du ministère se rapportent toutes à un seul fondement : l'Écriture⁷⁰. Il n'empêche qu'il sied de décrire chacune d'elles⁷¹.

À la base du ministère se place l'ἀνάγνωσις, « la lecture »⁷² de l'Écriture (lecture de l'AT, comme dans la synagogue, auquel s'ajoute tôt celle d'écrits apostoliques : 1 Th 5.27 ; Col 4.16 ; Ap 1.3)⁷³. Elle est publique, au service

---

66. Spicq, *Les Épîtres pastorales* (1969), p. 513.
67. Bénétreau, *Les Épîtres pastorales*, p. 208. La remarque n'est pas anodine. Redalié, *Paul après Paul*, p. 311, considère que les trois termes « amour », « foi », « pureté » prennent une connotation plus éthique que théologique à partir du dernier d'entre eux. Son approche est retournée par Gourgues, *Les deux lettres à Timothée*, p. 170-171, qui conclut ainsi son argumentation : « C'est [...] sur la qualité de l'existence, à la fois théologale et morale, que porte en premier l'exhortation à Timothée ».
68. Spicq, *Les Épîtres pastorales* (1969), p. 514.
69. L'approche est la même qu'en 1 Tm 3.14. Paul espère rejoindre Timothée. Mais, pouvant tarder, il prend le soin de lui donner des indications (1 Tm 3.15) sur la conduite à tenir dans la maison de Dieu.
70. Fee, *1 and 2 Timothy, Titus*, p. 107.
71. Spicq, *Les Épîtres pastorales* (1969), p. 514 mais aussi Kelly, *Commentary on the Pastoral Epistles*, p. 105 notent que l'article défini devant chacune d'elle indique que ces fonctions sont familières et bien définies.
72. *GEL* 33.68.
73. Bénétreau, *Les Épîtres pastorales*, p. 209.

de la communauté, mais, il va de soi qu'elle suppose une lecture privée[74]. À cela s'ajoute la παράκλησις « l'exhortation »[75]. La lecture de l'Écriture est suivie d'un commentaire en vue d'inciter l'auditeur à l'appliquer à sa vie. Elle indique, sans ambages, comment vivre pour être agréable au Seigneur. Enfin, la διδασκαλία « enseignement »[76], fondé sur l'Écriture (2 Tm 3.16), est un exposé systématique, cohérent et approfondi des principales vérités de la foi[77]. Se rattache à chaque activité le verbe προσέχειν à l'impératif : « appliquer son esprit à », « s'adonner à », « être attentif à »[78]. Il faut y voir, sans doute, toute la déférence dont Timothée doit faire preuve devant l'Écriture ; le bon ministre est attaché à l'Écriture.

Verset 14 : μὴ ἀμέλει τοῦ ἐν σοὶ χαρίσματος, ὃ ἐδόθη σοι διὰ προφητείας μετὰ ἐπιθέσεως τῶν χειρῶν τοῦ πρεσβυτερίου.

Cet ensemble d'exigences morales à rechercher (v. 12) et d'activités pastorales à considérer avec sérieux (v. 13) a besoin de provision : C'est le verset 14 qui le donne : « *Ne néglige pas le charisme qui est en toi* (μὴ ἀμέλει τοῦ ἐν σοὶ χαρίσματος), *qui t'a été donné* (ὃ ἐδόθη σοι) *par l'intermédiaire d'une prophétie, avec l'imposition des mains du collège des anciens* ».

Le mot χάρισμα, nom verbal de χαρίζομαι, est rare et tardif ; une construction du grec *koinè* en -μα avec un champ sémantique varié[79]. C'est un « don de Dieu » (cf. 2 Tm 1.6), une « grâce de service[80] » qui donne capacité et puissance pour exercer une tâche dans et pour l'Église (ἐδόθη, « passif divin »). Sans doute, le charisme que Timothée a reçu en lui (ἐν σοὶ

---

74. H. I. Marrou, *Histoire de l'éducation dans l'antiquité*, Paris, 1948, p. 230s montre que la lecture des parchemins était assez pénible ; manque de séparation des mots et de ponctuation. D'où la nécessité d'une lecture personnelle en vue d'une lecture publique intelligible. Voir aussi, A. Combes, « Lecture publique de la Bible », dans C. Paya, sous dir., *Dictionnaire de Théologie Pratique*, Charols, Excelsis, 2011, p. 447-452.

75. Le mot apparaît pour la seule fois ici en 1 Tm. Mais, le verbe παρακαλέω revient quelques fois (1.3 ; 2.1 ; 5.1 ; 6.2) dans le sens d'en appeler (παρα-κλησις, appel) à la conscience de chacun.

76. *GEL* 33.224 ; 33.226.

77. Spicq, *Les Épîtres pastorales* (1969), p. 516 : « il ne faut pas se limiter à lire, exhorter, moraliser dans les assemblées chrétiennes. Les croyants ont besoin d'entendre un exposé cohérent et de plus en plus approfondi de leur religion = la théologie, surtout lorsque de faux docteurs diffusent des thèses aventureuses ».

78. *DGF* (Bailly), p. 1665.

79. *TDNT* IX, p. 402-406.

80. G. Millon, *Les Grâces de service*, Mulhouse, CCC, 1976, p. 40.

« en toi ») est le ministère d'enseignement (cf. v. 13 et 16) avec l'autorité et la force de l'exercer[81].

Ce *charisme* est mis en relation avec deux réalités dont l'interprétation fait débat : une prophétie et une imposition des mains du « collège des anciens » (πρεσβυτέριον)[82]. En quoi consiste cette prophétie ? Quelle relation entretient-elle avec l'imposition des mains dont le sens reste à déterminer ?

Le rite de l'imposition des mains, déjà pratiqué dans l'AT, était susceptible, dans le NT, d'être en rapport avec la bénédiction (Mt 19.13-15), des guérisons (Mt 9.18 ; Mc 6.5 ; 7.32 ; 8.23-25), la communication du Saint-Esprit et de ses dons (Ac 8.17-19 ; 9.17-18 ; 19.5-6) et la mise à part d'un homme pour une charge spécifique dans l'Église (Ac 6.6 ; 13.3 ; 14.23)[83]. Lohse n'hésite pas à associer, à cette riche symbolique de la main, le baptême[84]. En s'appuyant sur Actes 8.17s et Hébreux 6.2, l'on avance l'idée d'un baptême comportant une imposition des mains. Or en Actes 8.17, le geste de l'imposition des mains est sans lien avec le baptême ; le lien est avec la réception du Saint-Esprit[85]. En cela, notre avis diffère de celui de N. Cochand qui réfère l'imposition des mains ici à un acte baptismal[86].

En dehors de l'arrière-plan vétérotestamentaire, certains auteurs feront le rapprochement entre le rite du verset 14 et celui pratiqué dans le judaïsme contemporain des origines chrétiennes lors de l'ordination rabbinique[87]. Les textes de Nombres 11.24 ; 27.18-23 sont évoqués : par l'imposition des mains, Moïse établit Josué comme son successeur et lui transmet de

---

81. J. R.W. Stott, *Guard the Truth : The Message of 1 Timothy and Titus*, Downers Grove, InterVarsity Press, 1996, p. 122.

82. Cf. G. Bornkamm, « πρεσβυτέριον », *TDNT* VI, p. 651-683.

83. Pour plus de détail, voir E. J. Kilmartin, « Ministère et ordination dans l'Église chrétienne primitive. Leur arrière-plan juif », *LMD* 138, 1979, p. 49-92 ; J. Coppens, *L'imposition des mains et les rites connexes dans le Nouveau Testament et dans l'Église ancienne*, Paris, 1925. Dans l'AT, le geste de l'imposition des mains était aussi synonyme de bénédiction (Gn 48.14-16), de mystérieuse substitution à propos des sacrifices (Lv 3.2 ; 4.4) et de mise à part pour une tâche spécifique (cf. Nb 8.10-11 ; Nb 27.15-23).

84. *TDNT* IX, p. 432.

85. M. Quesnel, *Baptisés dans l'Esprit*, LeDiv 120, Paris, Cerf, 1985, p. 59.

86. Cochand, *Les ministères*, p. 93-104.

87. Cf. La « *Semikath Zeqenim* », dans l'étude de K. Hruby, « La notion d'ordination dans la tradition juive », *LMD* n°102, 1970, p. 30-56.

l'autorité[88]. Le rite chrétien de l'imposition des mains mentionné en 4.14 aurait donc subi l'influence du rite juif[89]. Sans nier des parallèles avec le rite rabbinique, C. Spicq montre que le rite chrétien, « une invention de la primitive Église », n'a pu se modeler sur le rite rabbinique[90]. Nous suggérons de voir dans le geste du verset 14, l'installation « publique » d'un ministère au sein de l'Église locale, avec l'accompagnement de la prophétie[91] ou encore la reconnaissance publique d'un ministère donné[92]. Nous ne lui donnons donc pas une portée sacramentelle en tant que moyen de transmission d'un charisme ministériel[93]. Encore moins, celle d'une ordination[94]. Elle est l'expression de la bénédiction invoquée sur le postulant à une charge ministérielle[95]. Reste à déterminer qui impose les mains à Timothée : Paul ou les anciens d'Éphèse, ou les deux à la fois ?

En effet, les textes de 1 Timothée 4.14 : « *des mains du collège des Anciens* » et 2 Timothée 1.6 : « *par les mains de Paul* », semblent contradictoires. P. H. Towner, par exemple, discerne deux évènements distincts : l'imposition de mains de Paul ayant précédé celle des anciens[96]. C. Spicq émet l'hypothèse d'un seul événement présidé par Paul, que ce soit à Éphèse ou à Lystres[97]. En optant pour cette dernière solution, nous expliquons les variations par le genre littéraire des écrits : 2 Timothée souligne davantage le lien direct

---

88. E. COTHENET, « Les ministères ordonnés dans les Pastorales », dans *Exégèse et Liturgie* II, LecDiv 175, Paris, Cerf, 1999, p. 228. Pour l'auteur, plus que la Semikhah des rabbins, la meilleure analogie reste l'imposition des mains de Moïse sur Josué (p. 231).

89. COPPENS, *L'imposition des mains*, p. 162-163. Entre autres, G. BORNKAMM, *TDNT* VI, p. 666, note 2 et J. P. MEIER, « *Presbyteros* in the Pastoral Epistles », *CQB* 35, 1973, p. 340-342, s'évertuent à montrer les limites de cette thèse.

90. SPICQ, *Les Épîtres pastorales* (1969), p. 726.

91. BÉNÉTREAU, *Les Épîtres pastorales*, p. 210.

92. MARSHALL, *Critical and Exegetical Commentary*, p. 569.

93. Suggestion faite par DIBELIUS et CONZELMANN, *Pastoral Epistles*, p. 70. Idem, COLLINS, *I & II Timothy*, p. 131, qui interprète le rite du v. 14 comme la transmission d'un pouvoir.

94. SPICQ, *Les Épîtres pastorales* (1947), p. 149 : « Le rite de l'imposition des mains est [...] lié à la naissance de la hiérarchie. C'est par lui que s'assure la succession des ministres sacrés et que le Saint-Esprit communique les charismes qui les habilitent... » ; Cf. E. FERGUSON, « Laying On of Hands : Its Significance in Ordination », *JThS* 26, no. 1, avril 1975, p. 12.

95. Cf. P. KATZ, « Πρεσβυτέριον in 1 Tim 4.14 and Susanna 50 », *ZNW* 51, 1960, p. 27-30.

96. TOWNER, *Letters to Timothy and Titus*, p. 325.

97. SPICQ, *Les Épîtres pastorales* (1969), p. 518.

unissant Timothée à Paul d'où le rôle prépondérant joué par ce dernier lors du geste collectif d'imposition des mains[98]. L'on s'interroge alors sur le rôle joué par la prophétie au cours de ce rite.

Se pose d'abord ici une question de nombre : προφητείας est-il ici un accusatif pluriel ou un génitif singulier ? Avec l'accusatif (cf. 1 Tm 1.18), la préposition διά indique le moyen ou la cause (« à cause de »)[99]. L'imposition des mains serait alors « au moyen de prophéties », « en accord avec des prophéties », ce qui laisse croire que la prophétie est préalable à l'acte[100].

Avec le génitif, διά peut prendre le sens de « par le moyen de », « par l'intermédiaire de », (cf. 1 Tm 2.15 ; 4.5)[101]. L'idée ici serait celle de médiation, d'intermédiaire, d'accompagnement[102]. Le charisme étant une grâce (χάρις) donnée par Dieu (ἐδόθη, « passif divin ») en vue du service (-μα), « la prophétie, préalable ou délivrée sur-le-champ, et l'imposition des mains ne peuvent avoir qu'un rôle d'explication […] voir d'annonce, ou d'accompagnement, pas de cause efficace[103] ». En préférant le singulier, l'on peut donner à προφητεία le sens liturgique de « parole portée par l'Esprit[104] », ou d'« une parole rituelle prononcée lors de la réception d'un charisme[105] ». Ainsi, la prophétie pourrait être un élément du rite et « on peut penser à l'intervention d'un prophète précisant à l'Église, voire à Timothée lui-même, l'intention du Seigneur, à Éphèse[106] ».

En définitive, l'on retiendra du verset 14 que : (1) Timothée a bénéficié d'un « charisme », manifestement en rapport avec sa vocation particulière ; il est donc parfaitement équipé ; (2) sa mise à part pour un service dans l'Église s'appuie sur une prophétie, attestant la volonté divine ; (3) il a reçu l'imposition des mains du « collège des Anciens » (et même de Paul selon

---

98. Gourgues, *Les deux lettres à Timothée*, p. 178.
99. *DGF* (Carrez et Morel), p. 67.
100. Bénétreau, *Les Épîtres pastorales*, p. 217. En faveur de l'accusatif pluriel, voir Moule, *An Idiom Book of the New Testament Greek*, Cambridge, Cambridge University Press, 1953, p. 57 ; Knight, *Pastoral Epistles*, p. 208.
101. *DGF* (Carrez et Morel), p. 67.
102. Towner, *Letters to Timothy and Titus*, p. 322-323.
103. Bénétreau, *Les Épîtres pastorales*, p. 217.
104. Cothenet, « Les ministères ordonnés dans les Pastorales », p. 230.
105. Gourgues, *Les deux lettres à Timothée*, p. 175.
106. Bénétreau, *Les Épîtres pastorales*, p. 217.

2 Tm 1.6), impliquant l'accord de l'Église qui a reconnu et confirmé le don, avec l'autorité qui en résulte[107].

Autant de raisons qui justifient une assurance à exercer le ministère avec courage. Toutefois, la litote μὴ ἀμέλει (ἀμελέω, « négliger ») sous-entend une responsabilité, celle de Timothée devant Dieu et devant l'Église quant à l'exercice de son charisme[108].

Verset 15 : ταῦτα μελέτα, ἐν τούτοις ἴσθι, ἵνα σου ἡ προκοπὴ φανερὰ ᾖ πᾶσιν.

La qualité de la vie (v. 12), les aspects multiples du ministère (v. 13) méritent une attention soutenue. Ainsi, d'un impératif négatif, verset 14, (μὴ ἀμέλει), on parvient à deux impératifs positifs, verset 15a, (ταῦτα μελέτα, ἐν τούτοις ἴσθι) avec pour conséquence le progrès spirituel, verset 15b, (ἵνα σου ἡ προκοπὴ φανερὰ ᾖ πᾶσιν).

L'impératif « ταῦτα μελέτα » vient du verbe μελετάω : « donner soin à », « s'occuper de »[109]. C. Spicq le considère synonymique de γυμνάζω, « s'exercer physiquement », s'appuyant en cela sur Épictète et Xénophon[110]. Le verbe employé en 4.15 se situerait donc dans le prolongement de celui de 4.7b : « Γύμναζε σεαυτὸν πρὸς εὐσέβειαν » ; ce qui concorde avec le vocabulaire du progrès utilisé. Le second impératif, « ἐν τούτοις ἴσθι », se veut plus insistant. Il traduit « un engagement exclusif, être uniquement occupé à une tâche précise, et ne s'en rien laisser détourner par rien d'autre ». Cela importe : « le danger pour un serviteur de Dieu est précisément d'être

---

107. *Ibid.*, p. 209-210.

108. *Ibid.*, p. 210, l'auteur signale qu'il est possible de négliger le charisme de deux manières : « soit par une paresse coupable qui fait qu'on s'engage faiblement ou avec crainte dans le service (il faut alors le « raviver », *anazôpurein*, 2 Tm 1.6), soit par une confiance placée d'avantage dans les performances ou la bonne volonté humaines que dans l'action de l'Esprit qui communique et accompagne ses dons ». S. ROMEROWSKI commente : « Timothée n'a sans doute pas perdu ses aptitudes et capacités au ministère. Plus probablement, Paul l'encourage à bannir tout ramollissement, à ne laisser son ministère s'affadir et s'étioler, mais au contraire à conserver ou à retrouver son entrain et son enthousiasme dans l'exercice du ministère, à l'accomplir avec diligence et zèle » (cf. « Les "charismata" du Nouveau Testament : Aptitudes ou ministères ? », *ThEv* 1, no. 1, 2002, p. 24).

109. *BAGD* (2000), p. 627 ; *DGF* (CARREZ et MOREL), p. 158.

110. SPICQ, *Les Épîtres pastorales* (1969), p. 518.

absorbé par mille occupations secondaires, au détriment de sa vie spirituelle et du service des âmes[111] ».

Ce progrès, synonyme de développement moral et spirituel, ne saurait être caché, tant sa visibilité (l'adjectif, φανερός) sera perçue par tous. De la sorte, Timothée dissipera tout préjugé relatif à son jeune âge (v. 12a) et garantira l'efficacité de son ministère. La communauté est témoin des progrès du ministre.

Verset 16 : ἔπεχε σεαυτῷ καὶ τῇ διδασκαλίᾳ, ἐπίμενε αὐτοῖς· τοῦτο γὰρ ποιῶν καὶ σεαυτὸν σώσεις καὶ τοὺς ἀκούοντάς σου.

Ce verset est conclusif et résume les précédentes exhortations : « *Veille sur toi-même et sur ton enseignement. Persévère en cela* » (v. 16a).

Le verbe ἐπέχω est riche de sens : « prêter attention à, surveiller[112] », « faire le guet[113] ». Paul indique deux domaines qui nécessitent une vigilance accrue de la part de Timothée : (1) σεαυτοῦ, « lui-même » (cf. v. 7, γύμναζε δὲ σεαυτὸν πρὸς εὐσέβειαν) et (2) διδασκαλία, l'« enseignement » (cf. v. 6, ταῦτα ὑποτιθέμενος τοῖς ἀδελφοῖς ; v. 13, πρόσεχε τῇ ἀναγνώσει, τῇ παρακλήσει, τῇ διδασκαλίᾳ). Si Paul se donne la peine de rappeler ce qu'il avait déjà indiqué sur la qualité de vie ou du ministère, c'est en vue d'inciter de nouveau Timothée à les prendre au sérieux : ἐπίμενε αὐτοῖς, « *persévères-y* ».

La péricope, comme en 4.10, s'achève par une espérance ; celle du salut eschatologique : « *Car en agissant ainsi tu te sauveras toi-même et ceux qui t'écoutent* ». Quel est le sens de l'expression « σεαυτὸν σώσεις » ?

D'aucuns ont cru la comprendre au sens de « *tu te préserveras de l'erreur* », vu qu'elle est précédée par l'enseignement. Autrement, elle pourrait donner l'impression que le salut de Timothée et de celui de ses auditeurs est de son fait. Et pourtant, bien que la formulation puisse surprendre, le verbe σῴζω évoque ici le salut eschatologique (cf. 1 Tm 1.15 ; 2.4 et 15). Certes, le salut ne découle pas des bonnes œuvres (Tt 3.5) ; c'est est un don de Dieu reçu par la foi en Jésus-Christ (1 Tm 2.4 ; Tt 2.11 ; 3.4 ; 2 Tm 1.9 ; 2.10). Dès lors, le salut est appliqué *en nous* par le Saint-Esprit ; il constitue ainsi les arrhes

---

111. *Ibid.*, p. 519 (l'auteur cite ici W. E. VINE).
112. *DGF* (CARREZ et MOREL), p. 97.
113. *GEL* 27.59.

de l'héritage futur réservé pour nous en Christ (2 Co 1.22 ; etc.) et dont la présence communique le contenu expérimental du salut[114]. Nonobstant, il est demandé aux croyants la persévérance de la foi ; nous sommes « sauvés en espérance » (Rm 8.24) et nous attendons notre délivrance finale (cf. 1 Co 15).

De cette péricope, nous retiendrons les insistances de Paul à l'endroit de Timothée : (1) La vocation au ministère est une vocation à exercer un ministère envers soi-même, à s'exercer à la piété ; (2) La vocation au ministère est une vocation à être un modèle au sein de la communauté ecclésiale ; (3) La vocation au ministère est une vocation à l'enseignement de l'Écriture. La qualité de cet enseignement sera déterminée par sa fidélité à la norme, l'Évangile reçu de Paul.

Les progrès dans ce que Timothée est appelé à « être » et à « faire » seront visibles, connus de toute la communauté ecclésiale. Tout regard évaluatif de son ministère s'articulera autour de ces attentes. Pourquoi en sera-t-il autrement pour le pasteur aujourd'hui ? Dans ce sens, que peut-on apprendre de la péricope 1 Timothée 6.11-16 ?

1 Timothée 6.11-16 : Combattre le beau combat de la foi

1. Traduction

> [11]*Mais toi, homme de Dieu, fuis ces choses ; poursuis la justice, la piété, la foi, l'amour, la patience, la douceur.* [12]*Combats le beau combat de la foi, saisis la vie éternelle à laquelle tu as été appelé et pour laquelle tu as fais une belle confession devant de nombreux témoins.* [13]*Je t'enjoins devant Dieu, qui donne vie à toutes choses, et devant le Christ-Jésus qui a rendu témoignage devant Ponce Pilate par une belle confession,* [14]*de garder le commandement sans tache, sans reproche, jusqu'à la manifestation de notre Seigneur Jésus-Christ,* [15]*que fera paraître, au temps opportun, le bienheureux et unique Souverain, le Roi des rois, Seigneur des seigneurs,* [16]*le Seul qui possède l'immortalité, qui habite une lumière*

---

114. Cf. H. BLOCHER, *La doctrine du péché et de la rédemption*, Vaux-sur-Seine, Edifac, 2000, p. 222.

inaccessible, qu'aucun des hommes n'a vu ni ne peut voir. A lui l'honneur et la puissance éternelle. Amen.

2. Délimitation, contexte littéraire et structure du texte

2.1. Délimitation de 1 Timothée 6.11-16

La péricope 1 Timothée 6.11-16 est délimitée, en amont par 6.3-10 et, en aval, par 6.17-19. En amont, Paul dénonce la course effrénée des hétérodoxes envers les richesses ; ces derniers ont fait de la piété une source de gain (v. 5). En aval, il confie à Timothée un message à l'endroit des riches au sein de l'Église. Entre les deux, il y a de la place pour des indications sur la conduite personnelle de Timothée face au phénomène du goût prononcé pour le gain.

En effet, le chapitre 6 était jusqu'ici marqué par un développement à la troisième personne du singulier. Certes, il y a eu une interruption fugace en 6.2. Mais, le retour aux impératifs (2ᵉ sing.), preuve d'exhortation personnelle à Timothée, s'impose à partir de 6.11-12[115], se poursuit par une déclaration empreinte de gravité en 6.13-14, pour s'achever par une doxologie en 6.15-16[116].

La troisième personne du singulier reviendra en 6.17-19 relativement à la richesse, sujet abordé en 6.6-10. Il s'ensuit une impression d'intrusion incongrue de la péricope 1 Timothée 6.11-16 dans un ensemble thématique cohérent[117].

---

115. Van Neste, *Cohesion and Structure*, p. 72.

116. *Ibid.* : « Le fait qu'une doxologie se trouve aux versets 15-16 et que les doxologies servent souvent de conclusion (...) suggère que cette unité s'arrête à 6.16 » (Citation en version originale : « The fact that a doxology occurs in vv. 15-16 and that doxologies often serve a concluding function [...] suggest that this unit ends at 6.16 »).

117. Cf. Dibelius et Conzelmann, *Pastoral Epistles*, p. 87 ; Miller, *Pastoral Letters*, p. 91-92 ; E. Käsemann, « Formule néotestamentaire d'une parénèse d'ordination (1 Tm 6.11-16) », dans E. Käsemann, sous dir., *Essais exégétiques*, Neuchâtel, Delachaux et Niestlé, 1972, p. 112, parle de « séparation brutale des versets 6-10 et 17-19 par les versets 11-16 ». Sans doute l'impression de rupture n'aurait-il pas de sens si 6.17-19 faisait suite à 6.6-10, les deux textes abordant le sujet des richesses. Dans ce cas, 6.11-16 serait une doxologie située à point nommé ; avant les salutations finales en 6.19-21 (cf. Rm 16.25-27). Il n'empêche que 6.11-16 est bien à sa place. S. Bénétreau, *Les Épîtres pastorales*, p. 271, considère que le nouveau développement (6.17-19), relatif aux richesses, ne fait pas vraiment double emploi avec le précédent (6.6-10). « La polémique contre les "hétérodoxes" qui, à leur nombreux travers, ajoutent le goût de l'argent (v. 5-10), diffère d'une parole adressée à une classe de personnes dans l'Église (v. 17-19), une classe qui doit recevoir une exhortation spécifique comme d'autres classes, les veuves, les Anciens, les esclaves. Il s'agit ici de ceux qui sont déjà

2.2. Contexte littéraire de 1 Timothée 6.11-16

Quel est le rapport que 1 Timothée 6.11-16 entretient avec son contexte ? Le verset 11 établit le lien avec le contexte immédiat en amont : φεῦγε « fuis ». Ce que Timothée doit fuir ainsi se laisse découvrir en 6.10 : ἡ φιλαργυρία (« l'amour de l'argent »), objet de désir (ὀρεγόμενοι) des hétérodoxes. L'expression Σὺ δέ, ὦ ἄνθρωπε θεοῦ introduit le contraste (cf. δέ adversatif) entre les valeurs que Timothée doit rechercher et les vices qui caractérisent les hétérodoxes (6.4-5 et 10), notamment leur avidité du gain (6.10).

Le lien avec le contexte subséquent immédiat s'établit entre les versets 13 et 17 (cf. παραγγέλλω, « prescrire »). L'approche parénétique se retrouve de part et d'autre, en 6.11-16 puis en 6.17-19. Toutefois, « alors qu'au verset 13 la prescription est le fait de l'auteur, comme l'atteste la première personne du singulier, au verset 17 le destinataire deviendra à son tour le sujet de l'injonction, l'action étant exprimée à la seconde personne du singulier[118] ». Ainsi, nous avons « une parénèse directe s'appliquant à la personne même de Timothée et un message visant d'autres membres de la communauté, son pasteur n'étant qu'une médiation[119] ».

2.3. Structure de 1 Timothée 6.11-16

Nous l'indiquions, 6.11-16 est avant tout adressé à Timothée. Toutefois, « la péricope s'organise selon la distribution des modes et des temps des verbes[120] ». La première série de verbes est au mode impératif : « φεῦγε », « δίωκε », « ἀγωνίζου », « ἐπιλαβοῦ » (vv. 11-12). La seconde série, au mode indicatif, est emmenée par le verbe παραγγέλλω (« prescrire », « ordonner », « enjoindre », v. 13)[121]. Il se dessine donc un double mouvement dans le texte : « Alors qu'aux versets 11-12, Timothée occupait la position centrale,

---

riches et non de ceux qui aspirent à le devenir ». S. BÉNÉTREAU affine sa pensée à travers « La richesse selon 1 Timothée 6.6-10 et 6.17-19 », *ETR* 83, 2008, p. 49-60. Pour plus de détails sur la cohésion interne de la péricope mais aussi avec son contexte en amont (6.3-10) et en aval (6.17-19), voir aussi VAN NESTE, *Cohesion and Structure*, p. 73-4 ; 98-101.

118. ELENGABEKA, *L'exploitation des Écritures*, p. 136.
119. *Ibid.*
120. REDALIÉ, *Paul après Paul*, p. 314.
121. SPICQ, *LTNT*, Paris, Cerf, 1991, p. 1137-1138.

aux versets 13-16 il tient une place plus discrète et Christ devient le personnage dominant[122]. »

Dans le premier mouvement, Timothée doit fuir (φεύγω) ce qui est proscrit (ταῦτα, se réfère à la conduite des adversaires) tout en recherchant ce qui sied (διώκω, se rattachant au catalogue des vertus). Ainsi, les verbes antithétiques (φεῦγε/δίωκε) constituent une exigence éthique et dessinent à la fois la figure du ministre idéal de la communauté des Pastorales. Dans le contexte d'hostilité qui est le sien, cette double attente prend l'allure d'un combat qualifié de καλὸν ἀγῶνα τῆς πίστεως (« beau combat de la foi »).

Une succession de verbes au passé (aoriste), au présent et au futur caractérise le second mouvement. Au passé, l'auteur, après un rappel des principales articulations de l'expérience chrétienne de Timothée (v. 12b), en vient à celle du Christ-Jésus : sa confession devant Ponce Pilate (μαρτυρήσαντος, v. 13). Ce rappel fait appel à une fidélité dans le temps présent μέχρι (« jusqu'à », v. 14). Le futur est introduit avec la forme verbale δείξει ; un futur marqué par la perspective de la seconde épiphanie (v. 14) et qui motive le beau combat de la foi à mener (v. 12). Ainsi, « le passé et le présent se retrouvent aux versets 13-14, tandis que l'événement situé dans le futur occupe les versets 15-16[123] ». Cette double dimension temporelle suggère une approche binaire de cette fin de péricope : le motif du combat (vv. 13-14) et la doxologie finale (vv. 15-16). Ce que confirme la position charnière que le pronom ἥν (v. 15) occupe entre les versets 13-14 et 15-16.

Finalement, la péricope peut être structurée selon dans un plan tripartite :
- Versets 11-12 : La nécessité du beau combat de la foi
- Versets 13-14 : Le motif du beau combat de la foi
- Versets 15-16 : La doxologie finale

3. Interprétation de 1 Timothée 6.11-16

3.1. La nécessité du beau combat de la foi (vv. 11-12)

Verset 11a : σὺ δέ, ὦ ἄνθρωπε θεοῦ, ταῦτα φεῦγε· δίωκε δε...

Mais toi, homme de Dieu, fuis ces choses. Recherche...

---

122. Elengabeka, *L'exploitation des Écritures*, p. 139.
123. *Ibid.*, p. 139.

Le verset 11 est caractérisé par une double interpellation à Timothée, chacune d'elle étant introduite par la particule adversative δέ : « Mais toi (Σὺ δέ)[124], homme de Dieu fuis ces choses ; poursuis (δίωκε δὲ) ... ». La première interpellation (cf. ὦ devant le vocatif)[125] utilise un titre familier à l'AT mais très peu usité dans le NT : ἄνθρωπε θεοῦ, « homme de Dieu »[126]. M. Gourgues suggère que l'on lui donne un sens large, applicable à tout croyant et pas seulement aux responsables de l'Église[127]. Ainsi, Timothée, *homme de Dieu* par contraste avec les *hétérodoxes*, doit « fuir » (φεύγω, litt. « chercher à fuir », « s'enfuir de »)[128] ces choses (ταῦτα φεῦγε) qui les plongent (βυθίζω, « plonger », « immerger »)[129] dans la ruine et la perdition (ὄλεθρον et ἀπώλειαν, deux mots presque synonymes, v. 9)[130] : l'amour de l'argent (v. 9) et ce qui a été dénoncé depuis 6.3s[131].

---

124. Que Paul ajoute à la particule δέ le pronom σὺ ne fait que renforcer le contraste entre Timothée et les faux enseignants, note G. W. KNIGHT, *Pastoral Epistles*, p. 260.

125. *Ibid.* L'interjection ὦ n'est pas fréquente dans le NT. Bien souvent, elle est utilisée devant le vocatif pour marquer l'insistance (cf. Rm 2.1 ; 3.9 et 20 ; Gal 3.1 ; 1 Tm 6.11 et 20).

126. Ce titre revient par deux fois dans le NT : 1 Tm 6.11 et 2 Tm 3.17. Dans l'AT, il est bien plus fréquent (75x) et désigne les chefs religieux, les prophètes : Moïse (Dt 33.1 ; Jos 14.6 ; 1 Ch 23.14) ; David (Né 12.24 et 36 ; Ps 89.1) ; Samuel (1 S 9.6 ; 1 S 2.27) ; Elie (1 R 17.18) ; Élisée (2 R 4.7). Pour plus de détails, voir N. P. BRATSIOTIS, *TDOT* I, Grand Rapids, Eerdmans, 1974, p. 233-234. Pour le NT, voir J. JEREMIAS, *TDNT* I, p. 364-367.

127. GOURGUES, *Les deux lettres à Timothée*, p. 227, signale que le titre figure dans un contexte où l'opposition à ce qui précède est très marquée (« mais toi » σὺ δε, d'une part, « fuis cela » ταῦτα φεῦγε, d'autre part). Et puisqu'il vient d'être question de gens que la cupidité a éloignés de la foi (6.10b), le titre doit désigner par opposition « celui qui reste fidèle à la foi et qui ne succombe pas aux "maux" et aux "tentations" qui viennent d'être dénoncées (v. 9-10a) ». L'exhortation s'adressant à Timothée « en tant que croyant et non en tant que pasteur, le titre ne renvoie pas ici, comme souvent dans l'Ancien Testament, à un rôle exercé au service des autres ». D'un avis contraire, A. BOUDOU, *Les Épîtres pastorales*, VS XV, Paris, Beauchesne, 1950, p. 179 : « C'est très vrai ; mais *l'homme de Dieu* ne se perd pas ici dans le commun des justes. Timothée est l'homme de Dieu parce qu'il est son représentant, à peu près comme l'étaient les prophètes ». Nous y reviendrons.

128. *BAGD* (2000), p. 1052. AUGUSTIN : il ne s'agit pas simplement de « quitter et abandonner » mais de « fuir », comme devant un ennemi (Sermons 177.3, cité par P. GORDAY, sous dir., *ACCS*, Downers Grove, InterVarsity Press, 2000, p. 217).

129. *BAGD* (2000), p. 185.

130. Cf. J. SCHNEIDER, *TDNT* V, p. 167-171 ; A. OEPKE, *TDNT* I, p. 394-397.

131. « L'amour de l'argent est la racine de tous les maux » est un proverbe de la Diatribè stoïcienne (DIBELIUS et CONZELMANN, *Pastoral Epistles*, p. 85-86, note 18, 19). Il paraît excessif de dire que c'est *la* racine puisque ῥίζα est sans article. MOUNCE, *Pastoral Epistles*, p. 346, propose « une racine », « une parmi plusieurs ». L'argumentation se fonde sur πάντων τῶν κακῶν. Sans doute la présence de l'article rend-t-il cette solution fragile (cf.

La « fuite » cède le pas à la seconde interpellation : διώκω (« poursuivre », « aspirer à », « chercher à acquérir », « pratiquer »)[132] : δικαιοσύνην, εὐσέβειαν, πίστιν, ἀγάπην, ὑπομονὴν, πραϋπαθίαν (v. 11b). W. Mounce[133], s'appuyant sur C. J. Ellicott[134], suggère une classification en trois groupes de paires : « la justice (δικαιοσύνην) et la piété (εὐσέβειαν) » ; « la foi (πίστιν) et l'amour (ἀγάπην) » ; « la patience (ὑπομονὴν) et la douceur (πραϋπαθίαν) ».

Le premier groupe indique la conformité à la loi de Dieu ; le second, les principes essentiels du christianisme et le troisième, la conduite à l'égard des autres (cf. les adversaires)[135].

La *justice* (2 Tm 2.22 ; 3.17 ; Tt 3.5), terme néotestamentaire assez récurrent[136], n'est pas ici « *l'acte forensique de Dieu par lequel il déclare le pécheur en règle avec sa justice, quitte des peines qu'il méritait et reçu favorablement dans la présence divine, à cause du Christ en qui cet homme a mis sa foi*[137] ». Elle est « droiture », « conduite approuvée devant Dieu »[138]. La *piété* « profond respect accordé à Dieu, dévotion[139] » est « la perfection des rapports personnels avec Dieu[140] ».

Le couple « *foi* et *amour* », assez familier dans les lettres de Paul, pourrait évoquer pour le premier, « la fidélité ou l'intégrité » et pour le second, « l'amour sacrificiel et le service qui n'a aucune poche d'avidité »[141].

Bénétreau, *Les Épîtres pastorales*, p. 262). L'intérêt porte plus ici sur le ravage que cause l'amour de l'argent (φιλαργυρία).

132. *BAGD* (2000), p. 254 ; A. Oepke, *TDNT* II, p. 229s.
133. Mounce, *Pastoral Epistles*, p. 354.
134. Ellicott, *Pastoral Epistles*, p. 92.
135. Mounce, *Pastoral Epistles*, p. 354 : « pointing to general conformity to God's law » ; « the fundamental principles of Christianity » ; « the principles on which a Christian ought to act toward his opponents ».
136. Pour les mots dérivés de la même racine que le verbe « justifier », voir la liste dressée par L. Morris, *The Apostolic Preaching of the Cross*, Londres, Tyndale Press, 1955, p. 251.
137. La justification de l'Évangile, telle que définie par H. Blocher, *La doctrine du péché*, p. 286-287. Les italiques sont de l'auteur.
138. G. Schrenk, *TDNT* II, p. 198.
139. *BAGD* (2000), p. 412.
140. Spicq, *Les Épîtres pastorales* (1969), p. 567.
141. Stott, *Guard the Truth*, p. 155. Redalié, *Paul après Paul*, p. 318 : « Au leader Timothée il est demandé d'être particulièrement rigoureux sur les questions d'argent ; pour le reste, il ne lui est pas proposé d'autres marques distinctives que celles du chrétien modèle (cf. 1 Tm 4.12) ».

La *patience*, interchangeable avec la *persévérance*[142], « surmonte les difficultés et les déceptions pour parvenir au but (Tt 2.2)[143] ». Enfin, la *douceur* est ici maîtrise de soi ; elle interprète la patience dans les relations quotidiennes[144].

Après l'évocation de quelques-unes des vertus essentielles à pratiquer (v. 11), qui, du reste, sont des aspects variés de la piété véritable (v. 6), Paul fait suivre une exhortation au combat (v. 12) ; ce qui suggère que ce sont des armes spirituelles dont l'usage incombe à Timothée.

Verset 12a : ἀγωνίζου τὸν καλὸν ἀγῶνα τῆς πίστεως…, « *Combats le beau combat de la foi…* ».

Le fait est habituel, Paul aime les métaphores sportive et militaire (1 Co 9.25 ; Col 1.29 ; Ph 2.16 ; 3.12-14 ; 2 Tm 2.5 ; 4.7). Ce qui est inhabituel, c'est le fait que ce combat (ἀγωνίζομαι/ἀγών, « combattre », avec l'idée d'un engagement physique accru en vue de la victoire)[145], soit qualifié ici de καλὸν ἀγῶνα « beau/bon combat »[146]. S'il est beau, c'est au regard de son enjeu : τῆς αἰωνίου ζωῆς, « la vie éternelle », qui s'obtient par la foi en Christ. Ce qui est demandé à Timothée ici, c'est de « saisir », « garder » (ἐπιλαμβάνω) cette vie pour laquelle Dieu lui a adressé un appel intérieur et efficace (ἐκλήθης de καλέω, « appeler »)[147]. La structure de la phrase fait d'un seul acte le combat et la conquête du prix : à l'impératif présent ἀγωνίζου, qui prescrit à l'athlète la condition de la victoire et suppose que l'effort sera long et coûteux, correspond l'impératif aoriste moyen ἐπιλαβοῦ : « empare-toi[148] ».

En définitive, pour ne pas lâcher sa « prise » sur la vie éternelle, Timothée doit persévérer dans la foi et être fidèle à son appel initial. Deux raisons sont avancées : d'une part, c'est à cela, à cette vie éternelle, qu'il a été appelé[149] ;

---

142. Cf. *BAGD* (2000), p. 1039.
143. Bénétreau, *Les Épîtres pastorales*, p. 264.
144. Redalié, *Paul après Paul*, p. 319, note 66.
145. E. Stauffer, *TDNT* I, p. 135-140 ; Marshall, *Critical and Exegetical Commentary*, p. 555.
146. Cf. V. C. Pfitzner, *Paul and the Agon Motif. Traditional Athletic Imagery in the Pauline Literature*, NT.S 16, Leiden, E. J. Brill, 1967, voir en particulier, « The Agon Motif in the Pastoral Epistles », p. 165-186 et p. 178s pour 1 Tm 6.11-12.
147. Cf. *BAGD* (2000), p. 503 ; K. L. Schmidt, *TDNT* III, p. 487-491.
148. Spicq, *Les Épîtres pastorales* (1969), p. 568.
149. Marshall, *Critical and Exegetical Commentary*, p. 660.

d'autre part, il a « confessé » dans le passé (ὡμολόγησας, aoriste actif) avoir accepté cet appel et ce qu'il en coûte. Le rappel de la « belle confession », le Christ-Jésus en étant l'objet, renvoie Timothée à ses débuts prometteurs et l'encourage à se maintenir, pour le moins, à ce niveau d'engagement[150].

Verset 12b : καὶ ὡμολόγησας τὴν καλὴν ὁμολογίαν ἐνώπιον πολλῶν μαρτύρων.

Des hypothèses sont avancées relativement à l'occasion spécifique de cette confession qui, du reste, a été publique (ἐνώπιον πολλῶν μαρτύρων) : soit, une persécution[151], soit, le baptême[152] ou l'ordination[153] de Timothée.

L'hypothèse d'une persécution durant laquelle Timothée a dû faire « profession de foi » en présence de nombreux témoins prendrait appui sur la mise en relation que 6.13 établit entre la confession de Timothée et celle du Christ-Jésus devant Ponce Pilate. Pour O. Cullmann, « tout le contexte prouve qu'il s'agit d'une action judiciaire, que Timothée a déjà comparu une première fois, et "a fait une belle confession devant plusieurs témoins"[154] ». Nous n'avons, toutefois, aucun témoignage d'une persécution subie par Timothée, ayant entraîné un témoignage devant des magistrats.

E. Käsemann plaide pour une ordination : « un acte ecclésiastique [...] d'une importance fondamentale pour [...] Timothée. Au cours de cet acte cultuel, il devait prononcer une confession de foi et accepter une charge[155] ». Contre, C. Spicq signale la redondance ὡμολόγησας τὴν ὁμολογίαν qui semble se référer à une décision particulièrement solennelle et unique. En outre, le contexte (foi, vocation, vie éternelle) fait spontanément songer à l'engagement chrétien initial (baptême) ; aucune mention d'un devoir ou vertu spécifique d'un ministère sacré[156].

---

150. BÉNÉTREAU, *Les Épîtres pastorales*, p. 264-265.
151. Cf. O. CULLMANN, *La foi et le culte de l'Église primitive*, Neuchâtel, Delachaux & Niestlé, 1963, p. 61.
152. KELLY, *Commentary on the Pastoral Epistles*, p. 142 ; SPICQ, *Les Épîtres pastorales* (1969), p. 569.
153. KÄSEMANN, « Formule néotestamentaire », p. 115-117 ; Voir aussi PFITZNER, *Paul and the Agon Motif*, p. 180-181.
154. CULLMANN, *La foi et le culte de l'Église primitive*, p. 61.
155. KÄSEMANN, *Essais exégétiques*, p. 117.
156. SPICQ, *Les Épîtres pastorales* (1969), p. 569.

Signalons ici, à la suite de M. Gourgues, ce détail textuel : l'ὁμολογία de Timothée (v. 12) est mise en lien avec l'appel à la vie éternelle. Or, cet appel, vers lequel est tendu le combat de la foi, est le fait de tout croyant. Dès lors, cette ὁμολογία est liée à l'engagement de foi lui-même[157]. Il convient donc d'interpréter la profession de foi dont il est question ici, non pas d'une confession lors d'une ordination au ministère, ou devant les tribunaux mais de la grande confession du croyant, en réponse à l'appel de Dieu (cf. Rom 10.9)[158]. Le contenu de la confession est inconnu ; l'intention ici est de souligner son caractère contraignant et l'obligation de Timothée de lui rester fidèle[159].

À ce motif important mais insuffisant (v. 11), s'ajoutent deux autres : la confession de Jésus sous Pilate (v. 13) et le « commandement » à garder (v. 14).

3.2. Les motifs du beau combat de la foi (v. 13-14)

Verset 13 : παραγγέλλω [σοι] ἐνώπιον τοῦ θεοῦ τοῦ ζῳογονοῦντος τὰ πάντα καὶ Χριστοῦ Ἰησοῦ τοῦ μαρτυρήσαντος ἐπὶ Ποντίου Πιλάτου τὴν καλὴν ὁμολογίαν.

De la belle confession de Timothée devant plusieurs témoins, l'auteur remonte au Christ-Jésus qui a rendu témoignage (μαρτυρήσαντος) devant Ponce Pilate d'une belle confession (καλὴν ὁμολογίαν)[160]. Si l'occasion de la confession de Timothée a été son premier témoignage rendu au Christ-Jésus, à quelle expérience christique Paul se réfère-t-il ici ?

La mention de Ponce Pilate, procurateur romain, n'est pas fortuite : c'est devant lui (ἐπὶ avec le génitif, « devant, en présence de »)[161] que le Christ s'est présenté. Il l'a fait comme le roi des juifs (Mt 27.11 ; Mc 15.2), accomplissant

---

157. Gourgues, *Les deux lettres à Timothée*, p.225.
158. Dornier, *Les Épîtres pastorales*, p. 105.
159. Marshall, *Critical and Exegetical Commentary*, p. 661.
160. L'épithète καλός est récurrente : 1.18 ; 3.1 ; 4.6 ; 6.12-13. Elle fait sens de « bonté qui rayonne et resplendit » (cf. A. Boudou, *Les Épîtres pastorales*, p. 181, note 2).
161. Le sens de la préposition ἐπὶ fait débat : faut-il lui donner un sens chronologique « au temps de » (Dornier, *Les Épîtres pastorales*, p. 106-107 ; Kelly, *Commentary on the Pastoral Epistles*, p. 143-144) ou « devant, en présence de » comme en 6.12 avec la préposition ἐνώπιον ? La mise en parallèle entre le témoignage de Jésus et celui de Timothée milite plutôt en faveur de cette dernière solution.

ainsi sa mission de « rendre témoignage à la vérité » (Jn 18.36-37 ; Ap 3.14). H. Blocher note que le « *Tu l'as dit* » de Jean 18.37 signifie exactement : « Je le suis, mais non pas forcément comme tu l'entends ». D'où la réponse précise donnée à Pilate : « *Mon royaume n'est pas de ce monde* » (Jn 8.36). Jésus était le Messie attendu, mais non pas comme on l'attendait. Il y avait là le réel danger de « la conjonction d'une royauté terrestre, situé au plan politique ordinaire, et d'un sacerdoce "charnel" […] : la mondanité menace le divin, et le pouvoir politique risque d'être divinisé[162] ». La *belle confession* dont il s'agit ici est donc celle rendue lors de la Passion, devant Pilate, procurateur de la Judée (Lc 3.1).

En indiquant cela, c'est sur le motif de l'exemplarité du Christ-Jésus que Paul attire l'attention de Timothée : au prix de sa vie, il a témoigné de la vérité[163]. Par imitation du Christ, auteur de son appel, il doit, à son tour, mener résolument le beau combat de la foi et maintenir sa « prise » sur la vie éternelle (v. 12).

Verset 14 : τηρῆσαί σε τὴν ἐντολὴν ἄσπιλον ἀνεπίλημπτον μέχρι τῆς ἐπιφανείας τοῦ κυρίου ἡμῶν Ἰησοῦ Χριστοῦ.

Le motif de l'imitation fait place à un autre, celui qui dégage finalement l'objet du mandement : « *garde le commandement* » (v. 14a). Mais, comment comprendre cette injonction ?

Sans doute faut-il d'abord s'intéresser aux épithètes ἄσπιλον et ἀνεπίλημπτον : se rapportent-elles à *Timothée* ou au *commandement* ? Certes, le pronom σε, « pour toi », pourrait suggérer une référence à Timothée. Toutefois, la construction de la phrase (ἄσπιλον et ἀνεπίλημπτον situés après ἐντολὴν) et son contexte (l'ἀγών de la πίστις v. 12ss) font préférer la seconde solution[164]. Ainsi, c'est le *commandement*, c'est-à-dire l'enseignement

---

162. Blocher, *La doctrine du Christ*, p. 53 et 252.

163. *Ibid.*, p. 238 : « Les énoncés de Jésus du type "Je suis venu pour…" regardent en général jusqu'à la passion incluse (Jn 12.27) ; il semble donc que Jésus considère aussi sa mort dans le "témoignage à la vérité" de Jean 18.37, et d'autant plus qu'il l'a prévue comme mort prophétique (Lc 11.33) ».

164. Cf. Spicq, *Les Épîtres pastorales* (1969), p. 571 ; Kelly, *Commentary on the Pastoral Epistles*, p. 144-145. Mounce, *Pastoral Epistles*, p. 359, montre que ces épithètes sont utilisées dans le NT pour décrire des personnes et Paul les utilise ailleurs pour exprimer son désir de voir la vie de Timothée marquée par la pureté (1 Tm 4.12). Il n'empêche qu'il admet que ces mots soient employés ici pour décrire ἐντολή.

reçu de Paul, qu'il revient à Timothée de garder *sans tache, sans reproche*[165]. Sa tâche première est de veiller sur (τηρέω) ce « dépôt », de le rendre inattaquable (1 Tm 6.20)[166]. Une tâche pressante, placée immédiatement dans une perspective eschatologique : « *jusqu'à la manifestation* (ἐπιφανείας) *de notre Seigneur Jésus-Christ*[167]. »

Le mot ἐπιφάνεια (« épiphanie », « apparition ») est peu usité dans le NT contrairement à παρουσία (« présence », « venue »), terme privilégié en référence à la seconde venue du Christ-Jésus[168]. La perspective de cette venue, espérance suprême de l'Église (2 Tm 4.8 ; Tt 2.13) se veut un appel à la persévérance dans la tâche pastorale de Timothée[169]. Au demeurant, c'est en vue de cette seconde venue, que Timothée doit rechercher les vertus (v. 11), mener le combat de la foi (v. 12) et garder le commandement (v. 14).

L'on comprend alors le pourquoi du ton solennel du verset 13 : « Παραγγέλλω [σοι], *Je t'enjoins...* ». Le verbe παραγγέλλω (« enjoindre », « ordonner »[170], cf. 1.3 ; 4.11) est un terme militaire, empreint d'autorité. Paul en use « pour s'assurer que le ministère de son collaborateur ne s'écartera

---

165. Si les épithètes ἄσπιλον et ἀνεπίλημπτον sont synonymiques, avec des sens restreints se renforçant mutuellement, le mot ἐντολή qu'ils qualifient a un champ sémantique varié (cf. KNIGHT, *Pastoral Epistles*, p. 266-267 ou MARSHALL, *Critical and Exegetical Commentary*, p. 664). Le commandement ne saurait se limiter à l'amour de l'argent que Paul vient de dénoncer (6.9-10), voire même à l'ensemble des prescriptions qui traversent l'Épître. Une portée plus large conviendrait au présent contexte (v. 11-12, des prescriptions générales) : l'ἐντολή se rapporte à toute la loi de Christ ; la règle de foi et de vie ordonnée par l'Evangile (KELLY, *Commentary on the Pastoral Epistles*, p. 144 ; M. DAVIES, *The Pastoral Epistles*, Epworth commentaries, Londres, Epworth Press, 1996 p. 53).

166. Cette tâche est assez importante pour qu'elle soit mentionnée dès le début de l'Épître (1.3). Sur le point de conclure, Paul ne peut s'empêcher de réitérer l'intention profonde de sa lettre (6, 14 et 20).

167. QUINN et WACKER, *First and Second Letters to Timothy*, p. 535.

168. MOUNCE, *Pastoral Epistles*, p. 360, souligne qu'ἐπιφανεί traduisait l'intervention divine ou d'un demi-dieu. Dans le judaïsme hellénistique, il évoquait la manifestation de la puissance de Dieu. Plus commun, pour désigner le retour de Christ, est le terme παρουσία. A. T. HANSON considère que si l'auteur emploi délibérément ici ἐπιφανεία utilisé pour le culte de l'empereur, c'est à dessein : il veut montrer que le vrai Roi est Christ et non César (*Pastoral letters*, p. 70). Pour un regard sur le langage de l'épiphanie et la christologie qui en découle dans les Pastorales, voir J. M. BASSLER, « Epiphany Christology in The Pastoral Letters : Another Look », dans J. C. ANDERSON, sous dir., *Pauline Conversation in Context*, Londres, Sheffield Academic Press, 2002, p. 194-214.

169. MOUNCE, *Pastoral Epistles*, p. 360.

170. *DGF* (CARREZ et MOREL), p. 186.

en aucune manière du droit chemin, qu'il s'agisse de la vérité de son message ou de sa conduite (v. 14)[171] ».

Au-delà de son autorité d'apôtre, Paul en appelle à celle de Dieu et du Christ comme témoins des mandements à Timothée. Le premier, Dieu, « *donne vie à toutes choses* » (ζῳογονέω, « préserver la vie »)[172], y compris celle à laquelle Timothée est appelé (v. 12). Le second, Christ, en tant qu'il a rendu un témoignage fidèle devant Pilate[173]. Son retour, assurément, marquera la juste récompense de la persévérance et de la fidélité de Timothée. De la perspective de ce retour, naîtra la magnifique doxologie des versets 15-16.

3.3. La doxologie finale (vv. 15-16)

Verset 15 : ἣν καιροῖς ἰδίοις δείξει ὁ μακάριος καὶ μόνος δυνάστης, ὁ βασιλεὺς τῶν βασιλευόντων καὶ κύριος τῶν κυριευόντων.

La manifestation glorieuse du Christ, qui sera rendu visible à tous, interviendra au temps fixé par Dieu lui-même : καιροῖς ἰδίοις. Cette expression met l'accent sur la souveraineté de Dieu ; il exécutera Son plan de salut selon Son intention prédéterminée dans l'histoire de la rédemption[174] ; c'est le temps qu'il se fixe pour l'accomplissement de son intention. Elle marquera la fin de l'histoire du monde et suscite chez Paul la plus belle des doxologies du NT[175]. Le style majestueux et l'élévation de la pensée de cette doxologie ont fait supposer un texte préalable ayant appartenu au langage cultuel[176].

---

171. BÉNÉTREAU, *Les Épîtres pastorales*, p. 265.

172. H.-G. LINK, "ζῳογονέω", dans C. BROWN, sous dir., *NIDNTT*, vol. 2, Grand Rapids, Zondervan, 1976, p. 476s.

173. MICHEL, *TDNT* IV, p. 499. Il n'est pas superflu de noter que la double référence à Dieu et au Christ-Jésus est familière à Paul. Il l'utilise au sujet de son apostolat (1.12-14) mais aussi pour mettre son disciple en présence de Dieu et du Christ-Jésus (5.6 ; 2 Tm 4.1). Ce qui rend compte ici de la source de son autorité et partant, de sa fermeté. Voir aussi G. FEE, *Pauline Christology*, p. 434-435.

174. A. Y. LAU, *Manifest in Flesh. The Epiphany Christology of the Pastoral Epistles*, Tübingen, J. C. B. Mohr (Paul Siebeck), 1996, p. 227 (cf. p. 227-236 pour l'épiphanie en 1 Tm 6.14).

175. SPICQ, *Les Épîtres pastorales* (1969), p. 572.

176. BÉNÉTREAU, *Les Épîtres pastorales*, p. 268. Comme preuve probable de cet emprunt à un langage liturgique antérieur, QUINN et WACKER, *First and Second Letters to Timothy*, p. 537-539, mentionnent le rythme, les correspondances et les allitérations. DORNIER, *Les Épîtres pastorales*, p. 107-108, J. N. D. KELLY, *Commentary on the Pastoral*

Bien que plus longue, cette doxologie reprend des termes employés dans la précédente, en 1.17[177]. Elles mentionnent, toutes les deux, l'unicité, l'immortalité, la transcendance et le pouvoir de Dieu.

Verset 16 : ὁ μόνος ἔχων ἀθανασίαν, φῶς οἰκῶν ἀπρόσιτον, ὃν εἶδεν οὐδεὶς ἀνθρώπων οὐδὲ ἰδεῖν δύναται· ᾧ τιμὴ καὶ κράτος αἰώνιον, ἀμήν.

L'unicité de Dieu (« μόνος »), en dépit de la nouveauté qu'apportent les Pastorales (Dieu trinitaire[178]), est fondamentalement la même que celle du judaïsme. Le titre de Souverain (δυνάστης), renforcé par les expressions « *Roi des rois* » et « *Seigneur des seigneurs* » est la marque de sa domination sur les puissants de la terre ; c'est l'invincibilité de Dieu[179]. Assez inhabituel est le qualificatif μακάριος (bienheureux, cf. 1.11)[180]. Il était un attribut commun des dieux Gréco-romains[181]. S'il est bienheureux, c'est en référence à son infinie perfection consciente[182].

Ce Seigneur possède *seul l'immortalité* (« μόνος ἔχων ἀθανασίαν »). D. Guthrie note que l'expression ne conteste pas cette immortalité à quiconque.

Epistles, p.146, Mounce, *Pastoral Epistles*, p. 352, plaident pour un choix intentionnel des mots en vue de polémiquer relativement aux divinités du paganisme.

177. Pour un tableau comparatif, Mounce, *Pastoral Epistles*, p. 352. Collins, *I & II Timothy and Titus*, p. 165-167, note que les deux doxologies sont similaires à plus d'un titre, chacune ayant sa longue liste d'attributs divins. À la différence que dans la présente doxologie, les attributs divins en 6.16 précèdent la doxologie elle-même en 1.16b alors qu'en 1.17 ils sont inclus dans la doxologie elle-même. *Idem*, G. A. Couser, « God and Christian Existence in the Pastoral Epistles: Toward Theological Method and Meaning », *NT* 42, 2000, en part. p. 271-283.

178. Cf. 1 Tm 1.17 (μόνος) ; 1 Tm 2.5 (εἷς θεός). S'il est nommé Père (πατήρ, 1 Tm 1.2 ; 2 Tm 1.2 ; Tt 1.4), c'est en rapport avec le Christ-Jésus, médiateur entre Dieu et les hommes (μεσίτης θεοῦ καὶ ἀνθρώπων, 1 Tm 2.5). Le titre de σωτήρ est aussi appliqué au Christ-Jésus (cf. θεοῦ σωτῆρος appliqué à Dieu en 1 Tm 1.1 ; 2.3 ; 4.10 ; Tt 1.3 ; 2.10 ; 3.4). Finalement, ce Sauveur est Dieu et même Grand Dieu (μεγάλου θεοῦ, Tt 2.13).

179. Stott, *Guard the Truth*, p. 159. Βασιλευόντων, littéralement de « ceux qui règnent » et κύριος τῶν κυριευόντων « de ceux qui dominent en seigneurs » ; deux titres que cumule le Christ-Jésus (Ap 17.14).

180. Dieu n'est appelé ainsi que dans deux textes : 1 Tm 1.11 ; 6.15 (cf. F. Hauck, *TDNT* IV, p. 363).

181. J. H. Neyrey, « "First", "Only", "One of a Few", and "No One Else": The Rhetoric of Uniqueness and the Doxologies of 1 Timothy », *Bib*.86, 2005, p. 80.

182. Spicq, *Les Épîtres pastorales* (1969), p. 573. Bénétreau, *Les Épîtres pastorales*, p. 269 : « Ce "bonheur" de Dieu, c'est d'abord le fait que rien ne lui manque, qu'il n'a pas besoin de recevoir, qu'il réalise tous ses plans (Ac 17.25), qu'il domine sur tout. Ce n'est pas, heureusement, une jouissance égoïste ».

Elle souligne plutôt « le caractère unique de l'immortalité divine dans le sens que Dieu seul la possède de manière inhérente, étant lui-même la source de toute vie[183] ».

N'étant pas sujet aux changements temporels, Dieu ne peut qu'appartenir à un autre monde : « *habitant une lumière inaccessible* ». Le nom φῶς, au sens propre, « est la lumière rayonnée par une source et cette source est elle-même ; métaphoriquement, elle désigne la gloire, le bonheur, la puissance, la spiritualité et l'immortalité[184] ». L'obscurité sous quelque forme que ce soit, le mensonge ou le mal ne peuvent entrer dans sa présence, encore moins l'emporter sur lui[185]. Cette lumière est l'expression de la transcendance de Dieu[186].

« Dieu est lumière » (1 Jn 1.5), d'un éclat tel que l'homme ne peut voir sa face (Ex 33.20). Plus précisément : « *nul homme n'a vu ni ne peut voir* ». Le dogme fondamental d'Israël est ici repris et confirmé. Toutefois, en Christ, il devient possible de le contempler (Jn 12.45). Ainsi, « Personne n'a jamais vu Dieu [sans article ; allusion à Ex 33.20], Dieu *monogénès*, lui qui est dans le sein du Père, celui-là (l') a fait connaître[187] ». Dans la présente doxologie (cf. 1.17) « la gloire est remplacée par la domination, peut-être parce que le contexte insiste sur la souveraineté de Dieu face au pouvoir impérial, peut-être aussi parce que la gloire a déjà été pratiquement évoquée par le thème de la lumière[188] ». Sans doute que τιμή « honneur, respect » a ici le sens de δόξα « gloire ».

La doxologie, en tant que telle, est brève : « *À lui l'honneur et la puissance éternelle* ». Elle n'est pas un vœu ; elle est la confession de ce qui est et demeure[189]. À cela, seule une réponse sied : l'*Amen*, en signe d'adhésion de tous. Tel est le Dieu qui a choisi et appelé Timothée par un saint appel (2 Tm 1.9).

---

183. Guthrie, *Pastoral Epistles*, p. 117. Si Dieu seul est immortel par sa nature, l'homme, ne l'étant pas par nature, ne peut alors acquérir l'immortalité que par son union avec lui, en Christ. L'immortalité (du corps et de l'âme) est liée à la résurrection du croyant, dans son union à Christ (cf. 1 Co 15.53 et 55).

184. Spicq, *Les Épîtres pastorales* (1969), p. 574 citant C. H. Mugler, *Dictionnaire historique de la Terminologie optique des Grecs*, Paris, Klincksieck, 1964, p. 432s.

185. Stott, *Guard the Truth*, p. 159.

186. Kelly, *Commentary on the Pastoral Epistles*, p. 146.

187. Jn 1.18 sous la plume de H. Blocher, *La doctrine du Christ*, p. 126.

188. Dornier, *Les Épîtres pastorales*, p. 109.

189. Spicq, *Les Épîtres pastorales* (1969), p. 574.

Nous achevons modestement le parcours de notre péricope. Il s'offre à nous quelques caractéristiques d'une vie et d'un ministère de qualité : (1) L'appel au ministère n'est pas vécu comme un gage de la vie éternelle. Le bon ministre ne perd pas de vue que son appel est un appel à saisir résolument la vie éternelle, la sienne, obtenue par la foi en Jésus-Christ ; (2) La fidélité dans le présent du ministère est, pour le moins, une fidélité à l'appel initial reçu ; vivre en deçà, c'est atrophier la qualité de sa vie et de son ministère. Le bon ministre renouvelle son appel[190]. Il ne s'impose, par infidélité à son appel initial, aucune limite au progrès dans sa vie et dans son ministère ; (3) L'appel du Christ-Jésus précède et donne sens à celui du ministre. Le bon ministre vit et exerce son ministère dans l'imitation du Christ-Jésus ; (4) L'appel au ministère est un appel à s'attacher à l'Écriture et à veiller sur elle. Le bon ministre défend la vérité, l'Évangile ; (5) L'appel à une qualité de vie et à la persévérance dans le ministère est motivé par la perspective du retour du Christ-Jésus. Le bon ministre vit et exerce le ministère dans l'attente de cet événement ; Il y recevra sa récompense ; (6) L'appel au ministère est un appel à connaître Dieu. Le bon ministre connaît personnellement le Dieu de son appel.

Telles sont quelques aspects essentiels d'une vie et d'un ministère de qualité qui méritent d'être considérés dans l'évaluation du ministère pastoral.

2 Timothée 2.22-26 : « Fuis les passions, instruis avec douceur »

1. Traduction

> ²²*Fuis les passions de la jeunesse ; poursuis la justice, la foi, l'amour, la paix avec ceux qui invoquent le Seigneur d'un cœur pur.* ²³*Mais les discussions vaines et ineptes, repousse-les ; sachant qu'elles engendrent des querelles.* ²⁴*Or, un serviteur du Seigneur*

---

[190]. A. Vinet, *Le ministère pastoral ou la théorie du ministère évangélique*, Neuchâtel, Delachaux et Nestlé, 1843, p. 107-108 : « Le premier moyen de renouveler notre vocation comme pasteurs, c'est de renouveler notre vocation comme chrétiens ; c'est de ne pas oublier le chrétien pour ne songer qu'au pasteur ; l'un ne fait pas de lui-même et tout seul les affaires de l'autre ». Renouveler notre vocation, c'est « nous reporter incessamment dans la disposition qui a décidé de notre vocation ».

ne doit pas être querelleur, mais bon envers tous, sachant enseigner, supportant les contrariétés. ²⁵*C'est avec douceur qu'il doit reprendre les contradicteurs. Qui sait si Dieu ne leur donnera pas de se convertir pour connaître la vérité* ²⁶*et retrouver leur bon sens en se dégageant des filets du diable qui les tenait captifs et assujettis à sa volonté.*

2. Délimitation, contexte et structure de 2 Timothée 2.22-26

2.1. Délimitation de 2 Timothée 2.22-26

Nous partageons l'avis de plusieurs auteurs qui considèrent 2 Timothée 2.22-26 comme une unité littéraire[191]. En amont, notre texte est limité par la finale de la péricope 2.19-21[192]. En effet, 2.21 conclut une argumentation (cf. οὖν) amorcée en 2.19 et consacrée à l'Église, fondement posé par Dieu[193]. En aval, notre texte est limité par une nouvelle péricope, consacrée aux périls à redouter dans les derniers jours : 3.1-9. L'expression τοῦτο γίνωσκε (3.1, « sache que ») est du style épistolaire[194] et marque un changement thématique[195].

2.2. Contexte de 2 Timothée 2.22-26

Notre péricope fait partie de la section 2.14-26 centrée sur l'exercice du ministère de Timothée. Le verset 14, en effet, marque le retour aux parénèses directes et pratiques à Timothée. Toute la section est polémique, son contexte

---

191. J. D. G. Dunn, « The First and Second Letters to Timothy and the Letter to Titus », *NIB* vol. XI, Nashville, Abingdon Press, 2000, p. 845-6 ; Fee, *1 and 2 Timothy, Titus*, p. 263 ; Kelly, *Commentary on the Pastoral Epistles*, p. 188-192 ; Collins, *I & II Timothy and Titus*, p. 238ss.

192. Kelly, *Commentary on the Pastoral Epistles*, p. 181.

193. Quelques auteurs suggèrent que 2.21 soit la finale de l'argumentation commencée en 2.14. Ainsi, l'unité littéraire en amont de notre texte serait 2.14-21 et non 2.19-21. Cf. Johnson, *First and Second Letters to Timothy*, p. 398 ; Elengabeka, *L'exploitation des Écritures*, p. 170.

194. Spicq, *Les Épîtres pastorales* (1969), p. 771.

195. J.L. White, *The Body of the Greek Letter*, SBL.DS 2, Cambridge, CUP, 1972, p. 11, cité par M. Gourgues, *Les deux lettres à Timothée*, p. 303 ; *Idem* Bultmann, *TDNT* I, p. 704. Que la péricope 3.1-9 soit distincte de 2.22-26 par une nouvelle thématique est aussi l'avis de plusieurs auteurs : Dibelius et Conzelmann, *Pastoral Epistles*, p. 115 ; Fee, *1 and 2 Timothy, Titus*, p. 269 ; Guthrie, *Pastoral Epistles*, p. 168.

étant celui de l'activité des faux docteurs (cf. son parallèle, 1 Tm 4.6-16)[196]. Dans le contexte immédiat en amont, ces derniers sont identifiés par des noms propres, Hyménée et Philète, avec un condensé de leur hérésie : « *la résurrection a déjà eu lieu* » (v. 17-18). Toutefois, les versets 19-21 se veulent rassurants : malgré la menace, « *le solide fondement demeure* ».

Dès lors, une question s'impose : quelle doit être la conduite de Timothée face à des hétérodoxes qui, tout de même, par leurs enseignements, ébranlent la foi de quelques-uns au sein de l'Église (vv. 16-18) ? C'est justement à cela que vient répondre notre péricope. Alors que le contexte immédiat en aval ne présage pas des jours à venir sans périls (3.1-9), quelle doit être la pédagogie du disciple envers des croyants déroutés (vv. 22-24) et envers des opposants dont la repentance demeure une éventualité (vv. 25-26) ?

2.3. Structure de 2 Timothée 2.22-26

La péricope 2.22-26 sera une reprise opportune des parénèses à Timothée amorcées en 2.14[197] ou en 2.15[198] et interrompue par un discours consacré au phénomène des hétérodoxes (vv. 16-17), à son impact au sein de l'Église (v. 18) et à la réaction appropriée attendue de l'Église face au phénomène (vv. 19-21). Le contexte de la péricope semble définir ainsi ses principales articulations. La première indique la conduite à adopter par rapport à la communauté (v. 22). Y. Redalié la considère comme morale puisqu'elle souligne « les passions juvéniles à fuir et un catalogue de vertus à suivre ». La seconde articulation relève de la pure pédagogie : « la dispute est le terrain de l'adversaire (v. 23-25), l'éducation dans la douceur celui du ministre (v. 24-26)[199]. »

La structure de la péricope pourrait donc se décliner selon les grandes lignes suivantes :
- Verset 22 : La conduite de Timothée au sein de la communauté, envers les croyants : « Fuir les passions et poursuivre les vertus »

---

196. Sumney, *'Servants of Satan'*, p. 279.
197. Dibelius et Conzelmann, *Pastoral Epistles*, p. 85.
198. Fee, *1 and 2 Timothy, Titus*, p. 263 ; Dornier, *Les Épîtres pastorales*, p. 219.
199. Redalié, *Paul après Paul*, p. 324.

- Versets 23-26 : La conduite de Timothée au sein de la communauté, envers les adversaires : « Instruire avec douceur et compassion »

3. Interprétation de 2 Timothée 2.22-26

3.1. « *Fuir les passions et poursuivre les vertus* » (v. 22)

Τὰς δὲ νεωτερικὰς ἐπιθυμίας φεῦγε, δίωκε δὲ δικαιοσύνην πίστιν ἀγάπην εἰρήνην μετὰ τῶν ἐπικαλουμένων τὸν κύριον ἐκ καθαρᾶς καρδίας.

La parénèse initiale, « *Fuis les passions* (ἐπιθυμίας) *de la jeunesse* (νεωτερικὰς)[200] » fait débat : dans quel sens doit-on prendre ἐπιθυμίας ? La diversité des traductions rend nécessaire notre regard sur le mot : « désir[201] », « mauvais désir[202] », « passion[203] », « capricieuse passion[204] », « impulsion et passion[205] ». Une certitude est établie : les ἐπιθυμία dont il s'agit ici sont mauvaises[206], d'où la nécessité de les fuir. Quant à leur nature précise, au moins deux principales tendances se dessinent. La première se veut littérale ; elle rattache aux νεωτερικὰς ἐπιθυμίας, une allusion particulière à la sensualité[207]. La seconde tendance voit plus large ; « non seulement "désir", "passion", mais "élan", "enthousiasme", parfois irréfléchi, "impétuosité", "entêtement", "intransigeance", tout ce qui est le signe d'un manque de maturité[208] ». Bien

---

200. Concernant νέος, la jeunesse de Timothée, *Supra* p. 129, note 53.
201. *GEL* 25.30 ; *BAGD* (1979), p. 293.
202. NIV, Grand Rapids, Zondervan, 1978.
203. TOB ; Kelly, *Commentary on the Pastoral Epistles*, p. 188.
204. REB, Oxford, Oxford University Press and Cambridge University Press, 1989.
205. Lock, *Critical and Exegetical Commentary*, p. 101.
206. Hendriksen, *Exposition of the Pastoral Epistles*, p. 272 ; Fee, *1 and 2 Timothy, Titus*, p. 263.
207. Ellicott, *Pastoral Epistles*, p. 137 ; Hanson, *Pastoral Letters*, p. 141. Les données ne sont pas négligeables. L'Église d'Éphèse comptait de nombreuses veuves, au point d'en constituer un « ordre » (cf. G. Stählin, « χήρα », *TDNT* IX, p. 453-465). Parmi elles se trouvaient de *jeunes veuves* dont la conduite n'allait pas toujours sans désordre (cf. 1 Tm 5.11). Attirées par « l'enseignement », elles passaient pour être la proie des faux docteurs (cf. 2 Tm 3.6-7). Autant de facteurs à risque pour un jeune pasteur.
208. Bénétreau, *Les Épîtres pastorales*, p. 403. Idem: Spicq, *Les Épîtres pastorales* (1969), p. 764 ; Towner, *1-2 Timothy and Titus*, p. 187 ; Dornier, *Les Épîtres pastorales*, p. 219 ; Fee, *1 and 2 Timothy, Titus*, p. 263 ; Mounce, *Pastoral Epistles*, p. 533. Gourgues, *Les deux lettres à Timothée*, p. 296 montre que le terme ἐπιθυμία possède en lui-même un

que l'injonction soit individuelle (elle s'adresse à Timothée), le contexte est celui « de relations aux autres faisant place à la paix (2.22), à la bonté (2.24) et à la douceur (2.25)[209] ». Ce qui nous fait préférer la seconde lecture.

Ainsi, fuyant (φεῦγε) une attitude excessive, Timothée devra poursuivre (δίωκε) celle qui convient : justice, foi, amour, paix. Les trois premières vertus ont fait l'objet d'un traitement en 1 Timothée 6.11[210]. Ce qui retiendra surtout notre attention ici, c'est le mot εἰρήνη (« paix »)[211]. D'une manière générale, dans le NT et chez Paul, εἰρήνη dénote la « tranquillité[212] », l'« harmonie[213] » et la « stabilité[214] ». En ayant un comportement exemplaire, fait de justice-foi-amour, estime P. Dornier, le résultat « sera la paix, la bonne entente entre le chef de la communauté et les fidèles[215] ». Heureux résultat, quoique moins évident au regard de la construction de la phrase. En effet, faut-il rattacher la préposition *avec* (« μετὰ ») au verbe, « *poursuivre avec* » ou alors au substantif, « *paix avec* » ?

La première lecture serait alors une invitation à Timothée « à se joindre aux chrétiens sincères dans un commun désir de justice, de foi, d'amour et de paix », la seconde suggérant « un effort en vue de relations heureuses avec les membres de l'Église[216] ». L'ajout « *ceux qui invoquent le Seigneur d'un cœur pur* » n'est pas anodin. Καθαρός, « pur[217] », « libre du péché[218] », « propre[219] ». La connotation est positive : les relations interpersonnelles

---

sens plus large, bien attesté aussi chez Paul (1 Th 2.17 : « un vif *désir* de vous revoir » ; Ph 1.23 : « le *désir* de m'en aller et d'être avec le Seigneur »).

209. Gourgues, *Les deux lettres à Timothée*, p. 296.

210. Ces vertus sont énumérées, de part et d'autre, dans le même ordre : « justice, foi, amour ». Sans doute en remplaçant ὑπομονή (persévérance), qui suit aussitôt en 1 Tm 6.11, par εἰρήνη ici Paul fait-il appel à une vertu qui cadre mieux avec son propos : opposer à la querelle (v. 24) la douceur (v. 25). Il ne s'agit ici que de supposition.

211. Pour G. Fee, *1 and 2 Timothy, Titus*, p. 260, c'est le thème dominant de toute la péricope.

212. *GEL* 22.42.

213. *BAGD* (1979), p. 227.

214. Knight, *Pastoral Epistles*, p. 421.

215. Dornier, *Les Épîtres pastorales*, p. 219.

216. Bénétreau, *Les Épîtres pastorales*, p. 404.

217. *GEL* 53.29.

218. *BAGD* (1979), p. 388.

219. Lenski, *Interpretation of St. Paul's Epistles*, p. 813.

sont bonnes[220]. Ce qui est donc demandé c'est « la quête commune d'une riche piété » avec les vrais croyants[221]. Ce qui est manifestement possible en Christ, et par sa force[222].

3.2. « *Instruire avec douceur et compassion* » *(vv. 23-26)*

Verset 23 : τὰς δὲ μωρὰς καὶ ἀπαιδεύτους ζητήσεις παραιτοῦ, εἰδὼς ὅτι γεννῶσιν μάχας.

La poursuite de la paix suppose un autre effort conscient, celle qui consiste à repousser les occasions de disputes. Au nombre desquelles, les « controverses » (ζητήσεις) qualifiées, à juste titre, de « folles » (μωρὰς, Tt 3.9) et de « stupides » (ἀπαιδεύτους, 1 Tm 1.7)[223]. Ce qui exige un traitement sans appel de la part de Timothée : παραιτέομαι, « éviter[224] », « rejeter[225] », « ne rien avoir avec[226] ». Elles font naître des querelles (μάχας), source de divisions dans la communauté.

Versets 24-25 : δοῦλον δὲ κυρίου οὐ δεῖ μάχεσθαι ἀλλὰ ἤπιον εἶναι πρὸς πάντας, διδακτικόν, ἀνεξίκακον, ἐν πραΰτητι παιδεύοντα τοὺς ἀντιδιατιθεμένους, μήποτε δώῃ αὐτοῖς ὁ θεὸς μετάνοιαν εἰς ἐπίγνωσιν ἀληθείας.

Timothée, tout autant exposé à ces querelles, est directement interpellé par Paul : « *Or* (δὲ), *un serviteur du Seigneur* (δοῦλον κυρίου) *ne doit pas être*

---

220. TOWNER, *1-2 Timothy and Titus*, p. 188, y voit la désignation des croyants authentiques qui ont été purifiés du péché (cf. 1 Tm 1.5) ; ils ne désirent alors que le vie qui plaît à Dieu.

221. BÉNÉTREAU, *Les Épîtres pastorales*, p. 404. Voir aussi, SPICQ, *Les Épîtres pastorales* (1969), p. 764 ; FEE, *1 and 2 Timothy, Titus*, p. 263-264 : « Timothy must also **pursue** [...] **peace**, as do all **those who call** up**on** the name of **the Lord out of a pure heart** ». Les mots en gras sont de l'auteur.

222. KNIGHT, *Pastoral Epistles*, p. 421.

223. Le mot ζήτησις peut avoir le sens d'« investigation » (Ac 25.20), de « discussion, débat » (Jn 3.25 ; Ac 15.27). Toutefois, il est clairement marqué ici par les qualificatifs μωρὰς et ἀπαιδεύτους. Ce qui lui donne une connotation négative : « spéculations », « contestations ». De telles pratiques ne sont pas seulement stupides et la preuve de l'ignorance de leurs auteurs ; elles sont immorales et coupables (cf. KNIGHT, *Pastoral Epistles*, p. 422 et G. BERTRAM, *TDNT* IV, p. 837-847).

224. *GEL* 27.60.

225. *BAGD* (1979), p. 616.

226. KELLY, *Commentary on the Pastoral Epistles*, p. 189.

querelleur (οὐ δεῖ μάχεσθαι) » (v. 24a)[227]. Le verbe μάχεσθαι (« quereller, bagarrer ») sert de mot-crochet entre les versets 24-26 à l'indicatif et les versets 22-23 à l'impératif qui se terminaient par μάχας (« querelles, bagarres »)[228]. Les versets 24-26 vont donc prolonger les consignes relatives à l'animation de la vie communautaire, aussi bien à l'égard des croyants (v. 24) qu'à l'égard des adversaires (vv. 25-26)[229].

En réalité, Timothée devra être bon (ἤπιον, v. 24, « doux, aimable, indulgent[230] ») envers tous (πρὸς πάντας), y compris les opposants. Cette vertu, la bonté (cf. substantif, πραΰτης, v. 25, « bonté, douceur, indulgence »)[231] trouve son champ d'application au cœur même du ministère de la Parole. Ce qui est en cause ici, relève S. Bénétreau, « c'est la manière d'enseigner et de communiquer[232] ». Il s'agit moins, dans ce contexte, de compétence doctrinale que de qualités pédagogiques[233]. Ainsi, l'invitation à la *douceur* est mise ici en situation : παιδεύοντα (« instruire, éduquer, ou corriger, discipliner »)[234]. Sans fioriture, Paul indique à Timothée que c'est avec la même douceur qu'il devra instruire les contradicteurs (v. 25a). Quel défi pour le jeune pasteur !

Le verbe prend donc ici un sens positif, celui de la « non belligérance », de l'instruction avec patience (ἀνεξίκακον, « patient », « résigné », v. 24). En définitive, ce qui est demandé à Timothée, c'est d'être « un bon enseignant [διδακτικόν], capable et soucieux d'instruire, cherchant à convaincre les

---

227. Bien sûr, note Kelly, *Commentary on the Pastoral Epistles*, p. 190, chaque chrétien est serviteur de Dieu mais ici l'appellation à un sens technique et désigne un responsable d'Église ou un ministre. Cette mention « serviteur du Seigneur » est assez exceptionnelle (cf. ailleurs, « serviteur de Dieu » [Tt 1.1] ; « serviteur du Christ » [Ga 1.10] ; « serviteur du Christ-Jésus » [Rom 1.1 ; Ph 1.1 ; Col 4.12]). Sans doute est-il excessif, comme le fait Dornier, *Les Épîtres pastorales*, p. 220, d'établir un lien étroit entre « serviteur du Seigneur » et « serviteur de l'Eternel ». L'auteur y est conduit par l'attitude sacrificielle attendue de Timothée faite « de patience, de douceur, de persuasion, de sérénité en face de la contradiction » et dont le Serviteur d'Esaïe est le modèle parfait (Es 42.2-3).

228. Gourgues, *Les deux lettres à Timothée*, p. 296.

229. *Ibid.*

230. *GEL* 88. 61 ; *BAGD* (1979), p. 348.

231. Πραΰτης est tout le contraire de la brutalité, du mauvais caractère, de la colère brusque et soudaine (F. Hauck, S. Schulz, *TDNT*, VI, p. 646-650).

232. Bénétreau, *Les Épîtres pastorales*, p. 405.

233. Spicq, *Les Épîtres pastorales* (1969), p. 766, note que le mot ἤπιον « évoque le mode de la pédagogie et de l'autorité pastorale, sans zèle amer, ni âpreté ».

234. Fee, *1 and 2 Timothy, Titus*, p. 265.

esprits avec toute la patience voulue[235] ». Une telle attente ne proscrit pas la précédente indication ; le rejet des controverses (v. 23). Il faut y saisir la nette différence entre ceux qui contestent avec une bonne foi, en vue de comprendre et leur contraire. Mais, autant qu'ils sont, Timothée a une seule responsabilité : être d'une douceur désarmante, à l'image du Christ, « doux et humble de cœur » (Mt 11.29).

En remplissant le ministère de la Parole de cette manière, « *Qui sait si Dieu ne leur accordera pas de se convertir* » (v. 25b) ? La phrase prend une tournure délicate : l'adverbe μήποτε (« si peut-être[236] ») introduit une question indirecte avec pour réponse, non pas une certitude, mais une éventualité (cf. δώῃ au subjonctif). En effet, Dieu peut conduire les contradicteurs à la μετάνοια, une « transformation de la mentalité qui oriente vouloir et faire[237] ». Dès lors, ils peuvent passer de l'erreur à la connaissance de la vérité (cf. v. 23, 25b)[238].

Verse 26 : καὶ ἀνανήψωσιν ἐκ τῆς τοῦ διαβόλου παγίδος, ἐζωγρημένοι ὑπ' αὐτοῦ εἰς τὸ ἐκείνου θέλημα.

Pour cerner la portée de la *conversion*, Paul utilise deux métaphores : l'homme ivre qui reprend son bon sens (ἀνανήψωσιν) et le gibier captif (ἐζωγρημένοι) qui recouvre sa liberté (v. 26)[239]. L'on en déduit que le contradicteur est « un exalté et un intoxiqué, sa conversion consiste donc à se dégriser et à reprendre son bon sens[240] ». De la seconde métaphore, l'on saisit le double rôle du diable : « il est celui qui intoxique les esprits des hommes et les captive » et qui les « assujettit à sa volonté » (v. 26)[241]. Ce qui importe plus ici, c'est

---

235. Spicq, *Les Épîtres pastorales* (1969), p. 766.

236. Moule, *Idiom Book*, p. 157.

237. Blocher, *La doctrine du péché*, p. 269.

238. La « connaissance de la vérité » est caractéristique des Pastorales (1 Tm 2.4 ; 2 Tm 2.25 ; 3.7 ; Tt 1.1). Le salut s'articule sur la conversion comprise comme « connaissance de la vérité » et confession d'un seul Dieu, d'un seul médiateur (cf. Redalié, *Paul après Paul*, p. 138, 178ss ; Gourgues, *Les deux lettres à Timothée*, p. 301, note 25 ; p. 158, note 3).

239. *DGF* (Carrez et Morel), p. 30 : ἀνανήφω « reprendre ses sens, retrouver son bon sens, sa raison (comme après l'ivresse) » ; ζωγρέω, ἐζωγρημένοι (parfait passif) « prendre vivant, faire prisonnier, s'emparer de, capturer » (p. 112).

240. Spicq, *Les Épîtres pastorales* (1969), p. 769.

241. Guthrie, *Pastoral Epistles*, p. 166-167. La dernière partie du v. 26 est difficile (voir une liste des hypothèses dressée par Hanson, *Pastoral Letters*, p. 90). À qui se rapportent ici les pronoms αὐτοῦ et ἐκείνου ? « ζωγρέω, [prendre vivant], ὑπ' αὐτοῦ, [par

« l'effrayante emprise du démon sur les faux docteurs et le quasi-miracle d'un retour au bon sens[242] ». La vraie question est donc le comment de ce miracle ? Quels en sont les facteurs providentiels ?

À la lumière des versets 24-26, le ministre de la Parole a un rôle essentiel à jouer : il doit enseigner avant tout la vérité, d'une manière qui convainc et qui persuade. Pour qu'il en soit ainsi, son attitude sera déterminante : « instruire avec douceur » et « être affable envers tous », même envers les contradicteurs.

Alors ses efforts ne seront pas vains : Dieu s'en servira pour conduire les égarés à la conversion. Au reste, « Dieu [n'est-il pas] garant de la communauté[243] » ? « De même que les deux exhortations de 1 Timothée se concluaient par des énoncés sotériologiques et théologiques, le mouvement de l'exhortation, qui fait passer de la dispute à l'enseignement avec douceur, est motivé par un renvoi à Dieu comme dernière instance de la décision sur l'adversaire[244]. » Toutefois, si la conversion est un don de Dieu (Ac 5.31 ; 11.18), elle n'exclut pas une adhésion personnelle. L'action de l'Esprit est essentielle. Mais, elle « reste personnelle et personnalisante. Elle ne court-circuite pas la responsabilité de l'individu, mais elle l'aiguise plutôt. Elle le traite en

---

lui] ». Le pronom αὐτοῦ renvoie ici au diable ; il vient d'être question de son filet. La difficulté vient avec le second prénom ἐκείνου. « ζωγρέω, [prendre vivant], ἐκείνου θέλημα [en vue de la volonté de celui-ci] ». S'il s'agit toujours du diable, pourquoi cette variation du pronom d'un membre de phrase à l'autre (cf. GOURGUES, *Les deux lettres à Timothée*, p. 302) ? Ne convient-il pas alors de considérer Dieu comme l'antécédent de ἐκείνου (cf. BARRETT, *Pastoral Epistles*, p. 24) ? Dans ce cas, l'antécédent serait bien éloigné, v. 25 : « Qui sait si Dieu ne leur accordera pas de se convertir pour connaître la vérité [et] pour faire sa volonté ». BÉNÉTREAU, *Les Épîtres pastorales*, p. 406, note 2, considère que cette solution est bien laborieuse et n'emporte pas la conviction, puisque que dans la *Koinè*, ἐκείνου peut aussi désigner un objet proche. Pour plus de détails, voir GUTHRIE, *Pastoral Epistles*, p. 167-168.

242. SPICQ, *Les Épîtres pastorales* (1969), p. 766. TOWNER, *1-2 Timothy, Titus*, p. 189-190, nous rend sensible à la gravité du combat que Timothée est appelé à livrer. D'abord, c'est un combat relatif à la mentalité des personnes. La repentance est un don de Dieu mais elle exige une réponse humaine, un changement de mentalité. Si les faux enseignements ont rendu les gens captifs seul l'enseignement peut les éclairer et les conduire à une prise de décision. Ensuite, c'est un combat contre Satan, pas simplement contre une opposition humaine (Ep 6.11-12). Toute opposition à Dieu et à ses serviteurs est, au bout du compte, occasionnée par le diable (1 Tm 3.7 ; 4.1). Enfin, l'enjeu de cette bataille est très élevé : il s'agit du salut éternel. Le but de la repentance est la connaissance de la vérité, le salut.

243. Cf. REDALIÉ, *Paul après Paul*, p. 327.

244. *Ibid.*

partenaire d'alliance qui doit adhérer par choix délibéré à la vérité de son salut[245] ». En somme, chaque partie a un rôle à jouer : Dieu, l'enseignant, le captif.

Puisqu'il s'agit d'évaluation du ministre, nous n'insisterons pas sur le rôle du captif, encore moins sur celui de Dieu. Que peut-on attendre comme marques de qualité de vie et de service du ministre de Dieu ? (1) Dans son rapport avec les croyants, le ministre veillera à la qualité des relations interpersonnelles. Le ministre-modèle fait preuve de maturité : en lieu et place d'un caractère belliqueux, il offre le modèle d'une vie faite de douceur, de bonté, de paix. Il entraîne ainsi la communauté dans cette quête des vertus chrétiennes ; (2) Dans son rapport avec les adversaires, ceux qui lui sont hostiles, il fera encore preuve de douceur. Le ministre-modèle reprend, censure, corrige avec douceur ; (3) L'appel au ministère est un appel à l'enseignement de la vérité, d'une manière persuasive ; Il ne peut en être ainsi sans la douceur. Le ministre-modèle cultive la douceur comme trait de caractère. Le ministre-modèle utilise la douceur comme pédagogie par excellence. Douceur dans la manière d'être, douceur de la manière de faire ; il en va ainsi de la fidélité du ministre à sa vocation ; il en va ainsi de la qualité de son ministère. L'évaluation du ministère pastoral s'y attardera. De la première série de textes à étudier, il nous reste la péricope 2 Timothée 3.10-17. Nous sommes bien curieux de découvrir les indices qu'elle peut nous offrir, relativement à la fidélité et à la qualité du ministère pastoral.

2 Timothée 3.10-17 : « Demeurer fidèle à l'Évangile reçu, malgré tout »

1. Traduction

[10]Mais toi, tu m'as suivi dans l'enseignement, la conduite, les projets, la foi, la patience, l'amour, la persévérance, [11]les persécutions, les souffrances que j'ai subies à Antioche, à Iconium, à Lystre. Quelles persécutions ai-je endurées ! De toutes le Seigneur m'a délivré. [12]D'ailleurs, tous ceux qui veulent vivre pieusement dans le Christ seront persécutés. [13]Mais les hommes mauvais et imposteurs

---

245. BLOCHER, *La doctrine du péché*, p. 194.

> *progresseront toujours plus dans le mal, égarant les autres et égarés eux-mêmes.* ¹⁴*Mais toi, demeure ferme dans ce que tu as appris et accepté comme certain : tu sais de qui tu l'as appris.* ¹⁵*Depuis ton enfance tu connais les Saintes Écritures. Elles peuvent te donner la sagesse qui conduit au salut par la foi qui est dans le Christ-Jésus.* ¹⁶*Toute Écriture est inspirée de Dieu et utile pour enseigner, réfuter, redresser, éduquer dans la justice* ¹⁷*afin que l'homme de Dieu soit accompli, équipé pour toute œuvre bonne.*

2. Délimitation, contexte, structure de 2 Timothée 3.10-17

2.1. Délimitation de 2 Timothée 3.10-17

Notre texte est délimité en amont par la péricope 3.6-9. En effet, 3.10 marque une rupture avec ce qui précède : Timothée est directement interpellé par l'expression σὺ δέ (« Mais toi ») détachant ainsi 3.10-17 de ce qui précède. Alors qu'en 3.6-9, les adversaires étaient au centre du discours, à partir de 3.10, l'attention se cristallise sur le destinateur et le destinataire. Si la thématique de l'hérésie était l'objet du discours en 3.6-9[246], le verset 10 marque l'opposition entre destinataire et adversaires (δέ) et s'ouvre sur des souvenirs émouvants du destinateur. Autant de changements de style, de personnage et de ton qui plaident en faveur d'un début de nouvelle péricope à partir de 3.10.

En aval, 1 Timothée 4.1s marque le début d'une nouvelle péricope. Certes, la parénèse à Timothée entamée en 3.14-17 se prolonge en 4.1-5. Toutefois, cette dernière se distingue de 3.14-17 par une nouvelle thématique introduite par un changement grave de tonalité (« διαμαρτύρομαι »), faisant appel à Dieu et au Christ-Jésus. S'il est admis que 4.1 est le début d'une nouvelle péricope, nous pouvons alors considérer le verset 17 comme la fin de celle commencée en 3.10.

---

246. Sur l'identité des hérétiques et la nature de leurs hérésies en cours dans la péricope 3.6-9, voir L.K. PIETERSEN, « Magic/Thaumaturgy and the Pastorals », dans T. KLUTZ, sous dir., *Magic in the Biblical World. From the Rod of Aaron to the Ring of Salomon*, Londres/New York, T & T Clark, 2003, p. 8, 106.

2.2. Contexte de 2 Timothée 3.10-17

La péricope 3.10-17 fait partie de la section 2 Timothée 3.10-4.8 considérée comme un résumé et une parénèse conclusive à la Deuxième à Timothée[247]. W. D. Mounce signale des similitudes entre 1.3-2.13 et 3.10-4.8 et étudie cette dernière section comme un seul bloc à plusieurs volets[248].

Adoptant une autre approche, G. Fee traite séparément la péricope 3.10-17 et souligne sa position charnière[249]. La péricope, d'une part, reprend l'appel de Paul au début de la section 1.3-2.13 puis aborde plus largement le sujet des faux enseignants et la responsabilité de Timothée à leur égard dans la section 2.14-3.9[250]. Elle sert, d'autre part, de préparation à la tâche finale de Timothée (4.1-5).

2.3. Structure de 2 Timothée 3.10-17

La structure de la péricope 3.10-17 se dessine assez aisément. Elle se décline en deux parties, chacune d'elles (v. 10-13 et v. 14-17) s'articulant autour de la particule σὺ δέ (vv. 10, 14) et de « l'impératif central » (μένε) du verset 14[251]. La première partie privilégie l'exemplarité du destinateur ; sa fidélité à toute épreuve devra être un cas d'école pour le destinataire. La seconde partie mettra l'accent sur la fidélité à l'Écriture. Chacune des parties peut faire l'objet de subdivisions.

La première partie de la péricope (vv. 10-13) pourrait comporter une double subdivision : versets 10-11 et versets 12-13. Nous l'indiquions, le

---

247. Cf. Dibelius et Conzelmann, *Pastoral Epistles*, p. 118, considèrent que la section 2 Tm 3.10-4.8 reprend les idées centrales de toute l'Épître : la souffrance de Paul [3.10s et 4.6-8] ; la lutte contre l'hérésie [3.13 et 4.3-4] ; le rôle de la tradition [3.14-17].

248. Mounce, *Pastoral Epistles*, p. 554.

249. Fee, *1 and 2 Timothy, Titus*, p. 275. Voir aussi Towner, *Letters to Timothy and Titus*, p. 569 ; Collins, *I & II Timothy and Titus*, p. 253.

250. Fee, *1 and 2 Timothy, Titus*, p. 275. Fee signale les thèmes de 1.3-2.13 repris par la péricope 3.10-17 : la longue relation de Timothée avec Paul [v. 10-11, 14 ; cf. 1.4 ; 1.6 ; 1.13] ; Paul lui-même comme modèle de loyauté [v. 10-11 ; cf. 1.8 ; 1.11-12 ; 1.13 ; 2.9-10] ; l'appel à la souffrance [v. 11-12 ; 1.8 ; 1.16 ; 2.3-6 ; 2.11-12] ; l'appel en lui-même [v. 14 ; 1.6 ; 1.13-14] ; la foi de ses ancêtres [v. 15 ; cf. 1.5] ; l'accent porté sur le salut [v. 15 ; cf. 2.10-13]. Aussi, en abordant les sujets de 2.14-3.9 la péricope 3.10-17 a le mérite de mettre ensemble les sujets des deux premières sections de 2 Tm (l'appel à la loyauté envers Paul et son Évangile, face à la souffrance [1.6-2.13] et la menace continuelle que subit l'Évangile, sous la forme de faux enseignants [2.14-3.9]).

251. *Ibid.* Voir aussi la structure proposée par R. Earle, « 1 Timothy, 2 Timothy », dans F. E. Gaebelin, sous dir., *Expositor's Bible Commentary*, vol. 11, Grand Rapids, Zondervan, 1978, p. 408-410.

verset 10 introduisait le destinateur. L'ensemble des versets 10-11 évoque le souvenir de ses expériences (cf. l'usage de l'aoriste) et en établit, dans une certaine mesure, son autobiographie (cf. la première personne du singulier rattachée aux différentes formes verbales). Le discours est évocateur des persécutions et autres souffrances du destinateur. Son expérience exposée, il en fait une interprétation et formule un principe général sur la persécution, applicable à tout croyant (v. 12). Au verset 13, le destinateur revient sur la polémique engagée contre les hétérodoxes (cf. 3.9). La démarche, très motivée, remplie une fonction ; formuler un autre principe général sur le progrès du mal, applicable aux gens malfaisants.

La seconde partie, versets 14-17, pourrait aussi avoir une sous-structure binaire. Au verset 14, la parénèse interpelle (μένε) le destinataire à la fidélité à l'enseignement reçu, dans le passé (cf. les aoristes « ἔμαθες » et « ἐπιστώθης »). Si le passé est évoqué, c'est en vue de l'encourager à la fidélité dans le présent. Dans les versets 16-17, le destinataire semble ne plus être le seul centre d'intérêt du discours : « Il s'apparente à un propos plus généralisé au sujet d'un personnage de type générique que désigne le syntagme "ὁ τοῦ θεοῦ ἄνθρωπος" (v. 17). Ce déplacement du particulier au général distingue les versets 14-15 des versets 16-17[252] ». Si 3.14-17 est relatif au rapport de Timothée à l'Écriture, les versets 14-15 rassemblent en particulier « des vocatifs relatifs à la réception de l'enseignement[253] » alors que les versets 16-17 accumulent « les termes liés à l'instruction que doit dispenser l'homme de Dieu et à l'ensemble de son action pastorale[254] ».

Au regard de toutes ces considérations, la péricope 3.10-17 pourrait avoir la structure suivante :

vv. 10-13 : Timothée et la persécution
    vv. 10-11 : La fidélité à toute épreuve du destinateur
    vv. 12-13 : La fidélité attendue de Timothée face à la souffrance

---

252. ELENGABEKA, *L'exploitation des Écritures*, p. 120.
253. *Ibid.*, p. 120.
254. *Ibid.*

vv. 14-17 : Timothée et l'Écriture
    vv. 14-15 : La réception de l'Écriture par Timothée
    vv. 16-17 : La place de l'Écriture dans son ministère

3. Interprétation de 2 Timothée 3.10-17

3.1. Timothée et la persécution (v. 10-13)

Verset 10 : σὺ δὲ παρηκολούθησάς μου τῇ διδασκαλίᾳ, τῇ ἀγωγῇ, τῇ προθέσει, τῇ πίστει, τῇ μακροθυμίᾳ, τῇ ἀγάπῃ, τῇ ὑπομονῇ.

La particule adversative (v. 10a) situe d'emblée Timothée en contraste avec les adversaires (cf. 3.8-9). Contrairement à ces derniers, Timothée a *suivi* Paul et son enseignement, à la manière d'un disciple qui suit son maître. Le verbe παρακολουθέω, « suivre[255] », est extensif : « accompagner, assister à » ; « suivre avec l'intelligence, comprendre, s'approprier »[256].

En somme, « Timothée a suivi et accompagné Paul ; il l'a écouté et compris, l'a observé avec une attention soutenue, s'est familiarisé avec ses conceptions et ses manières d'agir, l'a imité et a tout partagé avec lui comme un assistant ou "acolyte" parfait[257] ». Il s'ensuit un catalogue d'activités, de vertus et d'expériences vécues par Paul et partagées par Timothée. Y. Redalié suggère que l'on l'organise en trois triades[258].

La première retracerait le programme paulinien : « enseignement », « conduite » et « dessein/projet ». Les deux premiers termes du catalogue « l'enseignement » et « la conduite », en échos à 1 Timothée 4.12 (« *en parole, en conduite* »), proposerait à nouveau « le balancement caractéristique des pastorales entre la doctrine et le comportement[259] ». L'enseignement est mentionné en tête de liste. Il y a, certes, le contexte (cf. faux enseignants en 3.8-9) qui ajuste ce choix[260]. Mais, c'est surtout parce qu'il occupe, à travers

---

255. *GEL*, 89.87 ; 89.124.
256. *BAGD* (1979), p. 618-619.
257. Spicq, *Les Épîtres pastorales* (1969), p. 781.
258. Redalié, *Paul après Paul*, p. 330s. Towner, *1-2 Timothy and Titus*, p. 198, par exemple, organise le catalogue en triades mais avec quelques nuances.
259. *Ibid*.
260. Fee, *1 and 2 Timothy, Titus*, p. 276.

l'ensemble des Pastorales, une place proéminente[261]. À cela, l'on pourrait ajouter le fait que ce sera le ministère de Timothée et l'essentiel de ce qu'il convient de transmettre[262].

Nous rejoignons R. F. Collins[263], quant au sens des termes du « programme paulinien ». Le terme διδασκαλία est un terme technique pour désigner l'enseignement apostolique ou chrétien comme un tout, dans son intégralité[264]. R. F. Collins considère que les EP font la nette distinction entre l'enseignement authentique (au singulier) et l'enseignement inauthentique (au pluriel)[265]. L'enseignement n'est authentique que par la médiation de Paul[266].

Le terme ἀγωγή (« manière de vivre »), souvent utilisé en référence à l'enseignement d'une personne, suggère qu'une manière de vivre caractéristique a été adoptée parce que quelqu'un a imité un maître[267]. Le terme πρόθεσις signifie d'abord « but » ou « dessein » ; le dessein de Paul avait été identique à celui de Dieu, auteur de son appel pour l'apostolat (cf. 2 Tm 1.9)[268]. Finalement, « la triade "mon enseignement, ma conduite, mon but" signifie que Timothée était tout à fait familier avec ce que Paul enseignait, comment il l'enseignait et pourquoi il enseignait comme il le faisait[269] ».

La deuxième triade constituée de la « foi », la « patience », l'« amour », représenterait les vertus nécessaires à l'accomplissement du programme[270]. L'on retrouve encore la triade « foi, amour, persévérance ». D. Guthrie note que les vertus évoquées ici apportent la preuve de l'impact du caractère de Paul sur Timothée[271]. Les termes « foi », « patience », « amour » et « persévérance » constituent les vertus chrétiennes essentielles et décrivent une

---

261. Guthrie, *Pastoral Epistles*, p. 172.
262. Bénétreau, *Les Épîtres pastorales*, p. 414.
263. Collins, *I & II Timothy and Titus*, p. 255.
264. *Ibid.* Voir aussi *EDTN* I, p. 316-7 ; *GEL* 33.224 ; 33.236.
265. Collins, *I & II Timothy and Titus*, p. 255.
266. *Ibid.* Voir aussi Guthrie, *Pastoral Epistles*, p. 172, qui considère que διδασκαλία ici n'est autre que la doctrine de l'apôtre Paul.
267. *Ibid.* Voir aussi, *GEL* 41.3.
268. *Ibid.* Voir aussi *GEL* 30.63.
269. *Ibid.*
270. Redalié, *Paul après Paul*, p. 330.
271. Guthrie, *Pastoral Epistles*, p. 172.

vie spirituelle équilibrée (cf. 2 Tm 2.22 ; 1 Tm 4.12 ; 6.11). L'insistance semble porter sur le dernier terme, ὑπομονή. L. T. Johnson, considère que les termes μακροθυμία et ὑπομονή indiquent l'« endurance » dans un sens large, quoique μακροθυμία comporte une nuance supplémentaire de constance avec une certaine « grandeur d'esprit » ou de « patience » dans un sens positif[272].

La troisième triade sera un développement de la persévérance, par les « persécutions », débouchant sur « une évocation de la biographie de Paul partagée en son temps par Timothée[273] ». L'évocation de ces lieux de persécutions peut surprendre. Selon les Actes, les événements sont à situer avant la conversion de Timothée (Ac 16.1-3) et durant le premier voyage missionnaire de Paul à Antioche de Pisidie (Ac 13.49-52), Iconium (Ac 14.4-6) et Lystre (Ac 14.19-22). Faut-il nécessairement voir ici l'œuvre de certains copistes familiarisés avec l'apocryphe les *Actes de Paul*, empressés de l'utiliser comme source historique supplémentaire ?[274] Pour Dibelius et Conzelmann , plus opportune aurait été la mention d'événements tardifs (Actes 16-17), Timothée étant déjà en service aux côtés de Paul[275]. Sans doute Paul choisit-il de se limiter aux persécutions qui ont marqué les débuts de l'engagement de Timothée et influencé sa foi de manière tangible[276].

Bien que ce catalogue soit composé d'éléments hétérogènes, il forme une unité articulant passé et futur. L'anamnèse est introduite par l'aoriste actif de παρακολουθέω (« *tu as suivi fidèlement* », v. 10). La marche de l'apôtre ayant été commune avec celle du disciple, c'est aussi au passé de ce dernier qu'il en appelle. L'anamnèse devient alors approbation du ministère de Timothée, rappel de sa fidélité à Paul dans son enseignement, dans sa conduite.

Plus frappant ici, est la fidélité de Timothée à Paul dans ses souffrances (v. 11) : τοῖς διωγμοῖς, τοῖς παθήμασιν, οἷά μοι ἐγένετο ἐν Ἀντιοχείᾳ, ἐν Ἰκονίῳ, ἐν Λύστροις, οἵους διωγμοὺς ὑπήνεγκα καὶ ἐκ πάντων με ἐρρύσατο ὁ κύριος. Le « Prends ta part de souffrance » (κακοπάθησον, 2 Tm 2.3 ; cf. συγκακοπάθησον, 2 Tm 1.8 ; κακοπάθησον, 4.5) s'est trouvé réalisé. Ainsi,

---

272. Johnson, *First and Second Letters to Timothy*, p. 417.
273. Redalié, *Paul après Paul*, p. 330.
274. Cf. Johnson, *First and Second Letters to Timothy*, p. 417.
275. Dibelius et Conzelmann, *Pastoral Epistles*, p. 119.
276. Cf. Fee, *1 and 2 Timothy, Titus*, p. 277 ; Dornier, *Les Épîtres pastorales*, p. 229.

note Y. Redalié, « le motif du ministre idéal n'est plus présenté comme exhortation, c'est déjà une expérience vécue[277] ». Si Paul s'y réfère, c'est à dessein : encourager Timothée à vivre le présent dans la fidélité à son propre passé.

Verset 12 : καὶ πάντες δὲ οἱ θέλοντες εὐσεβῶς ζῆν ἐν Χριστῷ Ἰησοῦ διωχθήσονται.

Les persécutions, desquelles le Seigneur « sauve, secourt, délivre, préserve » (v. 11, ἐρρύσατο)[278] toujours, ne sont pas spécialement le lot de Paul et de Timothée : « *tous ceux qui veulent vivre pieusement dans le Christ seront persécutés* » (v. 12). Ainsi, après avoir exposé sa propre expérience, Paul en tire la moralité en établissant un principe applicable à tout croyant. Par cet élargissement de perspective (καὶ [...] δὲ), il présente le catalogue du verset 10 comme modèle à suivre par tous les croyants. La piété, le désir d'imiter le Christ-Jésus (ζῆν ἐν χριστῷ Ἰησοῦ), implique inévitablement la croix, d'où les prévisibles persécutions.

Verset 13 : πονηροὶ δὲ ἄνθρωποι καὶ γόητες προκόψουσιν ἐπὶ τὸ χεῖρον πλανῶντες καὶ πλανώμενοι.

À ces croyants, soucieux de plaire au Christ-Jésus, s'opposent des hommes « *mauvais* » (πονηροὶ) et « *imposteurs* » (γόητες)[279], « *progressant toujours plus dans le mal* » (v. 13). C'est la seconde moralité que Paul tire de son expérience.

Le mot πονηρός désigne une personne corrompue, animée d'un esprit mauvais et de mauvaises intentions[280]. Quant à γόης, il signifie, en général, « imposteur » et, en particulier, « sorcier ou magicien »[281]. Ce dernier sens semble cadrer avec le contexte (cf. v. 8, Jannès et Jambrès)[282]. Si ces différentes catégories de personnes égarent les autres, le verbe πλανώμενοι (part. prés. moyen ou passif) indique qu'ils finissent par s'égarer eux-mêmes[283].

---

277. Redalié, *Paul après Paul*, p. 329.
278. *GEL* 21.23.
279. *GEL* 88.110 ; 88.232.
280. *BAGD* (1979), p. 690-691.
281. *DGF* (Bailly), p. 413 ; Dibelius et Conzelmann, *Pastoral Epistles*, p. 119.
282. Cf. Pietersen, « Magic/Thaumaturgy and the Pastorals », p. 157-167.
283. Ces deux groupes de personnes, « mauvais » et « imposteurs » sont-ils apparentés ? Pour Hendriksen, *Exposition of the Pastoral Epistles*, p. 294, il s'agit bien du même groupe de personnes s'appuyant signalant le « progrès » vers le pire. Pour Scott, *Pastoral Epistles*, p. 124, les « imposteurs » seraient un sous-groupe de ce vaste ensemble des

Quel est le recours de Timothée face à de tels hommes ?

3.2. Timothée et l'Écriture (vv. 14-17)

Verset 14 : Σὺ δὲ μένε ἐν οἷς ἔμαθες καὶ ἐπιστώθης, εἰδὼς παρὰ τίνων ἔμαθες...

La particule σὺ δε établit à nouveau le contraste entre Timothée, serviteur fidèle du Christ, et les adversaires, opposants à la vérité (3.8). S'il est interpellé ici, il ne s'agit pas d'un appel à suivre fidèlement les traces de Paul en dépit des souffrances, mais d'une invitation à tirer le meilleur profit du trésor confié[284].

Ce trésor, c'est le dépôt reçu par Timothée, « *ce que tu as appris et accepté comme certain* » (« ἔμαθες καὶ ἐπιστώθης »). Le verbe πιστόω est plutôt rare, il n'apparaît qu'une seule fois dans le NT[285]. Son sens ne se détermine pas aisément[286]. Dans le présent contexte, il évoque l'idée d'une entière adhésion, le fait d'« être persuadé » et de « se montrer fidèle »[287]. Ce dépôt n'est rien d'autre que les *Écrits sacrés*, les *Saintes Écritures*[288]. À Timothée, il est demandé d'y demeurer (μένω, « continuer », « tenir bon », « être stable »[289]). Ce qui suggère l'idée de « persévérer dans une pleine adhésion à ce qui a été à l'origine de la vocation de Timothée, ce que lui a laissé l'apôtre[290] ». C'est justement dans ce qu'il a appris, les *Saintes Écritures*, que s'enracine

---

hommes « mauvais ». Pour FEE, *1 and 2 Timothy, Titus*, p.277s, il y a bien deux catégories de personnes, qu'il discerne en 3.2-5, pour les « hommes mauvais » et en 3.6-9, pour les « imposteurs ».

284. BÉNÉTREAU, *Les Épîtres pastorales*, p. 417.

285. MOUNCE, *Pastoral Epistles*, p. 562-63.

286. Cf. MARSHALL, *Critical and Exegetical Commentary*, p. 787-8.

287. BAGD (1979), p. 665.

288. L'expression ἱερὰ γράμματα « sainte lettres » est singulière dans le NT, quoique très usitée dans le judaïsme hellénistique selon FLAVIUS JOSEPHE (cf. *Contre Apion* I, 54 ; *Antiquités judaïques*, X, 210 ; XX, 264). Elle désigne ici les « saintes Écritures » : (a) le mot « lettres » est précédé de l'adjectif « saint », (b) il est éclairé par l'emploi du mot « Écriture » au v. 16, (c) il était couramment usité dans le judaïsme hellénistique pour désigner les écrits de l'AT (cf. DORNIER, *Les Épîtres pastorales*, p. 232, voir aussi DIBELIUS et CONZELMANN, *Pastoral Epistles*, p.119, note 6, en se référant à PHILON D'ALEXANDRIE).

289. Ce verbe est surtout johannique. Sur les 112 usages du NT, il apparaît 66 fois chez Jean. Voir, BAGD (1979), p. 503-504 ; *GEL* 68.11 ; LOCK, *Critical and Exegetical Commentary*, p. 109.

290. BÉNÉTREAU, *Les Épîtres pastorales*, p. 417.

la certitude de Timothée. En mentionnant l'origine de sa formation (παρὰ τίνων), Paul ne fait que renforcer la certitude de son jeune collaborateur[291].

Verset 15 : καὶ ὅτι ἀπὸ βρέφους [τὰ] ἱερὰ γράμματα οἶδας, τὰ δυνάμενά σε σοφίσαι εἰς σωτηρίαν διὰ πίστεως τῆς ἐν Χριστῷ Ἰησοῦ.

Est considéré ici comme *Saintes Écritures*, l'AT dont la validité permanente et la puissance sont bien mises en valeur (v. 15b-17)[292]. En effet, ces *Écrits* ont la puissance (δύναμαι, « être capable[293] », « avoir le pouvoir[294] ») de « rendre sage » (σοφίζω)[295], « en vue du salut » (εἰς σωτηρίαν)[296]. Ainsi, « la connaissance du témoignage de l'AT peut orienter, comme et avec celle du témoignage apostolique vers "le salut par la foi en Jésus-Christ" qui constitue la substance même de l'Evangile[297] ».

Verset 16 : πᾶσα γραφὴ θεόπνευστος καὶ ὠφέλιμος πρὸς διδασκαλίαν, πρὸς ἐλεγμόν, πρὸς ἐπανόρθωσιν, πρὸς παιδείαν τὴν ἐν δικαιοσύνῃ…

---

291. Il est possible de traduire, au regard du contexte, l'expression par « sachant *desquels* tu as appris » (cf. le pluriel du pronom indéfini). Au nombre des « maîtres » de Timothée, il convient d'abord de citer sa grand-mère et sa mère (cf. 2 Tm 1.5). L'apprentissage des rudiments de la foi, dès la tendre enfance (« βρέφος », v. 15), était une pratique habituelle des familles juives pieuses. KNIGHT, *Pastoral Epistles*, p. 443, note que « La Michna *Pirke Aboth* (5.21), de la fin du 1er siècle, indique l'âge de cinq ans comme celui où l'enfant est capable de lire l'Écriture ». Aux membres de la cellule familiale, il convient, naturellement, d'ajouter Paul. En importance, il a été son maître et son modèle à imiter (cf. 3.10-11). Mais, comme le suggère SPICQ, *Les Épîtres pastorales* (1969), p. 785, l'on pourrait ajouter aussi des presbytres (cf. 2.8) et des prédicateurs anonymes. En somme, dans ce processus de formation, Timothée a eu des contacts personnels et déterminants aves des personnes qui, assurément, ont su allier enseignement et manière de vivre (cf. BARRETT, *Pastoral Epistles*, p.114).

292. Puisqu'il s'agit ici des saintes lettres avec lesquelles Timothée à été familiarisé dès sa tendre enfance, à une époque où aucun écrit apostolique n'avait vu le jour, il est improbable que l'on songe à un texte néotestamentaire (DORNIER, *Les Épîtres pastorales*, p. 232).

293. *GEL* 74.5.

294. *REB*, Oxford, Oxford University Press and Cambridge University Press, 1989.

295. *GEL* 32.36 ; *BAGD* (1979), p. 760.

296. εἰς + accusatif objet : *pour* (DIBELIUS et CONZELMANN, *Pastoral Epistles*, p.119), *conduire à* (*GEL* 32.36). εἰς est mis par rapport au résultat qui découle de la connaissance des Écritures.

297. ROUX, *Les Épîtres pastorales*, p. 145.

La valeur paulinienne accordée à l'AT est développée dans ce verset 16 : « *Toute écriture est inspirée de Dieu et utile...* ». L'affirmation est majeure et son sens assez accessible. Cependant, l'interprétation de certains détails est sujette à débats. D'une manière générale, l'exégète doit se prononcer sur trois types de questions.

Premièrement, se pose la question de l'expression πᾶσα γραφή. Le mot γραφή (« Écriture ») est-il ici un nom collectif ou se réfère-t-il à plusieurs passages de l'Écriture ? Aussi, que signifie ici πᾶσα, « chaque » ou « toute » ? Deuxièmement, comment situer le verbe « être » (sous-entendu) ? Faut-il le placer après πᾶσα γραφή (« toute Écriture est inspirée »), ou après θεόπνευστος (« toute Écriture inspirée est ») ? En d'autres termes, l'adjectif θεόπνευστος (« inspirée ») est-il attribut ou épithète ? Troisièmement, cet adjectif a-t-il un sens passif (« inspirée de Dieu ») ou actif (« qui respire Dieu ») ? Cette question en appelle une autre : faut-il considérer καὶ comme une conjonction entre θεόπνευστος et ὠφέλιμος (inspirée par Dieu *et* utile) ou comme un adverbe (inspirée par Dieu est *aussi* utile) ?

Dans le NT, le mot γραφή désigne tantôt l'Écriture en général[298] (Rm 11.2 ; Ga 3.8 ; 3.22 ; 4.30 ; 1 Tm 5.18), tantôt un texte précis[299] (Mc 12.10 ; Lc 4.21 ; Jn 19.37 ; Ac 8.35). Dans le premier cas, le substantif est précédé de l'article défini, contrairement au second. Le texte grec ne comportant pas ici d'article et le substantif précédé de πᾶσα, « toute Écriture » paraît préférable à « toute l'Écriture ». Toujours est-il que le plus important est le sens de γραφή : « toute partie de l'Écriture ». H. Blocher[300] note que la différence entre « toute Écriture » et « toute l'Écriture » est faible. Observation fondée, l'article n'étant pas toujours usité avec rigueur dans le grec *koinè*. Importe plus le sens de γραφή.

Au verset 15, Paul évoquait les ἱερὰ γράμματα (« saintes lettres ») auxquelles Timothée était familiarisé. Il y a donc ici le souci de ne pas répéter une expression mais plutôt d'en préciser le sens. D'où, l'emploi du mot bien connu de γραφὴ qui apparaît environ 50 fois dans le NT en se référant à chaque fois à l'Écriture sainte, comme un ensemble ; c'est cet ensemble qui

---

298. *GEL* 33.53.
299. *BAGD* (1979), p. 166.
300. H. Blocher, « 2 Timothée 3.14-4.5 : l'Écriture inspirée utile », *CTB* 17, 1992, p. 5.

équipe l'homme de Dieu[301]. La déclaration relative à l'inspiration vaut donc pour « tout passage de l'Écriture, quel qu'il soit ». Paul avait-il à l'esprit ses propres écrits ?[302]

L'adjectif θεόπνευστος peut être invariablement attribut ou épithète[303]. Toutefois, le choix de l'attribut nous semble ici préférable[304] : (1) en l'absence de verbe, les deux adjectifs θεόπνευστος et ὠφέλιμος sont construits de la même manière et unis par καὶ ; (2) si l'adjectif θεόπνευστος était épithète, il aurait été normal qu'il soit placé avant γραφὴ (cf. 1 Tm 4.4) ; placé après, il ne peut être qu'attribut ; (3) la traduction « Toute Écriture inspirée » est équivoque et semble suggérer qu'il y a des Écritures non-inspirées, ce qui est un non-sens ; (4) l'inspiration de l'Écriture est à prendre au sérieux ; elle constitue la vérité essentielle sur laquelle se fonde le verset 16b.

Précisons aussi que θεόπνευστος (composé de θεος et πνευστος) est un adjectif verbal passif dérivé de πνέω, « souffler » (Mt 7.25 et 27 ; Lc 12.55 ; Jn 3.8). L'adjectif θεόπνευστος n'a donc pas le sens actif (« qui respire Dieu »). S'il a le sens passif (« inspiré de Dieu[305] »), H. Blocher précise qu'« il n'a pas le flou et le vague de notre usage courant du terme "inspiration" ; il signifie strictement "déi-spirée", émise par le souffle divin[306] ». Que l'Écriture soit d'inspiration divine est un truisme pour les juifs et une heureuse reprise de la foi chrétienne[307].

---

301. Cf. H. W. House, « Biblical Inspiration in 2 Timothy 3:16 », *BS* 137, 1980, p. 58 ; Knight, *Pastoral Epistles*, p. 445.

302. Stott, *Guard the Gospel*, p. 101 ; Knight, *Pastoral Epistles*, p. 448 et E. W. Goodrick, « Let put 2 Timothy 3:16 Back in the Bible », *JETS* 25, 1982, p. 480, argumentent dans cette direction, en toute prudence.

303. Cf. D. B. Wallace, « The Relation of Adjective to Noun in Anarthrous Construction in the New Testament », *NT* 26, 1984, p. 160 ; Boudou, *Les Épîtres pastorales*, p. 286-287.

304. Cf. Dornier, *Les Épîtres pastorales*, p. 334.

305. Cf. E. Schweizer, « θεόπνευστος », *TDNT*, VI, p. 453-55.

306. Blocher, « 2 Timothée 3.14-4.5 », p. 5. Voir aussi B. B. Warfield, *Inspiration and Authority of the Bible*, Philadelphia, Presbyterian and Reformed, 1970, p. 275, propose que l'on traduise θεόπνευστος par « spirée de Dieu » (cf. Godbreathed), le souffle de Dieu étant l'auteur de l'Écriture.

307. En rapport avec la compréhension de l'inspiration dans le judaïsme, voir Warfield, *Inspiration and Authority*, p.229-230 et E. Schweizer, « θεόπνευστος », p. 453-455.

Ainsi, si Paul revient sur l'origine divine de l'Écriture, c'est en vue de mettre l'accent sur son utilité (ὠφέλιμος, « utile », « bénéfique », « avantageux »)[308]. Θεόπνευστος est donc au service de ὠφέλιμος : c'est parce qu'elle est inspirée de Dieu que l'Écriture est utile[309]. Utilité bien mise en évidence par ὠφέλιμος qui introduit quatre éléments prépositionnels : « *utile pour [πρὸς] enseigner, pour réfuter, pour redresser, pour éduquer dans la justice* ».

Figure en premier, la διδασκαλία. Alors que « la saine doctrine » (1 Tm 1.10) ou « la bonne doctrine » (1 Tm 4.6) jouent le rôle de référence ultime, la διδασκαλία, sans autre qualification, a comme référent l'enseignement dont Timothée et Tite doivent s'occuper (1 Tm 4.13, 16 ; Tt 2.7) ; ce que l'impératif du verbe correspondant exprime sans ambiguïté (1 Tm 4.11 ; 6.2)[310]. La διδασκαλία est de loin la tâche la plus complète ; elle comprend aussi bien la doctrine que l'éthique chrétienne, avec pour visée l'instruction de la communauté croyante[311].

Avec S. Bénétreau, nous notons que les substantifs qui suivent évoquent de la résistance, le contexte étant celui de l'opposition des faux enseignants[312]. Toutefois, l'Écriture demeure victorieuse : ἐλεγμός (« montrer à quelqu'un qu'il a tort ») ; ἐπανόρθωσις (« une correction qui permet une restauration, un progrès ») ; παιδεία (« une formation qui implique de la continuité et l'exercice d'une discipline de vie »), et ceci, dans la justice (« τὴν ἐν δικαιοσύνῃ »), à savoir un comportement approuvé par Dieu[313]. La compétence pour l'enseignement est donc exigée (cf. 2 Tm 2.24).

Judicieusement, H. Blocher fait remarquer la double symétrie de cette phrase explicative : « les quatre verbes se disposent selon les axes de la foi et

---

308. *BAGD* (1979), p. 900 ; *GEL* 65.40.
309. Goodrick, « Let's Put 2 Timothy 3:16 Back in the Bible », p. 485 ; Guthrie, *Pastoral Epistles*, p. 164 : « Timothée n'avait pas besoin d'être informé au sujet de l'inspiration des Écritures, car cette doctrine était communément admise par les juifs, mais il avait besoin qu'on lui rappelle que le fondement de leur utilité était leur caractère inspiré ».
310. J. Schlosser, « Le ministère de l'épiscopè d'après les Epîtres pastorales », dans J. Schlosser, sous dir., *À la recherche de la Parole. Études d'exégèse et de théologie biblique*, LecDiv 207, Paris, Cerf, 2006, p. 572.
311. Towner, *1-2 Timothy and Titus*, p. 201.
312. Bénétreau, *Les Épîtres pastorales*, p. 422.
313. *Ibid*.

de la pratique d'une part, des modalités positives et négatives d'autre part[314] ». Si l'Écriture apprend à croire en enseignant le vrai (« διδασκαλία », +) et en réfutant le faux (« ἐλεγμός », -), elle apprend aussi à vivre en redressant (« ἐπανόρθωσις », -) ce qui manque de droiture et en éduquant (« παιδεία », +) dans la justice[315].

Verset 17 : ἵνα ἄρτιος ᾖ ὁ τοῦ θεοῦ ἄνθρωπος, πρὸς πᾶν ἔργον ἀγαθὸν ἐξηρτισμένος.

L'Apôtre indique que si l'Écriture est tant profitable (v. 16), c'est en vue (ἵνα, « afin que »[316]) du résultat escompté dans la vie de celui qui s'y attache : « *afin que l'homme de Dieu soit accompli, équipé pour toute œuvre bonne* » (v. 17)[317].

L'adjectif ἄρτιος et le verbe ἐξαρτίζω explicitent sa pensée. En effet, le premier, ἄρτιος (qualifié)[318] évoque la « capacité[319] », la « pleine compétence[320] » attendue du ministre : « capable de satisfaire toutes les demandes[321] ». Le second, au participe parfait passif (ἐξηρτισμένος, « être complètement équipé[322] », « ajuster à la perfection[323] »), accentue la perfection de la préparation au ministère : « rien ne manque à l'équipement, dès là qu'on possède l'Écriture[324] ». Il s'ensuit la manifestation dans la vie de l'homme de Dieu (« θεοῦ ἄνθρωπος », le croyant en général [2 Tm 2.21 ; Tt 3.1] et le ministre en particulier [1 Tm 6.11])[325], ce que Dieu approuve, « *toute œuvre bonne* » (πᾶν ἔργον ἀγαθὸν). Autant d'effets bienfaisants qui disposent Timothée

---

314. BLOCHER, « 2 Timothée 3.14-4.5 », p. 6. Pour la structure en chiasme, voir T. P. McGONICAL, « "Every Scripture Is Inspired": An Exegesis of 2 Timothy 3.16-17 », *SNT* 8, 1978, p. 58.

315. *Ibid.*

316. *GEL* 89.59.

317. FEE, *1 and 2 Timothy, Titus*, p. 280 ; GUTHRIE, *Pastoral Epistles*, p. 176 ; KELLY, *Commentary on the Pastoral Epistles*, p. 204.

318. *GEL* 75.4.

319. *BAGD* (1979), p. 110.

320. *NAB*, Camden, New Jersey, Thomas Nelson, 1971 : « full competence ».

321. *BAGD* (1979), p. 670.

322. KELLY, *Commentary on the Pastoral Epistles*, p. 204.

323. SPICQ, *Les Épîtres pastorales* (1969), p. 790.

324. *Ibid.*

325. Le référent de l'expression (« θεοῦ ἄνθρωπος ») est bien ici Timothée lui-même (cf. JOHNSON, *First and Second Letters to Timothy*, p. 421).

à l'appel solennel de 4.2s : « Prêche la parole, insiste en toute occasion, favorable ou non, reprends, censure, exhorte, avec toute douceur et en instruisant [...] supporte les souffrances, fais l'œuvre d'un évangéliste, remplis bien ton ministère[326] ».

Quels sont les indices de qualité que nous offre la péricope 2 Timothée 3.10-17 ? Hormis l'insistance sur l'enseignement comme tâche cardinale du ministère pastoral, nous pouvons relever les quelques traits particuliers d'une vie et d'un ministère de qualité : (1) Le ministère est exercé comme la continuité de celui des pères, des aînés. Le ministre-modèle ne méprise pas ses aînés dans le ministère ; il s'attache à ceux qui sont crédibles pour imiter leur vie et leur ministère ; (2) Le ministère exercé en toute piété et dans l'imitation du Christ-Jésus implique inévitablement la souffrance, sous des formes diverses. Le ministre-modèle est armé de la pensée de souffrir ; la capacité du ministre, sa pleine compétence, sa préparation à la tâche, l'ajustement à la perfection de son caractère, découlent de l'Écriture. Le ministre-modèle est attaché à l'Écriture. Il s'y accroche.

Conclusion partielle : le contenu du modèle et la marque de la qualité

L'étude de notre deuxième série de textes avait pour fonction de découvrir le portrait du ministre-modèle de la communauté des Pastorales et,

---

326. Sans aborder l'étude de la péricope 4.1-5, il nous semble opportun, au regard de la problématique de notre étude, de nous intéresser ici à la formule : τὴν διακονίαν σου πληροφόρησον (« remplis bien ton ministère »). La formule est englobante et conclusive. Le terme διακονία, ministère, n'a pas ici un sens technique : il vise, non pas un charisme particulier ou la charge de diacre, mais le ministère apostolique de Timothée (pour un sens identique, voir 1 Tm 1.12 ; 2 Tm 4.11). Pour exprimer la manière dont Timothée doit remplir ce ministère-service (cf. Mc 10.45), Paul emploi le verbe πληροφορέω. D'une manière générale, il signifie « remplir », sans omettre qu'il peut avoir plusieurs sens : « se dit d'un événement totalement accompli, Lc 1.1 » ; « d'une promesse entièrement tenue, Rm 4.21 » ; « d'un message pleinement transmis, 2 Tm 4.17 » (cf. DORNIER, *Les Épîtres pastorales*, p. 240). Toutefois, en 2 Tm 4.5, πληροφορέω a nettement le sens « d'accomplir à la perfection, réaliser de son mieux » (cf. SPICQ, *NLNT* II, p.707-709). L'on discerne alors l'idée d'une charge que l'on remplit avec persévérance jusqu'à son entier accomplissement, *BAGD* (1979), p. 670. En définitive, ce qui est demandé à Timothée c'est de remplir complètement son ministère, aussi parfaitement que possible, sans relâche, jusqu'au bout. Cet appel conclusif s'imposait. N'était-il pas urgent pour Paul, conscient que sa fin approche, de s'assurer que ses exhortations ont été bien comprises et qu'il pouvait compter sur la fidélité de Timothée pour la pérennité de l'œuvre ?

par conséquent, de répondre à des préoccupations de départ. Suppléant de l'apôtre, Timothée se voyait attribuer la figure normative du ministre de l'Évangile[327].

Explicitement, il était interpellé sur la nécessité d'être un modèle tant dans sa conduite (1 Tm 4.12) que dans l'exercice du ministère (1 Tm 4.13, 16) ; cette double responsabilité découle du don gracieux qu'il a reçu[328]. Il s'agissait alors pour nous de découvrir, d'une part, *le contenu du modèle à offrir* et, d'autre part, *les exigences qualitatives du ministère*. Il est à signaler la convergence des textes dans la description de cette figure modèle du responsable chrétien[329].

L'ensemble des directives adressées à Timothée sont celles d'un responsable de communauté ecclésiale ; son ministère s'inscrivait dans un ensemble relationnel. Quoique suppléant de l'apôtre, il devrait avoir une conscience aiguë du rôle déterminant de la communauté dans son parcours : (1) un ensemble de maîtres a fait son éducation (2 Tm 3.10-17) ; (2) belle confession en présence de nombreux témoins (1 Tm 6.13) ; (3) imposition des mains des anciens (1 Tm 4.14)[330]. La communauté instituée est donc la source de sa fonction ; elle prend une part déterminante dans sa désignation ; elle reconnaît son *charisme* ; elle valide son appel et son autorité[331].

Aussi, si Timothée est interpellé en tant que modèle, c'est en vue des membres de cette communauté : les « frères » (1 Tm 4.6) ; les « croyants » (1 Tm 4.10 et 12) ; « ceux qui t'écoutent » (1 Tm 4.16) ; « ceux qui, d'un cœur pur, invoquent le Seigneur » (2 Tm 2.23) ; « ceux qui veulent vivre

---

327. Cothenet, « Les ministères dans les Pastorales », p. 231 : « le type même du ministre de l'Evangile » ; voir aussi, Quinn et Wacker, *First and Second Letters to Timothy*, p. 15-16.

328. Cf. Schlosser, « Le ministère de l'episcopè », p. 572.

329. Nous avons limité l'étude à Timothée. La figure de Tite, l'autre suppléant de l'apôtre « laissé en Crète » (1.2) rejoint celle du premier (cf. les heureuses affinités entre Tt 3.8-11 et les textes étudiés). Notre souci dans la sélection des textes était celui d'éviter des redites, à causes des profondes similitudes entre eux. Toutefois, lorsque cela s'avère utile pour l'étude, nous avons recours à des textes non sélectionnés (*infra*, p. 221-228).

330. Cf. Redalié, *Paul après Paul*, p. 336.

331. *Ibid*. Ignorer la part prise par les communautés dans la désignation des ministres serait une méprise. Les circonstances de la désignation de Timothée (1 Co 4.17 ; 16.10 ; Ph 2.19) et Tite (2 Co 8.16-19) montrent bien qu'ils ont été choisis par Paul pour être ensuite approuvés par la communauté. Pour un regard sur le consentement mutuel dans le choix des ministres de l'Évangile, voir J. Colson, « Désignation des ministres dans le Nouveau Testament », *LMD* n°102, 1970, p. 21-29.

pieusement dans le Christ » (2 Tm 3.12)[332]. Il n'y a donc pas de place pour une éthique individualiste et, contrairement à la philosophie ambiante, axée sur un itinéraire moral individuel[333], le modèle de vie à offrir se déploie à l'intérieur de la communauté, témoin de la « manière d'être » et de la « manière de faire » du ministre.

Si tout part de la communauté, tout revient aussi vers la communauté ; si elle est la source du ministère, elle en est aussi le destinataire. Les tâches de Timothée (lecture-exhortation-enseignement) sont celles d'une responsabilité communautaire ; le *charisme* étant conféré à l'un pour le bénéfice de tous.

Toutefois, l'appel au modèle allait au-delà du seul « cercle » des croyants ; Timothée devrait être un modèle pour « tous les hommes », y compris « ceux qui enseignent autre chose ». Au-delà des apparences, les indices textuels plaidaient en faveur d'une ouverture sur l'extérieur[334] : Dieu est le « Sauveur de tous les hommes » (1 Tm 4.10), le « Dieu qui donne la vie à toutes choses » (1 Tm 6.13) ; les progrès spirituels de Timothée doivent être « évidents pour tous » (1 Tm 4.15) et il doit « être plein de bienveillance envers tous » (2 Tm 2.24, Segond 21). Ceci, « dans l'espérance que Dieu leur donnera la repentance » (2 Tm 2.25s). On l'aurait compris, « le comportement du ministre ne répond pas tant à une morale de l'homme vertueux en tant que telle, mais plutôt à l'exigence de sa responsabilité communautaire, qui réclame de sa part un comportement irréprochable aux yeux de tous, à l'intérieur comme à l'extérieur de la communauté[335] ».

Quel était alors le contenu du modèle de vie à offrir à tous, à l'intérieur comme à l'extérieur de la communauté ? Nous lui trouvons une double dimension.

---

332. Cf. REDALIÉ, *Paul après Paul*, p. 336-337.

333. Ibid.

334. En 1 Tm 1.3, Paul indique clairement la mission de Timothée : « enjoindre à certains de ne plus enseigner de fausses doctrines ». Timothée devrait donner un contre-enseignement des faux docteurs qui sévissaient à l'intérieur même des communautés. Dès lors, l'on a le sentiment que « la parole qui s'exprime dans les Pastorales n'apparaît guère de type missionnaire, kérygmatique et apostolique, comme si la communauté locale, et ses dirigeants accrédités, enfermaient ou presque, la parole dans leur communauté sans regard sur l'extérieur » (cf. C. PERROT, « Le ministère dans les Pastorales », dans C. PERROT, sous dir., *Après Jésus. Le ministère chez les premiers chrétiens*, Paris, Ateliers/ Ouvrières, 2000, p. 176).

335. REDALIÉ, *Paul après Paul*, p. 313.

Si c'est avant tout au milieu des croyants que Timothée doit être un modèle de vie, autant indiquer que ce modèle est à la portée de tous et relève de la responsabilité de tous ; c'est une éthique communautaire[336]. De ce fait, Timothée est un modèle non pas parce qu'il possède quelque chose de plus que les autres croyants, mais dans la mesure où il met en valeur ce qui est commun à tous[337]. Ce qui est commun à tous les croyants, c'est l'exigence d'une vie vertueuse, celle qui découle de l'Écriture. En l'appliquant à chaque aspect de sa vie, de sorte à avoir une conduite inattaquable, appréciable par tous, Timothée devient le τύπος des croyants, la règle vivante à imiter[338].

Et pourtant, le modèle ne saurait se limiter à ce niveau. Il comporte un travail répétitif sur soi-même, une formation continue, en vue de porter l'être à maturité. Un soin signalé par les pronoms réfléchis en 1 Timothée 4 : « exerce-toi à la piété » (v. 8) ; « veille sur toi-même » (v. 16) ; « tu te sauveras toi-même » (v. 16). S'en dégage alors un progrès éthique évident pour tous, appréciable par tous (1 Tm 4.15). Ce progrès de Timothée, dans les vertus de la vie croyante, assurait le développement moral de son être et la visibilité d'une conduite irréprochable, dans ses rapports avec la communauté et avec tous les hommes.

Telles sont, nous semble-t-il, les deux dimensions du modèle de vie à offrir : l'entière appropriation des vertus de l'Évangile et la visibilité d'un progrès moral sans cesse renouvelé. Qu'en est-il alors des exigences qualitatives du ministère ?

---

336. Pour la dimension communautaire de l'éthique du NT, voir J. F. COLLANGE, *De Jésus à Paul : l'éthique du Nouveau Testament*, Genève/Paris, Labor et Fides/Librairie Protestante, 1980. L'étude nous a rendus sensible à la subtile réalité du lien constant entre la figure ministérielle et la figure du croyant. Ainsi, bien que l'exhortation soit portée, par endroit, sur la charge ministérielle de Timothée, il n'empêche qu'il demeure, à bien des égards, la figure du croyant. Ce qui est attendu de lui l'est aussi des autres. De ce fait, les vertus attribuées à Paul et à Timothée, par exemple en 2 Tm 3.10, sont présentées comme une vie de piété à atteindre par tous (cf. 1 Tm 2.2), comme un itinéraire pour l'ensemble des croyants. Or, la piété se vérifie toujours par son impact sur l'être et le savoir-être.

337. COCHAND, *Les ministères*, p. 98.

338. En 1 Tm 1.16, Paul se présente comme le « modèle de ceux qui allaient croire », lui-même étant « imitateur du Christ » (1 Co 11.1). Il est le modèle accompli des exhortations à Timothée (1 Tm 1.3-20 ; 2 Tm 1.3-18 ; 2 Tm 3.1-4, 8). L'étude de 2 Tm 3.10-13 a montré que Timothée a bien accompli ce qui était attendu de lui. Il a imité le « prototype » en tout, y compris dans ses souffrances (cf. 2 Tm 1.12 ; 2.9s et 2 Tm 3.10s). Il peut alors être le « type » à imiter par les croyants.

Le ministère de Timothée s'inscrit dans la ligne de celle de Paul. L'apôtre a un statut à part : son ministère est directement lié à la révélation divine (Tt 1.1-3) et c'est à lui que l'Évangile a été confié (1 Tm 1.12-17)[339]. Timothée, son « enfant légitime en la foi » (1 Tm 1.2), est chargé de poursuivre son œuvre. De là découle la légitimité de la charge à lui confiée et l'évaluation que l'on peut en faire.

Dans un contexte de lutte avec des prédicateurs déviants, ce qui est demandé à Timothée c'est de *garder le commandement* : l'Évangile de Paul. Concrètement, qu'il se nourrisse lui-même, en tant que croyant, de cet Évangile et qu'il l'enseigne aux frères, avec rectitude. Là aussi, des progrès étaient attendus, avec à la clé un homme de Dieu parfaitement au point pour son ministère.

De ce fait, l'exigence qualitative du ministère se rattache, pour l'essentiel, au contenu de l'enseignement. À ce niveau de la réflexion, nous retiendrons ceci : l'exigence décisive formulée pour remplir le ministère de manière adéquate est la qualité de l'enseignement, sa conformité à la tradition normative reçue de l'apôtre Paul. Le bon ministre du Christ-Jésus, c'est celui qui est fidèle à l'enseignement reçu, fidèle dans sa transmission, à temps et à contretemps ; c'est la norme évaluative de tout ministère ; norme heureuse et toujours nécessaire.

Il nous semble déterminant de terminer avec ce souci majeur dégagé des textes : la nécessaire harmonie entre le faire (la pratique du ministère) et l'être (la conduite globale), à l'intérieur de la communauté comme à l'extérieur. Pour dire comme Paul : « veille sur toi-même » (ton être) ; « veille sur ton enseignement » (ton faire) : deux entités, leçons vécues et leçons parlées, allant de pair.

Tels sont les traits saillants de la figure de Timothée dont le rappel de sa fidélité à Paul, dans sa conduite et dans son enseignement, fait de lui le ministre-modèle de la communauté des Pastorales. Reste alors à déterminer ce qui est attendu des ministres locaux en vue d'une approbation de leur ministère.

---

339. Dans les EP, le titre d'Apôtre est réservé pour Paul (cf. 1 Tm 1.1 ; 2 Tm 1.1 ; Tt 1.1).

CHAPITRE 4

Étude de la troisième série de textes

Le discours de Paul dans les EP, nous l'indiquions, a un style double : « direct », adressé à ses collaborateurs et « indirect », adressé à des ministres locaux[1]. Toutefois, ces derniers constituent des destinataires de choix quel que soit le style adopté. La troisième série de textes, dans un style direct, énonce justement les conditions d'accès, de ces ministres locaux, au ministère : l'épiscope (1 Tm 3.1-7 ; Tt 1.7-9), les diacres (1 Tm 3.8-13) et les anciens (1 Tm 5.17-25 ; Tt 1.5-6)[2]. L'intention affichée de l'auteur est de dresser le portrait normatif du responsable chrétien, au sein de sa famille, dans l'Église et dans la société[3]. La nôtre est de découvrir, à travers les textes,

---

1. *Supra*, p. 18, note 62.

2. Deux remarques sont ici nécessaires : (1) Pour le moment, nous déclinons Tt 1.5-9 en deux parties ; vv. 5-6 concernant les presbytres et vv. 7-9, relativement à l'épiscope ; (2) Les catalogues de vertus relatifs au ministère ne se présentent pas de la même manière. À Éphèse, des anciens et des diacres semblent déjà en service. Le catalogue les concernant servirait donc à les instruire des devoirs liés à leurs tâches. En Crète, l'approche change quelque peu : Tite doit « organiser » et « établir » des anciens dans chaque ville. Le catalogue fait alors office de critères de choix. Sur cette base, il nomme des anciens. Et pourtant, il ne serait pas justifié d'être aussi schématique. À Éphèse, il est question de celui qui « aspire » à la fonction d'Épiscope. Ce qui implique des conditions à remplir pour y accéder. En définitive, quelles que soient les circonstances, les catalogues remplissent une seule et même fonction : présenter une manière de vivre et une manière de servir qui soit conforme au message reçu, l'Evangile de Paul. Tout le contraire des faux-docteurs.

3. L'origine et la fonction des listes de vertus et vices dans le NT, en particulier dans les EP, fait débat. Dibelius et Conzelmann, *Pastoral Epistles*, p. 158-160, présentent des listes de vertus parallèles à celle de 3.2-7 et à usage dans le monde hellénistique (Voir aussi M. Dibelius, *From Tradition to Gospel*, Cambridge, J. Clarke, 1971, p. 233-265). Towner, *Goal of Our Instruction*, p. 229, considère que l'exhortation aux responsables de l'Église (1 Tm 3.1-7 ; 8-13 ; Tt 1.6-9), à l'exclusion des délégués apostoliques, est présentée sous une forme conforme aux codes moraux séculiers de l'époque. Redalié, *Paul après Paul*, p. 341-343, fait un développement sur les traditions et catalogues que l'auteur a pu utiliser. Ces différents regards sont pertinents. Cependant, tout n'est pas copie conforme ; bien

ce qui mérite d'être retenu comme qualités indéniables attendues de celui qui exerce ou aspire à exercer des responsabilités au sein de la communauté.

L'Épiscope : 1 Timothée 3.1-7

1. Traduction

> *¹Elle est digne de confiance cette parole : celui qui aspire à la charge d'épiscope, désire une belle tâche. ²Il faut donc que l'épiscope soit irréprochable, homme d'une seule femme, sobre, pondéré, décent, hospitalier, capable d'enseigner, ³ni buveur, ni violent, mais indulgent, pacifique, pas attaché à l'argent. ⁴Qu'il dirige bien sa propre maison et garde ses enfants dans la soumission, en toute dignité. ⁵Car si quelqu'un ne sait pas diriger sa propre maison, quel soin prendra-t-il de l'Église de Dieu ? ⁶Que ce ne soit pas un néophyte, de peur qu'enflé d'orgueil, il ne tombe sous la condamnation du Diable. ⁷Il faut aussi que ceux du dehors lui rendent un beau témoignage, de peur qu'il ne tombe dans le discrédit et les pièges du Diable.*

2. Délimitation, contexte littéraire et structure du texte de 1 Timothée 3.1-7

2.1. Délimitation de 1 Timothée 3.1-7

Les limites de notre péricope sont unanimement admises. En amont, 1 Timothée 2.15 marque la fin d'un développement commencé au verset 8 ou au verset 9[4]. Par la formule « πιστὸς ὁ λόγος », le destinateur introduit

---

des aspects correspondent à des exigences spécifiques du ministère et l'auteur fait preuve d'innovation pour finalement aboutir à des formulations qui lui sont siennes (cf. TOWNER, *Goal of Our Instruction*, p. 230). Pour une critique de l'étude sociologique du NT, voir R. SCROGGS, « Sociological Interpretation of the New Testament : The Present State of Research », *NTS* 26, 1980, p. 164-179.

4. C. SPICQ, *Les Épîtres pastorales* (1969), p. 374, note que le v. 9 marque le début d'une section consacrée aux femmes. Dans le même sens, E. ELENGABEKA signale que la péricope commencée en 1 Tm 2.1, abordant le sujet de la vie liturgique, « court jusqu'au 2.8, car un tournant intervient avec les termes "ὡσαύτως [καὶ] γυναῖκας" (v. 9) qui traduisent une démarcation d'avec les vv. 1-8 [...] à partir de 2.9, la réflexion de l'auteur ne porte plus sur la prière universelle, mais sur la conduite féminine » (ELENGABEKA, *L'exploitation des Écritures*, p. 58). Voir aussi GUTHRIE, *Pastoral Epistles*, p. 84 (cf. le titre donné à la péricope

un nouveau sujet en 1 Timothée 3.1 relatif aux vertus attendues de la part de l'épiscope. Le développement qu'il en fait pourrait prendre fin au verset 7 : « δὲ καὶ introduit la conclusion, se réfère à "irréprochable" du verset 2, et donne la raison sociologique, ecclésiale de la liste de toutes les vertus mentionnées[5] ». Au verset 8, l'adverbe « ὡσαύτως » assure la continuité littéraire entre ce qui précède (vv. 1-7) et ce qui suit (v. 8ss). Toutefois, il articule le discours autour d'un autre sujet, relatif aux vertus attendues des diacres (vv. 8-13)[6]. Les limites de la péricope ainsi fixées, il se pose la question de son lien avec le contexte.

2.2. Contexte de 1 Timothée 3.1-7

Notre péricope a pour objet l'ἐπίσκοπος[7]. Introduite par la formule πιστὸς ὁ λόγος (cf. 1.15 ; 4.9 ; 2 Tm 2.11 ; Tt 3.8), elle semble ne pas avoir de lien thématique direct avec la précédente péricope, 2.9-15. J. D. Miller fait la remarque suivante : « Si la formule "parole certaine" signale une citation solennelle, qu'elle apparaisse ici est étrange. Rien de ce qui précède ni rien de ce qui suit ne peut aisément être considéré comme une citation […]

2.9-15). Pour d'autres auteurs, la césure à l'intérieur de la péricope 1 Tm 2.1-15 est à situer au v. 8. Ainsi, BÉNÉTREAU, *Les Épîtres pastorales*, note que si toute la péricope a pour thème la prière, les vv. 1-7 seront relatifs à son fondement (« Prier un Dieu qui veut le salut de tous », p. 90) et les vv. 8-15, aux devoirs qui en découlent (« Prière et attitude juste », p. 108). De même, QUINN et WALKER, *First and Second Letters to Timothy*, p. 207 : « La section précédente (vv. 1-7) exprimait le but et la raison de la prière publique ; cette section (vv. 8-15) aborde les questions de par qui et comment la prière chrétienne doit-elle être offerte. La section précédente exhortait à la prière de l'Église pour tous ; maintenant, il faut que cela soit fait par tous les croyants, et la distinction entre les sexes est employée pour montrer que les hommes et femmes chrétiens sont liés de manière égale par la directive apostolique » (Citation en version originale : « The previous section [vv. 1-7] articulated the goal and reason for public prayer; this section [vv. 8-15] now turns to the questions of by whom and how Christian prayer is to be offered. The previous section emphatically urged the prayer of the Church for all people; now it is to be by all believers, and the distinction between the sexes is employed to show that Christian men and women alike are equally bound by the apostolic directive »). Cependant, tous reconnaissent le v. 15 comme la fin de l'unité littéraire ainsi entamée en 2.8 ou 2.9.

5. SPICQ, *Les Épîtres pastorales* (1969), p. 438.

6. Dans la section précédente (1 Tm 2.1-15), il est à remarquer que « ὡσαύτως » remplit les mêmes fonctions entre les péricopes 2.1-8 et 2.9-15 (cf. ELENGABEKA, *L'exploitation des Écritures*, p. 58).

7. Notre emploi du singulier répond à un souci de conformité aux textes (cf. 3.1 ; Tt 1.7) ; il ne présage pas d'une prise de position sur la nature et les implications de ce singulier.

Il n'existe aucun développement de pensée qui relierait 2.15 avec 3.1b[8]. » Autant l'admettre, la formule détonne quelque peu dans ce contexte : elle ne sert pas à introduire un énoncé décisif comme en 1.15 mais plutôt une fonction ecclésiale, après des considérations sur la situation de la femme[9].

Ce constat établi, il nous semble toutefois excessif de conclure à une rupture littéraire entre la péricope 1 Timothée 3.1-7 et son contexte. En effet, pour G. Fee, le lien entre notre péricope et son contexte littéraire n'est pas aussi lâche : « Jusqu'ici, Paul a abordé certains sujets de préoccupation liés au culte de la communauté et il a rectifié certains abus engendrés par l'action des anciens qui sont à la dérive. Maintenant, il se tourne vers les anciens eux-mêmes et il avance certaines qualifications pour la "fonction"[10]. » Ainsi, si l'on admet que les déviations lors des cultes étaient le fait des adversaires, identifiés parmi les anciens, la péricope 3.1-7 serait d'une part, un désaveu de ceux-ci et d'autre part, une exigence éthique à l'endroit du responsable ecclésial. Dans ce sens, R. Van Neste perçoit, entre 3.1-7 et le contexte littéraire en amont, à savoir 2.8-15, une continuité : « ... 2.8-15 est truffé de vocabulaire éthique y compris quelques catalogues de vertus (v. 9-10, 15). 3.1-7 continue dans la même veine avec une liste complète de vertus. Bien

---

8. MILLER, *Pastoral Letters*, p. 74 (Citation en version originale : « If the "faithful word" formula signals a solemn citation, its appearance here is odd. Neither that which precedes nor that which follows can easily be regarded as a citation [...] There is no development of thought that links 2:15 with 3:1b »).

9. Ce lien difficile à établir fait débat (cf. C. F. D. MOULE, *La genèse du Nouveau Testament*, MoBi, Delachaux & Niestlé, Neuchâtel, 1971, p. 191-192 ; KNIGHT, *Faithful Sayings*, p. 55-61 ; MARSHALL, *Critical and Exegetical Commentary*, p. 473-475 ; P. ELLINGWORTH, « The "True Saying" in 1 Timothy 3,1 », *BT* 31, 1980, p. 443-445). L'on s'est demandé s'il n'est pas convenable de rattacher πιστὸς ὁ λόγος à l'affirmation de 2.15 (cf. DIBELIUS et CONZELMANN, *Pastoral Epistles*, p. 44, 51 ; JOHNSON, *First and Second Letters to Timothy*, p. 203). L'hypothèse tient au fait que cette formule se rapporte, ailleurs dans les Pastorales, à des énoncés sotériologiques. Mais, faut-il nécessairement voir en la déclaration de 2.15 une portée sotériologique ? Pour sûr, elle est d'une portée moindre que celle de 1.15 (cf. E. PORTER, « What Does It Mean to Be "Saved by Childbirth" [1 Timothy 2, 15] ? », *JNST* 49, 1993, p. 87-102). Il nous semble plus indiqué de rattacher πιστὸς ὁ λόγος à 3.1 (cf. MARSHALL, *Critical and Exegetical Commentary*, p. 475 ; GUTHRIE, *Pastoral Epistles*, p. 90 ; MOUNCE, *Pastoral Epistles*, p. 167). S'il est vrai que l'excellence de l'ἐπισκοπή n'était pas bien comprise et que les ministères charismatiques étaient plus recherchés (cf. DORNIER, *Les Épîtres pastorales*, p. 57s), alors Paul s'est senti « obligé de ré-évaluer un charisme par trop dédaigné et une charge fort onéreuse » (SPICQ, *Les Épîtres pastorales* [1969], p. 428).

10. Fee, *1 and 2 Timothy, Titus*, p. 78 (Citation en version originale : « To this point, Paul has addressed some concerns related to the community at worship and corrected some abuses generated by activities of the erring elders. Now he turns to the elders themselves and sets forth some qualifications for "office" »).

que le groupe visé soit différent, dans les deux l'accent porte sur la paix et la bienséance[11]. »

Le lien entre 3.1-7 et le contexte en aval, 3.8-13, ne semble pas faire l'objet de contestation. D'une catégorie de responsables à une autre (épiscope, vv. 1-7 ; diacres, vv. 8-15) l'auteur développe une liste de vertus avec des « similitudes frappantes[12] », établissant ainsi une unité littéraire entre les deux péricopes. Cette unité littéraire entre les péricopes (3.1-7 et 3.8-13) se trouve assurée par l'adverbe « ὡσαύτως » (v. 8)[13].

2.3. Structure de 1 Timothée 3.1-7

La péricope prend son départ en annonçant d'emblée son sujet (cf. πιστὸς ὁ λόγος, v. 1a). L'auteur en fera par la suite un développement jusqu'à la fin de la péricope (v. 1b-7). Sur le plan de la structure, les versets 1b-7 semblent s'organiser autour des expressions εἴ τις (« si quelqu'un ») et δεῖ οὖν (« il faut donc »), chacune étant usitée à deux reprises. La première expression « εἴ τις » intervient en début et en fin de péricope (v. 1b, 5) ; elle fixe les conditions d'accès à la fonction d'ἐπίσκοπος. À chaque mention de la fonction, l'auteur fait suivre une liste d'exigence qualitative portée par la deuxième expression, « δεῖ οὖν » (v. 2, 7).

Ces différentes considérations inspirent le plan suivant qui guidera aussi notre interprétation du texte[14] :

---

11. Van Neste, *Cohesion and Structure*, p. 85-86 (Citation en version originale : « ... 2.8-15 is full of ethical vocabulary including some virtue lists [vv. 9-10, 15]. 3.1-7 continues this focus with an extensive virtue list. While the group in view is different, the focus in both is peace and propriety »). Quelques données textuelles : « Les hommes en 2.8 sont exhortés à prier sans "colère" (ὀργή) ; de même le responsable ne doit pas être "violent" (πλήκτης), mais doit être "gentil" (ἐπιεικής) et pacifique (ἄμαχος) » (Citation en version originale : « The men in 2.8 are exhorted to pray without "wrath" [ὀργή] ; similarly, the overseer must not be "violent" [πλήκτης] but be "gentle" [ἐπιεικής] and "peaceable"[ἄμαχος] »).

12. *Ibid*, p. 86 : « ... le genre même est identique puisque les deux sections se composent essentiellement de listes de vertus. En réalité, il y a des ressemblances frappantes entre les qualifications énoncées dans chacune des listes » (Citation en version originale : « ... the very genre is the same since both units are composed largely of virtues lists. In fact there are striking similarities between the qualifications stated in each list »).

13. Marshall, *Critical and Exegetical Commentary*, p. 489, note 59 : « L'usage de ὡσαύτως [...] indique que δεῖ εἶναι (v. 2) doit être fourni pour compléter la pensée ici et en 3.11 » (Citation en version originale : « The use of ὡσαύτως [...] indicates that δεῖ εἶναι [v. 2] must be supplied to complete the thought here and in 3.11 »).

14. Nous nous inspirons ici d'une structure binaire proposée par Gourgues, *Les deux lettres à Timothée*, p. 117.

v. 1a : Introduction (πιστὸς ὁ λόγος)

v. 1b : La fonction d'épiscope (εἴ τις, « si quelqu'un »)

    v. 2-4, 6 : La première liste qualitative (δεῖ οὖν, « il faut donc »)

v. 5 : La fonction d'épiscope (εἴ τις, « si quelqu'un »)

    v. 7 : La seconde liste qualitative (δεῖ οὖν, « il faut donc »)

3. Interprétation de 1 Timothée 3.1-7

3.1. Introduction (v. 1a)

Nous l'évoquions, le lien difficile à établir entre la formule initiale (πιστὸς ὁ λόγος, « sûre est la parole ») et son contexte littéraire fait débat[15]. Pour le moins, les assertions qui suivent ont le mérite d'attester « la grandeur, la noblesse, d'un service essentiel pour le bien de l'Église[16] ». Pour J. Schlosser, « en 1 Timothée 3.1 c'est l'excellence de la fonction qui est mise en lumière par la formule de la parole sûre[17] ». La charge ainsi introduite est une belle « tâche »[18] ; c'est l'ἐπισκοπή.

Rattaché à la forme verbale (ἐπισκοπέω) et nominale (ἐπίσκοπος), le groupe de mots ainsi formé est riche de sens : « prendre soin », « visite », « direction », « surveillance »[19]. La charge d'ἐπισκοπή (« surveillance », 3.1) consiste à prendre soin de l'Église ; la personne qui l'exerce est le « surveillant », l'ἐπίσκοπος (3.2)[20].

3.2. La fonction d'épiscope, première liste qualitative (v. 1b, 2-4, 6)

Le candidat à une telle fonction (ὀρέγεται, « poser sa candidature », « être volontaire à ») ambitionne (ἐπιθυμέω « désire », sens positif) une belle tâche[21].

---

15. *Supra*, p. 184, § 2.2, note 9.

16. Bénétreau, *Les Épîtres pastorales*, p. 137.

17. Schlosser, « Le ministère de l'episcopè », p. 589.

18. Le terme « ἔργον » ne s'inscrit pas ici dans la sphère éthique, pour désigner les bonnes ou mauvaises œuvres des hommes. Il a ici le sens de « travail », « fonction » (*GEL* 42.42).

19. Cf. *GEL* 53.69 ; *BAGD* (1979), p. 299 ; H. W. Beyer, *TDNT* II, p. 606-608.

20. C. Rico, « *Episcopoi, presbyteroi et diakonoi* dans la Bible et la littérature chrétienne des deux premiers siècles », *RB* 115, 2008, p. 131.

21. *GEL*. 25.15 ; *BAGD* (1979), p. 579. Se pose ici la question des voies d'accès à la fonction d'épiscope. De l'avis de R. A. Campbell, la charge d'épiscope était une charge

Ce qui importe ici, ce n'est pas tant l'« aspiration » que la beauté (καλός, « noble, bonne qualité morale, excellent ») de la charge (ἔργον, « fonction, travail »).

La fonction d'épiscope étant introduite (εἴ τις « si quelqu'un », 3.1b), l'auteur énonce les qualités que requiert une telle charge (δεῖ οὖν « il faut donc », 3.2). Il s'ensuit une première liste (3.2-6, avec une parenthèse en 3.5) ; l'on y remarque la présence d'un adjectif englobant : ἀνεπίλημπτος. Employé au sujet des veuves (1 Tm 5.7) et de Timothée, dans un contexte eschatologique (1 Tm 6.14), cet adjectif signifie, littéralement, « non exposé à être attaqué », « qui ne donne pas prise », d'où « irréprochable »[22]. Il s'agit donc d'une perfection de vie, observable par tous, et qui met à l'abri de toute aucune occasion de calomnie[23].

En réalité, le détail des vertus requises de l'épiscope est d'un ordre très général, à la portée de tout homme. Dès lors, l'on peut s'attendre à trouver chez tout croyant la plupart des vertus évoquées. Une déduction s'impose ici : la moralité exigée de l'épiscope n'est pas plus sévère que celle des autres croyants (cf. Rm 12.9-21 ; Ep 5.2-17 ; Col 3.5-17)[24]. Il suffira d'insister sur ce point : parce qu'il est institué « modèle » des autres, le responsable prendra au sérieux les exigences citées ; ses actes et ses paroles, observables par tous, sont lourds de conséquences[25].

La première liste présente d'abord une série de dix qualificatifs (v. 2b-3), sans commentaire, évoquant les attitudes à rechercher (v. 2b) puis, celles à bannir (v. 3, hormis la douceur) ; vient ensuite une série de deux aptitudes

---

publique reconnue comme telle et qui revenait à des personnes aisées (*The Elders*, Edimbourg, T & T. Clark, 1994, p. 195). Or Paul se borne ici à mentionner une « aspiration ». Nous l'indiquions, une émulation pour cette tâche était pour le moins assurée. En outre, FEE, *1 and 2 Timothy, Titus*, p. 79, signale qu'il n'y a aucune autre donnée dans le NT de personnes « aspirant » à une position de leadership dans l'Église. En établissant une équivalence entre « épiscope » et « presbytres » (nous y reviendrons), deux cas de figure semblent se présenter. Soit, le choix est opéré par les représentants de l'apôtre : Tite est chargé « d'établir des anciens dans chaque ville » (cf. 1.15 ; 5.22). Soit le choix se faisait par la communauté (cf. Ac 6.5-6), au nombre de ses responsables. Pour FEE, *1 and 2 Timothy, Titus*, p. 82, cette charge revenait de *facto* au chef de la communauté sous le toit duquel l'on se réunissait.

22. *GEL*. 33. 415 ; *BAGD* (2000), p. 77.

23. Il ne faut toutefois pas donner à « irréprochable » le sens d'une totale perfection humaine.

24. Nous rejoignons ici I.H. MARSHALL, « The Christian Life in 1 Timothy », *RTR* XLIX, 1990, p. 85.

25. BÉNÉTREAU, *Les Épîtres pastorales*, p. 140-141.

(v. 4, 6), avec commentaire, visant l'autorité domestique (v. 4) et l'enracinement dans la foi (v. 6). De cette liste très générale et habituelle, l'on retiendra quelques exigences qui ont une importance particulière pour la fonction d'épiscope.

En premier, l'auteur mentionne le sujet du mariage (3.2 ; cf. 3.12 ; 5.9 ; Tt 1.6) : « *mari d'une [seule] femme* » (μιᾶς γυναικὸς ἄνδρα). Comment comprendre cette expression, identifiée comme la *crux interpretum* de la péricope ?[26]

Plusieurs interprétations sont avancées : l'exigence du mariage, la prohibition de la polygamie, le refus de tout remariage et la manière de vivre[27]. Résumons ici les principales hypothèses qui ont dominé la discussion :

(1) L'exigence du mariage[28] : l'un des points en conflits à Éphèse étant celui de la valeur ou non du mariage (cf. 1 Tm 4.3), d'aucuns concluent que l'épiscope doit être marié. C'est l'exclusion d'office du célibataire. L'interprétation nous semble excessive ; elle ignore l'accent du texte placé sur μία, « une seule » ;

(2) La prohibition de la polygamie[29] : elle est superflue, la polygamie étant interdite aussi bien par le Droit romain que par la Loi juive[30] ;

---

26. Cf. Towner, *Goal of Our Instruction*, p. 231.

27. En dehors des commentaires, signalons quelques travaux : S. Lyonnet, « Le diacre "mari d'une seule femme" (1 Tm 3.12) », dans P. Winninger et Y. Congar, sous dir., *Le diacre dans l'Église et le monde d'aujourd'hui*, Unam Sanctam 59, Paris, 1966, p. 272-278 ; R. L. Saucy, « The Husband of One Wife », *BS* 131, 1974, p. 229-240 ; C. H. Dodd, « New Testament Translation Problems II », *BT* 28, 1977, p. 112-116 ; I. de la Potterie, « Mari d'une seule femme. Le sens théologique d'une formule paulienne », dans L. de Lorenzi, sous dir., *Paul de Tarse, apôtre de notre temps*, Rome, Saint Paul's Abbey, 1979, 619-638 ; E. Glasscock, « The Husband of One Wife Requirements in 1 Timothy 3:2 », *BS* 140, 1983, p. 244-258 ; S. Page, « Marital Expectations of Church Leaders in the Pastoral Epistles », *JSNT* 50, 1993, p. 105-120.

28. Cf. Dibelius et Conzelmann, *Pastoral Epistles*, p. 52.

29. Cf. Lock, *Critical and Exegetical Commentary*, p. 36-37.

30. Cf. Meeks, *The First Urban Christian. The Social World of the Apostle Paul*, New Haven, Yale University Press, 1983, p. 101 ; Fee, *1 and 2 Timothy, Titus*, p. 80 : « La polygamie était une marque si rare de la société païenne qu'une telle interdiction passerait quasiment pour une incongruité. De plus, elle ne cadrerait pas avec la formulation identique utilisée pour les veuves » (Citation en version originale : « Polygamy was such a rare feature of pagan society that such a prohibition would function as a near irrelevancy. Moreover, it would not seem to fit the identical phrase used of the widows »).

(3) Le refus de tout remariage : soit, à la suite d'un divorce[31] soit, après le décès de la conjointe[32]. Le premier cas est exclu (quelques textes méritent l'attention, Mt 5.32 ; 19.7-9 ; Rm 7.3 ; 1 Co 7.15) et dans le second cas, l'observance de la prescription recelait un caractère vertueux[33]. S'appuyant sur de nombreux témoins de la tradition, P. Dornier, par exemple, comprend l'expression μιᾶς γυναικὸς ἀνήρ au sens de « n'ayant été marié qu'une fois[34] ». L'interprétation se heurte à une donnée textuelle : Paul recommande le remariage des jeunes veuves (1 Tm 5.14). Doit-on considérer le ministre comme n'étant pas concerné par une telle disposition ? La prohibition du remariage, quel qu'en soit le motif, ne nous semble donc pas convenable ;

(4) La manière de vivre la vie de couple : il s'agirait ici d'être fidèle à son épouse[35]. Nous retenons à bon droit cette dernière interprétation. Quels sont les arguments positifs en sa faveur ? Au nombre des rares articles argumentés, citons celui de S. Lyonnet publié dans la revue *Unam Sanctam*. Après un parcours historique des interprétations données à l'expression « mari d'une seule femme[36] », il note que « les raisons invoquées en faveur de l'interprétation dite traditionnelle [la prohibition du second mariage] ne sont pas toujours décisives, tant s'en faut[37] ».

---

31. A.T. Hanson, *Pastoral Epistles*, p. 78.
32. Kelly, *Commentary on the Pastoral Epistles*, p. 75-76 ; Spicq, *Les Épîtres pastorales* (1969), p. 430-431 ; D. C. Verner, *The Household of God: The World of the Pastoral Epistles*, SBL DS 71, Chico CA, Scholar Press, 1983, 130-131.
33. Spicq, *Les Épîtres pastorales* (1969), p. 78-79.
34. Dornier, *Les Épîtres pastorales*, p. 59-60.
35. Dodd, « New Testament Translation », p. 112-116 ; Marshall, *Critical and Exegetical Commentary*, p. 156 ; Fee, *1 and 2 Timothy, Titus*, p. 80-81 ; Mounce, *Pastoral Epistles*, p. 170 ; Page, « Marital Expectations », p. 119 ; Bénétreau, *Les Épîtres pastorales*, p.143 ; Towner, *Goal of Our Instruction*, p. 232.
36. Cf. Lyonnet, « Le diacre », p. 272-275.
37. *Ibid*. L'auteur fait une série d'analyses : (a) Les secondes noces ne sont pas nécessairement « l'indice d'une faiblesse et d'une continence précaire » ; (b) Lorsque le mari faisait graver des inscriptions funéraires sur la tombe de sa défunte femme, « il n'entendait évidemment pas la célébrer pour ne s'être pas remariée, ni même pour l'avoir épousée en première noce, mais célébrer sa fidélité » ; (c) Les observances en vigueur dans les cultes païens sont « très équivoques » et il est très peu probable que Paul ait pu subir la moindre influence « quand il lui fallait préciser les qualités que devrait avoir un épiscope chrétien, un

Que résulte-t-il de son analyse ? D'une part, il conclut que quel que soit le sens qu'il faille donner à la formule paulinienne, « il sera pour le moins conforme à l'esprit des prescriptions de l'Apôtre d'exiger [...] les qualités qui, vu les circonstances concrètes, susceptibles de varier selon les lieux et les époques, lui permettront [épiscope ou diacre] de remplir au mieux son rôle ». D'autre part, « ce que saint Paul semble avoir exigé [...] c'est d'avoir été ou, en tout cas, d'être un mari exemplaire, à l'abri de tout soupçon, comme ils exigent d'eux qu'ils aient su élever leurs enfants et gouverner leur propre maison. En regard de ces qualités, que pouvait bien importer le fait d'avoir ou de n'avoir pas été marié légitimement deux fois ? »[38].

Avant de conclure, rendons justice à un autre effort d'interprétation de la formule paulienne, celui de I. de la Potterie : « Ce que veut indiquer directement la formule, d'après la teneur même des mots, c'est *l'attachement sans partage de l'homme à une seule femme* (avec l'accent mis sur une "une seule"), autrement dit, *l'amour conjugal* dans sa plénitude[39]. »

Nous en sommes convaincus, l'épiscope étant un modèle de conduite pour tous, l'intention de l'auteur est d'offrir aux autres maris de la communauté

---

presbytre ou un diacre, d'autant que le Nouveau Testament n'assimile jamais ses "ministres" aux prêtres païens ni même aux prêtres juifs » ; (d) En réponse à A. BOUDOU, *Les Épîtres pastorales*, p. 109, qui note qu'« une obligation aussi banale [mari d'une seule femme], à laquelle ne pouvait se soustraire aucune de ses ouailles... L'interdiction allait de soi pour le chrétien, à plus forte raison pour le prêtre », l'auteur fait remarquer qu'il ne s'agit pas d'une exigence applicable au seul épiscope ; elle concerne aussi le diacre, tout comme les veuves. À cela s'ajoute le fait que « toutes les autres qualités requises sont pratiquement de cet ordre » ; (e) L'auteur adhère à la pensée de SPICQ, *Les Épîtres pastorales* (1947), p. 78, selon laquelle il ne s'agit pas dans le présent cas « d'une décision disciplinaire, mais d'une exigence morale, comme l'atteste toutes les autres conditions requises qui visent l'état d'âme de l'épiscope ».

38. LYONNET, « Le diacre », p. 272-273.

39. I. DE LA POTTERIE, « Mari d'une seule femme », p. 631. Les italiques sont de l'auteur. Toutefois, un autre pas sera franchi par l'auteur : la formule « mari d'une seule femme » est « étonnamment semblable à celle que Paul utilise pour parler du Christ et de l'Église » (cf. Ep 5.22-32) ; elle est donc liée au mystère chrétien. Il poursuit : « La raison profonde de cette exigence spéciale, c'est que, chez le ministre de l'Église, le mariage doit être, plus que chez les autres [...] le reflet du mystère qu'il représente, *l'image de l'amour du Christ pour l'unique Église* ». Les italiques sont de l'auteur. Cette lecture, quoique pertinente, ne nous semble pas indiquée, du moins directement, en 1 Tm 3.2, 12. Il n'en demeure pas moins vrai qu'elle constitue un réel défi pour la vie personnelle et conjugale du ministre, engagé au service de la communauté.

un modèle de ce qu'un mariage chrétien devrait être et assurer la réputation de l'Église dans la société[40]. Par conséquent, nous partageons cette vue de l'épiscope laissant l'image d'un mari d'une parfaite fidélité ; sans compromis, sans compromission.

Une seconde vertu retient l'attention : l'hospitalité (φιλόξενος, « ami de l'étranger »). Sacré chez les Grecs, ce devoir était fort utile au ministère des apôtres et à l'œuvre missionnaire[41]. Recommandée à l'ensemble des croyants (cf. Mt 25.35-36 ; Rm 12.13 ; 1 Tm 5.10 ; Tt 1.8 ; Hé 13.2 ; 1 P 4.9 ; 3 Jn 5), il revenait aux responsables d'en être la parfaite illustration (cf. Ph 2.2 ; 3 Jn 5-8)[42].

Une autre exigence, toute particulière, se rattache à l'exercice même de la fonction (v. 2b) : l'aptitude à enseigner (διδακτικός, « apte à enseigner » v. 2). Le terme semble suggérer une aptitude naturelle, sur laquelle viendra se greffer le charisme de didascalie (Rm 12.7)[43]. Le ministère de la Parole, sous ses formes diverses (cf. 2 Tm 3.16), constitue le devoir premier du responsable. Précisément, ce ministère fait ici appel à une double disposition : la capacité à *enseigner la vérité* et *à réfuter l'erreur* (cf. les emplois de διδακτικός en 2 Tm 2.24 et Tt 1.9 avec ce double sens). Ainsi, il ne s'agit pas seulement de savoir si le candidat est capable d'enseigner mais, surtout,

---

40. Page, « Marital Expectations », p. 119, conclut ainsi son argumentation : « ... L'auteur a probablement utilisé la phrase afin que la direction de l'Église soit confiée seulement aux hommes qui avait la réputation d'être fidèles à leurs femmes et sur qui l'on pouvait compter pour être des exemples de ce à quoi un mariage chrétien devrait ressembler » (Citation en version originale : « ... the author probably used the phrase with the intention that the leadership of the Church be entrusted only to those men who had a reputation for being faithful to their wives and who could be relied upon to model what Christian marriage should be »).

41. Cf. Meeks, *First Urban Christians*, p. 230 ; C. S. Keener, sous dir., *Bible Background Commentary*, Downers Grove, InterVarsity Press, 2014, p. 612-613.

42. Hermas : « Ce sont ces épiscopes, hommes hospitaliers qui, avec une amitié franche, joyeuse et directe, ont toujours accueilli dans leur maison des serviteurs de Dieu. Ces épiscopes ont fait de leur ministère un perpétuel abri pour les indigents et les veuves » (*Similitude*, IX, 27).

43. Spicq, *Les Épîtres pastorales* (1969), p. 448.

de savoir ce qu'il va enseigner[44]. Comme le précise J. Schmitt, « capable de définir l'enseignement ecclésial quant au contenu et quant à l'expression[45] ».

Importe aussi pour l'épiscope, les qualités de gouvernement (v. 4-5) : Τοῦ ἰδίου οἴκου καλῶς προϊστάμενον, « dirigeant bien sa propre maison ». Le verbe προΐστημι (« être à la tête », « gouverner », « diriger » mais aussi « s'inquiéter de », « avoir soin de », « aider »)[46], rend compte du rôle de l'épiscope à l'égard de sa maisonnée. L'épiscope-père doit savoir diriger sa propre famille, en tenant ses enfants dans la soumission. Cette soumission (ὑποταγή) est un devoir d'obéissance envers les parents (cf. Ep 6.1 ; Col 3.20 ; 1 P 1.14) mais aussi envers Dieu (cf. Tt 1.6 : « ayant des enfants croyants », τέκνα ἔχων πιστά). Elle sera le résultat d'une discipline (cf. « tenir », ἔχοντα, part. prés. actif), équilibrée, sans autoritarisme, en toute piété, c'est-à-dire « en toute dignité » (μετὰ πάσης σεμνότητος) ; cette dernière expression se rapportant, à la lumière du contexte, au père et non aux enfants.

L'auteur, en introduisant un *a fortiori* au verset 5, franchit le pas d'une comparaison entre le rôle domestique de l'épiscope et celui exercé au sein de l'Église. Il s'agit ici de « vérifier que celui qui devra promouvoir dans la communauté un mode de vie conforme à la saine doctrine est capable de le faire au sein de sa propre maison[47] ». Ce mode de vie suggéré par les Pastorales, par opposition à l'insoumission des opposants (cf. « ἀνυπότακτος » Tt 1.10), est la soumission des croyants à Dieu. S'il promeut ce mode de vie (ἐν ὑποταγῇ), d'une manière satisfaisante, dans le cadre familial, l'épiscope montre ainsi sa capacité à diriger la communauté.

Faut-il pour autant considérer que la principale charge de l'épiscope est d'être à la tête (v. 4, προΐστημι) et de diriger l'Église (v. 5, ἐπιμελέομαι « avoir soin », éventuellement « commander », « diriger ») ? Sans doute. Toutefois, il est à remarquer que la même autorité familiale est attendue des διάκονοι (1 Tm 3.12) et des πρεσβύτεροι (Tt 1.6). Ainsi, 1 Timothée 3.5 semble mettre l'accent sur la position en vue de l'épiscope sans pour

---

44. Cochand, *Les ministères*, p. 130. Le lien indissociable entre la responsabilité d'enseigner et le contenu de l'enseignement, à savoir la fidélité à la saine doctrine, s'impose.

45. J. Schmitt, « Didascalie ecclésiale et tradition apostolique selon les Epîtres pastorales », *L'Année Canonique* 23 (1979), p. 47.

46. *BAGD* (1979), p. 713-714.

47. Cochand, *Les ministères*, p. 130.

autant indiquer que la position d'autorité lui revient en toute exclusivité au sein de la communauté.

Une autre requête, non moins importante, est indiquée au verset 6 : « *Que ce ne soit pas un néophyte* » ; elle n'a pas d'analogie dans ce qui est exigé des presbytres. La raison d'une telle requête est moins celle d'un manque de potentiel en leadership qu'un manque de maturité spirituelle (νεόφυτος, « nouveau converti », littéralement « le récemment planté »)[48]. Qu'un tel soit promu trop rapidement à une position en vue, l'expose fatalement à un danger spirituel, celui de s'enfler d'orgueil. Ainsi, ne pas « mettre un frère dans une position où, *aveuglé par l'orgueil*, il risque de tomber, d'autant qu'une puissance est toute disposée à mettre à profit l'occasion : le diable[49] » est tout indiqué. En établissant un parallèle avec 1 Timothée 6.3, l'on peut supposer que « l'aveuglement se signale comme déviation doctrinale et abandon de la tradition vraie[50] ». Dès lors, la précaution prise au verset 6 (« *Que ce ne soit pas un néophyte* ») semble impliquer que l'épiscope a encore une autre fonction, d'ordre doctrinal : l'épiscope doit veiller sur le contenu de la foi[51].

Quel sens donner alors à l'expression εἰς κρίμα ἐμπέσῃ τοῦ διαβόλου : « *tomber dans le jugement du diable* » ou « *sous la condamnation du diable* » ? La difficulté est double ; elle se rapporte au sens de κρίμα (jugement/condamnation) et à la fonction du génitif διαβόλου (objectif, « subi par le diable »/ subjectif, « exercé par le diable »). H. Blocher note que « le parallélisme du verset suivant : "piège du (tendu par le) diable" favorise le génitif subjectif,

---

48. Cf. *BAGD* (2000), p. 669.

49. Bénétreau, *Les Épîtres pastorales*, p.146. La mention de l'orgueil est emmenée par le verbe τυφόω (employé aussi en relation avec les faux-enseignants : τετύφωται, 1 Tm 6.4 ; τετυφωμένοι, 2 Tm 3.4), « fumée », puis « vapeur qui monte au cerveau » signifie : « être rempli ou enveloppé de fumée », donc « aveuglé » (cf. Spicq, *Les Épîtres pastorales* [1969], p. 437). Ce qui suppose que la fonction d'épiscope était auréolée d'un certain prestige. « Le fait de [...] prendre la parole, d'exprimer des avis, d'exhorter les frères, peut nourrir un sentiment de supériorité » (Bénétreau, *Les Épîtres pastorales*, p. 146). Le néophyte y verrait là une opportunité pour son développement personnel plutôt que la gravité de la tâche (Towner, *1-2 Timothy & Titus*, p. 88). « N'écoutant aucun conseil, perdant le sens de la prudence, de la sagacité, de la circonspection », aveuglé qu'il est, il ne peut que devenir la proie du diable.

50. Schlosser, « Le ministère de l'épiscopè », p. 591.

51. *Ibid.* Un néophyte qui aurait par ailleurs l'expérience humaine requise au plan de la gestion de la maison ne représente pas un danger si la fonction de l'épiscope ne se limitait qu'à celle de direction.

"jugement lancé par le diable", ce qui écarte la référence à la faute commise à l'origine par celui-ci[52] ».

3.3. La fonction d'épiscope, deuxième liste qualitative (v. 5, 7)

La transition du verset 5 introduit à nouveau la fonction d'épiscope (εἴ τις « si quelqu'un ») et le verset 7 fournit la seconde liste des qualités requises (δεῖ δὲ καὶ « il faut aussi »). Elle est, d'une part, conclusive : « *il faut aussi (καὶ) avoir un beau témoignage venant de ceux du dehors* ». Elle est, d'autre part, décisive ; c'est dans cette perspective que la liste des vertus a été indiquée.

Par l'expression τῶν ἔξωθεν (« ceux du dehors »), Paul vise ceux qui sont en dehors de l'Église, les non-chrétiens[53]. C'est justement d'eux (ἔχειν ἀπὸ τῶν ἔξωθεν) que doit venir le beau témoignage[54]. La μαρτυρία a valeur ici d'approbation unanime, voire d'acclamation (μαρτυρίαν καλὴν)[55]. Ainsi, « être irréprochable » (3.2) c'est avoir une vie qui ne donne pas prise aux critiques, mais provoque une approbation unanime de ceux du dehors[56]. Cela importe d'autant plus que l'épiscope est le représentant de la communauté face à la société ; sa conduite « exemplaire reste un signe *distinctif* et en même temps *lisible* par ceux de l'extérieur[57] ».

La raison d'une telle exigence est indiquée : « *afin qu'il (ἵνα μὴ, cf. v. 6) ne tombe pas dans le discrédit et dans le piège du diable* ». Comment comprendre ce double risque ? Le premier est explicite ; « *tomber dans le discrédit* » se réfère à une critique défavorable (ὀνειδισμὸν) sur la personne de l'épiscope et, conséquemment, sur la communauté entière[58]. Le second, « *tomber dans*

---

52. BLOCHER, *La doctrine du péché*, p. 60. Voir aussi, KELLY, *Commentary on the Pastoral Epistles*, p. 79. Contre, G. FEE, *1 and 2 Timothy, Titus*, p. 83, 85, note 3.6.

53. *BAGD* (2000), p. 355 ; *BFC*. Le monde extérieur est potentiellement menaçant pour l'Église. Et pourtant, Paul adopte une attitude positive à son égard. « En tout premier » (1 Tm 2.1), il recommandait que l'on adresse des prières pour tous les hommes, en particulier pour les autorités avec, pour souhait, une société paisible (v. 2). Une telle attitude tranche avec celle des opposants, partisans de la rupture.

54. Le génitif ἀπὸ n'a pas ici pour équivalent « parmi » mais « de ».

55. SPICQ, *Les Épîtres pastorales* (1969), p. 438.

56. Ce souci de soigner la perception que les païens ont des croyants (« *une belle conduite parmi les païens* », 1 P 2.12) ne se limite pas aux seuls responsables ; il s'étend à l'ensemble des croyants (cf. 1 Tm 5.14 ; 6.1 ; Tt 2.5, 8, 10 ; 3.2, 8 ; 1 Co 10.32 ; 1 Th 4.2 ; Col 4.5 ; 1 P 2.5 ; 3.1, 16).

57. REDALIÉ, *Paul après Paul*, p. 360-361.

58. Ὀνειδισμός, « reproche », « honte », « disgrâce », « insulte » (*BAGD*, 2000, p. 710).

le filet du diable », est moins explicite (cf. le cas similaire du v. 6). L'on comprend que si l'épiscope est indigne de sa fonction, il s'attire, pour le moins, la dérision des non-chrétiens. Mais, quel lien avec les « filets du diable » ?

Cette dernière locution (παγίδα τοῦ διαβόλου) est qumrânienne ; « les "filets de Bélial" sont les fautes dans lesquelles celui-ci cherche à entraîner Israël, à savoir la luxure, les richesses et la souillure du Sanctuaire[59] ». Le lien entre les deux risques est perceptible : si le premier fait tomber dans le discrédit, il a le fâcheux avantage de préparer le second, à savoir rendre sa victime vulnérable au diable. De ce fait, « si le comportement est jugé négativement par le milieu, c'est le signe de défaillances probables démontrant le succès de l'action satanique[60] ».

De notre modeste parcours, il se dégage quelques traits saillants d'une vie et d'un ministère de qualité. Aspirer au ministère ou l'exercer obéit à des normes :

(1) Être irréprochable : le ministre-modèle vit et sert d'une manière qui le met à l'abri des occasions de calomnies fondées et justifiables à son sujet. Son rôle au sein de la communauté fait de lui, *de facto*, un modèle : il l'assume, en offrant un modèle de vie à imiter par tous ; (2) Marié, le ministre-modèle vit l'amour conjugal dans sa plénitude. Ce qui implique une stricte fidélité à son épouse. Là aussi, il indique le modèle à suivre aux autres couples ; (3) L'appel au ministère est un appel au ministère de la Parole. Le ministre-modèle s'adonne à l'enseignement de la vérité ; il porte le souci de la rectitude de la foi des croyants et réfute l'erreur ; (4) Responsable de famille, le ministre-modèle y exerce son ministère : la communauté ecclésiale peut constater, par elle-même, que les normes morales qu'il attend d'elle sont admises comme telles et pratiquées dans sa propre maison ; (5) Être ministre, c'est avoir une position en vue. Ce qui prédispose à l'orgueil. Le ministre-modèle vit et sert humblement ; c'est la marque de sa maturité spirituelle ; (6) Représentant de la communauté, le ministre-modèle est conscient des conséquences de sa conduite personnelle sur l'ensemble de la

---

59. Gourgues, *Les deux lettres à Timothée*, p. 125, note 7.
60. Bénétreau, *Les Épîtres pastorales*, p. 147-148 ; Stott, *Guard the Truth*, p. 99, note que si, au v. 6 « le jugement du diable » était évidemment un génitif objectif (le jugement tombe sur le diable), ici, au v. 7, « le filet du diable » est un génitif subjectif (nous tombons en son jugement, comme mentionné aussi en 6.9 et 2 Tm 2.26). Nous l'indiquions, il existe un parallélisme entre les deux génitifs, subjectifs.

communauté. Il est évalué par le témoignage des non-chrétiens rendu à son sujet ; une unanime approbation sociale rend compte de sa qualité de vie.

Autant de normes à considérer dans une approche évaluative du ministère pastoral. À la suite de l'épiscope, l'apôtre mentionne les diacres. Que peut-on attendre de leur vie et de leur ministère ? Quelle en sera la contribution à la problématique de notre étude ?

Les diacres : 1 Timothée 3.8-13

1. Traduction

⁸Il faut que les diacres, de même, soient dignes, n'aient qu'une parole, se gardent des excès de vin et des gains honteux. ⁹Gardant le mystère de la foi dans une conscience pure. ¹⁰Qu'eux aussi soient d'abord mis à l'épreuve ; ensuite, s'ils sont sans reproche, qu'ils accomplissent leur service. ¹¹Il faut, de même, que les femmes soient dignes, non médisantes, sobres, fidèles en tout. ¹²Que les diacres soient maris d'une seule femme, gouvernant bien leurs enfants et leur propre maison. ¹³Car ceux qui dirigent bien s'acquièrent un beau rang et une grande assurance dans la foi qui est dans le Christ-Jésus.

2. Délimitation, contexte et structure de 1 Timothée 3.8-13

2.1. Délimitation de 1 Timothée 3.8-13

Les limites de notre péricope sont unanimement admises. L'on mentionne en premier le changement thématique. Alors que la précédente péricope (3.1-7) était exclusivement consacrée à l'épiscope, la présente péricope (3.8-13) l'est aux diacres. La fonction essentielle de l'adverbe « ὡσαύτως » (v. 8) est à relever ici : elle assure une continuité littéraire entre les deux péricopes tout en articulant le discours autour d'une nouvelle thématique, celle des qualités attendues des diacres (vv. 8-13). Il est à signaler aussi que : « Alors que dans la section précédente [3.1-7] les verbes sont tous à la 3ᵉ personne du singulier, en 3.8-13 ils sont tous à la 3ᵉ personne du pluriel[61]. » Au verset

---

61. Van Neste, *Cohesion and Structure*, p. 42 (Citation en version originale : « Whereas in the previous unit [3.1-7] the verbs were all third person singular, in 3.8-13

13, l'auteur mettra un terme à son propos sur les diacres, tout comme à celui amorcé en 3.1 et portant sur les vertus des responsables (épiscope et diacres).

2.2. Contexte littéraire de 1 Timothée 3.8-13

Nous l'indiquions, notre péricope (3.8-13), consacrée aux diacres, forme une unité avec la précédente (3.1-7), consacrée à l'épiscope. Les deux ministères, sans se confondre, sont proches. À l'adverbe ὡσαύτως (« de même », v. 8, 11) correspond (sous-entendu) le δεῖ (« il faut », v. 2, 7) ; au βαθμόςκαλός (« beau rang », v. 13) qu'acquiert celui qui exerce bien le ministère de diacre correspond la « belle œuvre » (v. 1b) de la charge d'épiscope. L'énoncé des qualités attendues fournit peu d'indications sur l'exercice de la fonction de diacre ; l'intérêt se focalise sur ce qui habilite à la fonction[62].

---

they are all third person plural »).

62. Dans le NT le titre « diacres » (διάκονοι) a un sens aussi bien « général » que « technique ». Au sens général, il n'a aucun rapport avec une catégorie de services particuliers ; il signifie « serviteurs » et s'applique à divers services dans l'Église. Le réseau sémantique διάκονος (« serviteur, diacre »), διακονία (« service », « ministère »), διακονέω (« servir »), fréquent dans le NT, se veut d'abord insistant sur la notion de « service ». En toile de fond, il faut y voir la personne et l'œuvre du Christ-Jésus qui est venu pour servir et donner sa vie (Mc 10.43). Dès lors, chacun de ses disciples est serviteur par vocation (Mt 20.26) et toute activité dans l'Église prend la forme de διακονία. Il en va ainsi du service de la table (Lc 17.8 ; Jn 2.5, 9) ; de l'accueil des hôtes (Lc 10.40) ; de tout service rendu au prochain (Mt 27.55 ; Lc 8.3 ; 1 Co 12.4 ; 6.15). Y compris, l'exercice des différents « charismes » : l'apostolat (Rm 11.13 ; 2 Co 3.3), la prophétie (1 P 1.10-12 ; Hé 6.10), l'annonce de l'Évangile (Ga 2.17 ; 2 Tm 4.5, 11), l'assistance matérielle aux nécessiteux (Ac 19.22 ; 2 Co 8.19-20). Sans doute faut-il entendre également au sens général de service le récit d'Actes 6.1-6, « où l'on a longtemps voulu voir l'institution des 7 premiers diacres » (DORNIER, Les Épîtres pastorales, p. 170). BÉNÉTREAU, Les Épîtres pastorales, p. 168, note que les « sept » ne sont pas directement appelés « diacres » (le verbe διακονέω est appliqué à leur tâche) et « le service des tables », déjà difficile à déterminer, débouche pour deux d'entre eux (Etienne et Philippe) sur un service éminent de la Parole (v. 4, διακονία vise également le ministère apostolique de la Parole). Moins explicite aussi est la nature de la « diaconie » de Phœbé à l'égard de Paul et de l'Église de Cenchrées (Rm 16.1s). À côté de ce sens général, le titre « diacres » en est venu à désigner une catégorie de service particulier reconnu comme tel dans les communautés (cf. E.-P. ECHLIN, « The Origins of the Permanent Deacon », *AER* 2, 1970, p. 92-102). Cet aspect « technique », d'une classe de services par rapport à une autre, apparaît clairement en Ph 1.1 et 1 Tm 3.8-12. Signalons que dans les Pastorales, le sens général des termes susdits n'est pas inconnu. Si Tite ignore complètement (alors que les *épiscopes* et les *presbytres* sont mentionnés en 1.5-9), 2 Tm, sans référence au terme διάκονος, mentionne les termes διακονία (4.5, 11) et διακονέω (1.18) sous un aspect général. De même, 1 Tm utilisera le sens général en relation avec le ministère de Paul (1.12, « θέμενος εἰς διακονίαν ») et le ministère de Timothée (4.6, « καλὸς διάκονος »). Finalement, avec 1 Tm 3.8-12 nous sommes en présence d'un texte unique où le « langage de la diaconie se trouve appliqué non pas au service ecclésial en général mais à une fonction particulière à l'intérieur de ce dernier » (GOURGUES, *Les deux lettres à Timothée*, p. 128).

2.3. Structure de 1 Timothée 3.8-13

De structure assez différente de celle de 3.1-7, le présent énoncé présente d'abord une série de qualités se rapportant à la vie personnelle (δεῖ « *il faut* » [sous-entendu], v. 8-9) et débouchant sur l'exigence d'une mise à l'épreuve (δοκιμαζέσθωσαν, impératif, v. 10). Une brève liste est consacrée aux femmes (δεῖ « *il faut* » [sous-entendu], v. 11). Avant de conclure la péricope par une considération sur la valeur de la fonction (περιποιοῦνται, *indicatif*, v. 13), l'auteur revient aux diacres pour évoquer les exigences relatives à la vie familiale (ἔστωσαν, *impératif*, v. 12). Nous pouvons donc suggérer la structure suivante[63] :

> vv. 8-9 : Première liste de qualités attendues des diacres
> v. 10 : L'exigence de la mise à l'épreuve des diacres
> v. 11 : Brève liste : les qualités des femmes
> v. 12 : Deuxième liste de qualités attendues des diacres
> v. 13 : Conclusion : le statut honorable de la fonction de diacre

3. Interprétation du texte de 1 Timothée 3.8-13

3.1. Première liste des qualités des diacres (vv. 8-9)

L'énumération des qualités commence de manière abrupte (v. 8)[64] : la phrase n'a pas de verbe principal mais un substantif et son attribut à l'accusatif. Ce qui sous-entend un δεῖ εἶναι, « *il faut que les diacres soient...* ». Il s'agit d'une récurrence (v. 2, δεῖ οὖν) que confirme la présence de l'adverbe ὡσαύτως (v. 8).

Ainsi, « *il faut que les diacres, de même, soient dignes* (σεμνούς) ». L'adjectif σεμνός est un qualificatif englobant (v. 8, 11), résumé plus loin par ἀνέγκλητος (v. 10, cf. son synonyme ἀνεπίλημπτος, v. 2). Appliqué à une personne, W. Foerster lui donne le sens de « digne de respect », « sérieux et digne »[65]. Être *digne* implique donc une tenue ou une conduite manifeste-

---

63. Pour une discussion enrichissante sur la structure syntaxique de la péricope : J. H. Stiefel, « Women Deacons in 1 Timothy: A Linguistic and Literary Look at "Women Likewise..." (1 Tim 3:11) », *NTS* 41, 1995, p. 448-451.

64. Cf. Quinn et Wacker, *First and Second Letters to Timothy*, p. 251.

65. Cf. *TDNT* VII, p. 195. L'adjectif σεμνός (v. 8) étant le synonyme de ἀνεπίλημπτος (v. 2), ce qui est affirmé ici au sujet du diacre (être « digne ») est à comprendre en étroite

ment respectable⁶⁶. Il s'ensuit une trilogie de défauts à éviter : « *non double en paroles* », « *ni grands buveurs de vin* », « *ni avides d'un gain honteux* ». Les deux derniers sont communs aux deux offices⁶⁷. Ce qui semble nouveau, c'est le premier : « μὴ διλόγους »⁶⁸. Le δίλογος n'est pas seulement le bavard (litt. « celui qui se répète, qui dit deux fois la même chose ») mais celui qui a « un double langage », un « hypocrite »⁶⁹ qui dit « une chose à l'un et une autre à un tiers⁷⁰ ». Le ministre-diacre doit être l'homme d'une parole et, qui tient parole.

Que les vices susdits subsistent, alors il en sera fait, pour le diacre, de la « *conscience pure* » (καθαρᾷ συνειδήσει, v. 9). Cette « *pureté de conscience* » (« free from sin⁷¹ ») procède d'une conduite digne, sans duplicité, sobre, désintéressée (v. 8). C'est au prix d'une telle disposition morale que les diacres pourront « *garder le mystère de la foi* » (v. 9).

Si la foi (πίστις) est à interpréter au sens objectif, comment comprendre ici le mot μυστήριον auquel il s'attache ? G. Fee note que pour Paul, le *mystère de la foi* se réfère (cf. 1 Co 2.6-16) à la vérité essentielle de l'Évangile, à savoir le caractère salutaire de la mort du Christ⁷². Le verbe ἔχω (ἔχοντας,

---

liaison avec ce qui est affirmé au sujet de l'épiscope (être « irréprochable », *Supra*, p. 187, notes 22 et 23).

66. Towner, *1-2 Timothy and Titus*, p. 90.

67. Le sujet de la sobriété ou de l'usage modéré du vin est récurrent dans les EP. En 1 Timothée, il s'applique à l'épiscope (3.2, 3), aux diacres (3.8) et aux femmes (3.11). En Tite, l'on s'attend à retrouver cette vertu chez l'épiscope (1.7), chez les vieillards (2.2) et les femmes âgées (2.3). Comment expliquer cette recommandation qui, sans celle de 5.23 (« *fais usage d'un peu de vin, à cause de ton estomac* ») friserait la phobie du vin ? Pour C. Spicq, elle tient aux multiples « occasions de boire dans leurs visites où le service des tables était fréquent » (*Les Épîtres pastorales* [1969], p. 457). Et si l'auteur fustige aussi le danger de l'appât du gain (cf. αἰσχροκερδεῖς, « cupidité sordide »), alors qu'il se limitait au désintéressement pour l'épiscope (3.2), c'est parce que « les diacres distribuent les secours de l'Église (Ac 6.3), manient des fonds, reçoivent sans doute des présents ». Les mêmes qualités étant attendues des épiscopes, l'on se demande si ces suggestions ne montrent pas ainsi quelques limites.

68. *GEL* 88.235 ; *BAGD* (1978), p. 198.

69. HCSB.

70. Cf. C. Spicq, *EP* (1969), p. 457.

71. *BAGD* (1978), p. 388.

72. Fee, *1 & 2 Timothy, Titus*, p. 87. C'est le plan divin de salut, tenu caché (Rm 16.25 ; 1 Co 2.6-16) maintenant porté à la connaissance des hommes par l'Évangile (Ep 1.9 ; 3.4 ; Col 1.26 ; 2.2 ; 4.3). Si le mystère est ici le contenu central de la foi, Paul parlera peu après, sans doute avec le même sens, du « mystère de la piété » (3.16). En dehors des Pastorales, l'on signale, toujours de Paul, « le mystère de Dieu » (Col 2.2), « le mystère du

litt. « *ayant* le mystère de la foi »), fait appel à la responsabilité du diacre ; il se doit de « garder » ou de « préserver » la foi comme message reçu. Les Pastorales accordent une importance accrue à la foi comme corps de doctrine reçu (cf. 1 Tm 1.6 ; 5.8 ; 6.10 ; 2 Tm 3.8). C'est justement cette dimension objective qui sied au présent contexte.

Finalement, avoir une *conscience pure*, sans reproche (cf. 1 Tm 1.5, 19 ; 2 Tm 1.3), c'est accueillir l'Évangile apostolique. Bien plus, c'est s'y conformer, en toute fidélité (cf. 1 Tm 4.2 ; Tt 1.15). Ce qui a nécessairement une implication éthique : la sincérité de la foi n'est évidente que par une conduite pieuse[73]. Tel nous semble être le lien entre « conscience pure » et « mystère de la foi »[74].

3.3. La mise à l'épreuve des diacres (v. 10)

Sur l'entrée en fonction des diacres, une période d'examen est exigée : « *Qu'eux aussi soient d'abord mis à l'épreuve* » (v. 10a). Le verbe δοκιμάζω (« être mis à l'épreuve[75] ») traduit l'idée d'une vérification de connaissance, d'une œuvre de discernement, de sélection et d'approbation[76]. Cette exigence

---

Christ » (Ep 3.4 ; Col 4.3), « le mystère de l'Evangile » (Ep 6.19), ou tout simplement du « Mystère » (Ep 3.3, 9 ; Col 1.26).

73. Knight, *Pastoral Epistles*, p. 169.

74. Le couple foi-conscience s'était déjà signalé en 1 Tm 1.5 puis 1.19. P. H. Towner note que, dans la pensée de Paul, la « conscience pure » est l'organe de décision ; elle s'avère capitale dans l'adhésion à la saine doctrine et, par-dessus-tout, pour le responsable chrétien, pour une conduite pieuse (*1-2 Timothy and Titus*, p. 91). Ainsi, le risque encouru par une conscience corrompue concerne la foi : Paul parlera de *naufrage quant à la foi*. P. Dornier dira de bon droit que « les fautes morales sont facilement des facteurs de déviations doctrinales (cf.1.19) » (*Les Épîtres pastorales*, p. 63). Au regard de cette exigence du v. 9, ne convient-il pas d'élargir le service des diacres à la prédication-enseignement plutôt que de le restreindre aux questions matérielles (administration, œuvre sociale) ? Pour F. F. Bruce, *AQ*, p. 115, si les diacres s'acquittaient de diverses formes de ministères (*diakonos* couvrant des services très variés), il leurs reconnaît une limite : ils n'avaient pas « la responsabilité de la supervision pastorale ». Stott, *Guard the Truth*, p. 100, estime qu'il est sans doute meilleur de penser que les diacres étaient les assistants des épiscopes, ces derniers ayant l'enseignement comme tâche principale. Dans ce sens, et de l'avis de E. E. Ellis, l'activité de prédicateurs, mais pas d'enseignant, n'est pas à exclure (cf. « Paul and His Co-Workers », *NTS* 17, 1970-71, p. 442, note 3). Bénétreau, *Les Épîtres pastorales*, p.168, nuance moins : la solidité spirituelle et doctrinale n'autorise pas nécessairement à l'enseignement et la prédication comme c'est clairement le cas pour l'épiscope (3.2) et pour certains anciens (5.17). Contre : Cochand, *Les ministères*, p. 138-139.

75. *GEL* 27.44 ; *BAGD* (1979), p. 202.

76. Spicq, *Les Épîtres pastorales* (1969), p. 459 ; *TLNT* I, p. 357, note 22.

n'est nullement novatrice ; elle était en vigueur en Grèce[77]. Elle deviendra une constance paulinienne : « *J'enverrai*, munis de lettres, ceux que vous aurez *mis à l'épreuve* (δοκιμάσητε) » (1 Co 16.3) ; « Avec lui, *nous envoyons* celui de nos frères que nous avons *mis à l'épreuve* (ἐδοκιμάσαμεν) et qui a été trouvé zélé » (2 Co 8.22) ; « J'espère du moins *vous envoyer bientôt Timothée* [...] vous savez qu'*il a fait ses preuves* (δοκιμὴν) » (Ph 2.19, 22)[78]. Paul lui accorde ici la primauté (πρῶτον) pour la sélection des diacres. L'impératif présent passif δοκιμαζέσθωσαν indique que les diacres sont examinés selon les vertus et capacités indiquées en 3.8-12.

Ainsi, selon toute vraisemblance, le « test » n'est pas « un examen devant un jury ou des exercices pratiques contrôlés », mais relève « du témoignage rendu par un comportement "sans reproche" (digne [σεμνός, v. 8]) et une fermeté dans la foi (v. 9) »[79]. Qui est habilité à évaluer le résultat ? La sobriété du texte ne permet pas, d'emblée, de répondre : La communauté tout entière ? Les responsables locaux déjà établis ? L'apôtre Paul ou ses délégués ? G. W. Knight signale le caractère public de cet examen, 1 Timothée 5.22ss faisant du temps une donnée nécessaire à l'évaluation d'une personne[80]. Ce qui apparaissait comme un test sérieux et attentif nécessitait donc l'implication de toute la communauté. P. Dornier note que la décision finale revenait sans doute aux anciens de l'Église[81]. Toutefois, il est vraisemblable que toute l'Église avait son mot à dire en une matière qui la concerne aussi directement (cf. Ac 6.3). Dans ce cas, le rôle des responsables établis consistait donc à investir les candidats retenus. Il n'est pas exclu que les modes de procédures « variaient selon les communautés locales et leur degré de maturité[82] ». Une seule certitude demeure ; celle du résultat du test : ἀνέγκλητοι, une conduite « sans reproche », observable par tous (v. 10b)[83].

---

77. Spicq, *Les Épîtres pastorales* (1947), p. 100.

78. Le contexte de ces différents textes laisse aussi suggérer que les diacres étaient des assistants à qui l'on pouvait confier diverses missions, notamment des missions itinérantes de liaison entre les Églises (cf. Lemaire, *Les ministères dans l'Église*, p. 135-136). Il ne peut s'agir que d'hypothèses.

79. Bénétreau, *Les Épîtres pastorales*, p. 152-153.

80. Knight, *Pastoral Epistles*, p. 170.

81. Dornier, *Les Épîtres pastorales*, p.64.

82. Bénétreau, *Les Épîtres pastorales*, p. 153.

83. L'emploi des adjectifs ἀνέγκλητος (v. 10) et ἀνεπίλημπτος (v. 2) indique que la δοκιμή est une évaluation générale de la foi et de la conduite (cf. Dibelius et Conzelmann,

L'heureux résultat de l'examen (cf. ἀνέγκλητοι ὄντες) introduit un autre impératif, à l'actif : διακονείτωσαν que l'on peut rendre par le sens général « *qu'ils servent* » ; mais dans le présent contexte (sens technique de διακονέω), il est plausible de le rendre par « *qu'ils servent comme diacres[84]* ». Dès lors, les diacres peuvent remplir la charge pour laquelle ils ont subi la δοκιμή.

Qu'en est-il de l'épiscope ? Faut-il voir dans la double conjonction καὶ οὗτοι δὲ (« et ceux-ci aussi ») un renvoi à la section précédente (v. 2-7) et visant à y tirer la même exigence d'un examen ?[85] Ou alors sert-elle à joindre à des aspects déjà mentionnés un aspect nouveau pour en souligner l'importance ?[86] Ellicott signale que δὲ n'a pas une force adversative et en conjonction avec καὶ, il signifie ici « et […] aussi », « et en second lieu »[87]. Il n'est donc pas incongru de suggérer que les qualifications requises de l'épiscope en 3.1-7, bien que non présentées comme un examen d'approbation, « pouvaient servir comme preuves d'aptitude lorsqu'il s'agissait de reconnaître la qualification pour un ministère[88] ». En outre, le « *qu'il ne soit pas un néophyte* » (3.6) « laissait le temps de constater la présence des dispositions et des capacités voulues pour l'accès à une telle responsabilité[89] ».

3.4. Les qualités des femmes (v. 11) : femmes des diacres ou femmes-diacres ?

Au verset 11, Paul va interrompre brusquement son propos sur les diacres pour parler des femmes : « *Que pareillement les femmes soient dignes, point médisantes, sobres, fidèles en tout* ». Qui sont ces femmes (« γυναῖκας ») ? Les femmes en général, les femmes des diacres ou les femmes-diacres ? La première lecture se laisse retourner, aisément : toute la péricope est relative au « ministère » des diacres (cf. v. 8, διάκονοι ; v. 10, διακονείτωσαν ; v. 12, διάκονοι ; v. 13, διακονήσαντες). Restent les deux dernières, chacune avec ses

---

Pastoral Epistles, p. 58).

84. MARSHALL, *Critical and Exegetical Commentary*, p. 492.

85. Cf. FEE, *1 and 2 Timothy, Titus*, p. 87.

86. Cf. GOURGUES, *Les deux lettres à Timothée*, p. 131, note 10 ; F.-M. ABEL, *Grammaire du grec biblique suivie d'un choix de papyrus*, Paris, Gabalda, 1927, p. 346. Dans ce cas, il faudra lire : « *et, en plus de posséder ces qualités, qu'ils soient mis à l'épreuve...* ».

87. ELLICOTT, *Pastoral Epistles*, p. 45.

88. BÉNÉTREAU, *Les Épîtres pastorales*, p. 152.

89. *Ibid.*

arguments de poids[90]. Il est à signaler, cependant, la prééminence de la dernière lecture chez la majorité des commentateurs[91] ; celle des *femmes-diacres*.

Les arguments nous semble plus convaincants : (a) L'adverbe ὡσαύτως (« *de même* ») suppose que l'on s'adresse à un autre groupe[92] ; (b) S'il s'agissait des femmes des diacres, l'indice grammatical attendu aurait été le possessif « *leurs femmes* » et non « *les femmes* » ; (c) La désignation peu précise « *les femmes* » s'explique par une absence de forme féminine pour le mot διάκονος[93] ; (d) S'il s'agissait de la femme du diacre, comment expliquer ces instructions adressées à elle alors que ce ne fut pas le cas pour la femme de l'épiscope en 3.2-7 ?[94] Finalement, sans ignorer les solutions intermédiaires[95] et sans être dogmatique dans notre préférence[96], nous retiendrons ici qu'il s'agit des femmes-diacres[97].

---

90. Pour le répertoire des arguments, voir MARSHALL, *Critical and Exegetical Commentary*, p. 493 ; MOUNCE, *Pastoral Epistles*, p. 204 ; R. M. LEWIS, « The "Women" of 1 Tim 3:11 », *BS* 136, 1979, p. 167-175 ; en particulier, voir la riche contribution, sur le plan textuel, de STIEFEL, « Women Deacons in 1 Timothy », p. 442-457.

91. La tendance ne se limite pas qu'aux études récentes, voir la liste des partisans de cette lecture dressée par SPICQ, depuis les Pères grecs (*Les Épîtres pastorales* [1969], p. 460).

92. Le parallélisme des instructions aux divers groupes n'est pas fortuit : d'abord l'épiscope (v. 2, δεῖ), puis « les diacres de même » (ὡσαύτως, v. 8), puis « les femmes de même » (ὡσαύτως, v. 11). À ce parallélisme correspond celui des fonctions « ministérielles » à l'intérieur de la péricope 3.8-13.

93. Le mot διάκονος peut être masculin ou féminin. Une « femme-diacre », Phœbé, est désignée par le même mot en Rm 16.1. Nous pouvons appeler de telles femmes « diaconesses » ; ce titre n'apparaîtra en réalité qu'au IVe siècle (cf. G. STÄHLIN, *TDNT*, IX, p. 464).

94. C'est sans doute l'un des arguments de poids contre l'hypothèse des « femmes de diacres ». Le ministère très en vue de l'épiscope ne nécessitait-il pas que sa femme fasse l'objet d'instructions, bien plus que celle du diacre ? En fait, celles qui concernent la famille du diacre sont indiquées au v. 12.

95. GUTHRIE, *Pastoral Epistles*, p. 97, sans vraiment rejeter l'hypothèse des femmes-diacres, estime que « la référence est trop générale pour que l'on puisse postuler de façon certaine à un ordre distinct de diaconesses » ; KNIGHT, *Pastoral Epistles*, p. 171-172, opte pour l'hypothèse des « femmes de diacres » en spécifiant qu'elles accompagnent, assistent et partagent une partie du ministère de leur mari ; ce qui expliquerait au mieux le fait qu'elles doivent répondre aux mêmes conditions que leur mari ; STOTT, *Guard the Truth*, p. 101, n'exclut pas une concomitance des deux hypothèses majeures, les « diaconesses » et les « femmes de diacres » pouvant prendre une part active au ministère des diacres. D'où la similitude des vertus attendues.

96. Cf. STIEFEL, « Women Deacons in 1 Timothy », p. 456. La démarche de l'auteur nous semble prudente.

97. REDALIÉ, *Paul après Paul*, p. 346-347.

La liste des vertus rattachée aux femmes-diacres est analogue à celle de leurs homologues masculins. La première exigence, la « dignité », est attendue de part (σεμνούς, v. 8) et d'autre (σεμνάς, v. 11). La seconde se rattache, pour chaque catégorie, à un usage maîtrisé et sans duplicité de la langue (μὴ διλόγους, v. 8 / μὴ διαβόλους, v. 11). La troisième exigence, appliquée à tous, est celle de la sobriété (μὴ οἴνῳ πολλῷ προσέχοντας, v. 8 / νηφαλίους, v. 11). L'auteur termine par une dernière qualité attendue des femmes-diacres : πιστὰς ἐν πᾶσιν (v. 11). « Πιστὰς » peut avoir le sens de « croyant » ou « digne de confiance ». Certes, le premier sens, comme le souligne I. H. Marshall, nous rapproche du verset 9 : « gardant le mystère de la foi (πίστις)[98] ». Toutefois, G. W. Knight fait bien de le signaler, l'ajout « en toutes choses » fait préférer celui de la fidélité[99], c'est-à-dire « fidèles et exactes dans l'accomplissement de leurs tâches spécifiques[100] ». Des tâches qui ne semblaient pas être méconnues : « les visites (de femmes) » et l'encadrement « des candidates au baptême »[101].

3.5. Deuxième liste des qualités des diacres (v. 12)

Revenant aux diacres, Paul reprend à leur compte les vertus domestiques attendues des épiscopes (3.2, 4-5) : « *Que les diacres soient maris d'une seule femme, gouvernant bien leurs enfants et leur propre maison* » (v. 12). L'impératif ἔστωσαν (v. 12) correspond au δεῖ εἶναι (v. 2), montrant ainsi le lien établi entre les instructions à chaque catégorie de personnes. Cependant, une mise en parallèle des textes indique une différence majeure : la fin du verset 4 et la déduction du verset 5 ne sont pas reprises. Quelle lecture peut-on en faire ?

D'aucuns voient dans cette différence l'indice indirect d'une exclusion des diacres dans le gouvernement de l'Église[102]. S. Bénétreau est d'un avis contraire : ce qui est exigé au verset 12 « suggère que le diaconat impliquait l'aptitude à porter des responsabilités dans le gouvernement et la direction de l'Église (comme pour l'épiscope, v. 4-5)[103] ». Cependant, une telle lecture ne

---

98. Marshall, *Critical and Exegetical Commentary*, p. 493.

99. Knight, *Pastoral Epistles*, p. 173.

100. Spicq, *Les Épîtres pastorales* (1969), p. 461.

101. Guthrie, *Pastoral Epistles*, p. 97.

102. Cf. Marshall, *Critical and Exegetical Commentary*, p. 173 ; Gourgues, *Les deux lettres à Timothée*, p. 132, note 12.

103. Bénétreau, *Les Épîtres pastorales*, p. 156.

semble pas s'imposer : la formule du verset 12 ne se limite qu'à la maisonnée des diacres ; elle n'évoque pas, du moins explicitement, à leur égard, une charge de direction dans l'Église.

Dans les deux cas, il est exigé une fidélité conjugale sans concession, une solide éducation des enfants et une gestion exemplaire de la maison. Nous en déduisons qu'une vie domestique réussie constitue un test de qualité du ministère[104].

3.6. En guise de conclusion : le statut honorable du diaconat

Pour encourager les diacres, Paul laisse entrevoir les récompenses rattachées à leurs charges : « *Car ceux qui dirigent bien s'acquièrent un beau rang et une grande assurance dans la foi qui est dans le Christ-Jésus* » (v. 13). La démarche est à propos ; « pour un Grec, servir est indigne de l'homme libre, une humiliation[105] ». Or dans l'Église du Christ-Jésus, servir est convenable, un honneur. Ce paradoxe est rendu par « beau rang », en inclusion avec la « belle œuvre » du verset 1[106].

Au nombre des diacres ayant accompli leurs services (διακονήσαντες)[107], certains (οἱ) recevront des éloges, en guise d'approbation ; « *ceux qui dirigent bien* (καλῶς) ». L'adjectif καλῶς généralement traduit par *bien* ou *bon*, comporte l'idée de beau, de splendeur et finalement, de qualité morale[108]. En clair, καλῶς désigne une rectitude morale qui se traduit par une manière

---

104. Cf. TOWNER, *1-2 Timothy, Titus*, p. 92.

105. SPICQ, *Les Épîtres pastorales* (1969), p. 461.

106. Quelques remarques. D'une part, il ne faut pas se méprendre sur les intentions de Paul : il ne s'agit pas ici de « susciter la générosité » en faisant miroiter la promesse d'un avancement ; tout le contraire de sa morale. Il convient, toutefois, d'admettre que le NT « ne se fait pas le défenseur d'un égalitarisme radical et qu'il reconnaît à l'occasion des statuts divers, certains plus en vue et auxquels un respect particulier doit être attribué » (BÉNÉTREAU, *Les Épîtres pastorales*, p. 157). D'autre part, l'inclusion signalée ici ne fait pas perdre de vue cette réalité : la promesse du « beau rang » est faite aux diacres et à non à l'épiscope. Les charges des diacres étant surtout administratives et caritatives, faut-il y voir ici l'affirmation d'un statut moins considéré ? Dans ce cas, il faut saisir l'expression « beau rang » au sens d'un encouragement à s'engager dans une charge qui n'attirait guère, une démarche analogue à celle de l'épiscope (TOWNER, *1-2 Timothy, and Titus*, p. 92). Toute la section 3.1-13 serait donc encadrée par une note d'encouragement : v. 1 et v. 13.

107. Le participe aoriste n'a pas ici de complément, il faut donc lui laisser le sens général de « service ».

108. Cf. SPICQ, *Les Épîtres pastorales* (1969), *Excursus* « Vie chrétienne et beauté », p. 676-684.

de servir et de se comporter[109]. Ainsi, « καλῶς διακονέω » traduit la fidélité dans l'acquittement de la tâche, avec une qualité de vie s'y harmonisant.

De tels diacres *s'acquièrent pour eux-mêmes* (« ἑαυτοῖς περιποιοῦνται ») un double avantage. D'abord un *beau rang* (« βαθμὸν καλὸν »). Le substantif βαθμός peut avoir un sens propre (« marche d'un escalier », d'où l'idée de « rang ») ou figuré (« grade d'un militaire »)[110]. Nous l'indiquions, l'intention de Paul est de stimuler les diacres à la tâche et le fruit qu'il laisse entrevoir est synonyme d'approbation divine, de bonne réputation, de respect et d'affection des membres de l'Église[111]. Le second avantage que s'acquiert le bon diacre est *une grande assurance* (« πολλὴν παρρησίαν »). Le champ sémantique de παρρησία est riche[112]. Le contexte fait préférer l'assurance « *devant Dieu* » (cf. Ep 3.12), avec pour effet l'assurance « *devant les hommes* » dans l'accomplissement de la tâche. La fin du verset 13 indique la source d'une telle assurance : « *dans la foi* » qui est « *dans le Christ-Jésus* ».

Que convient-il de relever de la péricope 3.8-13 comme marque distinctive du ministre-modèle des Pastorales ? Il se dégage quelques idées maîtresses :

(1) L'appel au ministère est un appel au service. Le ministre-modèle se sait serviteur. Il n'en rougit pas. Si c'est un honneur de servir son Seigneur, alors c'est un honneur de servir la communauté de son Seigneur ; (2) L'appel au ministère est un appel à la dignité : le ministre-modèle est digne, sérieux, crédible. Il est conscient que la dignité ne se décrète pas : elle s'impose d'elle-même, par l'exemplarité de la conduite et du service. Le ministre-modèle est respectable et respecté ; (3) Le ministre-modèle est désintéressé ; il n'est

---

109. Il serait opportun d'ajouter ... devant Dieu et les hommes (cf. Rm 12.17 ; 2 Co 8.21).

110. Pour toutes les nuances, voir Spicq, *Les Épîtres pastorales* (1947), p. 101-102 ; BAGD, p. 130 ; nous ne les partageons pas toutes. Par exemple, en affirmant que « le bon diacre prépare et désigne au *bonum opus*, à l'épiscopat », Boudou, *Les Épîtres pastorales*, p. 125, suggère que le diaconat exercé fidèlement conduit à un échelon supérieur de la hiérarchie ecclésiastique. Une telle lecture ne semble pas rendre justice au sens naturel du verset.

111. Bénétreau, *Les Épîtres pastorales*, p. 157. Le parallèle entre le « beau rang » et l'enseignement du Seigneur sur la fidélité des disciples apparaît ici comme pertinent : « C'est bien, bon serviteur ; parce que tu as été fidèle en peu de choses, reçois le gouvernement de dix villes » (Lc 19.17ss ; 12.44ss ; 16.10ss).

112. Liberté d'expression, audace, confiance, courage, assurance (cf. H. Schlier, *TDNT* V, p. 871ss).

pas motivé par le souci du gain ; (4) L'appel au ministère est un appel à la pureté. Le ministre-modèle sert Dieu avec une conscience pure, qui ne lui reproche rien ; (5) L'appel au ministère est un appel au progrès éthique. Le ministre-modèle est en quête de progrès dans le service rendu. Il ne stagne pas. Le ministre-modèle est aussi en quête de progrès dans sa conduite. Il laisse Dieu transformer son caractère ; (6) Le ministre-modèle est, en tout, fidèle à Dieu. C'est une norme décisive.

Après ces différentes normes à considérer dans l'évaluation du ministère, à la lumière des qualifications attendues de l'épiscope et des diacres, il nous reste à découvrir le visage des anciens. Qui sont ces responsables locaux de la communauté des Pastorales ? Que nous apprennent-ils au sujet de ce que le ministre doit être et doit faire dans la communauté ?

Les presbytres : 1 Timothée 5.17-25

1. Traduction

17 Que les presbytres qui dirigent bien soient jugés dignes d'un double salaire, surtout ceux qui se donnent de la peine à la parole et à l'enseignement. 18 L'Écriture déclare en effet : « Tu ne muselleras pas le bœuf qui moud le grain » et : « L'ouvrier mérite son salaire ». 19 Contre un presbytre, n'accepte une accusation que « sur déposition de deux ou trois témoins ». 20 Ceux qui pèchent, reprends-les devant tous, afin que les autres aient de la crainte. 21 Je t'adjure devant Dieu, le Christ-Jésus et les anges élus, applique ces choses sans préjugé, et ne fais rien par favoritisme. 22 N'impose les mains hâtivement à personne et ne participe aux péchés d'autrui. Toi-même, garde-toi pur. 23 Ne bois plus uniquement de l'eau, mais use d'un peu de vin à cause de ton estomac et de tes nombreuses faiblesses. 24 Les péchés de certains hommes sont manifestes et les précèdent au jugement ; pour d'autres, ils viennent après. 25 De même, les belles œuvres aussi sont manifestes, et celles qui ne le sont pas ne peuvent rester cachées.

2. Délimitation, contexte et structure de 1 Timothée 5.17-25

2.1. Délimitation de 1 Timothée 5.17-25

La péricope 5.17-25 est consacrée aux πρεσβύτεροι[113]. Après des instructions sur l'attitude pastorale à l'égard des fidèles de différents âges dans l'Église (5.1-2)[114] et les veuves (5.3-16), l'auteur s'intéresse à cette catégorie de responsables remplissant un rôle au sein de l'Église. En amont, le verset 17 introduit donc une nouvelle thématique, celle des πρεσβύτεροι alors que le verset 16 en concluait une autre, celle des χήρας. Certes, 1 Timothée 5.1 mentionnait déjà le terme πρεσβύτερος. Dans ce texte, πρεσβύτερος est un adjectif singulier comparatif ; il désigne une entité, celle de « l'homme âgé » (cf. « femmes âgées », v. 2). Or au verset 17, l'auteur utilise πρεσβύτερος comme un substantif, un titre pour désigner une personne exerçant un ministère particulier au sein de l'Église[115].

En aval, la péricope 1 Timothée 6.1-2a marque la fin de celle entamée en 5.17[116]. L'on note, pour la première dans 1 Timothée, la présence des termes

---

113. Le terme πρεσβύτερος a plusieurs niveaux de sens. D'abord, celui de l'homme « le plus âgé », « le vieillard » (1 Tm 5.1 ; Tt 2.2), par opposition au νεώτερος « plus jeune » ; c'est le sens propre. L'autorité ici est surtout morale. Connus dans le judaïsme d'alors, les anciens désignaient aussi des autorités locales (Jdt 6.16, 21 ; 7.23 ; 8.10 ; 10.6) ou pour l'ensemble du peuple, à Jérusalem (1 M 1.26 ; 7.33 ; 11.23). « Anciens de la ville » (Dt 19.12 ; 21.3-8 ; 22.15 ; 25.8), ils en réglementaient la vie (1 R 21.11), intervenant dans les procès (Rt 4.1-12 ; Dt 21.8-21) et associés aux faits religieux (Lv 4.15ss ; Dt 21.3-9 ; 2 R 23.1 ; Ez 20.1, 3). Enfin, « le terme πρεσβύτερος sera repris dans le NT pour désigner les ministres de l'Église qui dirigent dans chaque ville la communauté chrétienne, sous la dépendance d'un apôtre ou de l'un de ses disciples directs : Timothée ou Tite, par exemple » (RICO, « *Episcopoi, presbyteroi et diakonoi* », p. 129). C'est ce dernier sens qui importe ici. « Pour distinguer ce nouvel emploi de l'ancienne acception, le corpus lucanien [par exemple] a recours à l'expression "πρεσβύτεροι de l'Église" face aux "πρεσβύτεροι τῶν Ἰουδαίων" » (*Ibid*). Comme pour l'Épiscope et les diacres, l'insistance porte sur leurs qualités morales et non sur une description détaillée de la fonction.

114. La position selon laquelle 1 Tm 5.1s serait une référence à divers groupes de responsables dans l'Église nous semble excessive (R. E. BROWN, « Episkopê and Episkopos », *ThS* 41, no. 2, 1980, p. 335).

115. Cf. G. BORNKAMM, « πρεσβυς, πρεσβύτερος... », *TDNT* 6, p. 652-654 ; J. A. FITZMYER, « The Structured Ministry of the Church in the Pastoral Epistles », *CBQ* 66, 2004, p. 589 ; QUINN et WACKER, *First and Second Letters to Timothy*, p. 458-459.

116. Pour BARRETT, *Pastoral Epistles*, p. 82, le sujet des presbytres continue en 6.2 ; il ne s'agirait pas de généralité sur les esclaves mais de presbytres ayant été ou étant esclaves. JONHSON, *First and Second Letters to Timothy*, p. 277 considère aussi la section 5.17-6.2a comme une seule unité littéraire. Nous partageons l'avis de DIBELIUS et CONZELMANN,

« esclave » (δοῦλος) et « maître » (δεσπότης). Alors que le mode impératif était usité en 5.17-25, l'auteur passe à la troisième personne en 6.1-2a. Ce qui nous fait préférer la suggestion de J. P. Meier : « Le verset 16 termine ce qui concerne les veuves, et 6.1 démarre les instructions sur les esclaves. Donc, au maximum, la péricope sur le *presbyteros* s'étend du verset 17 jusqu'au verset 25 compris[117]. » La question de l'unité littéraire de la péricope reste très débattue.

2.2. Contexte de 1 Timothée 5.17-25

L'on s'interroge sur la thématique d'ensemble de la péricope. Un seul thème où plusieurs, sans lien apparent ? Pour certains auteurs, la péricope consacrée aux presbytres prend fin au verset 19. En effet, après le verset 19 le texte ne fait plus de mention explicite des πρεσβύτεροι. Ainsi, P. Galtier considère que la section 5.20-22 ne concerne plus l'attitude à l'égard des presbytres mais à l'égard des pécheurs, d'une manière générale[118]. Aussi, J. D. Miller considère notre péricope comme une juxtaposition inopinée de deux sections, l'une concernant les presbytres (vv. 17-21, « On elders ») et l'autre relative à divers sujets (vv. 22-25, « Miscellaneous admonitions »)[119].

La récurrence du vocabulaire du péché (ἁμαρτάνω, v. 20 ; ἁμαρτία, v. 22, 24) et le singulier du verset 19 (πρεσβυτέρου, « ancien ») difficilement conciliable avec le pluriel du verset 20 (τοὺς ἁμαρτάνοντας, « ceux qui pèchent »), semblent corroborer la vue de P. Galtier[120]. Inéluctablement, cela influence l'interprétation du texte : au rite d'ordination des presbytres (v. 22) se substitue celui de « la réconciliation des pécheurs par le rite de l'imposition des

---

Pastoral Epistles, p. 82 ; Mounce, *Pastoral Epistles*, p. 324 ; Marshall, *Critical and Exegetical Commentary*, p. 626, qui considèrent la section 6.1-2a comme une nouvelle unité relative aux esclaves et à leurs maîtres.

117. J. P. Meier, « Presbyteros in the Pastoral Epistles », *CQB* 35, 1973, p. 325 (Citation en version originale : « Vs. 16 concludes the treatment of widows, and 6:1 begins the instruction on slaves. At most, then, the *presbyteros*-pericope extends from vs. 17 to vs. 25 inclusive »).

118. P. Galtier, « La réconciliation des pécheurs dans la première épître à Timothée », *RSR* 39, 1951, p. 317-320. L'article cité fait suite à « La réconciliation des pécheurs dans saint Paul », *RSR* 3, 1912, p. 448-460.

119. Miller, *Pastoral Letters*, p. 85-86.

120. Cf. Gourgues, *Les deux lettres à Timothée*, p. 195.

mains[121] ». Or, le NT ne mentionne pas un tel rite[122]. J. P. Meier, de notre avis, donne des réponses appropriées aux arguments textuels avancés[123]. Finalement, à la suite de nombreux auteurs[124], nous retiendrons la péricope 5.17-25 comme un ensemble homogène relatif aux presbytres, « mis à part le verset 23 qui, avec sa préoccupation pour la santé personnelle de Timothée, fait figure de parenthèse sans rapport avec le contexte[125] ».

2.3. Structure de 1 Timothée 5.17-25

Notre péricope adopte une démarche en rupture avec celle adoptée pour l'épiscope (3.1-7) et les diacres (3.8-13) : l'auteur ne se livre pas à une énumération homogène des vertus attendues. Comme explication, G. Fee évoque la situation historique de l'Église d'Éphèse : des anciens avaient succombé aux discours fallacieux des faux-enseignants[126]. Alors que ce problème avait été abordé dès le début (1.3), l'auteur s'y attaque ici de front ; il s'agit de marquer la nette distinction entre les presbytres fidèles et les presbytres fautifs. Ainsi, si le développement de 1 Timothée 5.17-25 est d'un autre genre, c'est parce qu'« il ne s'agit plus d'énumérer les qualités et les capacités d'un candidat, mais de proposer des règles pour le fonctionnement d'un groupe déjà en place[127] ».

Dans le même sens, P. Dornier considère que la péricope est une réponse de Paul à trois questions : comment récompenser les anciens dont la conduite est digne d'éloge (vv. 17-18) ? Comment punir ceux qui se rendent coupables de fautes (vv. 19-21) ? Comment faire pour que les indignes soient écartés de cette fonction et que seuls y accèdent ceux qui sont capables de l'assumer en

---

121. Galtier, « La réconciliation des pécheurs », p. 317.

122. *Ibid.*, pour sa part, croit discerner de « multiples usages de ce rite à l'époque de Notre Seigneur Jésus et des apôtres » (*ibid.*, p. 319).

123. Meier, « Presbyteros in the Pastoral Epistles », p. 331s.

124. *Ibid.*, p. 335 : « Tout le contexte de ce passage renvoie naturellement aux presbytres » (citation en version originale : « the entire context of the passage is easily referred to presbyters ») ; Quinn et Wacker, *First and Second Letters to Timothy*, p. 449 ; Marshall, *Critical and Exegetical Commentary*, p. 607s ; Towner, *Letters to Timothy and Titus*, p. 360 ; Van Neste, *Cohesion and Structure*, p. 61.

125. Gourgues, *Les deux lettres à Timothée*, p. 197.

126. Fee, *1 and 2 Timothy, Titus*, p. 127-128. Pour : Pietersen, « Magic/Thaumaturgy and the Pastorals », p. 33-34.

127. Schlosser, « Le ministère de l'episcopè », p. 581.

toute dignité, avec compétence (vv. 22-25) ?[128] Ce questionnement n'a pas pour seul mérite la pertinence ; il nous indique aussi une structure possible de notre péricope[129] :

vv. 17-18 : La rémunération des presbytres

vv. 19-21 : La discipline des presbytres

vv. 22-25 : La sélection minutieuse des presbytres

3. Interprétation de 1 Timothée 5.17-25

3.1. La rémunération des presbytres (vv. 17-18)[130]

Οἱ καλῶς προεστῶτες πρεσβύτεροι διπλῆς τιμῆς ἀξιούσθωσαν, μάλιστα οἱ κοπιῶντες ἐν λόγῳ καὶ διδασκαλίᾳ. Les presbytres ont la responsabilité d'être à la tête de la communauté et d'en prendre soin (προΐστημι, « gouverner », « diriger », « orienter »)[131]. S'ils exercent une responsabilité de direction au sein de l'Église locale, c'est sous l'autorité de l'apôtre Paul et de Timothée, son délégué. Leur conduite personnelle n'est pas sans incidence sur la vie de l'Église, en interne, et de son renom, en externe ; d'où la nécessité pour Timothée de s'intéresser à eux en priorité.

Au nombre des anciens en activités (προεστῶτες, participe parfait), l'auteur accorde une attention toute particulière à ceux qui dirigent *bien*. D'où l'usage de l'adverbe καλῶς. Il est opportun de lui conserver ici les mêmes notions de « beau, noble[132] » avec une portée morale, c'est-à-dire une conduite « exemplaire, louable[133] ». Autant l'admettre, son emploi va bien au-delà du

---

128. Dornier, *Les Épîtres pastorales*, p. 95.

129. Pour une structure en chiasme de la péricope (A-B-B'-A'), voir Meier, « Presbyteros in the Pastoral Epistles », p. 335-337 : A (+) (good elders, vv. 17-18) – B (-) (sin and prevention, vv. 19-22) – digression (v. 23) - B' (-) (sin and prevention, v. 24) – A' (+) (good candidates, v. 25).

130. Signalons, d'une part, que le v. 17 marque le lien entre 5.17-25 et la précédente péricope consacrée aux veuves (5.6-16) où il est question de l'entretien ou de la rémunération (cf. τιμή, v. 17 et ἐπαρκέω, v. 16) de ces dernières. D'autre part, les vv. 17-18 forment une unité littéraire : tous à la troisième personne du singulier et rattachés entre eux par γὰρ (« en effet »), avec le verbe ἀξιόω (v. 17) ayant pour répondant l'adjectif ἄξιος (v. 18).

131. *GEL* 36.1 ; *BAGD* (2000), p. 870.

132. Cf. H. G. Liddell et R. Scott, *LSJM*, Oxford, 1968, p. 683-684.

133. *BAGD* (1979), p. 401s.

simple compliment, comme le suggère R. A. Campbell[134], ou du jugement quantitatif, avancé par J. P. Meier[135] ; καλῶς initie plutôt un jugement de valeur sur la manière dont les anciens gouvernent. En clair, l'auteur fait une nette distinction entre les anciens qui « dirigent bien » (καλῶς προεστῶτες) et ceux qui le font moins bien[136].

Que des anciens exercent leur ministère « convenablement, de manière appropriée[137] », par opposition à ceux dont le ministère est de moindre qualité, ils méritent un « double honneur » (διπλῆς τιμῆς). Que signifie cette dernière expression ? Une unanimité de sens se dégage autour de τιμή : soit le « respect » de la communauté pour ses responsables, soit une « rémunération » en argent ou en nature[138]. Le verset 18, nous semble-t-il, fait préférer la deuxième lecture, celle d'un soutien matériel concret[139]. Toutefois, ces deux aspects ne sont pas nécessairement à opposer : « l'ancien irréprochable mérite à la fois considération plus grande et salaire plus élevé (litt. "double salaire", mais l'idée de duplication n'est pas à prendre en rigueur mathématique)[140]. » Finalement, ce qui est attendu de l'Église d'Éphèse c'est un élan de générosité[141] envers les anciens qui peinent (κοπιάω, « dur travail, labeur »)[142] « au ministère de la parole et de l'enseignement ».

---

134. CAMPBELL, *The Elders*, p. 201. L'auteur estime qu'il n'y a aucune distinction entre ceux qui « dirigent » et ceux qui « dirigent bien ». L'adverbe καλῶς serait un écho à « belle œuvre » en 1 Tm 3.1 et ferait partie du langage du compliment.

135. Le « double salaire » serait une juste rétribution de la peine (temps investi) que certains se donnent au ministère (MEIER, « Presbyteros in the Pastoral Epistles », p. 327).

136. BÉNÉTREAU, *Les Épîtres pastorales*, p. 244.

137. *BAGD* (1979), p. 401.

138. SPICQ, *Les Épîtres pastorales* (1969), p. 542, rend compte de la variété de sens et d'usage du mot τιμή.

139. En faveur d'une rémunération, voir, par exemple, ELLIS, « Paul and His Co-workers », p. 443-444. Contre : lire avec intérêt, J. A. Kirk, « « Did 'Officials' in the New Testament Church receive a salary? », *ET* 84, 1972-1973, p. 105-108.

140. DORNIER, *Les Épîtres pastorales*, p. 95 ; SPICQ, *Les Épîtres pastorales* (1969), p. 542.

141. « Que celui à qui l'on enseigne la Parole donne une part de tous ses biens à celui qui l'enseigne » (Ga 6.6), tel est le principe qui se dégage ici (cf. aussi Rm 15.27 ; 1 Co 9.6-7, 14). Et même si pour des raisons diverses Paul a pu renoncer quelque fois à cet avantage (cf.1 Co 9.3-18 ; 1 Th 2.7-9), ce principe demeure et fonde l'opportunité du soutien matériel au ministère évangélique.

142. KNIGHT, *Pastoral Epistles*, p. 232, se donne la peine de préciser que Paul utilise ce mot plus que tout autre auteur du NT (14 fois sur 22 emplois). Il le fait en relation avec le travail physique (1 Co 4.12 ; Ep 4.28 ; 2 Tm 2.6), son propre labeur mental et spirituel (1 Co 15.10 ; Ga 4.11 ; Ph 2.16 ; Col 1.29 ; 1 Tm 4.10) et celui des autres ministres (1 Co

Combien de groupes de presbytres faut-il distinguer à la lumière de 1 Timothée 5.17 ? J. Calvin, par exemple, en distingue deux : ceux qui exercent la fonction pastorale et administrative de l'Église et ceux qui ont reçu un appel particulier pour l'enseignement de la Parole[143]. Cette vue est loin de faire l'unanimité. Le texte mettant d'emblée en relief les presbytres qui consacrent leurs efforts « *à la Parole et à l'enseignement* », comment justifier ce souci d'une reconnaissance particulière des efforts de ces derniers ?

La difficulté, nous semble-t-il, se résout par la réponse aux questions suivantes : le verbe προΐστημι a-t-il un sens technique ou une acception inclusive ? Ou encore quelle est la fonction de l'adverbe μάλιστα ?

La fonction des presbytres consiste à diriger (προεστῶτες) et le verbe προΐστημι désigne tout type de direction au sein de la communauté ; il n'est donc pas un terme technique en tant que tel et couvre une diversité de tâches[144].

L'adverbe μάλιστα « par-dessus tout, surtout[145] », « spécialement[146] », a aussi cette connotation inclusive[147]. Pour S. Bénétreau, il semble que les « Anciens qui "dirigent bien" ne sont pas tous des prédicateurs ou des enseignants réguliers[148] ». Nous pouvons donc inclure ceux qui enseignent au nombre de ceux qui dirigent. Nous sommes sans ignorer l'importance d'une

---

15.10 ; 16.10 ; 1 Th 5.12 ; 1 Tm 4.10). Le verbe κοπιάω est donc générique chez Paul, pour parler des activités du ministère. Pour P. DORNIER, il ne faut donc pas voir nécessairement ici l'idée de fatigue (*Les Épîtres pastorales*, p. 95). Le verbe met surtout l'accent sur les activités de proclamation de l'Evangile qui ne vont pas, bien entendu, sans effort et labeur.

143. J. CALVIN, *Institution de la religion chrétienne* IV.XI.1. Pour une défense de Calvin, voir E. MCKEE, « Les anciens et l'interprétation de 1 Tm 5.17 chez Calvin : une curiosité dans l'histoire de l'exégèse », *RTP* 120, 1988, p.411-417.

144. JOHNSON, *First and Second Letters to Timothy*, p. 278 : « Cela montre clairement que la responsabilité fondamentale de l'ancien consiste à diriger, avec d'autres pratiques qui en dérivent, en fonction, peut-être, des besoins et des dons » (Citation en version originale : « It makes clear that the basic responsibility on the elder is governing, with other practices engaged according, perhaps, to need or gift »).

145. *GEL* 78.7 ; *BAGD* (1979), p. 489.

146. H. B. KIM, « The Interpretation of μάλιστα in 1 Timothy 5:17 », *NT* 46, 2004, p. 360.

147. QUINN et WACKER, *First and Second Letters to Timothy*, p. 460 ; TOWNER, *Letters to Timothy and Titus*, p. 361.

148. BÉNÉTREAU, *Les Épîtres pastorales*, p. 244.

prédication juste et d'un enseignement correct dans les Pastorales, d'où la prééminence accordée à cette tâche[149].

Le principe évoqué au verset 17 trouve un appui dans l'Écriture : λέγει γὰρ ἡ γραφή· βοῦν ἀλοῶντα οὐ φιμώσεις, καί· ἄξιος ὁ ἐργάτης τοῦ μισθοῦ αὐτοῦ, « *Tu ne muselleras pas le bœuf qui moud le grain* » (v. 18a). La recommandation est tirée de l'AT (Dt 25.4 ; cf. 1 Co 9.9) : de même que le bœuf à la peine mérite un « salaire », il en sera ainsi du porteur de l'Évangile. Une seconde citation vient renforcer la première : « *L'ouvrier mérite son salaire* » (v. 18b)[150].

3.2. La discipline des presbytres (vv. 19-21)

Versets 19-20 : κατὰ πρεσβυτέρου κατηγορίαν μὴ παραδέχου, ἐκτὸς εἰ μὴ ἐπὶ δύο ἢ τριῶν μαρτύρων. Τοὺς ἁμαρτάνοντας ἐνώπιον πάντων ἔλεγχε, ἵνα καὶ οἱ λοιποὶ φόβον ἔχωσιν.

Le participe présent actif ἁμαρτάνοντας (« ceux qui pèchent[151] », v. 20) indique que des presbytres commettent des fautes ; l'hypothèse selon laquelle certains y persévèrent est même plausible[152]. Elles sont suffisamment graves pour justifier la « comparution » des fautifs[153]. La responsabilité de juger de leur culpabilité revient à Timothée. Il fera preuve de prudence : « *Contre un*

---

149. M. Gourgues, « Les pouvoirs en voie d'institutionnalisation dans les épîtres pastorales », *RTL*, 41, 2010, p. 488 : « On sait l'importance qu'accorde 1 Tm à la saine διδασκαλία dans une situation ecclésiale exposée aux méfaits de l'ἑτεροδιδασκαλεῖν (1.3, 10 ; 6.3). Peut-être est-ce ce qui explique que, dans une telle situation critique, certains presbytres, aptes à exercer cette tâche d'enseignement, soient appelés à ajouter celle-ci à la tâche normale (parfait προεστῶτες) de direction et de présidence qui leur revient au sein de la communauté ».

150. « ὁ ἐργάτης τοῦ μισθοῦ αὐτοῦ ». Cette citation n'est pas directement tirée de l'AT. Il serait toutefois imprudent d'affirmer qu'elle ne peut être couverte par la formule « *L'Écriture dit* ». Sans doute qu'elle provient d'une citation du Christ (cf. Lc 10.7) ou d'un proverbe connu de l'époque. Pour poursuivre la réflexion, voir A. E. Harvey, « "The Workman is worthy of his hire": Fortunes of a Proverb in the Early Church », *NT* 24, 1982, p. 209-221.

151. Cf. *GEL* 88.289.

152. Cf. Mounce, *Pastoral Epistles*, p. 312 ; Towner, *Letters to Timothy and Titus*, p. 370 ; Hanson, *Pastoral Epistles*, p. 102, « those who persist in sin »).

153. Quelle est la nature de ces péchés ? Il pourrait s'agir de fautes morales (cf. ceux de certaines « jeunes veuves ») sans toutefois exclure les déviances doctrinales, vu le contexte de l'Église d'Éphèse. Pour un regard global sur la question, à partir de 1 Tm 1.9-10 ; 6.4-5 ; 2 Tm 3.2-5 et Tt 3.3, voir N. J. McEleney, « The Vice Lists of the Pastoral Epistles », *CBQ* 36, 1974, p. 203-219.

presbytre, n'accepte une accusation que sur déposition de deux ou trois témoins » (v. 19). Il s'agit d'un recours à l'exigence traditionnelle des deux ou trois témoins indiquée dans le Deutéronome (17.6 ; 19.15)[154].

Si l'accusation est fondée, Timothée doit « réprimander » (ἐλέγχω)[155] le coupable et stigmatiser sa conduite indigne (v. 20a). Le verbe ἐλέγχω relève ici du judiciaire : « convaincre d'une faute[156] », au sens d'établir la culpabilité d'une personne. Cela revient à deux choses : corriger la personne en lui faisant découvrir son péché et la conduire à la repentance[157]. Il le fera *« devant tous, afin que les autres aussi éprouvent de la crainte »* (v. 20b). Dans quel sens faut-il comprendre ἐνώπιον πάντων ? M. Gourgues suggère un rapprochement avec la procédure décrite en Matthieu 18.16 ; les démarches d'abord effectuées en présence d'un groupe restreint de témoins le sont par la suite en présence de toute la communauté. Ainsi, « devant tous » est à comprendre en relation avec toute la communauté plutôt qu'avec le groupe restreint des presbytres[158]. La démarche est motivée : *« afin que (ἵνα) les autres aussi éprouvent de la crainte »*. Οἱ λοιποί (« les autres »), en revanche, désigne les presbytres : il est souhaitable qu'ils *éprouvent de la crainte*, mesurent la gravité du péché et trouvent là une stimulation à marcher en toute piété[159].

Verset 21 : Διαμαρτύρομαι ἐνώπιον τοῦ θεοῦ καὶ Χριστοῦ Ἰησοῦ καὶ τῶν ἐκλεκτῶν ἀγγέλων, ἵνα ταῦτα φυλάξῃς χωρὶς προκρίματος, μηδὲν ποιῶν κατὰ πρόσκλισιν.

---

154. Il ne s'agit pas d'une accusation portée par une personne *devant* deux ou trois témoins mais d'une accusation présentée *par* deux ou trois personnes, se constituant elles mêmes « témoins ». La concordance de leur déposition est décisive pour l'établissement de la vérité. Cette procédure est reprise ailleurs dans le NT, voir 2 Co 13.1 ; Mt 18.16.

155. *GEL* 33.417 ; *BAGD* (1979), p. 249.

156. Cf. *DGF* (BAILLY), p. 642.

157. Cf. F. BÜCHSEL, *TDNT* II, p. 474.

158. Gourgues, *Les deux lettres à Timothée*, p. 201. D'un même avis, BÉNÉTREAU, *Les Épîtres pastorales*, p. 246 précise que le manquement pouvant être connu de plusieurs membres de l'Église, la discipline est à exercer devant la totalité de la communauté plutôt que devant le collège des Anciens. Pour : D. A. MAPPES, « The Discipline of a Sinning Elder », *BS* 154, p. 336-337. Contre : SPICQ, *Les Épîtres pastorales* (1969), p. 545.

159. BÉNÉTREAU, *Les Épîtres pastorales*, p. 246. Certains commentateurs considèrent que le v. 20 concerne « les pécheurs » (τοὺς ἁμαρτάνοντας) d'une manière générale et non les presbytres. La position est difficilement tenable. D'une part, le participe présent indique qu'il s'agit de fautes précises commises par les presbytres. D'autre part, la péricope 5.17-25 forme un ensemble homogène relatif aux presbytres. C'est à la lumière de ce contexte qu'il faut d'interpréter le v. 20.

Dans l'exercice de sa fonction judiciaire, Timothée doit éviter tout préjugé et toute partialité. Le nom πρόκριμα, « préjugé, discrimination[160] » indique un jugement fait d'avance (κρίμα, « jugement » + προ, « avant »), sur la base de préférence injustifiée, donc « avec préjugé[161] ». Or ce qui est attendu du juge, c'est l'objectivité : « ne jugeant pas avant l'enquête, ne jugeant que d'après l'enquête[162]. » Πρόσκλισις, « partialité, préjugé[163] » indique une préférence injustifiée pour quelqu'un ou quelque chose[164]. Tout le contraire de ce qui est attendu de Timothée (« χωρὶς προκρίματος »).

D'où l'adjuration particulièrement solennelle que Paul lui adresse : « *Je t'adjure devant Dieu, le Christ-Jésus et les anges élus, applique ces choses* » (v. 21). Il n'est pas excessif de voir en toile de fond du jugement rendu par Timothée le jugement eschatologique[165]. Si Paul invoque Dieu le Père et son Fils, le Christ-Jésus, c'est parce que le jugement final leur appartient. Timothée gardera cela à l'esprit. Aussi, s'il exerce sa charge de « juge », c'est en tant que leur « représentant » ; lui-même comparaîtra devant le tribunal de Dieu[166]. La mention des bons anges (à l'opposé de ceux qui se révoltés, cf. 2 P 2.4 ; Jude 6) se justifie : c'est escorté de tous les anges (Mt 24.31 ; 25.31 ; 2 Th 1.7, etc.) que le jugement eschatologique sera rendu par Dieu.

En somme, la trilogie des « témoins » sollicitée, en plus des témoins humains, marque l'esprit du lecteur : elle fait saisir le sérieux de la discipline dans l'Église et la nécessité de l'exercer selon les normes divines de justice et d'impartialité[167]. Le pronom ταῦτα (ces choses) se réfère justement à ces justes dispositions à prendre en cas de défaillance notoire des presbytres (5.19-20)[168].

---

160. *GEL* 30.79 ; *BAGD* (1979), p. 708.
161. Mounce, *Pastoral Epistles*, p. 316.
162. Spicq, *Les Épîtres pastorales* (1969), 179.
163. *GEL* 88.241 ; *BAGD* (1979), p. 716.
164. Cf. KJV : « without preferring one before another ».
165. Dornier, *Les Épîtres pastorales*, p. 96.
166. Kelly, *Commentary on the Pastoral Epistles*, p. 127.
167. J. W. Fuller, « Of Elders and Triads in 1 Timothy 5. 19-25 », *NTS* 29, 1983, p. 262.
168. Guthrie, *Pastoral Epistles*, p. 107 ; Mounce, *Pastoral Epistles*, p. 316. En plus de cela, Spicq, *Les Épîtres pastorales* (1969), p. 546 rattache ταῦτα à ce qui suit (5.22s), l'objectivité et l'impartialité devant être aussi de rigueur dans la sélection des candidats au presbytérat.

3.3. La sélection minutieuse des presbytres (vv. 22-25)

Verset 22 : χεῖρας ταχέως μηδενὶ ἐπιτίθει μηδὲ κοινώνει ἁμαρτίαις ἀλλοτρίαις· σεαυτὸν ἁγνὸν τήρει.

De la malheureuse expérience de la défection de certains presbytres, Timothée devra tirer des leçons pour lui-même. L'une, en relation avec son agir pastoral (v. 22a) et l'autre, en relation avec sa vie personnelle (v. 22b).

P. Dornier fait bien de le noter, les reproches publics adressés à un presbytre ont nécessairement un caractère pénible et mieux vaudrait ne jamais avoir à en faire[169]. Aussi, si les éviter totalement relève de l'illusion, il est du moins possible d'en limiter le nombre. D'où l'appel à se garder de toute précipitation dans la désignation des presbytres, achevée par le rite de l'imposition des mains : « *N'impose les mains hâtivement à personne* » (v. 22a).

Nous entendons ici l'imposition des mains comme un rite de reconnaissance publique ou de consécration à un ministère donné (cf. 1 Tm 4.12 ; 2 Tm 1.6 ; Ac 6.6 ; 13.3). Nous le soulignions, une telle lecture ne fait pas l'unanimité. Tertullien y voyait déjà un rite de réconciliation des pécheurs[170]. Cette vue sera relayée, entre autres, par P. Galtier[171] et Murphy O'Connor[172]. Et pourtant, l'absolution des péchés par l'imposition des mains ne trouve aucun précédent à l'époque apostolique, encore moins dans le NT. En réalité, les premières traces ne remontent qu'au IIIe siècle[173].

Rappelons la spécificité de notre péricope : elle constitue un développement sur le ministère des presbytres ; elle est loin d'être un texte relatif à l'ensemble des croyants. Timothée a été bénéficiaire de cette consécration au ministère. À présent, il lui revient de présider pareil rite, dans la même ligne de pensée : la reconnaissance publique d'un ministère[174]. Le fait-il seul ou avec le collège des presbytres ? Lui seul est mentionné : il est le représentant de l'apôtre, celui qui est désigné pour mettre de l'ordre dans l'Église.

---

169. Dornier, *Les Épîtres pastorales*, p. 97.

170. De la pudicité 18,9.

171. Aux deux articles de l'auteur précédemment cités, il convient d'ajouter : « Imposition des mains », *Dictionnaire de Théologie Catholique* VIII, B, col. 1303-1314.

172. P. Galtier, « Péché et Communauté dans le Nouveau Testament », *RB*, 1967, p. 173-175.

173. Cf. la liste des témoins chez Gourgues, *Les deux lettres à Timothée*, p. 196.

174. D. A. Mappes, «The "Laying of Hands" of Elders », *BS* 154 (1997), p. 476-477, 479.

À ce titre, il a pour tâche de désigner et de mettre en place des presbytres. Toutefois, il n'est pas exclu qu'il l'accomplisse en sollicitant le collège des presbytres (cf. 1 Tm 4.14).

En tout état de cause, Paul se veut directif : la désignation des presbytres, achevée par l'imposition des mains, devra être l'aboutissement d'un processus, fait d'enquête, de jugement de valeur. Agir d'une manière inconsidérée, c'est courir le risque de *participer aux péchés d'autrui* (ἁμαρτίαις ἀλλοτρίαις, v. 22a).

Certes, les *péchés d'autrui* sont ceux des presbytres fautifs. Toutefois, le texte met en avant un principe redoutable : la responsabilité de celui qui recommande et contribue à mettre en place un responsable est engagée, lorsque ce dernier se rend coupable de faute. Le principe de la co-responsabilité est loin de suggérer que les péchés d'un responsable sont mis au compte de celui qui l'a établi. Le pécheur en porte l'entière responsabilité. L'accent porte plutôt sur la nécessité d'un choix discerné, au risque d'être complice (κοινωνέω, « prendre part, communier à ») des péchés passés ou futurs d'autrui[175]. De ce fait, la circonspection dans l'agir pastoral de Timothée doit être de rigueur. Tout comme l'intégrité dans sa vie personnelle : « *Toi-même, garde-toi pur* » (v. 22b).

Le verbe τηρεῖν est fréquent dans l'acception : « préserver du mal, rester intact, sans reproche[176]. » L'adjectif ἁγνός signifie « pur », « sans défaut »[177]. Il a le sens d'*intégrité* (Ps 19.10), comme l'ἁγνεία de 1 Timothée 4.12, avec une triple valeur juridique (sans dommage), morale (innocence et rigueur), religieuse (consacré)[178]. Somme toute, le commandement σεαυτὸν ἁγνὸν τήρει consiste à se *garder soi-même sans reproche*. Mais de quoi Timothée doit-il se garder pur ?

L'expression « σεαυτὸν ἁγνὸν τήρει » est à comprendre à la lumière des versets 22a, 21 et 19-20[179]. En effet, Timothée ne doit pas accepter une accusation contre un presbytre sur la base d'un témoignage non fondé, et il doit faire face à ceux qui persistent dans leur péché (vv. 19-20). En le

---

175. MEIER, « Presbyteros in the Pastoral Epistles », p. 333-334.
176. SPICQ, *Les Épîtres pastorales* (1969), p. 548 (cf. Jn 17.15 ; Jc 1.27 ; 1 Jn 3.3).
177. *GEL* 88.28; *BAGD*, (1979), p. 12.
178. SPICQ, *Les Épîtres pastorales* (1969), p. 548.
179. MOUNCE, *Pastoral Epistles*, p. 318.

faisant, il doit se donner la peine d'être sûr qu'il ne fait rien avec discrimination ou partialité (v. 21). De la même manière, il doit être prudent dans la nomination des presbytres (v. 22a). C'est ainsi que Timothée se gardera lui-même pur (v. 22b). Il est à rappeler que l'adjectif ἁγνός a aussi un sens moral. Comme tel, il signifie « être libre de péché[180] ». L. T. Johnson note que dans le contexte d'Éphèse, « se garder pur » signifie pour Timothée s'éloigner des inconvenances financières et sexuelles dans lesquelles certains presbytres semblent être tombés[181]. Cela va de soi, un responsable appelé à discipliner les autres se doit d'être lui-même au-dessus de tout reproche[182].

Verset 23 : Μηκέτι ὑδροπότει, ἀλλὰ οἴνῳ ὀλίγῳ χρῶ διὰ τὸν στόμαχον καὶ τὰς πυκνάς σου ἀσθενείας.

Si ce passage constitue, assurément, une digression dans le développement de la pensée de Paul, les versets 24 à 25 reviennent sur la nécessité du discernement évoqué au verset 22[183]. S'il est recommandé à Timothée de ne pas *imposer hâtivement les mains* aux candidats mais de s'accorder le temps du discernement, c'est justement parce qu'il y a des péchés qui mettent du

---

180. F. Hauck, *TDNT* I, p. 122.
181. Johnson, *First and Second Letters to Timothy*, p. 281.
182. Kelly, *Commentary on the Pastoral Epistles*, p. 128.
183. La recommandation du v. 23 aurait semblé bien à sa place si les v. 24-25 ne revenaient pas sur la nécessité du discernement. Ainsi, la vraie question n'est pas tant sur la recommandation elle-même que sur son emplacement. Le fait est connu : Timothée souffrait de *fréquentes indispositions*, notamment des douleurs à l'estomac. Apparemment, il ne buvait que de l'eau. Le faisait-il par commodité, par économie ou pour des motifs religieux ? (Pour un condensé des hypothèses ayant cours, voir Bénétreau, *Les Épîtres pastorales*, p. 248). Les vertus médicales d'un usage modéré du vin (ὀλίγῳ, « un peu ») étant connues, Paul y voit toute son utilité pour la santé de son collaborateur. Il ne condamnera que les excès de boisson (cf. 1 Tm 3.3, 8, 11 ; 1 Co 8.13 ; Ep 5.18). En somme, Paul appelle Timothée à une bonne hygiène de vie. Reste alors cette objective impression d'un emplacement incongru de la recommandation. En dépit des efforts de certains commentateurs pour établir un lien logique entre le v. 23 et ce qui précède (Pour les références, voir Marshall, *Critical and Exegetical Commentary*, p. 623-624), l'explication la plus plausible demeure celle d'une digression attestant la liberté de rédaction de Paul (Bénétreau, *Les Épîtres pastorales*, p. 249-250). Développant sa pensée sur la responsabilité de Timothée envers les presbytres, Paul se rappelle certains handicaps physiques de ce dernier. Il s'empresse alors d'introduire un conseil pratique avant de reprendre le cours normal de sa pensée sur les ministères. Ce type de rupture plaiderait d'ailleurs en faveur d'une authenticité paulinienne des Pastorales (Kelly, *Commentary on the Pastoral Epistles*, p. 128).

temps à se manifester (v. 24) tout comme, dans certains cas, des qualités qui n'apparaissent qu'avec le temps (v. 25)[184].

Versets 24-25 : Τινῶν ἀνθρώπων αἱ ἁμαρτίαι πρόδηλοί εἰσιν προάγουσαι εἰς κρίσιν, τισὶν δὲ καὶ ἐπακολουθοῦσιν· ὡσαύτως καὶ τὰ ἔργα τὰ καλὰ πρόδηλα, καὶ τὰ ἄλλως ἔχοντα κρυβῆναι οὐ δύνανται.

En effet, « *les péchés de certains hommes sont manifestes, avant même qu'on les juge* » (v. 24a). L'adjectif πρόδηλος (« évident[185] ») décrit quelque chose qui est « clair, connu de tous[186] ». Lorsque les péchés de certains hommes sont connus à ce point, ils proclament, tels des hérauts, leur inaptitude au ministère de presbytre. Bien plus, ces péchés les placent au-devant (προάγω, « aller [au] devant[187] ») d'un jugement dont la nature reste à déterminer.

Est-ce un jugement divin ultime[188] ou un jugement prononcé par les hommes, les responsables de l'Église ?[189] Il n'est sans doute pas nécessaire d'être ici dogmatique. En effet, si le contexte du verset 19 est celui d'une comparution devant Timothée, « le jeu manifeste/caché qui domine ces versets renvoie plus sûrement au tribunal céleste[190] ».

Ainsi, s'il est de la charge immédiate de Timothée de juger les péchés évidents, il va sans dire que le jugement ultime aura pour instance le tribunal

---

184. Gourgues, *Les deux lettres à Timothée*, p. 202, suggère que l'on rattache les v. 24-25 à l'ensemble de la péricope où il est successivement question d'aspects positifs (v. 17-18) et d'aspects négatifs (v. 19-22). Ainsi, ils pourraient s'insérer entre les v. 19 et 20 : « en cas de dénonciation, avant de prononcer un jugement, prends le temps de bien regarder, car il y a des cas faciles à juger, d'autres non ». Ou encore se comprendre en relation avec le v. 21 qui touche à l'impartialité et au non-favoritisme : « efforce-toi de bien voir le cas objectivement et non tel qu'il peut t'apparaître subjectivement ; il ne faut pas donner raison aux accusateurs parce que les accusations rencontrent tes préjugés ». Le χωρὶς προκρίματος du v. 21 trouverait, en quelque sorte, son explication en 5.24-25.

185. *GEL* 28.60 ; *BAGD* (1979), p. 704.

186. *BAGD* (2000), p. 867.

187. *GEL* 15.153 ; *BAGD* (1979), p. 702 ; Dibelius et Conzelmann, *Pastoral Epistles*, p. 81.

188. Dibelius et Conzelmann, *Pastoral Epistles*, p. 81. Guthrie, *Pastoral Epistles*, p. 120-121 ; Kelly, *Commentary on the Pastoral Epistles*, p. 129 ; Towner, *Letters to Timothy and Titus*, p. 377-378 ; Marshall, *Critical and Exegetical Commentary*, p. 625-626.

189. Lenski, *Interpretation of St. Paul's Epistles*, p. 690-692 ; Fee, *1 and 2 Timothy, Titus*, p. 132-133 ; Mounce, *Pastoral Epistles*, p. 319-320 ; Knight, *Pastoral Epistles*, p. 241-242.

190. Bénétreau, *Les Épîtres pastorales*, p. 250.

de Dieu. Cela importe puisque « *chez d'autres, au contraire, ils* [*les péchés*] *ne le deviennent qu'après* » (v. 24b). Il est donc clair que tout ce qui échappe au jugement humain, parce que « caché », deviendra, au temps indiqué, manifeste devant Dieu ; une réalité perçue comme une consolation pour Timothée[191].

De même, si certaines « bonnes œuvres » sont immédiatement évidentes (πρόδηλος), d'autres n'apparaissent qu'à la longue (v. 25). Un examen hâtif fait courir le risque d'exclure un candidat parfaitement apte mais dont les qualités ne sont pas encore perceptibles. Heureusement, Dieu les fera connaître (1 Co 4.5).

Quel est le contenu du modèle de vie et de service que le ministre de Dieu est appelé à offrir ? À l'étude de notre péricope, il convient de retenir ce qui suit :

(1) L'honneur qui se rattache au ministère n'est pas dû au titre mais au travail accompli. Par probité morale, le bon ministre travaille, au mieux de ses capacités, pour mériter sa rémunération. Le bon ministre est déterminé à bien travailler pour son Seigneur ; (2) L'appel au ministère est un appel à exercer la discipline au sein de la communauté ecclésiale. Le bon ministre est crédible : il est au-dessus de tout reproche, se tenant lui-même discipliné. Le bon ministre est saisi du sérieux de sa « fonction judiciaire » : il l'exerce avec les normes divines de justice et d'impartialité, comme devant comparaître lui aussi au tribunal de Christ ; (3) L'appel au ministère est un appel à diriger, à décider. Le bon ministre ne décide pas inconsidérément. Il prend des décisions circonspectes et discernées, à cause du poids qu'elles représentent ; (4) Ce qui disqualifie le ministre et le ministère, c'est le péché. L'appel au ministère est un appel à se garder soi-même pur. Le bon ministre est intègre. C'est une norme décisive.

La problématique de la relation presbytres-épiscope : Tite 1.5-9

⁵*Si je t'ai laissé en Crète, c'est pour que tu achèves d'organiser ce qui doit l'être encore et que tu établisses dans chaque ville des*

---

191. Hanson, *Pastoral Epistles*, p. 478.

presbytres, comme je te l'ai moi-même prescrit. ⁶*S'il se trouve quelqu'un d'irréprochable, homme d'une seule femme, ayant des enfants croyants, qui ne soient pas accusés d'inconduite ni d'insoumission.* ⁷*Il faut en effet que l'épiscope en tant qu'intendant de Dieu soit irréprochable ; ni arrogant, ni coléreux, ni adonné au vin, ni violent, ni avide de gain honteux.* ⁸*Il doit être hospitalier, ami du bien, pondéré, juste, saint, maître de soi,* ⁹*attaché à la Parole digne de foi, conforme à la doctrine. Ainsi il sera capable d'exhorter dans la saine doctrine et de reprendre les contradicteurs.*

Le NT reste silencieux sur la fondation de l'Église en Crète. Toutefois, le fait que Paul ait laissé Tite en Crète suppose qu'il ait été avec lui. G. W. Knight estime que l'occasion d'un tel séjour s'insère au mieux dans la vie de Paul durant un voyage après sa libération de la première captivité romaine. Sans doute les efforts d'évangélisation des deux messagers ont-ils été couronnés de succès dans plusieurs villes de l'île ; ils n'eurent malheureusement pas le temps d'y retourner pour fortifier les croyants et organiser les Églises en instituant les anciens[192]. Paul va donc laisser Tite en Crète en vue (τούτου χάριν, « pour cette raison ») de structurer et d'organiser l'Église (vv. 5-9). La vie de plus d'une Église locale en dépendait, surtout dans un contexte de lutte contre les contradicteurs (vv. 10-16)[193].

La péricope Tite 1.5-9 ne se présente pas d'emblée comme un ensemble homogène. Alors que les précédents textes se particularisaient par une unité thématique (1 Tm 3.1-7 pour l'épiscope et 1 Tm 5.17-22 pour les presbytres), notre péricope utilise à la fois les vocables « presbytres » et « épiscope ».

En effet, la péricope Tite 1.5-9 met le lecteur en présence de deux catalogues de qualités, l'un, plus bref (v. 6), se rapporte aux presbytres et l'autre,

---

192. Knight, *Pastoral Epistles*, p. 287-288.
193. La situation de l'Église en Crète était bien différente de celle d'Éphèse. Ici, il s'agissait de plusieurs communautés dans plusieurs villes de la Crète. Au 1ᵉʳ siècle de l'ère chrétienne, bien que n'ayant plus son rayonnement d'autrefois, la Crète comptait encore plus d'une vingtaine de villes et ses ports restaient fort utiles. Ses habitants avaient mauvaise presse (cf. 1.12 : « menteurs, gloutons, paresseux »). Cet état moral déplorable risquait de contaminer l'Église. À cela s'ajoute le danger des prédicateurs déviants. L'Église de Crète étant naissante, la tâche de Tite s'annonçait délicate : établir des anciens dans chaque ville (v. 5) et lutter contre les faux docteurs (v. 10-16). Ces derniers sont d'origine juive (1.11), ont une conduite exécrable (1.16), colportent des « fables juives » (1.14), sont querelleurs (3.9) et causent des divisions dans les familles et dans l'Église (1.11).

plus élaboré (vv. 7-9), se rapporte à l'épiscope. Les catalogues sont reliés entre eux par γὰρ (v. 7 : « il faut *en effet* que l'épiscope soit… »), indiquant ainsi un lien particulier entre eux et entre les deux ministères auxquels ils se rapportent[194].

Sans présupposer trop tôt l'existence de deux ministères distincts, la péricope Tite 1.5-9 pose, nous semble-t-il, la question du lien entre πρεσβύτεροι et ἐπίσκοπος : ces deux termes sont-ils de simples synonymes, désignant ainsi les mêmes personnages, avec des fonctions similaires ? Avant d'y revenir, précisons, sans trop de détails, les qualités requises des presbytres et de l'épiscope.

1. Les qualités requises des presbytres (vv. 5-6)

Versets 5-6 : Τούτου χάριν ἀπέλιπόν σε ἐν Κρήτῃ, ἵνα τὰ λείποντα ἐπιδιορθώσῃ καὶ καταστήσῃς κατὰ πόλιν πρεσβυτέρους, ὡς ἐγώ σοι διεταξάμην, εἴ τίς ἐστιν ἀνέγκλητος, μιᾶς γυναικὸς ἀνήρ, τέκνα ἔχων πιστά, μὴ ἐν κατηγορίᾳ ἀσωτίας ἢ ἀνυπότακτα.

Laissé en Crète (ἀπολείπειν, « laisser derrière soi » ; cf. 2 Tm 4.13 ; 20), Tite avait une mission clairement fixée : « mettre en ordre » (ἐπιδιορθόω) « ce qui reste » (τὰ λείποντα, sens neutre)[195]. Par l'expression τὰ λείποντα ἐπιδιορθώσῃ l'on comprend qu'il ne s'agissait pas d'anarchie complète ; « des efforts ont déjà été consentis, certains progrès enregistrés, mais des manques sont encore béants[196] ». Ce sont justement ces manques que Tite doit combler. Il le fera en établissant (καθίστημι, « nommer[197] », « installer[198] ») des anciens, dans des charges officielles[199]. Cette tâche est urgente

---

194. Gourgues, *Les deux lettres à Timothée*, p. 260.
195. *GEL* 62.4 : « To cause matters to be ordered in the correct manner ». Le verbe ἐπιδιορθόω « mettre en ordre » est un hapax du NT. Pour son substantif, διόρθωμα, voir Ac 24.2 ; 2 Tm 3.16 ; Hé 9.10.
196. Bénétreau, *Les Épîtres pastorales*, p. 293.
197. *BAGD* (2000), p. 492 ; *GEL* 37.104.
198. Dibelius et Conzelmann, *Pastoral Epistles*, p. 132.
199. Le verbe καθίστημι s'emploie pour l'investiture officielle dans une charge (cf. Mt 24.45, 47 ; 25. 21 ; Lc 12.14 ; Ac 6.3 ; Hé 5.1). Établir ce corps d'anciens (πρεσβυτέρους) était-il du seul fait de Tite ou cela impliquait-il une participation de la communauté ? Rien ne semble l'affirmer ou l'exclure. Sans doute la communauté était-elle, pour le moins, consultée (cf. le cas assez évocateur de Ac 6.3-6).

et Tite l'accomplira en se conformant aux instructions données par Paul lui-même (ὡς ἐγώ σοι διεταξάμην, « *comme moi je l'ai prescrit* »).

La clause avec la conjonction ὡς indique le *comment* (la manière) de l'établissement des anciens par Tite et se rapporte à ce que Paul avait déjà dit (cf. διατάσσω à l'aoriste)[200]. C'est en se référant aux critères de choix indiqués par Paul que Tite choisira les anciens, ce que confirme le verset 6a. En effet, la liste des critères de choix, particulièrement brève, est introduite par une conditionnelle dont la protase (εἴ τίς ἐστιν ἀνεπίλημπτος, « *si quelqu'un est irréprochable…* ») n'est pas suivie par une apodose. Cette proposition se rapporte donc aux instructions de Paul et énonce les critères de choix des éventuels candidats au presbytérat.

Le pronom ἐγώ « moi », loin de faire ressortir un quelconque égoïsme de Paul, est ici emphatique (cf. v. 3). Paul s'en sert, avec l'aoriste διεταξάμην, pour indiquer le caractère apostolique de ses mandements[201]. Il faut y voir aussi l'entière autorité apostolique qu'une telle expression confère à Tite (cf. σοι) pour exécuter sa tâche en conformité avec les instructions de l'apôtre[202].

Quelles sont alors les qualités requises pour qu'un éventuel candidat soit admis aux fonctions d'ancien ? Tite s'en tiendra essentiellement à trois (v. 6). La première est englobante : ἀνέγκλητος, « être irréprochable », dans le sens d'avoir une réputation « inattaquable » (cf. 1 Tm 3.2, 10). La seconde est d'ordre conjugal : μιᾶς γυναικὸς ἀνήρ, « homme d'une seule femme ». Nous l'indiquions, cette expression est un appel à une stricte fidélité à son épouse[203]. La dernière qualité est relative à l'expérience familiale. Les presbytres veilleront à la conduite de leurs enfants, pour ne pas courir le risque de décrédibiliser leur ministère. Bien plus, les presbytres doivent *avoir des enfants croyants* (τέκνα ἔχων πιστά). Faut-il entendre ici πιστά au sens de « fidèle, fiable[204] » (Tt 1.9 ; 3.8 ; 2 Tm 2.2) ou au sens de « croyant[205] » (1 Tm 4.3, 10, 12 ; 5.16 ; 6.2) ? Nous admettons avec S. Bénétreau que le

---

200. Cf. *BAGD* (1979), p. 189 ; Col 4.4; Ep 6.20.

201. Spicq, *Les Épîtres pastorales* (1969), p. 601.

202. Cf. Knight, *Pastoral Epistles*, p. 289.

203. Cette exigence est une constance : pour l'épiscope (1 Tm 3.2) ; pour le diacre (1 Tm 3.12a) ; pour la veuve (1 Tm 5.9).

204. Cf. *GEL* 31.86 ; 31.87 ; KJV.

205. Cf. Dibelius et Conzelmann, *Pastoral Epistles*, p. 132 ; Guthrie, *Pastoral Epistles*, p. 184 ; Mounce, *Pastoral Epistles*, p. 389 et la plupart des traductions.

premier sens « rendrait superflues les autres exigences, qui feraient plus ou moins double emploi[206] ». La deuxième lecture (« croyants ») est celle que nous retiendrons. Ainsi, ne peut accéder aux fonctions d'anciens que ceux dont les enfants ont embrassé la foi. Cette nouveauté se saisit à la lumière du contexte spécifique de l'Église de Crète[207]. Finalement, l'exigence familiale du verset 6, celle d'une expérience réussie en tant que père et éducateur, se veut préventive ; l'absence de foi est un facteur de risque d'inconduite (ἀσωτίας) et d'insoumission (ἀνυπότακτα).

La fin du verset 6, μὴ ἐν κατηγορίᾳ ἀσωτίας ἢ ἀνυπότακτα, « *qu'on ne puisse accuser d'inconduite ni d'insoumission* » qualifie négativement l'adjectif πιστά et indique, par conséquent, ce qui ne devrait pas caractériser les enfants croyants[208]. Le nom ἀσωτία, « débauche », « vie dissolue » est normalement associé à l'ivrognerie (cf. Ep 5.18 ; Lc 15.13) et à des vices mondains (1 P 4.4 ; cf. ἀσώτως en Lc 15.13). L'adjectif ἀνυπότακτος signifie « désobéissant[209] ». Ailleurs, Paul l'utilise pour décrire le refus de Dieu et de sa volonté (1 Tm 1.9) ou encore en relation avec de vains discoureurs et autres séducteurs auxquels il faut fermer la bouche (Tt 1.10-11). Le nom τέκνον (1 Tm 3.4, 12) se rapporte ici à des enfants vivants encore sous l'autorité paternelle[210]. « Dans le cadre du foyer, leur statut est celui de la dépendance. Les instructions, par conséquent, limitent la responsabilité des anciens aux enfants qui ne sont pas encore adultes ». Aussi, « il est raisonnable de penser que les attitudes et le comportement des enfants qui sont encore dans le foyer familial donnent une indication sur les capacités d'éducation d'un

---

206. BÉNÉTREAU, *Les Épîtres pastorales*, p. 295.

207. Cette nouvelle exigence est absente de la liste de 1 Tm 3.1-7. Probablement qu'elle témoigne de l'état embryonnaire de l'Église de Crète. Celle d'Éphèse était plus ancienne et des familles, dans leur composante, avaient pu accéder à la foi, ce qui rendait inutile un tel critère. En Crète, par contre, l'Église était naissante et, dans bien de cas, la conversion du père n'a pas entraîné celle de ses enfants. Le fait que de tels pères soient privés du presbytérat était admis : « Les évêques, les prêtres et les diacres ne seront pas ordonnés avant qu'ils n'aient converti à la foi chrétienne tous ceux qui habitent dans leur maison » (décret du canon 18, 3ème concile de Carthage en 397, cf. DORNIER, *Les Épîtres pastorales*, p. 127).

208. KNIGHT, *Pastoral Epistles*, p. 290.

209. *BAGD* (1979), p. 76.

210. KNIGHT, *Pastoral Epistles*, p. 290.

ancien[211] ». Il est heureux qu'un tel critère protège la réputation de la famille, la crédibilité de l'ancien et le rayonnement de l'Église.

2. Les qualités requises de l'épiscope (vv. 7-9)

La présente liste des qualités requises de l'épiscope est proche de celle de 1 Timothée 3.1-7. Le changement de construction attire l'attention : nous passons, sans transition aucune, de la mise en place des anciens (πρεσβυτέρους, pluriel) à la description de l'épiscope (ἐπίσκοπον, singulier)[212]. Avant d'y revenir, attardons-nous, quelque peu, sur les critères de choix du dernier nommé.

> Versets 7-8 : δεῖ γὰρ τὸν ἐπίσκοπον ἀνέγκλητον εἶναι ὡς θεοῦ οἰκονόμον, μὴ αὐθάδη, μὴ ὀργίλον, μὴ πάροινον, μὴ πλήκτην, μὴ αἰσχροκερδῆ, ἀλλὰ φιλόξενον φιλάγαθον σώφρονα δίκαιον ὅσιον ἐγκρατῆ.

Paul commence la liste consacrée à l'épiscope en posant le principe des exigences qui suivront : l'épiscope est un intendant de Dieu (θεοῦ οἰκονόμος).

Dans l'antiquité, l'οἰκονόμος est un homme de confiance à qui un maître confie la gestion de ses biens (cf. Lc 12.42 ; 16.1). Sa responsabilité consiste à garder le patrimoine, ou mieux, à le faire fructifier (cf. Mt 25.14-30). L'Église étant la maison de Dieu (1 Tm 3.15), au double sens d'édifice et de famille, ceux qui exercent des responsabilités sont des « intendants des mystères de Dieu » (1 Co 4.1-2)[213]. D'où la pertinence des exigences familiales au verset 6 (cf. 1 Tm 3.4-5 : l'épiscope doit *bien diriger sa propre maison*). Si dans le monde profane c'est ordinairement un esclave ou un affranchi, l'accent ici est le génitif d'appartenance : de Dieu ; c'est l'excellence du *Kyrios* qui exige des serviteurs parfaits[214].

---

211. TOWNER, *1-2 Timothy and Titus*, p. 225-226.

212. En plus de l'exigence d'avoir des *enfants croyants* (v. 6) et du passage brusque des anciens à l'épiscope (v. 7), signalons quelques autres différences entre les exigences qui couvrent les vv. 6-9 et 1 Tm 3.1-7 : pas d'exclusion des néophytes ; pas de mention explicite de la réputation envers ceux de l'extérieur (TOWNER, *Goal of Our Instruction*, p. 235 montre bien le caractère implicite de cette préoccupation) ; un accent particulier sur la capacité à exhorter et à réfuter les contradicteurs.

213. DORNIER, *Les Épîtres pastorales*, p. 128.

214. SPICQ, *Les Épîtres pastorales* (1969), p. 603.

Il s'ensuit une liste de qualités attendues qui commence par une qualification générale, comme au verset 6, ἀνέγκλητος. Cet adjectif englobant est détaillé à travers une liste de cinq défauts à éviter, avec une construction identique (l'adjectif précédé de μὴ) et de six qualités à rechercher (v. 8). Les adjectifs usités ont tous, pratiquement, leur équivalent en 1 Timothée 3.1-7 et, dans une certaine mesure, en 1 Timothée 3.8-13 pour les diacres. Cette liste, assez explicite, est non spécifiquement chrétienne[215]. Limitons-nous à deux nouveautés (v. 8) : φιλάγαθος et ὅσιος.

Le premier terme, « *ami du bien* », est un hapax néotestamentaire ; il est fréquemment usité dans le monde hellénistique pour honorer des personnages. Le second terme, ὅσιος, généralement traduit par « *saint* », est susceptible de sens divers (« pur, pieux », cf. 1 Tm 2.8)[216]. La paire formée avec le terme δίκαιος (« juste »), décrit la conduite appropriée, respectivement envers Dieu et les hommes[217] ; c'est l'idéal de relation à Dieu et à autrui.

Verset 9 : ἀντεχόμενον τοῦ κατὰ τὴν διδαχὴν πιστοῦ λόγου,
ἵνα δυνατὸς ᾖ καὶ παρακαλεῖν ἐν τῇ διδασκαλίᾳ τῇ ὑγιαινούσῃ
καὶ τοὺς ἀντιλέγοντας ἐλέγχειν.

Alors qu'il s'était limité à énumérer les autres qualités requises, Paul consacre un verset entier à la dernière : l'épiscope doit être *attaché à la Parole digne de foi selon l'enseignement*. Le verbe ἀντέχεσθαι au moyen avec le génitif signifie « saisir », « maintenir », avec une nuance de persistance immuable[218]. L'enjeu ici est celle d'une fidélité à la « parole sûre », à la « saine doctrine » à laquelle il faut pleinement adhérer[219]. Dans un contexte de lutte contre les faux-docteurs, le verset 9 ne fait pas que souligner l'urgence d'une telle qualité ; il explicite la fonction de l'épiscope. Si le verset 7 laissait entrevoir un aspect de la charge de l'épiscope, le verset 9b se veut plus explicite sur

---

215. Pour l'essentiel, cet ensemble décrit l'idéal de vertu du monde antique, dont l'homme public doit être le modèle ; spécifiquement, « il faut donner le spectacle d'un vrai gentleman chrétien » (Spicq, *Les Épîtres pastorales* [1969], p. 432).

216. Pour les termes φιλάγαθος et ὅσιος, voir *BAGD* (1979), p. 858 et p. 585.

217. Mounce, *Pastoral Epistles*, p. 391. Cette dualité se lit aussi en Lc 1.75 ; Ep 4.24 ; 1 Th 2.10.

218. Spicq, *Les Épîtres pastorales* (1969), p. 604.

219. Cf. *GEL* 34.24 : « to join with and to maintain loyalty to ».

sa tâche d'enseignement[220]. En effet, dans la fidélité à la « saine doctrine », il remplira une double fonction : « exhorter » (παρακαλέω) les croyants et « reprendre » (ἐλέγχω) les contradicteurs. Toutefois, il ne s'agit pas de deux activités distinctes mais de deux faces d'une même activité, la prédication fidèle à la saine doctrine ; poursuite d'un enseignement positif et démonstration de l'erreur.

3. Le lien entre presbytres et épiscope

Aux interrogations textuelles de départ, ajoutons une dernière remarque : en Tite 1.6 (visant les anciens), le passage au singulier est déjà fait. Quelle valeur faut-il alors accorder au singulier de l'épiscope au verset 7 ? Avec quelle implication ?

Plusieurs hypothèses sont avancées. La première considère que πρεσβύτερος et ἐπίσκοπος sont interchangeables et désignent les mêmes personnes[221]. La deuxième établit que les épiscopes sont au nombre des presbytres, en particulier ceux qui président ou qui enseignent (1 Tm 5.17)[222]. La troisième est celle du *primus inter pares*, l'épiscope en tant que

---

220. Certes, le v. 7 désigne l'épiscope comme un « intendant de Dieu » (θεοῦ οἰκονόμος) mais il reste moins explicite que le texte de 1 Tm 3.3-4 où il est clairement indiqué que l'épiscope doit savoir diriger sa propre maison, comme preuve de sa capacité à bien diriger l'Église de Dieu. Par contre, 1 Tm 3.2 se montre moins explicite sur la fonction d'enseignement de l'épiscope que Tt 1.9 (où encore que 1 Tm 5.17 qui demeure très explicite sur la fonction d'enseignement de l'ancien).

221. Knight, *Pastoral Epistles*, p. 175 et 291. Pour lui, « Que "ancien" (πρεσβύτερος) ait été un synonyme d'ἐπίσκοπος ressort clairement de Tt 1.5 et Ac 20.17, 28 (cf. 1 P 5.2 ; 1 Tm 5.17) » ; R. E. Brown, « Épiscopê and Episkopos », p. 322-338. L'auteur établit une équivalence entres les termes πρεσβύτερος et ἐπίσκοπος. Les Pastorales (cf. Tt 1.5 et 7 ; 1 Tm 5.1) conjuguent les titres mentionnés en Ph 1.1 et 1 P 5.1 et 5. Deux fonctions sont donc exercéesau sein de la communauté des Pastorales : une fonction supérieure, celle d'« épiscope-presbytres » et une fonction subordonnée, celle de « diacre » (p. 332s). Contre cet aspect, N. Cochand, *Les ministères*, p. 193.

222. Meier, « *Presbyteros* in the Pastoral Epistles », p. 323-339. L'auteur (p. 328) considère que les épiscopes sont issus du cercle des presbytres qui s'adonnent à l'enseignement (cf. 1 Tm 3.1-7 qui mentionne justement ces presbytres-enseignants sous le vocable episkopos). Le singulier de l'épiscope est donc général. Il est déterminé par la source utilisée (un catalogue de qualités requises pour le choix des anciens) et se réfère à un sous-groupe à l'intérieur du corps des anciens. De même, Hauser, *L'Église à l'âge apostolique*, p. 158 : « ceux des presbytres qui exercent un ministère de parole ou de direction sont appelés des "épiscopes" dans les Églises dont les épîtres pastorales reflètent la structure ministérielle ». Voir aussi, Cochand, *Les ministères*, p. 155s.

président du collège presbytéral[223]. La quatrième est celle d'un épiscopat monarchique ; un épiscope unique, clairement différencié des anciens, dirige déjà l'Église locale[224].

La question est difficile et aucune hypothèse ne semble s'imposer définitivement à tous. Pour nous déterminer, sans doute conviendrait-il de partir du titre πρεσβύτερος. Il faut lui concéder au verset 5 son sens technique[225] ; celui d'une personne assumant une charge d'autorité et éventuellement d'enseignement au sein de la communauté (cf. 1 Tm 5.17). Dans ce sens, nous rejoignons, dans une certaine mesure, N. Cochand qui considère πρεσβύτερος comme un titre englobant[226]. Plus précisément, de tels anciens peuvent être appelés épiscopes, ce dernier vocable désignant clairement une fonction de direction et d'administration. Ainsi, l'on remarquera que parfois « la désignation "épiscope" est privilégiée (Ph 1.1 ; 1 Tm 3), parfois c'est celle d'Ancien pour le même type de charge[227] ». « Ce qui est probable, c'est que Paul, sans cesser de parler des anciens, les considère [...] dans la perspective des fonctions d'épiscope qui peuvent éventuellement leur être confiées[228]. » Finalement, nous considérons, pour notre part, que les deux termes sont interchangeables[229].

---

223. Spicq, *Les Épîtres pastorales* (1969), p. 454s, note 1. Le vocable épiscope, à l'origine, devait avoir un emploi modeste, purement administratif, sans doute aussi financier (cf. Ac 11.30). Avec le développement de la société, les tâches d'organisation et de coordination étaient devenues prépondérantes, impliquant un contrôle général aussi bien des personnes que des affaires. Ainsi, l'« Épiscope-Inspecteur » est un « supérieur » de fait, qui s'arroge et se réserve, par la force des choses, des fonctions qui n'avaient pas encore de titulaires spécialisés. L'épiscope devient alors *un primus inter pares*, avec une autorité qui, sans l'être encore, tend vers un épiscopat monarchique. Il faut donc donner une certaine valeur à ce singulier qui désigne la présidence du presbytère. Pour : Kelly, *Commentary on the Pastoral Epistles*, p. 13, 73s ; Contre : Towner, *Goal of our Instruction*, p. 226s.

224. Cf. Campbell, *Elders*, p. 197, les Pastorales n'ont pas été écrites pour faire un amalgame entre les vocables « épiscopes » et « anciens » mais pour légitimer une fonction nouvelle, celle de l'épiscope. Contre : Dibelius et Conzelmann, *Pastoral Epistles*, p. 56.

225. Le terme πρεσβύτερος n'apparaît qu'une fois (v. 5) dans l'épître à Tite et fait référence à un ministère spécifique. Pour le sens ordinaire, l'auteur utilise πρεσβύτης (2.2) et πρεσβῦτις (2.3) pour parler respectivement des « hommes âgées » et des « femmes âgées ».

226. Cochand, *Les ministères*, p. 139. Nous ne suivons pas l'auteur lorsqu'il intègre les diacres au *presbyterium*.

227. Bénétreau, *Les Épîtres pastorales*, p. 166.

228. Dornier, *Les Épîtres pastorales*, p. 128.

229. Cf. Fee, « L'organisation de l'Église », p. 31 ; Cochand, *Les ministères*, p. 193. Mounce est du même avis et explique cette variation des termes par la datation des

Quel intérêt faut-il alors accorder à l'emploi constant d'épiscope au singulier ? Deux possibilités se présentent. D'une part, l'on peut considérer ce singulier comme étant générique. En effet, nous passons sans transition (cf. γὰρ « en effet »), en Tite 1.5-9, du pluriel « anciens » (v. 5) au singulier « épiscope » (v. 6), sans ignorer que dans 1 Timothée, la mention soudaine d'anciens dirigeants et prédicateurs (5.17) s'est faite sans lien avec la charge comparable d'épiscope (3.1-7)[230]. L'on en déduit que l'épiscope fait partie du collège des presbytres, sans être pour autant certain que tous les presbytres soient des épiscopes.

D'autre part, le maintien de l'épiscope au singulier, en dépit de l'équivalence des termes, mérite attention. Pour des raisons pratiques, sans doute, lorsque les Églises croissent et se multiplient, l'on peut penser à un rôle de présidence ou de centralisation pour une meilleure gestion de certaines questions[231]. « C'est alors une fonction supplémentaire et non pas l'établissement d'un autre niveau de responsabilité et de pouvoir[232]. » L'idée d'un triple ministère hiérarchisé (épiscope, presbytres, diacres) est donc absente des Pastorales[233].

Le vocabulaire ministériel des Pastorales est celui du pluriel et souligne la collégialité dans la gestion des communautés. G. Fee note avec certitude que « la charge de diriger les Églises locales (réparties par ville ou, comme c'est vraisemblablement le cas pour Éphèse, par assemblée de maison) était depuis le début aux mains de plusieurs personnes […] la direction était

---

Pastorales, à un moment où les fonctions et les titres n'étaient pas encore consolidés (*Pastoral Epistles*, p. 162, 307, 390).

230. BÉNÉTREAU, *Les Épîtres pastorales*, p. 166.
231. *Ibid.*
232. *Ibid.*
233. Dans son *Épître aux Magnésiens* (l'an 115), Ignace d'Antioche dissocie épiscope et presbytres. S'il évite le vocabulaire de la soumission entre épiscope et presbytres, il l'utilise volontiers par rapport aux diacres (*IgnMagn* 2, cf. « Lettres d'Ignace d'Antioche », dans D. BERTRAND, sous dir., *Les Pères Apostoliques*, Paris, Cerf, 2001, p. 147-220). L'enjeu pour Ignace est l'unité de la communauté ; elle se fait autour de l'épiscope : « tous ceux qui appartiennent à Dieu et à Jésus-Christ restent unis à l'épiscope » (*IgnPhil* III, 2). La présence de l'épiscope lors des sacrements semble être le symbole de cette unité (*IgnSmy* VIII, 2). B. J. CAPPER croit discerner, dès les débuts de l'Église, à l'intérieur des Églises pauliniennes, les germes du « ministère tripartite » qui finiront par s'imposer dans les écrits d'IGNACE (cf. « Apôtres, Maîtres de Maison et Domestiques », *ETR* 2006, p. 395-428). Or les Pastorales ne connaissent pas un triple ministère et le mono-épiscopat d'Ignace n'est pas le successeur de l'épiscope des Pastorales (COCHAND, *Les ministères*, p. 193).

collégiale[234] ». N. Cochand[235] donne trois indices qui plaident en faveur d'une telle collégialité : (1) 1 Timothée 4.14 indique que l'administration d'un geste rituel est le fait du collège des anciens qui porte la marque d'une autorité collective ; (2) En Tite 1.5 le mandat confié à Tite semble également indiquer une responsabilité collective assumée par les presbytres au sein de la communauté locale ; (3) En 1 Timothée 5.17 c'est de manière groupée que sont nommés les presbytres qui sont au service de la communauté. Il est donc impossible de discerner la place pour un leader unique.

Ainsi, pour S. Bénétreau, « aucune subordination n'est envisagée. Même l'imposition des mains ne confère pas un ascendant. Il y a un seul Chef de l'Église et tous les membres, dans une diversité de dons et de responsabilités, sont à son service[236] ». Dès lors, en dépit de la charge particulière que pourrait exercer l'épiscope dans des circonstances particulières, l'on ne saurait le soustraire du groupe « presbytres-épiscopes »[237].

De l'étude de la péricope Tite 1.5-9, nous notons des insistances sur les attentes à l'égard des ministres : (1) Une manière de vivre irréprochable, qui ne prête pas le flanc aux critiques ; (2) Une expérience conjugale réussie : un mari fidèle et un père réussissant à éduquer ses propres enfants ; (3) L'attachement ferme à la Parole de Dieu, en vue d'édifier les croyants et de réfuter les contradicteurs. Il est à signaler deux nouveautés : (1) Le ministre est un intendant de Dieu. Le ministre-modèle se sait appartenir exclusivement à un Dieu dont l'exigence est la perfection de ses serviteurs ; (2) L'appel au ministère est un appel à la collégialité. Le ministre-modèle partage l'autorité avec ses pairs.

Conclusion partielle : Le profil du ministre-modèle des Pastorales

Les traits saillants de la figure de Timothée – le rappel de sa fidélité à Paul dans sa conduite et dans son enseignement – faisaient de lui le ministre

---

234. FEE, « L'organisation de l'Église », p. 30-31.
235. COCHAND, Les ministères, p. 157.
236. BÉNÉTREAU, Les Épîtres pastorales, p. 170.
237. Parvenu à une telle conclusion, la graphie « presbytres-épiscopes » ne nous pose pas de difficulté (cf., par exemple, R. E. BROWN, An Introduction to the New Testament (ABRL), New York, Doubleday, 1997, p. 645-48 ; SCHMITT, « Didascalie ecclésiale », p. 48).

modèle de la communauté des Pastorales ; tout comme Tite, l'autre délégué de l'apôtre. Mais, la fidélité à Paul va bien au-delà d'une telle conformité ; elle nécessite aussi une fidélité dans la transmission de l'Évangile prêché par lui. L'Évangile reçu doit être gardé intact (2 Tm 1.14) et transmis sans altération, à d'autres (2 Tm 2.2).

La réussite d'un tel projet se joue dans le choix des hommes de qualité. D'où l'impérieux devoir que Paul assigne à ses collaborateurs : discerner des *hommes fidèles* et *capables*, en vue de leur confier (παράθου, « confie-le ») le dépôt précieux (παραθήκη) reçu (2 Tm 2.2). Ce souci de continuité[238] nécessitait la mise en place de structures ecclésiales stables, dirigées par des responsables officiels : presbytres-épiscopes et diacres[239].

Notre intention, à travers l'étude des textes, était de découvrir ce qui mérite d'être retenu comme qualités et capacités exigées des ministres locaux. De cette étude, il se dégage quelques lignes directrices qu'il convient de faire apparaître.

---

238. Les Pastorales ne s'intéressent pas à ce que l'on appellera « la succession apostolique » (cf. A. GEORGE, « Des Douze aux Apôtres et à leurs successeurs », dans *Le Ministère sacerdotal*, Profac, Lyon, 1970, p. 50). Bien entendu, il est à signaler une succession des porteurs du message apostolique : Paul, ses délégués, d'autres encore, puis les enseignants locaux, sans que cela ne soit nécessairement lié à la mort de l'Apôtre. Et même lorsqu'il évoque sa mort prochaine en 2 Tm 4.6-8, Paul ne fait aucunement allusion à une succession apostolique. Ce qui fait l'objet d'une « succession », ce n'est pas tant la chaîne des personnes que l'enseignement apostolique lui-même.

239. Le lecteur s'en est aperçu, nous ne considérons pas les activités des veuves comme un ministère à proprement parler, prenant du relief à côté des trois ministères cités, alors que la péricope 1 Tm 5.3-16 semble nous y inviter. Nous l'admettons, cette péricope pose un problème de lecture. Certains y voient un « ordre de veuves ». Il s'agirait d'une catégorie de veuves qui remplissent certains critères et qui, conséquemment, reçoivent l'assistance de l'Église (cf. G. STÄHLIN, *TDNT* IX, p. 453s ; SPICQ, *Les Épîtres pastorales* (1947), p. 166 ; KELLY, *Commentary on the Pastoral Epistles*, p. 112). D'autres y discernent la question du statut de la veuve et de celui de la femme au sein de l'Église (cf. J. BASSLER, « The Widow's Tale : A Fresh Look at 1 Timothy 5.3-16 », *JBL* 103, 1984, p. 23-24 ; COCHAND, *Les ministères*, p. 171s). N. COCHAND, *Les ministères*, p. 174, en conclut que l'auteur s'oppose à des femmes et à de jeunes femmes qui veulent prendre une part active dans l'enseignement. Pour d'autres, enfin, l'auteur se veut pragmatique : le nombre de veuves à assister est au-deçà des possibilités de l'Église. La solution consiste à dresser une liste des veuves qui ne bénéficient d'aucune autre forme de secours, en dehors de celle de l'Église (cf. H. HAUSER, *L'Église à l'âge apostolique*, p. 162s). Sur cette base, l'Église pourra officiellement en inscrire (cf. *BAGD*, 1979, p. 413, καταλέγω, « sélectionner, enrôler ») et en prendre soin. Quoique l'existence d'une telle liste soit admise, faut-il pour autant parler d'un « ordre de veuves » ? Les indications textuelles ne permettent guère d'être aussi précis sans risque d'anachronisme (cf. GOURGUES, *Les deux lettres à Timothée*, p. 188 ; BÉNÉTREAU, *Les Épîtres pastorales*, p. 230).

Les Pastorales nous ont d'abord rendus sensibles à la fluidité du vocabulaire ministériel. Ainsi, les termes presbytres et épiscopes sont équivalents et interchangeables. Toutefois, dans l'usage, « presbytre » semble être avant tout un titre englobant qui décrit « de manière large une personne qui assure une charge au sein de la communauté et qui, de ce fait, est intégrée au collège presbytéral[240] », « épiscope » désignerait alors la fonction liée au titre[241].

Ainsi, les « presbytres-épiscopes » dirigent ; ils sont les bergers de la communauté ecclésiale. En particulier, ils doivent se consacrer à l'enseignement, valorisé comme « la fonction la plus centrale » du dirigeant[242]. Ainsi, ils pourront (1) répondre à la situation de l'heure caractérisée par la déviation dans la foi et (2) assurer l'enracinement de la doctrine dans l'Évangile garanti par Paul[243].

Les « presbytres-épiscopes » n'étaient pas les seuls en charge d'un ministère au sein de la communauté. À côté d'eux, les Pastorales signalent l'institution des diacres/diaconesses. L'association des diacres aux épiscopes (ils sont toujours mentionnés après les épiscopes, 1 Tm 3.8 ; Ph 1.1) fait d'eux des responsables de poids au sein de l'Église locale.

Sans envisager une perte de toute initiative de la communauté dans la désignation des ministres locaux, la responsabilité propre de Timothée et de Tite a été clairement affirmée (1 Tm 5.22 ; Tt 1.5). Ne doivent être désignés que des candidats aux qualifications reconnues de tous. Telle est la condition *sine qua non* sur laquelle les textes se veulent insistants : ἀνεπίλημπτος, « irréprochable » pour l'épiscope (1 Tm 3.2) ; ἀνέγκλητος, « irréprochable » pour l'épiscope, les presbytres et les diacres (1 Tm 3.10 ; Tt 1.6-7)[244] ; σεμνός,

---

240. Cochand, *Les ministères*, p. 193.

241. Towner, *Goal of Our Instruction*, p. 223-224.

242. Schlosser, « Le ministère de l'épiscopè », p. 592. Nous admettons avec Redalié, *Paul après Paul*, p. 363, que le motif de l'enseignement est un des éléments constants des Pastorales. La « grâce », elle-même est enseignante (Tt 2.11) ; elle motive théologiquement la fonction pédagogique du ministre. Il est fondamental de préciser que « l'autorité nécessaire à cette tâche repose sur l'apostolicité, sur le caractère "paulinien" des exhortations conçues comme continuité de l'héritage contre des interprétations sans fondements. L'important, c'est que les normes de l'apôtre, qui en dernière analyse se rapportent à Christ lui-même soient maintenues ».

243. *Ibid.*

244. Requis de Timothée à travers un adjectif apparenté en 2 Tm 2.15 (« ἀνεπαίσχυντος »).

« digne » pour les diacres (1 Tm 3.8, 11) et pour l'épiscope (1 Tm 3.4)[245] ; καλῶς, « bien » pour les anciens et les diacres (1 Tm 5.17 ; 3.13). Nous l'aurions compris, ces différents termes plaidaient pour une vie morale et un service de qualité, sans défaillances caractérisées.

Or, une qualité morale attendue s'apprécie et une capacité souhaitée s'éprouve. D'où la nécessité d'une œuvre de discernement, de sélection et d'approbation portée par le verbe δοκιμάζω. Elle est exigée, explicitement pour les diacres (1 Tm 3.10a) et, implicitement pour les épiscopes et les anciens.

En dépit d'une sélection aussi minutieuse, des défaillances fâcheuses n'étaient pas exclues. Il revenait alors aux délégués de l'Apôtre de juger de la culpabilité des ministres mis en cause. La conduite indigne est alors stigmatisée et le ministre fautif stimulé à marcher en toute piété. Finalement, la charge de Timothée et de Tite ne se limitaient pas à la seule désignation de ces ministres ; ils avaient auprès d'eux et envers eux un ministère d'accompagnement, de supervision, d'évaluation. Certes, Timothée, représentant de Paul et « modèle des presbytres, et des épiscopes[246] » en avait l'autorité. Mais, peut-on pour autant affirmer qu'il en avait l'exclusivité ?

En nous interrogeant sur les relations entre les différents ministres locaux, nous avons découvert, en toile de fond, une direction de type collégial de la communauté. En outre, les ministres locaux étant appelés à réaliser au mieux ce qui était exigé de tous, l'auteur en appelait à toute la communauté comme témoin de la qualité de vie et de service de ses ministres. Cette nette invitation à la responsabilité commune avait pour corollaire une « sorte de *contrôle mutuel des ministres* entre eux et par la communauté[247] ». Pour J. Blandenier, il est indispensable que l'autorité dans l'Église soit l'objet d'un soutien mutuel, d'une vigilance mutuelle et d'une soumission mutuelle[248]. Ainsi, s'il est de l'autorité expresse des délégués de l'apôtre d'évaluer les ministres locaux, il est attendu, partant du principe de la collégialité, que

---

245. Requis aussi pour Tite en Tt 2, 7.

246. Schmitt, « Didascalie ecclésiale », p. 53.

247. A. Lemaire, « Les Épîtres de Paul : La diversité des ministères », dans J. Delorme, sous dir., *Le ministère et les ministères selon le Nouveau Testament*, Paris, Seuil, 1974, p. 68. Les italiques sont de l'auteur. Nous reviendrons sur cet aspect important de notre étude.

248. J. Blandenier, « Ministère pastoral seul ou en équipe », *CEP* 9, 1991, p. 19.

ces derniers s'évaluent mutuellement, non sans lien avec la communauté entière. Il ne pouvait pas en être autrement.

En effet, à l'intérieur de la communauté, le ministère devrait être en règle avec sa vie « privée », une exigence appliquée à tout honnête homme de la société d'alors. Comme le note Y. Redalié, « d'après l'éthique des Pastorales, le christianisme ne s'exprime pas dans l'extraordinaire et le particulier, mais dans le plus quotidien et donc dans le domestique[249] ». En passant du « privé » (la maison) au « public » (le ministère), le regard évaluatif de la communauté fait place à celui de l'extérieur : « que ceux du dehors lui rendent un beau témoignage » (1 Tm 3.10). La bonne réputation se présente donc comme le critère définitif de sélection[250]. En effet, le ministre représente, en quelque sorte, pour ceux du dehors, toute la communauté chrétienne du lieu[251]. Un contre-témoignage porterait une grave atteinte à la crédibilité de l'Église et au message qu'elle porte[252].

Reste alors la question subséquence des critères d'évaluation : quels sont, à la lumière des vertus et des capacités attendues des ministres locaux, les critères à partir desquels l'on peut les évaluer ? En réalité, l'étude n'est pas restée silencieuse sur ces critères. Il s'agira à présent d'en faire une présentation systématique. C'est à cette tâche que nous allons nous atteler dans le prochain chapitre.

---

249. REDALIÉ, *Paul après Paul*, p. 358.
250. *Ibid.*, p. 360.
251. SCHLOSSER, « Le ministère de l'episcopè », p. 590.
252. *Ibid.*

CHAPITRE 5

Critères d'évaluation du ministère pastoral

L'étude de la deuxième et de la troisième série de textes répondait à un besoin significatif, celui de découvrir le profil du ministre-modèle de la communauté des Pastorales. Comment peut-on évaluer, à la lumière de ce modèle, la fidélité d'un ministre ou la qualité d'un ministère ?

La voie semble tout indiquée : nous partirons des acquis des textes étudiés pour définir les critères d'évaluation du ministère. Un critère est un « signe qui permet de distinguer une chose, une notion, de porter sur un objet un jugement d'appréciation[1] » ; c'est « ce qui sert de base à un jugement[2] ». Les critères à définir vont donc constituer les éléments d'appréciation du ministère pastoral. Il en découle la question de fond du présent chapitre : Sur quoi nous baserons-nous pour affirmer qu'un ministre de Dieu est fidèle ou qu'un ministère est de qualité ?

Nous définirons les critères d'évaluation à partir de deux sources distinctes. Nous aurons d'une part, les critères suggérés par l'étude des exhortations adressées à Timothée et d'autre part, les critères suggérés par l'étude des exhortations adressées aux ministres locaux.

A-t-on le droit de procéder ainsi ? En effet, en 1 Timothée 3.8-13 le titre de διάκονος désigne un ministère exercé dans l'Église locale. Ce même titre est appliqué invariablement à Timothée (1 Tm 4.6). Il existe donc un lien commun entre Timothée et les διάκονοι. Mieux, ils sont tous soumis, sans distinction, à un jugement qualitatif. Toutefois, il est à remarquer que seul

---

1. J. Rey-Debove, A. Rey, *Le Nouveau Petit Robert*, Paris, Le Robert, 2006, p. 596.
2. *Ibid.*

Timothée est appelé διάκονος Χριστοῦ Ἰησοῦ. Cette précision n'est pas anodine : le titre de διάκονος prend ici une valeur générale et fait de Timothée le modèle des autres ministres. Ces deux sources, bien que distinctes, sont concordantes dans la mesure où les instructions aux suppléants de Paul sont indirectement adressées aux ministres locaux. D'où l'heureuse possibilité de faire une synthèse des critères d'évaluation.

Les critères suggérés par les parénèses à Timothée

Notre réflexion sur la vie et le ministère de Timothée a été menée à partir de quatre textes : 1 Timothée 4.6-16 ; 6.11-16 ; 2 Timothée 2.22-26 ; 3.10-17. Chacun de ces textes contenait un catalogue des qualités exigées du serviteur du Christ-Jésus. Et pourtant, ils présentaient tous une même particularité, celle d'attribuer à Timothée la figure modèle du responsable chrétien. Nous avons terminé l'étude de cette série de textes par une conclusion partielle qui s'est efforcée d'établir le lien entre les différents catalogues.

Le tableau qui suit se propose, d'une part, de récapituler les qualités exigées de Timothée et, d'autre part, d'identifier les différents aspects de sa vie et de son ministère ainsi concernés.

1. Tableau récapitulatif des qualités requises

La Première à Timothée		
Termes et expressions en grec	Traduction littérale en français	Aspects
(4.6) ὑποτίθημι	« exposer » (la Parole)	Professionnel
(4.6) ἐντρεφόμαι	« se nourrir » (des paroles de la foi et de la belle doctrine)	Personnel
(4.6) παρακολουθέω	« suivre fidèlement » (la Parole)	Personnel
(4.7) παραιτέομαι	« rejeter » (ce qui est contraire à la Parole)	Professionnel
(4.7) γύμναζε δὲ σεαυτὸν πρὸς εὐσέβειαν	« exerce-toi plutôt à la piété »	Personnel
(4.10) κοπιῶμεν καὶ ἀγωνιζόμεθα	« nous peinons et nous combattons » (pour la Parole)	Professionnel
(4.10) ἐλπίζω	« espérer » (dans le Dieu vivant)	Personnel
(4.11) παράγγελλε ταῦτα καὶ δίδασκε	« prescris ces choses [la Parole] et enseigne »	Professionnel
(4.12) τύπος γίνου τῶν πιστῶν	« sois un modèle pour les croyants »	Social
(4.13) προσέχω	« s'adonner à » (la lecture, l'exhortation, l'enseignement)	Professionnel
(4.14) μὴ ἀμέλει τοῦ ἐν σοὶ χαρίσματος	« ne néglige pas le don qui est en toi »	Professionnel
(4.15) μελετάω	« s'occuper de » (le ministère de la Parole sous ses différentes formes)	Professionnel
(4.15) εἰμί (cf. ἐν τούτοις ἴσθι)	« être entièrement » (à la tâche)	Professionnel
(4.16) ἔπεχε σεαυτῷ	« veille sur toi-même »	Personnel
(4.16) ἔπεχε [...] τῇ διδασκαλίᾳ,	« veille sur [...] l'enseignement »	Professionnel
(4.16) ἐπιμένω	« persévérer »	Personnel

(6.11) ταῦτα φεῦγε	« fuis ces choses » (tout ce qui contraire à la Parole)	Personnel
(6.11) δίωκε	« cherche à acquérir » (justice, piété, foi, amour, patience, douceur)	Personnel
(6.12) ἀγωνίζου τὸν καλὸν ἀγῶνα τῆς πίστεως	« combats le beau combat de la foi »	Personnel
(6.12) ἐπιλαβοῦ τῆς αἰωνίου ζωῆς	« saisis la vie éternelle » (enjeu du combat de la foi)	Personnel
(6.14) τηρῆσαί σε τὴν ἐντολὴν ἄσπιλον ἀνεπίλημπτον	« garde le commandement [la Parole] sans tache, inattaquable » (jusqu'au retour du Christ-Jésus)	Professionnel
La Deuxième à Timothée		
(2.22) τὰς δὲ νεωτερικὰς ἐπιθυμίας φεῦγε	« fuis les passions de la jeunesse »	Social
(2.22) δίωκε…μετὰ τῶν ἐπικαλουμένων τὸν κύριον ἐκ καθαρᾶς καρδίας	« rechercher [justice, foi, amour, paix] avec ceux qui invoquent le seigneur d'un cœur pur »	Social
(2.23) τὰς δὲ μωρὰς καὶ ἀπαιδεύτους ζητήσεις παραιτοῦ	« les controverses vaines et stupides, évite-les » (elles engendrent des batailles)	Social
(2.24) δοῦλον κυρίου οὐ δεῖ μάχεσθαι	« un serviteur du Seigneur ne doit pas quereller »	Social
(2.24) εἰμίήπιος πρὸς πάντας	« être affable envers tous » (croyants comme adversaires)	Social
(2.24) διδακτικόν	« apte à enseigner »	Professionnel
(2.24) ἀνεξίκακον	« supportant les contrariétés »	Social
(2.25) ἐν πραΰτητι παιδεύοντα τοὺς ἀντιδιατιθεμένους,	« instruisant les contradicteurs dans la douceur »	Professionnel

(3.14) μένε ἐν οἷς ἔμαθες	« demeure ferme » (dans la Parole)	Personnel
(3.16) ἐλεγμός	« réfuter » (le faux)	Professionnel
(3.16) ἐπανόρθωσις	« redresser » (ce qui manque à la droiture)	Professionnel
(3.16) παιδεία	« éduquer » (dans la justice)	Professionnel

Notre tableau récapitulatif indique trois catégories de qualités requises de Timothée : les qualités personnelles, les qualités sociales et les qualités professionnelles ou ministérielles. C'est donc l'ensemble de sa personne et de son expérience pastorale qui se trouvent ainsi pris en compte.

La classification fait état de trente-trois (33) qualités requises de Timothée. Un tel décompte est tributaire de notre compréhension des textes étudiés. Le lecteur pourrait donc parvenir à un autre résultat. Toutefois, en l'état, elle fait apparaître les particularités suivantes :

$$N = 33$$

Les qualités personnelles :	36,36 %
Les qualités sociales :	18,18 %
Les qualités professionnelles :	45,45 %

Au vu de ces chiffres, la première réaction est celle de la surprise : le taux des exigences professionnelles (45,45 %) est bien plus élevé que celui des exigences personnelles (36,36 %). Comment expliquer cette nette différence ?

L'on pourrait évoquer une raison principale : le statut particulier de Timothée, à quoi se rattache une mission particulière. Timothée, comme Tite (cf. 1.4), est le « véritable enfant [de l'apôtre] dans la foi » (γνησίῳ τέκνῳ ἐν πίστει, 1 Tm 1.2a). Ce lien fait d'eux des héritiers de l'apôtre ; il authentifie leur ministère, légitime et autorise leurs interventions au sein des Églises. « Délégués de l'apôtre », ils seront alors chargés de missions particulières.

À Éphèse, Timothée avait des tâches spécifiques : (1) Mettre hors d'état de nuire l'enseignement erroné et ses protagonistes ; (2) Organiser la vie interne de l'Église en établissant des ministres locaux ; (3) Avoir le souci de la vie de la communauté ecclésiale dans son ensemble. Une telle mission, à la fois urgente et déterminante pour la survie des communautés, nécessitait un effort accru à la tâche. D'où l'abondance des directives pour l'action, aussi bien dans les textes étudiés que dans l'ensemble des Pastorales[3].

Toutefois, il serait excessif de conclure que ce statut particulier, avec la mission qui en découle, accordait à Timothée la liberté de s'engager dans un activisme aliénant, au mépris de sa vie personnelle. Il ne pouvait en être autrement. La vie personnelle et professionnelle du ministre-modèle des EP s'articulent harmonieusement entre le « savoir être » et le « savoir-faire » : « veille sur toi-même » et « veille sur ton enseignement » (1 Tm 4.16).

Le tableau l'indiquait, il est exigé de Timothée des types précis de qualités. Nous adoptons l'acception selon laquelle « le terme de qualité participe de l'ontologie : tout être et toute chose sont censés présenter des qualités propres qui les singularisent et leur confèrent en retour une identité spécifique[4] ». Or, « la qualité se détermine, s'apprécie, s'évalue toujours par rapport à une référence, un "modèle"[5] ». C'est fort de cela que « le terme de "qualité" peut être utilisé avec des qualificatifs tels que médiocre, bon et excellent[6] ». Ainsi, des trois types de qualités attendues de Timothée, nous suggérons une évaluation centrée sur trois catégories de critères, susceptibles de prendre en compte la vie et le ministère du pasteur : le critère personnel, le critère social et le critère professionnel.

2. Énoncé des critères d'évaluation

Les critères d'évaluation seront énoncés sous forme interrogative : « Comment vit-il sa vie personnelle ? », pour les critères personnels ; « Comment vit-il en Église et en société ? », pour les critères sociaux ; « Comment exerce-t-il son ministère ? », pour les critères professionnels. La mise en perspective de chaque catégorie de critères sera le lieu d'en élucider le contenu.

---

3. Cf. REDALIÉ, *Paul après Paul*, p. 339-340, « la parénèse aux destinataires [Timothée et Tite], ainsi que son contraste avec les faux-docteurs, interprètent le rôle du ministre dans le présent de la communauté ». En sus de la situation à Éphèse, préoccupante et urgente en elle-même, Paul savait que sa carrière touchait à son terme. Aussi, pressait-il son disciple à accomplir sa tâche et à le rejoindre, au plus vite, s'il voulait le revoir vivant (2 Tm 4.21a). La présence du disciple sera d'un réconfort estimable, dans l'isolement de la prison (2 Tm 4.16).

4. H. BRÉDIF, « La qualité : un opérateur de durabilité », dans A. DA LAGE, sous dir., *L'après développement durable. Espaces, Nature, Culture et qualité*, Paris, Ellipses, 2008, p. 324.

5. L. CRUCHANT, *La qualité*, Paris, PUF, 1993, p. 16.

6. M. WEILL, *Le management de la qualité*, coll. Repères, Paris, la Découverte, 2001, p. 9.

2.1. Critères personnels : « Comment vit-il sa vie personnelle ? »

Perspectives des critères personnels

Le pasteur a, avant tout, des responsabilités envers lui-même. La question « Comment vit-il sa vie personnelle ? » s'intéresse à sa relation personnelle avec Dieu. Le ministère pastoral a une double dimension, « privée » et « publique ». La tension entre ces domaines est, *a priori*, l'une des plus complexes du ministère. La question de départ a pour souci la dimension privée et veut s'assurer que la dimension publique n'a pas absorbé la vie personnelle du pasteur.

2.2. Critères sociaux : « Comment vit-il en Église et en société ? »

Perspective des critères sociaux

Le pasteur a aussi des responsabilités sociétales. Elles concernent aussi bien les membres de la communauté ecclésiale que les non-croyants, la société dans son ensemble. La question « Comment vit-il en Église et en société ? » s'intéresse donc au témoignage que l'on rend de la vie et du ministère du pasteur.

2.3. Critères professionnels : « Comment exerce-t-il le ministère ? »

Perspective des critères professionnels

Le pasteur a, bien entendu, des responsabilités envers son Église locale. La question « Comment exerce-t-il le ministère ? » s'intéresse, de plus près, au service du pasteur. Plus précisément, elle veut savoir si le pasteur fait preuve de conscience professionnelle dans l'acquittement des tâches qui sont les siennes.

Les critères d'évaluations ainsi énoncés nécessitent, sans doute, quelques notes justificatives. Certes, notre étude des textes a pu laisser transparaître nos choix, nos convictions et certains aspects de ces différents critères d'évaluation ont pu être justifiés, implicitement, en amont. Cependant, il ne sera pas superflu de revenir sur quelques points saillants de notre argumentaire en vue de renforcer nos convictions et rendre ainsi lesdits critères plus explicites.

3. Justification des critères d'évaluation

Pour parvenir à la justification des critères d'évaluation, nous avons le choix entre deux approches. L'une d'elles consisterait à justifier chaque catégorie de critères d'évaluation, indépendamment des autres. À chaque catégorie, l'on aurait recours aux mêmes textes étudiés. En plus d'une reprise lassante des textes, le risque encouru est celui de leur usage abusif ; les catégories de critères ne se retrouvent pas tous, nécessairement, dans un seul et même texte. Nous retiendrons donc la démarche inverse. Elle partira des textes étudiés, en fera un usage unique et s'évertuera à déceler le ou les critères qui s'y trouvent.

3.1. 1 Timothée 4.6-16

Paul achève sa missive par une exhortation personnelle à Timothée. Dans la probabilité de son retour (« *jusqu'à ce que je vienne* »), Paul interpelle Timothée à distance ; il s'attend à le voir remplir des responsabilités. En effet, « Si la distance est la condition de la communication épistolaire », comme l'indique R. Burnet, l'une des fonctions essentielles de la lettre est de « *faire savoir* et de *faire faire des choses*[7] ». Ce dépassement du « simple statut informatif pour passer à un statut *pragmatique*[8] » qui caractérise la lettre intéresse de près la problématique de notre étude.

Au demeurant, qu'est-ce que Paul, à travers 1 Timothée 4.6-16, veut « *faire savoir* et *faire faire* », de manière pragmatique, à son jeune collaborateur, en relation avec sa vie personnelle, sa vie sociale et sa vie professionnelle ? En d'autres termes, quelles sont les responsabilités qui incombent désormais à Timothée, en l'absence de son mandataire ?

En récapitulant ses propos en 4.16, le destinateur rend notre tâche aisée. En effet, le premier membre du verset 16, « *veille sur toi-même et sur ton enseignement* », indique les deux principales responsabilités du destinataire.

Ainsi, la responsabilité première de Timothée se révèle être envers lui-même. Aussi surprenant que cela puisse paraître, le pasteur, appelé à servir l'Église du Christ-Jésus, se penchera avant tout sur sa propre vie spirituelle. Si cette exigence est rendue perceptible par les pronoms réfléchis (v. 16, « *veille sur toi-même* », ἔπεχε σεαυτῷ ; v. 16, « *tu sauveras toi-même* »,

---

7. R. Burnet, *Épîtres et lettres. Ier-IIe siècle*, LecDiv, Paris, Cerf, 2003, p. 35 et 37.
8. *Ibid.*, p. 38.

σεαυτὸν σώσεις), l'injonction « *Exerce-toi plutôt à la piété* » (v. 7, γύμναζε δὲ σεαυτὸνπρὸς εὐσέβειαν) se trouve être sa forme la plus achevée. L'exercice de la piété est décisif comme critère personnel ; la vie normale du pasteur en est rythmée.

Que Paul puisse comparer « pour la première fois la vie morale à la gymnastique », note C. Spicq, était une métaphore « spécialement heureuse et quasi-obligée dans cette lettre où l'apôtre éduque son disciple, le forme, comme un pédotribe son élève, à la charge de Pasteur[9] ». Dans un contexte de lutte, quel est le « profit » d'une telle approche pour la vie et le ministère de Timothée ?

Notre étude l'a indiqué : Timothée était familier à l'εὐσέβεια. L'attente à son égard est celle de la persévérance (v. 15, ἐν τούτοις ἴσθι ; v. 16, ἔπεχε). Comment pouvait-il en être autrement ? « Sa haute charge exige [...] un entraînement plus sévère puisqu'il doit être un exemple pour tous, c'est-à-dire réaliser en lui-même l'idéal des vertus chrétiennes à la manière du gymnaste, de l'entraîneur qui possède lui-même la perfection de l'exercice qu'il apprend à ses élèves et dont il leur montre la réalisation pratique[10]. » L'on l'aura compris, l'exercice de l'εὐσέβεια développe la vie morale, l'être intérieur du pasteur pour en pour en faire un modèle pour tous (v. 12)[11]. Le pasteur entretient sa spiritualité en s'accordant assidûment du temps pour s'exercer à la piété. L'heureux résultat d'un tel exercice mérite que l'on s'interroge sur la manière de s'y adonner.

C. Spicq fait bien de le signaler : « À la différence des images pauliniennes proprement sportives, il n'est pas fait mention de concurrents, comme dans la course, ou d'adversaires, comme dans la lutte, ni même d'allusion à un renoncement pénible [...] La métaphore prise de la gymnastique place le chrétien seul en face de Dieu[12]. » C'est donc avant tout, dans la solitude de sa « chambre » que le pasteur est appelé à développer sa propre spiritualité

---

9. Spicq, « Gymnastique et morale », p. 229.
10. *Ibid.* p. 235-236.
11. Notre propos est inclusif, applicable à tout chrétien qui pratique tout autant l'εὐσέβεια.
12. Spicq, « Gymnastique et moral », p. 236.

ou sa piété personnelle[13]. Des moyens de grâces sont mis à disposition : la méditation de l'Écriture, la prière personnelle, l'examen de conscience[14].

Et pourtant, en rapport avec la méditation des Écritures, un écueil n'est pas loin : « Les sollicitations qui assiègent le pasteur et la pression qu'exercent les images qu'ont de lui ses ouailles peuvent l'identifier à son personnage, au détriment de sa personne ; il n'étudie plus alors la Bible pour lui-même et pour être lui-même "enseigné de Dieu"[15]. » Ce qui nous rapproche de la préoccupation soulignée par le critère personnel : le risque que le personnage (vie publique, professionnelle) n'absorbe la personne (vie privée, personnelle)[16]. Or, prévient C. Spicq, parce qu'il doit prêcher, le pasteur devra lui-même s'instruire, renforcer ses convictions propres (cf. 2 Co 4.13), s'éclairer et se réchauffer au feu qu'attise et propage l'Écriture[17]. La méditation de l'Écriture devra être ponctuée de la prière personnelle, la première alimentant la seconde.

Parvenu à se concentrer sur la personne de Dieu, sur ses œuvres lointaines et actuelles, à travers ses moyens de grâce, le pasteur se livrera à un examen de conscience. En effet, « l'exercice de la piété comprenait pour Paul une sorte d'examen de conscience, démarche caractéristique du souci de culpabilité (1 Co 4.3ss ; cf. 11.28 et 2 Co 13.5 ; Ac 23.1 et 24.16)[18] ». En 2 Corinthiens 13.5, Paul interpellait les chrétiens de Corinthe : « Faites-vous vous-mêmes votre propre critique[19]. » Le psalmiste s'écria : « Sonde-moi,

---

13. Les deux expressions sont pratiquement synonymiques (cf. H. BLOCHER, « Le corps, l'intelligence et les sentiments dans la spiritualité », dans J. BUCHHOLD, sous dir., *La spiritualité et les chrétiens évangéliques*, vol. 1, Terre nouvelle, Cléon d'Andran, Excelsis, 1997.

14. Cf. P. KLIPFEL, « Piété personnelle », dans C. PAYA, sous dir., *DTP*, p. 533-542.

15. H. BLOCHER, « Enseignant, Théologien », dans C. PAYA, sous dir., *DTP*, p. 312.

16. Lire avec intérêt, R. Picon, « Le public et le privé ou la double condition du ministère pastoral », dans *Ré-enchanter le ministère pastoral*, p. 63-69.

17. SPICQ, *Les Épîtres pastorales* (1969), p. 502-503.

18. H. BLOCHER, « Spiritualité de la faute ? », dans J. BUCHHOLD, sous dir., *La spiritualité et les chrétiens évangéliques*, vol. 1, Terre nouvelle, Vaux-sur-Seine/Cléon d'Andran, Excelsis, 1997, p. 65.

19. Tirée de la TOB. J. HERING fait le commentaire suivant : « Le v. 5 engage les lecteurs à faire ce que nous appelons de nos jours un examen de conscience ou, dans certains cas, une "autocritique" Qu'ils s'examinent donc (πειράζετε ἑαυτοὺς) ; qu'ils s'éprouvent (ἑαυτοὺς δοκιμάζετε), pour voir s'ils sont "dans la foi", c'est-à-dire ancrés dans cette existence nouvelle qui est celle du chrétien, et qui implique la présence du Christ "en nous". On espère que les Corinthiens ne seront pas recalés (ἀδόκιμοι) dans cette épreuve » (*La seconde épître de Paul aux Corinthiens*, CNT, Paris/Neuchâtel, Delachaux & Niestlé, 1958, p. 102).

ô Dieu, et connais mon cœur » (Ps 26.2 ; 139.23-24). Assurément, « cet examen honnête, "dans la foi", dans la saisie du pardon de Dieu et de ses promesses, est un exercice nécessaire et salutaire[20] » encore aujourd'hui.

Si la première responsabilité de Timothée était en rapport avec son « être » ou « savoir être », la seconde sera relative à son « faire » ou « savoir-faire » : « *Veille sur ton enseignement* » (v. 16a).

La charge pastorale de Timothée apparaissait clairement au verset 13 : « *applique-toi à la lecture, à l'exhortation, à l'enseignement* ». Comme ce fut le cas avec l'εὐσέβεια, Timothée n'y était pas étranger. Ainsi, l'impératif πρόσεχε « n'exige pas du destinataire une initiative nouvelle. Son message demande de soigner la qualité d'une activité déjà engagée[21] ». Le fait que le verset 13 soit inscrit dans un réseau d'impératifs animés de la même exigence de qualité d'un état ou d'une action conforte notre lecture[22]. Nous avons souligné le rapport entre « ces trois fonctions officielles relevant du ministère de la parole[23] ».

Il suffira de rappeler le grand soin que Timothée devra accorder au ministère de la Parole : « *expose tout cela aux frères* » (v. 6), « *voilà ce que tu dois prescrire et enseigner* » (v. 11), « *voilà ce que tu dois prendre à cœur* » (v. 15a), « *voilà en quoi il te faut persévérer* » (v. 15b), « *mets-y de la persévérance* » (v. 16). Si une réelle capacité à enseigner se rattache nécessairement au pastorat, à sa pratique, se rattache aussi, indissociablement, le soin qualitatif à apporter. Le goût du travail bien fait devient ainsi un critère professionnel décisif dans l'évaluation de l'agir pastoral.

La charge du ministère de la Parole est intrinsèquement exigeante. Et pourtant, il ne suffira pas de se limiter à l'acte de l'annonce de la Parole, sous toutes ses formes, pour « être un beau ministre ». « La "*disdakalia*" est une réalité double. Elle est à la fois l'enseignement proprement dit et la réalité

---

20. *Ibid.*

21. E. ELENGABEKA, « Une médiation pastorale entre le livre et la communauté », *RevSR* 79, no. 1, 2005, p. 118.

22. *Ibid.* Cf. μὴ καταφρονέω (v. 12), μὴ ἀμέλεω (v. 14), μελετάω (v. 15), ἐπέχω (v. 16).

23. DORNIER, *Les Épîtres pastorales*, p. 82.

enseignée[24] », à savoir le Christ-Jésus[25]. Paul fera donc dépendre la qualité du ministère par le soin apporté au ministère de la Parole. Cette réalité est décisive dans l'évaluation de l'agir pastoral : la qualité du ministère de la parole se mesure par la conformité de son contenu à l'Évangile. Toutefois, le sens de la responsabilité voudrait que l'on prenne soin, aussi bien du contenu (fond) que du contenant (forme) ; les deux aspects devant faire l'objet d'une évaluation selon le critère professionnel. Comme l'a bien perçu C. Spicq : « on ne peut être un beau ministre du Christ sans une étude diligente et persévérante de l'Écriture et de son élaboration théologique ; la négliger ce serait atrophier la vertu de l'enseignant[26]. »

Reste à se poser une autre question dont la pertinence n'apparaît pas de prime abord : quel est le lien entre ces deux responsabilités, faisant appel à des critères d'évaluation, « *veille sur toi-même* » (critère personnelle) et « *veille sur ton enseignement* » (critère professionnel) ? Existe-t-il un ordre de priorité ?

Le verset 16 établit aussi bien un lien étroit entre la vie spirituelle et la pratique correcte du ministère, qu'un équilibre nécessaire entre les deux entités. H. Blocher rappelle que l'équilibre est la norme de la Bible[27]. Par exemple : « L'étude scientifique ne peut pas remplacer la méditation de l'Écriture dans l'intimité du Seigneur, mais ne doit pas non plus s'en séparer avec une division schizoïde d'une lecture personnelle "naïve" et d'un traitement selon les compétences acquises : c'est l'intégration des deux qu'il faut chercher[28]. » Ainsi, J. Stott considère que Timothée doit « garder un œil ouvert sur deux choses en tout équilibre. D'abord, sa vie, littéralement "lui-même", son caractère, sa conduite personnelle. Deuxièmement, il doit observer sa doctrine, son enseignement aux autres. Il ne doit ni être absorbé par l'enseignement des autres au point de se négliger, ni être si préoccupé par l'entretien de sa propre âme qu'il néglige son ministère auprès des autres. Il doit plutôt être

---

24. Ferrier-Welty, « La transmission de l'Evangile », p. 101.
25. Cf. G. Goldsworthy, *Christ au cœur de la prédication*, coll. Diakonos, Cléon d'Andran, Excelsis, 2005, p. 153-172.
26. Spicq, *Les Épîtres pastorales* (1969), p. 503, citant Hendriksen.
27. Blocher, « Enseignant, Théologien », p. 313.
28. *Ibid.*

cohérent, s'appliquant avec une attention équitable à la persévérance envers lui-même et envers les autres[29] ».

S'il est facile de prescrire un tel équilibre, il est tout aussi difficile de le réaliser[30]. Et pourtant, ce noble combat en vaut la peine, surtout que le ministère, tel que présenté par Paul en 4.6-16, prend l'allure d'un combat : « *nous peinons et nous combattons* » (v. 10a). « On peut considérer ce combat comme une forme de la souffrance ; ou, mieux encore, la souffrance comme une forme de ce combat[31] ». Et pourtant, il faut bien remplir sa tâche, avec un motif d'action : « *Car si nous peinons et si nous combattons, c'est parce que nous avons mis notre espérance dans le Dieu vivant* ». Finalement, « le ministère apostolique s'accomplit dans l'espérance » et « les actes du ministère n'ont de sens que dans l'espérance »[32]. Ainsi, la bonne attitude du ministre face aux épreuves inhérentes au ministère et la pureté comme mobile de ses actes constituent deux qualités, chacune faisant appel à une évaluation selon le critère professionnel.

3.2. 1 Timothée 6.11-16

La péricope 6.11-16 constitue la dernière exhortation de Paul à Timothée, avant de conclure son propos. Selon les modes et les temps des verbes, nous y avons discerné un double mouvement. Chaque d'eux, nous semble-t-il, n'est pas sans liens étroits avec la pastorale. C'est le lieu de les discerner, en vue de saisir leur possible contribution à la justification des critères d'évaluation énoncés.

Quatre impératifs (vv. 11-12) interpellent directement Timothée sous l'appellation « homme de Dieu ». La réalité vétérotestamentaire qu'elle exprime est bien complexe[33]. Nous retiendrons, toutefois, qu'elle « signifie, en dernière instance, serviteur de Dieu[34] » et « s'applique [ici] à Timothée qui

---

29. Stott, *Guard The Truth*, p. 124. [Notre traduction]
30. Cf. Blocher, « Enseignant, Théologien », p. 312.
31. Ferrier-Welty, « La transmission de l'Évangile », p. 101.
32. *Ibid.*, p. 99.
33. Cf. E. Cothenet et L. Ramlot, « Prophétisme. Terminologie », *DBS* VIII, p. 909-946.
34. Elengabeka, *L'exploitation des Écritures*, p. 152.

par son ministère sert Dieu[35] ». Ainsi, nous considérons que « l'exhortation à Timothée vaut comme exhortation au responsable de la communauté et seulement de manière secondaire à tout chrétien »[36]. Quelle doit-être la conduite de l'homme de Dieu, serviteur de Dieu, dans le cadre de la communauté ?

Paul inscrit l'appellation « homme de Dieu » dans un contexte antagoniste (v. 11). Si l'on convient avec Y. Redalié, elle « répond à ceux que l'on a présentés comme hommes d'argent aux v. 5-10[37] ». Les concernant, Paul poursuit les reproches commencés en 6.3-9 : « ils sont cupides, cultivant une sorte de piété propre à leur valoir – du moins l'espèrent-ils – des avantages matériels[38]. » De Timothée, Paul exige une vigilance accrue dans ses rapports avec l'argent. C'est une norme évaluative de son ministère ; de tout ministère. Fuir (φεύγω) la cupidité sera tout en son honneur, lui, homme de Dieu. Le rapport à l'argent et aux choses matérielles apparaît donc comme est un critère décisif du ministère pastoral.

Au demeurant, si Paul dénonce ce qu'il y a de « fallacieux et de ruineux » dans le rapport *piété*-profit[39], l'intention profonde est d'en venir à la question des motivations dans le ministère. Visiblement, une relation de cause à effet est à discerner entre la motivation au ministère et l'avidité au profit matériel qui pourrait en découler. Y. Redalié l'a perçu : « le faux enseignement (v. 3-5a) et la fausse vie des adversaires (v. 5b-10) s'articulent l'un à l'autre ; leur motivation, leur Dieu véritable, n'est-ce pas l'argent ?[40] ».

La question demeure encore aujourd'hui : quelle est la motivation de celui qui s'engage au ministère ? Ou alors de celui qui s'y trouve engagé ? L'élément motivant qui sous-entend l'agir pastoral, ou le motif de ses actions, est un autre critère concluant auquel s'intéresse l'évaluation selon le critère professionnel.

---

35. *Ibid.* : « Dans les Epîtres pastorales, ce concept [homme de Dieu] conserve la signification globale que lui assignait l'Ancien Testament [...] Le titre est tout de même transposé dans un cadre nouveau, en ce sens que le service ne s'accomplit plus dans le cadre du peuple d'Israël mais s'exerce au profit d'une Église. Il ne consiste plus à prophétiser ou à opérer des miracles, mais à assurer l'animation d'une communauté ».

36. Redalié, *Paul après Paul*, p. 317.

37. *Ibid.*

38. Bénétreau, « La richesse selon 1 Timothée », p. 50.

39. *Ibid.*

40. Redalié, *Paul après Paul*, p. 320.

Si Timothée doit fuir « ces choses », c'est en vue de poursuivre des vertus essentielles. Au fond, la somme de ces vertus est attendue de tout croyant ; dans son rapport à Dieu, dans sa vie personnelle et dans son rapport à l'autre au sein de la communauté. Et pourtant, il est essentiel d'indiquer ceci : « L'éthique du leader fait partie de son mandat, s'il veut devenir le "modèle des croyants" (1 Tm 4.12) et la contre figure des adversaires (1 Tm 1.18 ; 4.6 ; 6.11)[41]. » L'éthique du pasteur demeure un critère personnel crucial à considérer dans l'évaluation.

Ainsi, le premier mouvement du texte apporte « une caution » à deux types de critères d'évaluation des ministères : les motivations à l'agir pastoral (critère professionnel) et l'inclination à « vivre les vertus qui font le chrétien authentique et le pasteur irréprochable[42] » (critère personnel).

Le second mouvement du texte est assez surprenant ; il inscrit la charge de Timothée au cœur de l'expérience christique. Certes, si le disciple doit combattre le combat de la foi c'est en se référant à son appel initial ; il y a répondu favorablement, devant de nombreux témoins (v. 13). Mais, ici (vv. 13-14), c'est en appelant à Dieu et au Christ que Paul l'engage à accomplir sa principale tâche : « protéger le commandement de Dieu » de toute altération. La tâche du pasteur ne saurait se limiter à l'enseignement de la Parole, dans un contexte ecclésial favorable. Elle consiste aussi à défendre la Parole. La capacité du pasteur à faire œuvre d'apologète, dans un contexte défavorable, de controverse doctrinale, devient alors un critère probant d'évaluation sur le plan professionnel.

Au regard du contexte qui est le sien, la tâche de Timothée ne sera pas aisée. Et pourtant, il se souviendra que celui qui est à l'origine de son appel a rendu fidèlement témoignage de la vérité et cela, au prix de sa vie. Le parallélisme établi entre la confession du Christ-Jésus et celle de Timothée répond donc à un objectif : engager Timothée à la fidélité dans l'exercice de son ministère. Ainsi, l'exemplarité de la fidélité du Christ-Jésus, au passé, doit motiver celle de Timothée, au présent. Le critère est décisif : la qualité du ministère ne dépend pas tant de l'agir du pasteur que de sa fidélité à Dieu

---

41. *Ibid.*, p. 320.
42. DORNIER, *Les Épîtres pastorales*, p. 104.

dans son agir, selon ses talents reçus. Finalement, n'est-ce pas ce but essentiel qui donne sens à l'évaluation ?

Toutefois, la fidélité au présent ne peut avoir de consistance que si elle est placée dans une perspective d'avenir. En effet, « la poursuite des vertus (v. 11), le combat de la foi (v. 12), la conservation du mandat (v. 14) auront pour terme et récompense l'épiphanie du Seigneur, qui mettra en lumière l'œuvre de ses serviteurs (1 Co 4.5)[43] ». Telle est l'espérance du serviteur, celle qui fortifie « une volonté de fidélité sans faiblesse[44] ». Se détermine ici un autre critère convaincant d'un ministère de qualité : l'espérance du pasteur dans l'événement décisif du retour du Christ-Jésus, son Seigneur bien-aimé.

En somme, du second mouvement de notre texte, nous retiendrons que le souvenir du passé (la fidélité du Christ-Jésus) et la perspective du futur (le retour du Christ-Jésus) conditionne la vie présente du serviteur (critère personnel) et l'engage à l'espérance, à la fidélité et à la persévérance dans l'accomplissement de son ministère (critère professionnel).

3.3. 2 Timothée 2.22-26

La péricope 2.22-26, telle que nous l'avons modestement parcourue, se déclinait en deux parties, chacune plaçant Timothée dans un réseau de relations au sein de la communauté. Que ce soit avec « ceux qui, d'un cœur pur, invoquent le Seigneur » (v. 22) ou avec « les contradicteurs » (v. 25), un seul mot devrait caractériser sa conduite personnelle et son service, au bénéfice de toute la communauté : douceur. En effet, « le conflit, la dispute, la controverse : voilà ce qu'amène les adversaires. L'alternative réside dans la douceur et l'enseignement donnés par le responsable de la communauté, non pas seulement comme contenu, mais aussi comme pratique[45] ». La douceur, comme « une manière d'être » et comme « une manière de faire », devrait être recherchée par Timothée. La douceur a donc l'insigne mérite d'être aussi bien une qualité personnelle qu'une qualité professionnelle. Sa finalité est celle d'une relation interpersonnelle de qualité dans l'Église. Une argumentation s'impose.

---

43. Spicq, *Les Épîtres pastorales* (1969), p. 572.
44. Bénétreau, *Les Épîtres pastorales*, p. 268.
45. Redalié, *Paul après Paul*, p. 326.

Analysant le verbe διώκω, « courir après quelqu'un ou quelque chose », A. Kouadio signale que Paul l'emploie ici au sens figuré : « chercher une qualité[46]. » La douceur est donc un trait de caractère ou une qualité morale qui doit caractériser le pasteur ; ce qui dispose favorablement les membres de la communauté à son égard (critère social) et facilite la pratique de son ministère[47]. Bien plus, la douceur comme « savoir être » (critère personnel) rend tout aussi disponibles les adversaires (critère social). Si Timothée doit « instruire, corriger, discipliner » ces derniers, la douceur devrait être sa pédagogie, son « savoir-faire » (critère professionnel). Les adversaires, désarmés par « la douceur et la bonté avec lesquelles le serviteur du Seigneur leur parle, seront attentifs à une telle instruction[48] » (critère social).

Finalement, 2 Timothée 2.22-26 présente un critère éloquent dans l'évaluation du ministère pastoral : la douceur comme vertu à cultiver personnellement par le pasteur, comme vertu professionnelle à pratiquer dans le ministère, avec des retombées sociales sous la forme de relations interpersonnelles de qualité.

Certes, « certaines personnes, méconnaissant la valeur de la douceur, l'assimilent à la faiblesse[49] ». Mais, le pasteur devra se souvenir qu'il est désigné « serviteur du Seigneur » (v. 24, « δοῦλον κυρίου »). Le serviteur n'est pas plus grand que son Maître : « Je suis doux et humble de cœur » (Mt 11.29). Ce rapprochement entre le caractère du serviteur et son Seigneur est bien rendu ici par G. Fee : « Il [Timothée] est désormais le "serviteur du Seigneur" qui doit revêtir cette désignation parce qu'il a pleinement conscience de la personne du Seigneur qui repose sur lui[50]. » Qu'il soit rappelé au pasteur que la douceur, comme trait de caractère du Christ-Jésus, nécessite de sa part une quête constante, tant dans sa conduite que dans son agir pastoral. Le bon accueil de son ministère n'est-il pas à ce prix ?

---

46. Kouadio, *1, 2 Timothée et Tite*, p. 140.
47. *Ibid.*
48. *Ibid.*, p. 141.
49. *Ibid.*
50. Fee, *Pauline Christology*, p. 459 (Citation en version originale : « He [Timothy] is now "the servant of the Lord" who must bear this epithet as one fully aware of the Lord's own character that is being urged upon him »).

3.4. 2 Timothée 3.10-17

Le destinateur a ouvert la péricope 3.10-17 en se posant comme le modèle à imiter par le destinataire (vv. 10-11). Mieux, il rappelait à « son enfant légitime en la foi » (1 Tm 1.2) la fidélité avec laquelle, tel un « acolyte » parfait, il l'avait suivi dans le passé. L'intention de Paul se laisse découvrir : « Timothée est invité à rester fidèle à son propre passé. Non seulement il a suivi Paul dans son enseignement, mais avec lui il a payé le prix de souffrances[51]. » Paul en avait une conscience aiguë ; il devrait être un modèle pour « ceux qui croiraient en [Jésus] » (1 Tm 1.16). Plus précisément, il était pour Timothée une personne de référence, un modèle à imiter, dans sa conduite et dans l'exercice du ministère (v. 10).

Ainsi, destinateur et destinataires (Timothée et Tite) des EP sont présentés comme des modèles ; les seconds s'inspirant du premier. Le premier s'inspirant du Seigneur et les seconds devant inspirer les autres membres de la communauté (1 Tm 4.12 ; Tt 2.7). A. D. Clarke synthétise : « Dans les Épîtres pastorales, aussi bien l'auteur que les destinataires de la correspondance sont constamment considérés comme des exemples ; et de nombreux autres individus sont nommés, dont l'exemple doit être soit applaudi ou au contraire évité[52]. » Cette « chaîne » de modèle à imiter nous semble essentielle dans une perspective évaluative du ministère. En effet, en s'appropriant les vertus chrétiennes exigées de tous, en les intégrant au mieux dans sa propre vie (critère personnel), Timothée devient un modèle à imiter par tous (critère social).

Nous en tirerons une double application. D'une part, il importe que chaque pasteur ait un référent, une référence : « un aîné dans la foi, qui pour sa vie spirituelle exemplaire doit être un maître à penser, un exemple à suivre dans le Seigneur[53]. » D'autre part, les aînés dans la foi et dans le ministère devraient se disposer à une telle tâche. L'évaluation du ministère nécessite l'existence de modèle crédible, susceptible d'influencer la vie et le ministère des autres.

---

51. Redalié, *Paul après Paul*, p. 329.
52. A. D. Clarke, « "Be Imitators of Me" », *TynB* 49, no. 2, 1998, p. 354 (Citation en version originale : « In the Pastoral epistles, both writer and recipients of the correspondence are repeatedly viewed as examples; and numerous other individuals are named whose example is to be either applauded or shunned »).
53. Kouadio, *1, 2 Timothée et Tite*, p. 157.

Si le recours à des modèles est vital dans le ministère, l'Écriture demeure par excellence le gage d'une vie et d'un ministère de qualité. Le verset 14 retiendra à nouveau notre attention : « Toi, demeure dans les choses que tu as apprises… ». À Timothée, la nécessité de demeurer fidèle à l'Écriture, celle reçue de ses maîtres, s'imposait avec acuité. En tenant compte du contexte d'opposition qui était le sien, il importait de fonder ses certitudes dans l'Écriture. Certes, le contexte du récepteur d'une telle exigence (le pasteur aujourd'hui) diffère de celle de l'émetteur (Paul en son temps). Toutefois, malgré cette distance historique, le ferme attachement à l'Écriture demeure un critère irréfutable d'évaluation de la vie personnelle de tout serviteur du Christ-Jésus. Il en sera ainsi, à condition que l'Écriture demeure l'unique norme en matière de foi et de conduite du pasteur.

Le recours aux parénèses à Timothée nous a permis, d'une part, de mettre en relief quelques critères d'évaluation du ministère et, d'autre part, de montrer leur bien-fondé. Notre l'indiquions, il s'agit pour nous, en dernière intention, de définir une grille plus large d'évaluation du ministère. Elle passe par une prise en compte des exigences aux ministres locaux, vivant et agissant en toile de fond des Pastorales. C'est à cette tâche que nous voulons à présent nous atteler. La démarche sera identique à celle appliquée à la première série de textes.

Les critères suggérés par les parénèses aux ministres locaux

La réflexion sur la vie et le ministère des ministres locaux a nécessité l'étude de quelques textes essentiels, abordant le sujet des ministères dans les Pastorales : 1 Timothée 3.1-7 ; 1 Timothée 3.8-13 ; 1 Timothée 5.17-25 ; Tite 1.5-9. Des différents catalogues de qualités mis en évidence, nous nous sommes laissés saisir par le profil du ministre-modèle de la communauté des Pastorales. C'est le lieu de récapituler les qualités présentées et d'identifier les différents aspects de la vie et du ministère des responsables ainsi concernés.

1. Tableau récapitulatif des qualités exigées des ministres locaux

Épiscope (1 Tm 3.1-7 ; Tt 1.7-9)	Diacres/Diaconesses (1 Tm 3.8-13)	Anciens (1 Tm 5.17-25 ; Tt 1.5-6)	Aspect
ἀνεπίλημπτος, « irréprochable »	ἀνέγκλητος, « irréprochable »	ἀνέγκλητος, « irréprochable »	Social
		καλῶς προεστῶτες, « présidant bien »	Professionnel
		κοπιῶντες ἐν λόγῳ καὶ διδασκαλίᾳ, « peinant à la parole et à l'enseignement »	Professionnel
	μὴ διλόγος, « ni double parole »		Personnel
μιᾶς γυναικὸς ἀνήρ, « mari d'une seule femme »	μιᾶς γυναικὸς ἀνήρ, « mari d'une seule femme »	μιᾶς γυναικὸς ἀνήρ, « mari d'une seule femme »	Familial
νηφάλιον, « sobre »	νηφάλιον, « sobre »		Personnel
	πιστός ἐν πᾶσιν, « fidèle en tout »		Personnel
σώφρων, « pondéré »			Personnel
κόσμιος, « digne »	σεμνότητος, « digne », « sérieux »		Social
φιλόξενος, « hospitalier »			Social
διδακτικός, « apte à enseigner »			Professionnel
μὴ πάροινος, « ni un buveur »	μὴ οἴνῳ πολλῷ, « ni adonné au vin »		Personnel

Critères d'évaluation du ministère pastoral

Épiscope (1 Tm 3.1-7 ; Tt 1.7-9)	Diacres/ Diaconesses (1 Tm 3.8-13)	Anciens (1 Tm 5.17-25 ; Tt 1.5-6)	Aspect
μὴ πλήκτης, « ni violent »			Personnel
ἐπιεικής, « doux »			Personnel
μὴ…ἄμαχος, « ni querelleur »			Personnel
μὴ… ἀφιλάργυρος, « ni cupide »	μὴ αἰσχροκερδεῖς, « ni âpres au gain honteux »		Personnel
	ἔχοντας τὸ μυστήριον τῆς πίστεως, « garde le mystère de la foi »		Personnel
	ἐν καθαρᾷ υνειδήσει, « avec une conscience pure »		Personnel
τοῦ ἰδίου οἴκου καλῶς προϊστάμενον, « bien gouverner sa propre maison »			Familial
τέκνα ἔχοντα ἐν ὑποταγῇ, « tenir ses enfants dans la soumission »	τέκνων καλῶς προϊστάμενοι καὶ τῶν ἰδίων οἴκων, « dirigent bien leurs enfants et leur propre maison »	τέκνα ἔχων πιστα, « ayant des enfants croyants » μὴ ἐν κατηγορίᾳ ἀσωτίας ἢ ἀνυπότακτα, "qu'on ne puisse accuser d'inconduite ni d'insoumission"	Familial

Épiscope (1 Tm 3.1-7 ; Tt 1.7-9)	Diacres/ Diaconesses (1 Tm 3.8-13)	Anciens (1 Tm 5.17-25 ; Tt 1.5-6)	Aspect
μὴ νεόφυτος, « ni un nouveau converti »	δοκιμαζέσθωσαν πρῶτον, « qu'ils soient d'abord éprouvés »		Spirituel
	μὴ διαβόλος, « ni médisante »		Personnel
μαρτυρία καλή, « bon témoignage venant de ceux du dehors »			Social
μὴ αὐθάδης, « ni arrogant »			Personnel
μὴ ὀργίλος, « ni coléreux »			Personnel
μὴ αἰσχροκερδής, « ni avide de gain honteux »			Personnel
φιλάγαθος, « ami du bien »			Personnel
δίκαιος, « juste »			Personnel
ὅσιος, « saint »			Personnel
ἐγκρατής, « maître de soi »			Personnel
ἀντεχόμενον τοῦ κατὰ τὴν διδαχὴν πιστοῦ λόγου, « attaché à la Parole digne de foi, telle qu'elle a été enseignée »			Personnel

Épiscope (1 Tm 3.1-7 ; Tt 1.7-9)	Diacres/ Diaconesses (1 Tm 3.8-13)	Anciens (1 Tm 5.17-25 ; Tt 1.5-6)	Aspect
δυνατὸς... καὶ παρακαλεῖν ἐν τῇ διδασκαλίᾳ τῇ ὑγιαινούσῃ καὶ... ἐλέγχειν, « capable d'exhorter dans la saine doctrine et de réfuter les contradicteurs »			Professionnel

Le tableau récapitulatif fait état de quatre catégories de qualités requises des ministres locaux : les qualités personnelles, sociales, professionnelles et familiales. L'approche reste inchangée : l'auteur prend le soin de rattacher à toute la personne du ministre et à son expérience pastorale des qualités qui, si elles sont acquises, feront de lui un ministre-modèle. Une nouveauté est à signaler : certaines qualités sont du registre familial, les ministres pouvant être mariés et avoir des enfants.

En nous essayant à une classification des qualités requises de ces ministres locaux, nous parvenons à un décompte de trente-deux (32). En état, ces qualités se répartissent de la manière suivante :

N 32

- Les qualités personnelles et spirituelles :   65,6 %
- Les qualités sociales :   12,5 %
- Les qualités professionnelles :   12,5 %
- Les qualités familiales :   9,3 %

Une donnée ici attire d'emblée l'attention : le taux des qualités personnelles et spirituelles est particulièrement élevé (65,6 %). À elles seules, ces dernières représentent pratiquement les deux tiers de l'ensemble des qualités exigées des ministres locaux. De ce constat, il est aisé d'affirmer que l'intention de l'auteur n'est pas de définir les fonctions des ministres (12,5 %) ; il s'attelle à traiter des qualités que l'on est en droit d'exiger des ministres en fonction.

Mieux, les qualités présentées prennent beaucoup plus la forme de critères d'accès au ministère.

Les qualités familiales attirent aussi l'attention ; le plus faible pourcentage leurs revient (9,3 %). Et pourtant, il serait incongru de reléguer ces qualités à un rang secondaire. Par exemple, la qualité familiale « mari d'une seule femme » est exigée de tous les ministres (épiscopes-anciens et diacres). L'auteur n'hésite pas non plus à établir un lien ferme entre qualité domestique et légitimité à exercer une fonction ecclésiale : « si quelqu'un n'est pas capable de présider aux destinées de sa maisonnée, comment pourra-t-il porter le souci de la communauté de Dieu ?[54] ». L'on ne peut pas en dire autant de toutes les qualités personnelles.

En conséquence, du tableau récapitulatif suggéré par la deuxième série de textes, nous retiendrons quatre catégories de critères pour l'évaluation du ministère pastoral : les critères personnels, les critères sociaux, les critères professionnels et les critères familiaux.

2. Énoncé des critères d'évaluation

Les trois premières catégories de critères d'évaluation susmentionnés ont été énoncées précédemment ; elles demeurent en vigueur. Il suffira d'adjoindre les critères familiaux qui eux, restent à énoncer.

2.1. Critères familiaux : « Comment vit-il sa vie de famille ? »

Perspectives des critères familiaux

En respectant le parallélisme des formes, nous énonçons les critères familiaux comme suit : « Comment vit-il sa vie de famille ? ». Nous l'indiquions, le pasteur a des responsabilités personnelles, sociétales et professionnelles. Celle à l'égard de sa famille, s'il est marié, n'est pas des moindres. Les critères familiaux s'intéressent aux rapports entre le pasteur et son épouse et, s'il a des enfants, à ceux intervenants entre sa progéniture et lui.

Du registre des qualités attendues des ministres, nous déduisons quatre catégories de critères. Reste à montrer leur bien-fondé, à la lumière des exhortations adressées aux ministres locaux.

---

54. J. Reuss, *Les deux lettres à Timothée*, Paris, Desclée, 1971, p. 58.

3. Justification des critères d'évaluation

3.1. 1 Timothée 3.1-7

L'étude de la péricope 3.1-7 a montré que Paul s'est plus attaché à décrire les qualités requises pour l'exercice du ministère qu'à définir en quoi ce dernier consiste précisément. Toutefois, il ne laisse pas le lecteur sans indications. Une série de verbes nous conforte. D'abord, au verset 4 : προΐστημι (être à la tête, diriger, gouverner), en rapport avec le rôle de l'épiscope dans sa maisonnée ; puis, au verset 5, προΐστημι et ἐπιμελέομαι (avoir soin, prendre soin de), en rapport avec son rôle au sein de la communauté[55]. « Le rôle [...] exercé par l'épiscope au sein d'une communauté ecclésiale se situe donc dans la ligne de la direction, de la présidence et du gouvernement, semblable à celui qu'exerce le père de famille à l'intérieur de sa maison[56] ». L'épiscope porte la responsabilité de la vie communautaire tant de la maisonnée que de l'Église ; il dirige, préside, gouverne.

Ce rôle est bien celui du pasteur aujourd'hui : « Parce qu'il est prédicateur et donc porteur d'une parole d'autorité, qui construit et structure la vie des croyants et de l'Église, parce qu'il est au cœur de la vie communautaire et donc impliqué dans les principaux projets, parce qu'il connaît les personnages d'avantage que d'autres, le pasteur joue inévitablement un rôle dans la direction de l'Église[57]. » Si un tel rôle est généralement admis, ce qui fait débat c'est bien sa mise en œuvre. En effet, elle « va du schéma d'autorité absolue du pasteur-chef, qui prend toutes les décisions, à la soumission du pasteur-exécutant, qui agit sous l'autorité du conseil sans marge de manœuvre[58] ».

Face au premier travers, il est à rappeler que si 1 Timothée 3.5 semblait mettre l'accent sur le « leadership » de l'épiscope, elle n'indiquait pas pour autant que l'autorité lui revenait en toute exclusivité au sein de l'Église. L'épiscope, s'il peut « aspirer » à la charge (3.1), ne peut certainement pas s'imposer sans faire l'objet d'un choix, celui de Timothée, tout au moins.

---

55. M. Gourgues, « Les pouvoirs en voie d'institutionnalisation », *RTL* 41, 2010, p. 485.
56. *Ibid.*
57. C. Paya, « Pasteur », *DTP*, p. 530-531.
58. *Ibid.*

L'autorité du ministre demeure une autorité déléguée (cf. 1 P 5.2 ; Ep 4.11 ; Ac 20.28) et elle ne peut s'exercer que dans la collégialité. Ce rôle de direction fait heureusement appel à une triple exigence : ne pas être un néophyte (v. 6) ; avoir un bon témoignage des non-croyants (v. 7) ; exercer l'hospitalité (v. 7). S'il est de la charge du pasteur de diriger, une évaluation, selon le critère professionnel, devra s'assurer qu'il s'y adonne. Mais, au-delà du fait de diriger, l'évaluation portera sur la manière de diriger. Diriger, c'est surveiller les différents aspects de la vie de l'Église ; c'est exercer l'autorité dans la collégialité[59] ; c'est servir ceux que l'on dirige[60]. Ce critère professionnel est capital : le pasteur est un dirigeant-serviteur.

Il est à rappeler que le vocabulaire de la direction consistait aussi à *avoir soin*, à *prendre soin de* (ἐπιμελέομαι), à *veiller* (ἐπίσκοπος = surveillant). Ce qui en dit long sur le soin pastoral que la communauté pouvait attendre de la part de l'épiscope. Institué berger, pour faire appel à « l'analogie-pivot[61] », l'épiscope, comme le pasteur aujourd'hui, devrait remplir un quadruple rôle, à l'égard du troupeau : « il doit le *conduire*, en marchant devant lui, pour empêcher qu'il ne s'égare. Il doit *veiller* sur lui, en l'avertissant des dangers qui le menacent et en prenant, si besoin est, sa défense. Il doit *pourvoir à sa nourriture*, en le mettant aux bons pâturages. Il doit *prendre soin* en particulier des brebis qui le composent et tout spécialement des plus faibles[62]. » Il s'ensuit une exigence particulière : la capacité pédagogique (cf. διδακτικός, « apte à enseigner », 3.2)[63]. Le pasteur devra être évalué sur sa capacité à

---

59. Sur la question de l'autorité dans l'Église, se référer à deux articles de qualité : A. Nisus, « Sept thèses sur l'autorité dans l'Église », *CEP* 33, 1999, p. 27-38 ; I. Grellier, « L'autorité des pasteurs bousculée par les évolutions de la société : une chance pour l'évangile ? », *ETR* 78, no. 3, 2003, p. 367-386.

60. G. Osei-Mensah, *Le dirigeant : Patron ou serviteur*, Abidjan, CPE, 1996, p. 20-29, fait prendre conscience de quelques pièges du leadership : « "Moi, rien que moi !" - le chef trop pointilleux ; "Je ferme les yeux" - le dirigeant faible et trop tolérant ; "C'est moi qui commande ici !" - le dirigeant insensible ». L'auteur fera l'apologie du dirigeant-serviteur.

61. Pour faire référence à l'heureuse expression de T. C. Oden, *Pastoral Theology : Essentials of Ministry*, San-Francisco, Harper & Row, 1983, p. 49.

62. H. D'Espine, *Les anciens conducteurs d'Église*, Neuchâtel/Paris, Delachaux & Niestlé, 1946, p. 14-15. Les italiques sont de l'auteur.

63. Gourgues, « Les pouvoirs en voie d'institutionnalisation », p. 484-485, estime qu'il n'est pas certain que διδακτικός fasse ici référence à la fonction d'enseignement de l'épiscope. Cette fonction ne sera « expressément attribuée à l'épiscope » qu'en Tt 1.9.

conduire les croyants par la Parole de Dieu et à prendre soin d'eux[64]. L'on s'interrogera sur l'attention qu'il accorde à cette tâche de berger[65]. Ce sont là des critères professionnels qui résistent au temps ; ils demeurent. Le pasteur-modèle ne peut s'y soustraire.

Rappelons-le, le même verbe employé relativement à celui qui dirige la communauté ecclésiale (Rm 12.8b) est le même employé dans 1 Timothée 3.4 pour parler de l'épiscope qui doit bien diriger sa propre maisonnée. Plus précisément, il s'établit un lien entre le rôle domestique et le rôle ecclésial de l'épiscope. Il en découle cet autre champ d'évaluation du ministère : la vie familiale du pasteur.

A. Kouadio précise : « Le dirigeant doit savoir gérer harmonieusement les deux dimensions de ses responsabilités : ses responsabilités envers l'Église et ses responsabilités envers sa famille, et vice versa[66]. » Il est tout aussi facile de dire que difficile de réaliser cet équilibre. Et pourtant, il faut y parvenir ; le contraire est lourd de conséquence, aussi bien pour lui, pour sa famille que pour l'Église[67].

Évoquant le contexte américain, L. Anderson note ceci :

> La famille américaine a encaissé des coups très durs dans les deux dernières décennies. L'augmentation des divorces, des abus commis sur le conjoint ou sur les enfants, des infidélités et de tout ce que cela entraîne comme détresse psychologique a connu un développement exponentiel. Et les familles de pasteurs n'ont pas été immunisées. On estime qu'un ecclésiastique

---

64. S'intéressant aux pratiques pastorales en cours dans les Églises africaines, I. ZOKOUÉ se veut réaliste : « Il y a sûrement des critiques à faire, mais contre qui ? Contre le pasteur, ou contre le système qui a formé un tel pasteur ? Soyons concret. Nos Églises ont pris l'habitude de faire de tous ceux qui sortent des écoles bibliques, séminaires théologiques [...] des pasteurs. Parmi eux, il y a ceux qui ont le don du ministère pastoral, et ceux qui ne l'ont pas. Quoi de plus normal si ces derniers finissent par donner une mauvaise image du pastorat ! » (« Le modèle biblique du pastorat et les pratiques actuelles dans les Églises africaines », dans D. BOURDANNÉ, sous dir., *Leadership pour l'excellence*, Abidjan, PBA, 2002, p. 78).

65. « Le berger n'exerçait d'autres métiers que celui de berger. Si seulement tous les pasteurs africains étaient "tout entier à cette tâche" ! », s'indigne I. ZOKOUÉ (« Le modèle biblique du pastorat », p. 86).

66. A. KOUADIO, « Le dirigeant et sa vie de famille », dans D. BOURDANNÉ, sous dir., *Leadership pour l'excellence*, Abidjan, PBA, 2002, p. 123.

67. Voir A. VINET, *Théologie Pastorale*, Lausanne, Payot, 1942, p. 166-167.

américain sur huit vit une aventure extraconjugale à un moment donné de son ministère pastoral. Dans le domaine pastoral, le divorce était quasiment inconnu il y a une trentaine d'années. D'autre part, les problèmes que posent des enfants de pasteurs rebelles et incroyants ne sont pas nouveaux, mais ils sont beaucoup plus courants. Des familles de pasteurs ont aussi à subir des pressions croissantes au niveau des finances et du ministère[68].

En France, E. Lhermenault s'est intéressé à la problématique de la durée dans le ministère. Il note que « la deuxième cause d'abandon ou de réorientation du ministère, dans 14 cas sur 49, est liée à la vie conjugale[69] ». Cela incite à penser que « c'est probablement dans le domaine conjugal que se situe la pointe du combat pour l'avenir du ministère dans les prochaines décennies[70] ». Ce combat n'épargne aucune Église, d'aucun continent ; les couples et les familles de pasteurs en Afrique sont tout autant concernés.

---

68. L. ANDERSON, « Personal Challenges for 21st-Century Pastors », *BS* 151, 1994, p. 264 (Citation en version originale : « The American family has suffered severe blows in the past two decades. The rise in divorces, child and spouse abuse, infidelities, and resulting emotional pain has been explosive. And pastors' families have not been exempt. An estimated one out of eight American clergy has extramarital intercourse sometime during his pastoral ministry. Divorce in the parsonage was almost unheard of 30 years ago. Also problems with rebellious and unbelieving children of pastors are not new but are far more common. Families of pastors also face increasing financial and ministry pressures »).

69. E. LHERMENAULT, « Un ministère "durable" », *CEP* 76, 2010, p. 18 : « Derrière ce chiffre, il y a quatre réalités distinctes : l'échec conjugal qui ne paraît pas lié à une infidélité du pasteur (3 ou 4 cas), l'adultère hétérosexuel qui n'aboutit pas toujours à un divorce mais qui porte atteinte au ministère (5 ou 6 cas), l'adultère homosexuel (2 cas), l'opposition du conjoint au ministère (3 cas) ». Qu'elle telle analyse soit faite pour plusieurs Unions d'Églises, en Amérique, en Europe ou en Afrique, l'on ne pourra que faire le même constat, amer.

70. *Ibid.*, p. 20.

L'évaluation du ministère, selon le critère familial, portera sur le soin que le pasteur apporte aux siens ; c'est un critère péremptoire[71]. De même que l'intransigeante fidélité à son épouse[72].

3.2. 1 Timothée 3.8-13

Alors que διακονία pouvait s'appliquer à tout ministère ecclésial (sens général), 1 Timothée 3.8-13 se présente comme un texte unique évoquant une fonction particulière (sens technique). Que dit-il au sujet de la fonction de diacre ? Il n'est guère plus explicite que 3.1-7 ne l'a été sur l'épiscope. Certes, comme pour l'épiscope (3.4), 3.12b mentionne que les diacres doivent savoir bien diriger leur maisonnée. Toutefois, « il n'opère aucune transposition quant au rôle semblable qu'ils auraient à jouer au sein de la communauté[73] ». À cela, s'ajoute une différence capitale : alors que l'aptitude à enseigner était exigée de l'épiscope, elle ne l'est pas pour les diacres. Il n'empêche que sur le plan fonctionnel, il est attendu de chaque serviteur un ministère de qualité, selon la spécificité de sa charge.

Sur le plan moral, 3.8-13 a l'heureux avantage d'être une présentation détaillée des qualités exigées des diacres. Cette dernière, plus brève et plus

---

71. ANDERSON, « Personal Challenges for 21st-Century Pastors », p. 264-265 : « Pour préserver et consolider les couples et les familles pastorales, les Églises et les pasteurs doivent s'unir pour mettre au point des étapes de prévention, de précaution et de remèdes. Les Églises doivent contribuer à favoriser la vie familiale de leur pasteur par des attentes raisonnables, une rémunération décente, des congés indispensables qui ne servent ni au ministère ni à la formation continue, et des systèmes bien établis pour qu'ils puissent rendre compte et être conseillés. Aussi bien les pasteurs que les Églises doivent prendre garde aux signes de détresse conjugale » (Citation en version originale : « To preserve and strengthen clergy marriages and families, churches and pastors need to unite in working out step for prevention, precaution, and remedy. Churches should help promote their pastor's family life through reasonable expectations, adequate remuneration, required vacation that are not used for ministry or continuing education, and established systems for accountability and counsel. Both pastors and churches should beware of signs of marital distress »). *Idem.* M. BARKER : « Il faudrait que les responsables de l'Église veillent à ce que le pasteur se sente libre de passer du temps avec sa famille, qu'il prenne au sérieux son rôle de mari et de père, en consacrant aux siens des moments de convivialité et d'activités en famille » (« La santé psychologique du pasteur », *Fac-réflexion* 30, 1995, p. 20).

72. Autant s'intéresser, en amont, à cette question délicate au cours d'une évaluation du ministère que d'avoir à gérer les conséquences du péché de l'adultère. Voir J. E. SMITH, « Can Fallen Leaders Be Restored to Leadership? », *BS* 151, p. 455-480.

73. GOURGUES, « Les pouvoirs en voie d'institutionnalisation », p. 487.

cohérente, « possède une coloration plus spécifiquement chrétienne que celle concernant l'épiscope[74] » (cf. 3.9, 13).

Un rapprochement entre 3.8-13 et 3.1-7 révèle quelques insistances à prendre en compte dans l'évaluation du ministère : (1) Du critère personnel, être mature dans des domaines précis : boisson, argent, maîtrise de soi, langue exercée ; (2) Du critère familial, se distinguer par la fidélité à sa femme et l'éducation de ses enfants ; (3) Du critère social, à l'Église, se montrer hospitalier, aimable ; (4) Du critère social, en général, mener une vie sociale qui ne donne pas prise aux critiques ; (5) Du critère professionnel, exercer son ministère dans la fidélité, animé d'un souci de qualité, du travail bien fait.

3.3. 1 Timothée 5.17-25

La péricope 5.17-25 s'articule d'une manière différente de 1 Timothée 3.1-7 et 1 Timothée 3.8-13 : elle donne, d'emblée, quelques précisions sur la fonction des presbytres (v. 17). D'une manière générale, il s'agit de diriger la communauté (v. 17a, προΐστημι). Ici, les attentes seront identiques à celles de l'épiscope (cf. 3.4). Toutefois, pour certains d'entre eux (cf. μάλιστα), à cette tâche normale de direction (cf. προεστῶτες), s'ajoute celle du ministère de la parole (v. 17b). Si Paul avait déjà mentionné l'aptitude à enseigner, s'agissant de l'épiscope (1 Tm 3.2), il fait des presbytres des agents actifs de la διδασκαλία (enseignement)[75].

Bien entendu, l'ajout du λόγος pour donner l'expression « ἐν λόγῳ καὶ διδασκαλίᾳ » ne fait qu'indiquer deux formes variées d'un seul et même ministère (cf. 1 Tm 4.6 ; 6.3). Tout comme il n'est pas nécessaire de supposer deux catégories de presbytres, les uns pour diriger et les autres, pour enseigner. Ces deux aptitudes ne devraient-elles pas se trouver chez chacun (cf. 1 Th 5.12) ? Ce qu'il faut (naturellement !) supposer c'est que certains étaient plus enclins à diriger, tandis que d'autres plus zélés à enseigner. Dans ce contexte de lutte avec les hétérodoxes, un double honneur-honoraire revient aux presbytres qui se distinguaient dans l'un, comme dans l'autre, à la fois. Ce qui importe avant tout, c'est la manière de diriger – ou de diriger et d'enseigner : les presbytres le font-ils bien ? C'est à ce niveau que l'auteur

---

74. *Ibid.*, p. 486.
75. Cf. SCHLOSSER, « La didascalie et ses agents », p. 84s.

fait un *distinguo* entre les presbytres. L'adverbe καλῶς initie un jugement de valeur, distingue ceux qui dirigent bien, de ceux qui le font moins bien. Un autre critère professionnel décisif, déjà évoqué (cf. le souci de la qualité), se trouve ici confirmé : la conscience professionnelle ; elle fait partie du mandat du pasteur.

En revisitant les différentes exhortations à Timothée et aux ministres locaux, nous sommes modestement parvenus à établir des critères d'évaluation du ministère. De sources différentes, ces critères se retrouvent, pour la plupart, de part et d'autre ; ils se trouvent ainsi renforcés par leur complémentarité. Il s'agit à présent d'en faire une synthèse.

La synthèse des critères d'évaluation

Pour des raisons de commodité, nous ferons la synthèse des critères d'évaluation selon les quatre principales catégories de critères identifiés. Ces critères constituent une norme du « savoir être » et du « savoir-faire » du pasteur. Ils indiquent le moins que l'on puisse attendre de sa vie et de son ministère.

Le lecteur pourra sans doute nous le reprocher : bien des aspects significatifs du ministère pastoral sont omis. Il suffira d'indiquer qu'il s'agit de critères selon les Pastorales. Une réflexion à l'échelle de tout le NT aurait ratissé large et serait parvenue à combler une telle attente. En outre, certains critères se recoupent ; il est commode de les regrouper, en ne mentionnant que les plus significatifs. En état, ces critères présentent des avantages : (1) Ils nous rappellent les évidences et les fondamentaux du ministère pastoral ; (2) Ils créent et favorisent les conditions d'un bilan objectif du ministère pastoral ; (3) Ils suscitent et stimulent de nouvelles possibilités de croissance du ministère pastoral.

1. Les critères personnels

À la question de départ « Comment vit-il sa vie personnelle ? », l'on pourra s'appuyer sur les critères suivants pour évaluer la vie personnelle du pasteur :

1. Primauté à sa propre vie spirituelle ;
2. Ferme attachement à l'Écriture ;
3. Modèle à imiter ;
4. Maître de son corps ;
5. En perpétuelle croissance.

2. Les critères familiaux

« Comment vit-il sa vie de famille ? » Pour l'évaluation de la vie de famille du pasteur, il est tout indiqué de s'appuyer sur les critères suivants :

1. Pasteur dans sa propre maison ;
2. Prototype que sa famille peut imiter ;
3. Mari d'une seule femme ;
4. Dirige sa famille selon les voies du Seigneur ;
5. Hospitalier.

3. Les critères sociaux

« Comment vit-il dans l'Église et en société ? » L'évaluation de la vie sociale du pasteur prendra appui sur les critères suivants :

1. Irréprochable ;
2. Approuvé par les non-chrétiens ;
3. Honorable ;
4. Aime toute personne ;
5. Doux.

4. Les critères professionnels

« Comment exerce-t-il son ministère ? » Un ministère pastoral est de qualité lorsque le pasteur exerce son ministère selon les critères suivants :

1. Berger ;
2. Dirigeant-serviteur ;
3. Travailleur ;
4. Armé de la pensée de souffrir pour l'Évangile.
5. Fidèle dans les questions d'argent.

Tels sont les critères d'évaluation qui découlent de notre étude. Ils nous paraissent toujours nécessaires et suffisants pour une évaluation objective du ministère pastoral. Pour une meilleure visibilité, il convient de les présenter dans un tableau :

Aspects évalués	Critères d'évaluation
Personnel	Primauté à sa propre vie spirituelle
	Ferme attachement à l'Écriture
	Modèle à imiter
	Maître de son corps
	En perpétuelle croissance
Familial	Pasteur dans sa propre maison
	Prototype à imiter dans sa propre maison
	Mari d'une seule femme
	Famille dirigée selon les voies du Seigneur
	Hospitalier
Social	Irréprochable
	Approuvé par les non-chrétiens
	Honorable-Digne-Sérieux
	Aime toute personne
	Doux
Professionnel	Berger
	Dirigeant-Serviteur
	Travailleur déterminé
	Armé de la pensée de souffrir
	Fidèle dans les questions d'argent

Deux questions, nous semble-t-il, sont subsidiaires à celle des critères d'évaluation. D'abord, celle des indicateurs d'évaluation. En effet, comment s'assurer qu'un ministre remplit les critères d'évaluation ? Une chose est de formuler des critères qualitatifs pour apprécier. Une autre est de disposer d'indices de satisfaction des dits critères. Pour être opérationnels, les critères d'évaluation devraient donc s'accompagner d'éléments concrets et observables. D'où la nécessité d'élaborer des indicateurs objectifs d'évaluation du ministère.

Le tableau à la page suivante présente aussi bien les critères d'évaluation que les indicateurs d'évaluation du pastorat.

Aspects évalués	Critères d'évaluation	Indicateurs des critères
Personnel	Primauté à sa propre vie spirituelle	• Il s'exerce assidûment à la piété personnelle (prière, méditation, sanctification) • Il exerce le ministère pastoral envers sa propre âme
	Ferme attachement à l'Écriture	• Il est sans compromis à l'égard de l'Écriture et de la vérité • Il enseigne conformément à l'Écriture • Son enseignement est de qualité
	Modèle à imiter	• Il est un modèle de ce qu'il demande aux autres de croire et d'être • Il se montre lui-même le modèle de la doctrine et des vertus qu'il enseigne
	Maître de son corps	• Il n'est pas adonné à la boisson • Il n'est dépendant d'aucun vice • Il a une bonne hygiène de vie
	En perpétuelle croissance	• Il ne régresse pas dans sa spiritualité et dans l'exercice du ministère • Il est en formation continue
Familial	Pasteur de sa propre maison	• Il commence le ministère dans sa maisonnée, auprès de sa famille
	Prototype à imiter dans sa maison	• Il est un modèle dans sa propre maison ; sa famille peut imiter son amour et son service pour Dieu
	Mari d'une seule femme	• Il aime visiblement son épouse • Il est fidèle à son épouse
	Famille dirigée selon les voies du Seigneur	• Il instruit ses enfants selon les Écritures • Les enfants vivant encore sous son toit se soumettent au Seigneur
	Hospitalier	• Il exerce l'hospitalité • Il exerce la libéralité

Critères d'évaluation du ministère pastoral

Social	Irréprochable	• Il ne mène pas une vie qui donne prise à des calomnies fondées • Il respecte les lois civiles et morales • Il sait se comporter en société
	Approuvé par les non-chrétiens	• Il a un bon témoignage de la part des non-chrétiens
	Honorable	• Il a une vie bien rangée • Il est digne • Il inspire le respect ; il est respecté
	Aime toute personne	• Il est bon, aimable, affable • Il est juste avec les uns et les autres • Il ne fait pas acception de personne
	Doux	• Il supporte les contrariétés • Il évite résolument les querelles • Il sait réprimander fraternellement • Il exerce la discipline avec amour
Professionnel	Berger	• Il administre • Il dirige le peuple de Dieu • Il veille sur le peuple de Dieu • Il prend soin du peuple de Dieu
	Dirigeant-Serviteur	• Il exerce l'autorité sans dominer • Il sait écouter les autres et collaborer • Il donne l'exemple du service
	Travailleur	• Il est motivé, déterminé à travailler • Il aime le travail de qualité, bien fait • Il n'est pas négligent, il fait preuve de conscience professionnelle
	Armé de la pensée de souffrir pour l'Évangile	• Il aime et sert Dieu, dans les circonstances favorables ou non • Il est capable d'adapter son niveau de vie à la réalité ecclésiale du moment
	Fidèle dans les questions d'argent	• Il n'est pas cupide • Il est désintéressé • Il n'est pas accusé de mauvaise gestion financière, de détournement

À présent, la pertinente question des procédures se pose : Comment allons-nous faire pour évaluer ? Quelles sont les démarches envisagées ?

Les procédures évaluatives

1. Énoncés des procédures évaluatives

Nous suggérons quatre différentes démarches évaluatives : l'évaluation personnelle, l'évaluation mutuelle, l'entretien formel d'évaluation, l'évaluation à l'échelle de la communauté.

1.1. L'évaluation personnelle

L'évaluation personnelle ou l'auto-évaluation est une procédure qui vise à une évaluation de ses capacités par soi-même, sans l'intervention d'un tiers, en vue de prendre des décisions correctives. L'auto-évaluation permet au pasteur de se recentrer sur ses responsabilités, de tirer des leçons de ses propres expériences et de prendre des décisions personnelles, en meilleure connaissance de cause. Le pasteur est ici l'agent actif. L'évaluation personnelle est première, chronologiquement. Elle est une préparation à l'évaluation mutuelle.

1.2. L'évaluation mutuelle

L'évaluation mutuelle ou la co-évaluation est une procédure qui vise à une évaluation entre pairs. Elle permet de porter différents regards critiques sur le ministère pastoral. La multiplicité des retours ainsi générés permet de prendre des décisions dans une perspective de croissance du ministère. Qui évalue dans la co-évaluation ? Les termes « mutuelle » (réciproque) et « co » (avec), nous orientent : Les agents actifs sont les responsables de l'Église locale : le pasteur et les anciens. Dans un climat de confiance mutuelle, ils portent un regard critique sur le service pastoral en vue de prendre des décisions appropriées de croissance de ce service. La co-évaluation est seconde, chronologiquement.

1.3. L'entretien formel d'évaluation

L'entretien formel d'évaluation est une démarche qui vise à une évaluation du ministère pastoral après une période écoulée puis à définir des objectifs de croissance pour la période avenir. Qui évalue ? L'évaluation sera menée par le responsable hiérarchique du pasteur, là où il en existe. L'entretien est avant tout un moyen de communication. Il revient au responsable hiérarchique d'échanger avec le pasteur ; ils seront tous deux des agents actifs. Ce sera l'occasion : (1) d'apprécier les potentialités de son collaborateur à la tâche ; (2) d'observer ses progrès accomplis à la tâche ; (3) d'être attentif à ses aspirations profondes, de diagnostiquer la nature et l'origine des difficultés qu'il rencontre à la tâche.

1.4. L'évaluation à l'échelle de la communauté

L'évaluation élargie à l'ensemble de la communauté est une démarche inclusive ; elle associe « les uns et les autres » à l'examen critique du ministère pastoral. Dans la pratique, cette procédure d'évaluation, qui fait de chacun un potentiel agent évaluateur, trouve une heureuse occasion lors d'une Assemblée Générale (AG) de l'Église locale. En réalité, l'adoption ou non d'un bilan d'activité (moral, spirituel, financier) est une évaluation de fait, à l'échelle communautaire.

Mais, trouve-t-on des indices textuels en la faveur de telles démarches ?

2. Justifications des procédures évaluatives

2.1. 1 Timothée 4.6-16

De l'analyse de la responsabilité de Timothée envers lui-même (« *veille sur toi-même* », v. 16a), il s'offre à nous des indices d'une procédure évaluative du ministère. En effet, puisqu'il s'agit de faire un travail sur soi-même, qui d'autre, mieux que le pasteur lui-même, peut-il ici entreprendre l'évaluation ? Dans ce cas, la δοκιμή prendra la forme d'une auto-évaluation.

Avec une objectivité souhaitée, le pasteur s'interrogera sur son rapport à la méditation de l'Écriture, son rapport à la prière personnelle, son rapport à la sanctification, la vie nouvelle à laquelle le Christ-Jésus l'appelle. L'auto-évaluation est donc une procédure qui se justifie. Toutefois, il ne sera pas exclu qu'une personne, autre que lui-même, au cours d'un entretien formel d'évaluation, puisse l'aider à parvenir à une telle auto-évaluation, si elle avait été initialement ignorée.

Se rattache aussi à la responsabilité professionnelle de Timothée (« *veille sur ton enseignement* », v. 16b), la possibilité d'une autre procédure évaluative du ministère. La tâche a une portée éternelle : « *ce faisant tu te sauveras, toi et ceux qui t'écoutent* » (v. 16b).

Dans une étude consacrée au verset 13 (« *Jusqu'à ce que je vienne, applique-toi à la lecture, à l'exhortation, à l'enseignement* »), E. Elengabeka démontre qu'« une fonction triangulaire » est perceptible « entre la lecture, le lecteur et la communauté qu'il anime ». Bien plus, il s'« établit une identité entre le sort du lecteur-prédicateur-docteur avec celui de son auditoire. Les deux pôles de l'émission et de la réception, qui interviennent lorsque la lecture se fait, se regroupent autour du salut auquel conduisent les Écritures ». Ainsi, dans l'intérêt aussi bien du messager que du public, il convient d'évaluer le soin que le premier accorde à la source de leur salut commun, l'Écriture. Mais, comment ? Question de procédure !

S'il n'est pas exclu que le ministre de la Parole soit sollicité à cet effet, par une auto-évaluation, la voie royale nous semble être celle de la communauté. En effet, la part qu'elle pourrait prendre dans l'évaluation n'est pas secondaire.

Un premier rappel s'impose. Lorsque Paul interpellait Timothée, « *Prends cela à cœur ; sois y tout entier* », il ne manque pas de lui signifier, implicitement, qu'il prenait la communauté à témoin des soins qu'il accordera à son ministère : « *afin que tes progrès soient manifestes à tous* » (v. 15). Ainsi, d'une manière implicite, le destinateur en appelle aussi au regard critique de la communauté sur le « faire » et le « savoir-faire » du ministre de la Parole. De fait, d'une manière informelle, après chaque service de la Parole, chaque croyant ne se fait-il pas une idée de la qualité de ce qui a été annoncé, dans la forme et dans le fond ?

Un second rappel est nécessaire. La reconnaissance publique de l'appel de Timothée n'a pas été le seul fait de son mandant, Paul. Elle a impliqué le collège des Anciens. Ensemble, avec Paul, ces derniers ont imposé les mains à Timothée (v. 14b), « impliquant l'accord de l'Église qui a reconnu [ainsi] et confirmé le don, avec l'autorité qui en résulte[76] ». Dans le contexte ecclésial actuel, là où un conseil d'anciens est fonctionnel, la communauté ne peut-elle pas se reconnaître en elle pour l'évaluation du ministère de son pasteur ? Le vocabulaire ministériel des Pastorales, faut-il le rappeler, est celui du pluriel ; il traduit le caractère collégial de la direction des Églises. Bien plus, nous ne trouvons nulle part dans le NT des indices en faveur

---

76. Bénétreau, *Les Épîtres pastorales*, p. 210.

d'une direction solitaire de l'Église. La collégialité de la direction de l'Église rend propice la co-évaluation. L'exercice de l'autorité en solo ne peut que corrompre ; fût-il l'exercice de l'autorité pastorale. Ainsi, « la restauration du pastorat collectif, exercé par un véritable collège d'anciens, est une des premières conditions du renouveau spirituel dont nos Églises ont besoin et elle constitue, par conséquent, une des tâches les plus urgentes[77] ».

2.2. 1 Timothée 3.8-13

L'étude en faisait le rappel, la manière d'être et de faire, tant de l'épiscope que des diacres, fait l'objet d'une évaluation critique, d'une δοκιμή. Quelle est la part prise par la communauté dans un tel processus ? Elle n'est pas explicitement mentionnée[78]. Toutefois, quelques indices textuels nous y conduisent : (1) Au verset 8, Paul indique une qualité générale exigée du ministre (« digne »), puis énumère trois défauts qui le disqualifient : la duplicité, les excès de vin, la cupidité. Il s'agit d'observer la conduite extérieure du candidat. Cela va de soi ; un tel exercice, dans un contexte de vie communautaire, ne saurait être du seul fait des responsables ; (2) Au verset 9, le lecteur comprend que Paul ne s'en tient pas à la seule observation primaire : une vie spirituelle authentique est attendue. Visiblement, le candidat devra « conserver le mystère de la foi » (l'Évangile reçu) et cela, dans une « conscience pure » (fidélité à l'Évangile reçu). La sincérité de sa foi ne sera évidente que par sa conduite pieuse. Il donnera ainsi la preuve à toute la communauté, par l'exemple de sa conduite, qu'il s'approprie lui-même l'Évangile qu'il veut promouvoir par son service. (3) Au verset 10b, Paul indique que seuls ceux qui, après ce test informel à inscrire dans la durée, sont « inattaquables » peuvent être investis. Est-il possible de parvenir à un tel verdict sans une prise en compte du jugement collectif porté par la communauté ? En définitive, il nous semble convenable d'affirmer que pour l'évaluation des ministres, Paul en appelle aussi à toute la communauté ; elle est témoin de la qualité de vie et de service des ministres.

---

77. H. D'ESPINE, *Les anciens conducteurs d'Église*, p. 51-52.

78. De ce fait, l'on pourrait se méprendre, à notre avis, sur la responsabilité de la communauté des Pastorales dans son rapport avec ses dirigeants. Une argumentation dans ce sens se lit chez H. SCHLIER, « La hiérarchie de l'Église d'après les épîtres pastorales », dans *Le temps de l'Église*, Paris, 1961, p. 155-156. Le souci de justifier la notion de « succession apostolique » n'est pas étranger à l'hypothèse présentée.

2.3. 1 Timothée 5.17-25

À la lumière de la péricope 5.17-25, nous l'indiquions, ce qui importe, avant tout, c'est la manière de diriger – ou de diriger et d'enseigner à la fois : les presbytres le font-ils bien ? C'est justement à ce niveau que l'auteur fait un *distinguo* entre les presbytres. L'adverbe καλῶς initiait un jugement de valeur sur la manière dont les presbytres dirigent ; ceux qui le font bien sont à dissocier de ceux qui le font moins bien. Qui est alors habilité à évaluer leur service, pour en certifier la qualité ? La question est épineuse ; elle n'est toutefois pas insoluble.

« Que les anciens qui dirigent bien soient jugés dignes d'un double honneur » (v. 17). De qui viendra ce « double honneur » ? Certes de Timothée. Il est le mandant de Paul à Éphèse : il est tout indiqué qu'il honore les presbytres qui se distinguent par la qualité de leur service. Toutefois, pour une grande part, l'honneur dû aux presbytres revient à la communauté, bénéficiaire et témoin de leur ministère en son sein. Le « double honneur » ne saurait découler du seul fait de la fonction, du statut ; elle provient aussi du mérite, lié au travail bien accompli.

En effet, le verset 17 marque par sa densité : en plus de l'adverbe καλῶς, Paul utilise le verbe κοπιάω pour évoquer le caractère rude, pénible du travail des presbytres qui allient direction et enseignement de la Parole. Manifestement, Paul sollicite à la fois l'attention et la réaction de la communauté : les acteurs d'un tel ministère, quoique sacrificiel, méritent d'être honorés. Que la communauté obéisse à l'obligation d'honorer de tels presbytres, n'est-ce pas une preuve que le travail accompli est apprécié comme étant de qualité ? Dans ce cas, la communauté n'est-elle pas partie prenante dans l'évaluation des presbytres ? Elle n'est pas dupe. Elle sait apprécier la qualité d'un ministère accompli en son sein et à son égard. Elle prend sa part dans l'évaluation.

Revenons à Timothée : une fois qu'il a établi les ministres locaux, a-t-il envers eux une responsabilité quelconque ? Continue-t-il d'exercer auprès d'eux un ministère quelconque ? La réponse importe pour beaucoup dans le bien-fondé de l'entretien d'évaluation.

Notre analyse des versets 19-20 avait montré que des ministres pouvaient faire l'objet d'accusations ; celles-ci peuvent être diffamatoires. Mais, si elles sont présentées selon la procédure en vigueur et qu'elles sont fondées, alors

Timothée devrait juger de la culpabilité des fautifs : c'est sa fonction judiciaire. Il lui revient de les réprimander. Et cela, devant toute la communauté : les autres ministres en éprouveront de la crainte et en tireront profit. Ainsi, Timothée avait des responsabilités envers les ministres institués : ne pas les mépriser mais les honorer et, lorsque cela s'impose, les discipliner (cf. 1 Tm 4.12 ; 5.17-18 ; Tt 2.15). Ce ministère envers les ministres institués est si important que Paul en vient à conjurer Timothée de s'y conformer strictement (v. 21). Si, en amont, il s'attelait à des choix qualitatifs ; en aval, il lui revenait de faire un travail de suivi, d'accompagnement. N'est-ce pas cette tâche que le responsable hiérarchique est appelé à remplir envers et auprès du pasteur, travaillant sous son autorité ?

Une autre contribution de notre péricope à l'évaluation des ministères émane des dispositions à prendre (v. 22) et des règles à suivre (vv. 24-24) pour la désignation des presbytres.

S'agissant du choix des ministres locaux, Paul avait exigé une mise à l'épreuve des diacres, directement (1 Tm 3.10) et de l'épiscope, indirectement (1 Tm 3.8). Quoique la demande ne soit pas explicite ici (v. 22), l'intention est la même. En effet, s'il est demandé à Timothée de *ne pas se hâter*, c'est en vue de se donner le temps d'une sélection minutieuse des candidats. Dans la pratique, la démarche consiste à « considérer attentivement divers aspects de la vie » du candidat, à « recevoir le témoignage de ceux qui le connaissent le mieux » et à « être attentif à la réputation hors des limites de l'Église »[79]. Il s'agit donc d'un examen probatoire qui nécessite l'implication de tous : Timothée, responsables locaux, membres de la communauté. Et puisque l'honorabilité sociale est une préoccupation constante des EP, l'on tiendra compte du témoignage extérieur.

Après la digression du verset 23, Paul revient, pour conclure, sur la nécessité de la prudence dans le choix des presbytres (cf. v. 22). Les aphorismes qu'il énonce (vv. 24-25) ne sont pas que « de l'aide pour évaluer les anciens potentiels[80] » ; ils ont le mérite de légitimer l'évaluation et sa pratique.

---

79. BÉNÉTREAU, *Les Épîtres pastorales*, p. 247.

80. Pour employer le sous titre que A. STRAUCH donne à son commentaire des versets vv. 24-25 (*Les Anciens : Qu'en dit la Bible ?*, Cap-de-la-Madeleine, Publications Chrétiennes, 2004, p. 278).

De la première règle (v. 24), l'on réalise toute la complexité de la nature humaine. De la conduite de l'Homme, il y a la partie visible (« *Les péchés de certains sont d'emblée notoires…* »). Mais, il y a aussi la partie immergée de l'iceberg (« *chez d'autres, ils le deviennent ensuite* »). Si dans le premier cas, une évaluation, même sommaire, est révélatrice (« Tout est connu avant toute enquête ![81] »), dans le second cas, il faut se donner le temps d'une évaluation approfondie. « La probation devra donc être assez longue, pour ce que ce qui est caché vienne à la lumière[82] ». Certes, tout ne sera connu qu'au tribunal de Dieu. Mais il est de la responsabilité de Timothée, dans le temps présent, d'évaluer attentivement la personnalité du potentiel ministre.

De la seconde règle (v. 25), le jeu visible/invisible se prolonge. Mais ici, ce qui est en jeu, c'est la possibilité d'une méprise dans l'appréciation des potentiels d'un candidat. Si dans un cas, une évaluation, même sommaire, pourrait suffire (« *de même, les belles œuvres sont notoires* ») dans un autre, il faudra se donner aussi le temps d'une évaluation des candidats (« *même celles qui ne le sont pas ne peuvent rester cachées* »). « Le temps est nécessaire pour qu'on ne les écarte pas inconsidérément ». S'il est vrai que Dieu les fera connaître, il n'en demeure pas moins vrai qu'il y va de la responsabilité de Timothée. La reconnaissance du mérite des uns et des autres n'est-elle pas au bout de cette approche évaluative ?

Ainsi, les différentes approches évaluatives suggérées trouvent des appuis bibliques. Quelles soient opportunes et applicables, il en dépendra de l'organisation de chaque communauté ecclésiale. Elles seront à l'épreuve du contexte de l'Église CMA-CI, dans le dernier chapitre de notre étude.

Avant de clore celui-ci, un récapitulatif s'avère nécessaire. Notre propos était celui de répondre à des questions précises : Qu'est-ce que nous évaluons ? Quels sont les critères à partir desquels nous évaluons ? Comment allons-nous faire pour évaluer ? À la première question, les différents tableaux ont indiqué qu'il s'agit d'évaluer des qualités personnelles, familiales, sociales et professionnelles des pasteurs. Nous avons fait face à la deuxième préoccupation en définissant quatre catégories de critères, chacune amenée par une question touchant à la vie et à l'expérience ministérielle du pasteur.

---

81. C. Reynier et M. Trimaille, *Les Epîtres de Paul* III, Paris/Outremont, Bayard/Novalis, 1997, p. 297.

82. *Ibid.*

Enfin, nous avons suggérés des démarches évaluatives impliquant le pasteur lui-même, ses proches collaborateurs, son responsable hiérarchique et l'Église locale.

Conclusion partielle

La deuxième partie de l'étude avait pour ambition de relever les qualités requises pour un ministère reconnu dans l'Église. Pour y parvenir, il nous a fallu étudier quelques catalogues indicatifs des qualités attendues de tout aspirant au ministère ou des ministres déjà en activité.

Des différentes qualités dégagées des textes, nous avons découvert les traits typiques du ministre-modèle des Pastorales. De ces acquis textuels, nous avons suggéré des critères d'évaluation soucieux d'inclure différents aspects de la vie et de l'expérience pastorale du ministre : vie personnelle, familiale, sociale et professionnelle. Pour les rendre opérationnels, il était opportun de leur adjoindre des indicateurs d'évaluation. Observables, concrets et objectifs, ces indicateurs renseignent sur le degré de satisfaction des critères d'évaluation.

L'évaluation ne saurait se limiter à une élaboration des critères et autres indicateurs d'évaluation. Elle pose la question des méthodes ou des démarches évaluatives à adopter. Tout en respectant la sobriété des EP sur les questions organisationnelles, nous avons suggéré quelques démarches, partant de l'auto-évaluation à l'évaluation en communauté, la co-évaluation et l'entretien d'évaluation trouvant un espace approprié entre ces deux méthodes évaluatives.

À présent, dans la troisième partie de l'étude, la tâche qui nous incombe est celle de découvrir si cet ensemble (ministre-modèle, critères et méthodes d'évaluation) est susceptible de prendre corps à l'intérieur de l'Église CMA-CI.

Troisième partie

De la normativité du modèle issu des Épîtres pastorales et de son applicabilité au contexte de l'Église CMA de Côte d'Ivoire

Introduction

Au-delà de son intérêt général, l'étude revêtait un intérêt particulier ; celui de répondre à un impérieux besoin d'évaluation du ministère pastoral au sein de l'Église CMA-CI. À ce stade de l'étude, nous disposons de données assez suffisantes pour nous essayer à une application dans un contexte donné. C'est face à une telle entreprise que surgit cette interrogation : Pouvons-nous, de bon droit, appliquer les résultats de l'étude à l'Église CMA-CI ?

La question trouve son sens, tant les distances à franchir sont réelles : historique, socio-culturelle, organisationnelle. En ce qui concerne la distance organisationnelle, nos connaissances de l'organisation des communautés ecclésiales en arrière-plan des Pastorales restent fragmentaires. Il faut avoir le courage de s'essayer à les franchir, toutes. La démarche en vaut la peine ; elle conditionne la légitimité ou non d'une transposition des résultats de l'étude dans une autre culture. Tel sera à présent notre propos.

Nous entamerons cette troisième partie de l'étude en relevant quelques points saillants de l'historique de l'implantation de l'Église CMA-CI. Ensuite, à la lumière de ce passé, nous analyserons son présent du point de vue organisationnel, structurel et ministériel. Enfin, nous ferons dépendre l'application des résultats de l'étude dans notre contexte ecclésial, de nos réflexions sur la normativité ou non du modèle ministériel issu des Pastorales.

CHAPITRE 6

La C&MA en République de Côte d'Ivoire : de la mission à l'Église

La C&MA : Origine, identité, objectifs et implantation en RCI

1. La C&MA : Origine, identité, objectifs

1.1. L'origine de la C&MA

La Christian and Missionary Alliance (C&MA ou CMA) est un mouvement missionnaire d'origine canado-américaine, né en 1897 aux États-Unis. Elle a été fondée sous l'impulsion d'Albert Benjamin Simpson, un pasteur canadien issu d'un milieu presbytérien écossais[1].

En 1881, A. B. Simpson se retira de l'Église presbytérienne pour fonder l'Église « Gospel Tabernacle », puis, en 1882, une école de formation des missionnaires, à Nyack[2]. En 1887, deux organisations furent initialement

---

1. « A. B. SIMPSON naquit à Bayview, au Canada, le 15 décembre 1843. Ses parents, d'origine écossaise, lui donnèrent une solide éducation presbytérienne. Richement doué intellectuellement, mais physiquement frêle, il traversa, à l'âge de 16 ans, une intense crise de santé et de conscience qui l'amena à une conversion profonde. Ce point tournant de sa vie marqua le début d'un ministère exceptionnellement béni. Marié et consacré au ministère à 21 ans, il fut successivement pasteur à Hamilton, en Ontario, et à Louisville, à New-York, aux États-Unis. A.B. SIMPSON mourut à Nyack le 29 octobre 1919 » (cf. la postface de A. B. SIMPSON, *L'Évangile dans sa plénitude. Jésus-Christ : Sauveur, Sanctificateur, Guérisseur, Roi*, Camp Hill, Christian Publications Inc., 1984).

2. K. BAILEY, *Pour faire Revenir le Roi. Une introduction à l'histoire et à la pensée de l'Alliance Chrétienne et Missionnaire*, Québec, Alliance Chrétienne et Missionnaire, sd, p. 5 ; C. KOUASSI, *La C.M.A en pays Baoulé de 1919 à 1960*, Abidjan, ETAF, 2006, p. 2. C. KOUASSI note que « les diplômés seront envoyés au Congo belge (1884 et 1888), en Inde

fondées : The Christian Alliance [L'Alliance chrétienne] et The Evangelical Missionary Alliance [L'Alliance Missionnaire Évangélique][3]. Une décennie plus tard, le 2 avril 1897, les deux organisations fusionnèrent pour donner naissance à une seule entité missionnaire : The Christian and Missionary Alliance[4]. En français, elle est connue sous l'appellation « Alliance Chrétienne et Missionnaire ». Mais quels étaient les objectifs et les idéaux de la C&MA ?

1.2. Les objectifs de la C&MA[5]

1. Rendre témoignage aux vérités chrétiennes, en particulier celles relatives à la vie chrétienne profonde[6] ;
2. Prêcher l'Évangile à l'intérieur, aussi bien qu'à l'extérieur du pays ;
3. Évangéliser les classes négligées ;
4. Établir et maintenir des stations missionnaires ;
5. Poursuivre l'œuvre missionnaire ;
6. Construire et assister dans la construction d'édifices, tels qu'ils soient nécessaires pour atteindre les objectifs fixés.

(1887 et 1888), en Chine (1888), au Japon (1889 et 1891), en Palestine (1889 et 1890), en Sierra Leone (1890) ».

3. R. L. NIKLAUS et al., *All for Jesus, God at Work in The Christian and Missionary Alliance Over One Hundred Years*, Camp Hill, Christian Publications Inc., 1986, p. 31. Des missions spécifiques étaient assignées à chacune des organisations. Alors que l'*Alliance Chrétienne* était chargée de la promotion de la fraternité entre les dénominations en Amérique du Nord et de prêcher une vie spirituelle plus profonde, l'*Alliance Missionnaire Évangélique* était chargée de former et d'envoyer des missionnaires en dehors du pays. La mission de la première organisation conditionnait et soutenait celle de la seconde.

4. R. B. EKVALL et al., *After Fifty Years, A record of God's Working through The Christian and Missionary Alliance*, Harrisburg, Christian Publications, 1939, p. 21s, cité par Y. SANON, *L'Église de l'Alliance Chrétienne au Burkina Faso face à l'exigence de l'engagement missionnaire*, Abidjan, FATEAC, 1999, p. 9, note 17. Voir aussi E. M. BREAKMAN, *Histoire du Protestantisme au Congo*, Bruxelles, Librairies des éclaireurs unionistes, 1961, p. 140.

5. Cf. *Manuel of The Christian and Missionary Alliance* (1936), p. 73, cité par SANON, *L'Église de l'Alliance Chrétienne*, p. 9.

6. La prédication d'A. B. SIMPSON se résume dans les « quatre aspects de l'Évangile » (The Four-Fold Gospel) qui forment l'emblème de la C&MA : (1) **La croix** rappelle la mort du Christ pour le salut personnel du croyant ; (2) **La coupe** dépeint la grâce suffisante de Dieu, assurant la purification quotidienne de la souillure du péché ; (3) **Le pichet** d'huile représente à la fois le Saint-Esprit et l'huile nécessaire à l'onction des malades ; (4) **La couronne** se réfère au retour du Seigneur, aussi bien qu'à la récompense des vainqueurs qui prendront part à la gloire du Christ (Cf. SIMPSON, *L'Évangile dans sa plénitude* ; BAILEY, *Pour faire Revenir le Roi*, p. 79-115). Mais, il ne s'agit pas ici de la confession de foi de l'Alliance. Celle-ci, composée de onze (11) articles sera adoptée en 1966 : c'est la position doctrinale officielle de la C&MA (cf. BAILEY, *Pour faire Revenir le Roi*, p. 65-78).

En 1914, A. B. Simpson affiche la singularité de la C&MA par rapport aux autres sociétés missionnaires et cela, à travers ses principes et idéaux.

1.3. Les principes et idéaux de la C&MA[7]

1. La C&MA est un mouvement évangélique et interdénominationnel ;
2. La C&MA a pour but de prêcher l'Évangile à toute créature et non de mettre sur pied des institutions[8] ;
3. La C&MA est un mouvement pionnier. Elle choisit d'œuvrer dans des régions qui ne sont pas encore occupées par d'autres agences ;
4. La C&MA considère le Saint-Esprit comme l'agent principal de la mission ; il inspire et guide les missionnaires dans leur tâche ;
5. La C&MA considère l'œuvre missionnaire comme une œuvre de la foi[9] ; elle est maintenue par un esprit de prière et une continuelle dépendance de Dieu ;
6. La C&MA considère l'esprit de sacrifice comme l'élément le plus profond du mouvement ;
7. La C&MA évité d'ériger des établissements coûteux et réduit au minimum les dépenses administratives[10].
8. La C&MA est un mouvement qui associe étroitement les laïcs dans l'accomplissement de la tâche suprême[11].

De ce parcours rapide de l'origine de la C&MA, de ses objectifs et idéaux, quelques données retiennent notre attention, en lien étroit avec notre étude.

---

7. Cf. The Seventeenth Annual Report of the Christian and Missionary Alliance (1913-1914), p. 35-38, cité par Y. Sanon, *L'Église de l'Alliance Chrétienne*, p. 10.

8. L. King, *Missionary Atlas. A Manual of the Foreign Work of the Christian and Missionary Alliance*, Harrisburg, Christian Publications, 1974, p. 2 : « Son but [la C&MA] n'est pas de créer des institutions élaborées, mais de prêcher avec urgence l'Évangile à chaque individu de notre humanité déchue et lui donner une chance de recevoir la vie éternelle ».

9. Bailey, *Pour faire Revenir le Roi*, p. 13 : « Vivre par la foi, en ayant confiance que Dieu pourvoira aux besoins financiers personnels ainsi qu'aux besoins de l'œuvre, représentait un principe essentiel de la philosophie sur laquelle reposait l'Alliance Chrétienne et Missionnaire ».

10. La C&MA, note L. King, était soucieuse de « faire durer chaque dollar le plus longtemps possible » (*Missionary Atlas*). Ainsi, « Simpson préconisait un mode de vie simple ainsi que la pratique de l'économie personnelle afin que nous puissions mettre une grande partie de nos propres revenus au profit de la propagation de l'Évangile » (Bailey, *Pour faire Revenir le Roi*, p. 13).

11. Cf. F. J.-M. Ynguémba, *Essai sur l'histoire de la Mission Alliance chrétienne et missionnaire au sud-Gabon*, Vaux-sur-Seine, FLTE, p. 12.

La première est relative à la « philosophie missionnaire » de Simpson. G. E. McGraw précise : « La philosophie de la mission développée par Simpson s'est focalisée sur une personne plus que sur une croyance. Revendiquant une conception trinitaire, Simpson considérait néanmoins Jésus, le rédempteur, comme étant le centre, la source, la motivation, l'objectif et la dynamique de la vie chrétienne. En conséquence, la mission doit graviter autour du Christ, celui qui est mort afin de créer l'Évangile à proclamer[12]. » Si Christ était au centre de l'œuvre missionnaire, la doctrine de sa venue pré-millénaire était une motivation essentielle à l'engagement de Simpson : « C'est l'urgence qui a marqué sa philosophie de la mission[13]. » En effet, « Simpson associait l'évangélisation du monde à la venue du Christ. Il voyait l'achèvement de la tâche d'évangélisation mondiale comme étant essentiel au retour du Seigneur[14] ». Ainsi, il s'agit d'annoncer, prioritairement, l'Évangile au monde entier, à la lumière des textes clés de Matthieu 28.19-20 et 24.14[15]. Portés par l'impératif du « Grand Mandat » et par l'imminence du retour de Christ, la C&MA enverra des missionnaires dans diverses contrées du monde.

La vie et le ministère de A. B. Simpson étaient centrés sur Jésus-Christ. Pour lui, Jésus-Christ était le message à vivre et à faire vivre[16] ; et cela, en toute urgence. Or pour faire vivre ce message à chaque individu, dans chaque contrée, il faut des ouvriers (laïcs, missionnaires) pour le porter. Mais, quels types d'ouvriers ? Il est aisé, à la lumière de l'expérience personnelle de Simpson, des objectifs et idéaux de l'Alliance, de déterminer le profil des ouvriers que la C&MA recherchait. D'où les deux autres données qui retiennent notre attention.

---

12. G. E. McGraw, « The Legacy of A. B. Simpson », *IBMR* 16, no. 2, 1992, p. 70 (Citation en version originale : « Simpson's philosophy of mission majored on a person rather than a creed. Advocating trinitarian views, Simpson nevertheless saw Jesus Christ, the redeemer, as constituting the center, source, motive, goal, and dynamic for Christian living. Mission, then must focus upon Christ, the one who died to create the Gospel to be proclaimed »).

13. *Ibid.* (Citation en version originale : « Urgency marked his philosophy of mission »).

14. Bailey, *Pour faire Revenir le Roi*, p. 5-6.

15. *Ibid.*, p. 37-38. « Les pères fondateurs de l'Alliance consultèrent les Écritures pour trouver un fondement à l'œuvre missionnaire mondiale. Leur passage préféré était celui du Grand Mandat, soit Matthieu 28.19, 20 ». « La confiance profonde dans la venue prémillénaire du Seigneur Jésus influença la vision missionnaire de l'Alliance. Le passage clé était celui de Matthieu 24.14 [...] De ce passage, Monsieur Simpson conclut que Christ ne viendrait pas avant que l'Évangile n'ait été prêché à toutes les nations ».

16. Le lecteur trouvera en « Annexe », le logo de la C&MA. Il traduit le caractère christocentrique du message de l'Alliance.

La deuxième concerne la quête constante d'une vie spirituelle profonde de la part du fondateur de la C&MA. A. B. Simpson jouissait « de la plénitude du Saint-Esprit et était convaincu de la nécessité de prêcher la vie remplie de l'Esprit ainsi que l'œuvre de sanctification[17] ». Simpson note :

> Christ est celui qui nous sanctifie, en prenant en compte les points essentiels que voici : a) une seconde bénédiction décisive, *distincte par nature*, bien qu'elle ne soit pas nécessairement lointaine dans le temps, de l'expérience de la conversion ; b) le baptême du Saint-Esprit en tant qu'*expérience distincte*, non réservée à la puissance dans le service, mais destinée à la sanctification personnelle et à la victoire sur le monde et sur le péché ; c) l'habitation du Christ dans le cœur du croyant consacré en tant qu'*expérience distincte* ; d) la sanctification par la foi en tant que *don distinct* de la grâce de Dieu à toute âme qui s'ouvre et qui s'abandonne ; e) la croissance dans la grâce et la plénitude approfondie du Saint-Esprit, résultat de l'expérience décisive de la sanctification *dont elle est distincte*[18].

Cette conviction de Simpson allait conditionner sa propre vie mais aussi le choix, la formation et l'envoi des ouvriers de la C&MA. Il recherchait pour lui-même, pour chaque croyant et pour chaque ouvrier de l'Alliance, une manière de vivre et de servir marquée par la sainteté. Pour I. Keita, cela ne fait pas l'ombre d'un doute : « La C&MA est un mouvement spirituel qui forme et envoie des personnes remplies du Saint-Esprit et qui croient en une vie de sanctification[19]. »

Que l'on puisse rechercher une telle qualité de vie revient, selon A. B. Simpson, à imiter Jésus-Christ, le Modèle par excellence : « Dans notre

---

17. Bailey, *Pour faire Revenir le Roi*, p. 4.

18. A. B. Simpson cité par R. Gilbertson, *The Baptism of the Holy Spirit. The view of A.B. Simpson and His Contemporaries*, Camp Hill, Christian Publications, 1993, p. 55 (Citation en version originale : « Christ, our Sanctifier, assuming the following essential points: (a) a definitive second blessing, *distinct in nature*, though not necessarily far removed in time, from the experience of conversion; (b) the baptism of the Holy Ghost as *a distinct experience*, not merely for power for service, but for personal holiness and victory over the world and sin; (c) the indwelling of Christ in the heart of the consecrated believer *as a distinct experience*; (d) sanctification by faith *as a distinct gift* of God's grace to every open and surrendered soul; (e) growth in grace and the deeper filling of the Holy Spirit *as distinct from* and the result of the definite experience of sanctification »).

19. I. Keita, « Identité de la C&MA », Communication, Colloque Église CMA-CI.

passion pour les grandes doctrines qui ont trait à la mort [du Christ], ne minimisons jamais la valeur de sa vie ni l'importance de son exemple parfait, à la fois en tant que révélation de Dieu et idéal pour l'humanité[20]. »

Si les ouvriers qui portent le message doivent imiter la manière de vivre du Christ, ils devraient aussi imiter sa manière de servir. D'où la dernière donnée qui retient l'attention : « l'esprit de sacrifice ». La vie de Simpson constitue une illustration de cet esprit de sacrifice. Dans la préface du livre *Entièrement sanctifié*, l'éditeur écrit :

> Ordonné au ministère en 1865, M. Simpson remplit la charge de pasteur, pendant 16 ans, successivement dans les trois Églises de trois grandes villes. Graduellement la vision de l'œuvre de sa vie s'ouvrit à lui et il vit qu'une séparation et de nouvelles méthodes de travail s'imposaient s'il voulait obéir à l'appel de Dieu. Il se sépara donc de son Église, malgré le fait qu'il dût renoncer à un important salaire. Ce fut une réelle épreuve pour sa foi, car il se trouvait dans une ville, sans aucune aide, sans ressources financières et ayant à sa charge une grande famille[21].

Comment être « un mouvement pionnier » et choisir « d'œuvrer dans des régions qui ne sont pas encore occupées », sans un esprit de sacrifice ? Ou encore, comment « vivre par la foi, en ayant confiance que Dieu pourvoira aux besoins financiers personnels ainsi qu'aux besoins de l'œuvre[22] », sans un tel esprit ? Enfin, comment adopter « un mode de vie simple ainsi que la pratique de l'économie personnelle[23] » et « mettre une grande partie de [...] [ses] propres revenus au profit de la propagation de l'Évangile[24] », sans esprit de sacrifice ? Si un tel esprit de sacrifice est attendu des ouvriers de la C&MA c'est justement en vue de servir au mieux l'Évangile. Il s'agit d'un service sacrificiel et l'Alliance en a fait « l'élément le plus profond du mouvement ».

---

20. A. B. SIMPSON, *Echoes of the New Creation*, New York, Christian Alliance Publishing Co., 1903, p. 44, cité par R. GILBERTSON, *Baptism of the Holy Spirit*, p. 59 (Citation en version originale : « In our zeal for the great doctrines connected with [Christ's] death, let us never depreciate the value of His life and the importance of His perfect example, both as a revelation of God and as an ideal for humanity »).

21. A. B. SIMPSON, *Entièrement sanctifié*, Québec, Bibliothèque Nationale du Canada, 1985, du titre original *Wholly Sanctified*, trad. par J. ROLLIER (1924).

22. BAILEY, *Pour faire Revenir le Roi*, p. 13. (*Supra*, p. 287, note 10)

23. *Ibid.*

24. *Ibid.*

Finalement, nous retiendrons que la C&MA est un mouvement missionnaire soucieux de faire connaître la personne et l'œuvre du Christ-Jésus. Le succès d'un tel projet se jouait (1) dans la vitalité spirituelle des ouvriers de l'Alliance : plénitude du Saint-Esprit, vie de sainteté et (2) dans le service sacrificiel. En restituant ces quelques aspects des racines historiques de la C&MA, il s'agissait pour nous de rappeler que la quête d'une vie de qualité et de service n'est pas une nouveauté, encore moins une trouvaille ; elle s'inscrit au cœur de « notre » histoire ; c'est l'empreinte de notre héritage. I. Kéita suggère que les Églises issues de la C&MA s'évaluent par rapport à chacune de ces valeurs[25].

C'est porté par les objectifs et les idéaux susmentionnés que la C&MA va envoyer des missionnaires dans plusieurs contrées du monde. Concernant les contrées africaines, « À la mort du fondateur en 1919, plusieurs facteurs favorables vont ouvrir les portes de l'Afrique Occidentale Française à la C.M.A et enclencher un processus qui la conduira jusqu'en pays baoulé[26] », situé au plein cœur de la République de Côte d'Ivoire. En vue de mieux cerner les contours de l'implantation de la C&MA en pays Baoulé, nous présenterons le peuplement du pays Baoulé, son organisation sociale, politique et ses croyances religieuses.

2. L'implantation de la C&MA en Côte d'Ivoire

2.1. Du pays Baoulé, zone d'implantation de la C&MA

Le peuplement du pays Baoulé s'inscrit dans le cadre du grand mouvement de population qui affecta la région entre les fleuves Volta et Bandama aux XVIIe et XVIIIe siècles et qui mit en branle les populations Akan[27]. Les Akan, dont les Baoulé, seraient partis de la vallée du Nil en Égypte avant de s'infiltrer dans la zone forestière de l'actuel Ghana à partir du XIIIe siècle[28].

---

25. I. Keita, « Identité de la C&MA », Communication, Colloque Église CMA-CI.
26. Kouassi, *La C.M.A en pays Baoulé*, p. 2.
27. J. N. Loucou et F. Ligier, *La reine Pokou fondatrice du royaume Baoulé*, Paris/Abidjan/Dakar, ABC/NEA, 1977, p. 13. Selon J. N. Loucou, *Histoire de la Côte d'Ivoire*, t. 1, Abidjan, NETER, 2002, p. 109, on nomme Akan, une série de peuples présentant une forte parenté linguistique, ethnique et culturelle.
28. Loucou, *Histoire de la Côte d'Ivoire*, p. 109. M. Delafosse, connue pour son érudition de la civilisation Baoulé, affirme que « l'examen des coutumes sociales, de l'art et de la religion Baoulé révèle, de toute évidence, des similitudes avec ce que l'on sait de

Si les Baoulé ont tous émigré du Ghana actuel vers la Côte d'Ivoire, ils se sont déplacés selon deux grandes vagues. La première grande vague migratoire est celle des Denkyera. Fondé vers 1620, le royaume de Denkyera réussit à imposer son hégémonie aux États voisins pendant des décennies. Mais, selon une constance de l'organisation étatique africaine, les peuples vassaux, bien que soumis à tribut, jouissaient d'une certaine autonomie[29]. C'est ce qui permit l'ascension des *Ashanti* au XVIIIe siècle avec à leur tête Osséi Toutou (1700-1718). Ce dernier conféra les cités-États de la région de Kumasi et refusa de payer le tribut annuel au roi Dim Gyakari du Denkyera. La guerre était inévitable. Toutefois, elle tourna court ; Dim Gyakari et ses troupes furent écrasés en 1701[30]. Cette défaite entraîna la fuite précipitée des Denkyera vers l'Ouest.

La vague migratoire des *Assabou*, de loin la plus importante, fut conduite par la reine Abla Pokou. Ce nouvel exode s'explique. En remportant sa victoire décisive sur le royaume de Denkyera, Oseï Toutou venait ainsi de jeter les bases de la puissante Confédération *Ashanti*. Toutefois, sa mort sera suivie d'une période de troubles due aux querelles de succession entre Opokou Warè et Dakon, frère d'Abla Pokou. Dakon est tué au cours d'une bataille. L'union *Ashanti* était au bord de la guerre civile et, pour éviter le massacre de ses partisans, Abla Pokou organisa leur fuite vers l'Ouest, c'est-à-dire la Côte d'Ivoire actuelle.

Selon la légende Baoulé, après plusieurs jours de marche, la masse des fugitifs harassée, mais se dirigeant toujours résolument vers l'Ouest, atteignit la Comoé qui était alors en crue. Comment assurer la traversée de ce fleuve en furie ? C'est là que se situe la légende Baoulé[31]. Sur les conseils de son devin, Abla Pokou n'hésita pas à sacrifier son enfant nouveau-né pour

---

ces différents traits de la civilisation égyptienne » (*Sur les traces probables de civilisation et d'hommes de race blanche à la Côte d'Ivoire*, Paris, Masson, 1901, p. 59).

29. LOUCOU et LIGIER, *La reine Pokou*, p. 14.

30. C. H. PERROT, *Les Anyi-Ndenye et le pouvoir au 18e et 19e siècle*, Abidjan/Paris, CEDA/ Sorbonne, 1982, p. 72.

31. J. N. LOUCOU, « Entre l'histoire et la légende : l'exode des Baoulé au XVIIIe siècle. De Kumassi à Sakassou, les migrations d'une fraction du grand peuple akan », *Afrique Histoire* 5, p. 43-50.

assurer à son peuple le passage du fleuve[32]. C'est l'événement fondateur du peuple Baoulé[33].

Installés sur les terres conquises[34], les Baoulé vont s'organiser autour d'une variété de tribus et de sous-tribus. Cela donne l'impression que le Baoulé pourrait se perdre à l'intérieur de sa propre structure sociale. En réalité, chaque enfant qui naît appartient à un *awlo-bo*, c'est-à-dire à un ensemble de personnes qui se reconnaissent des relations de parenté ; c'est la famille. Ce qui n'excluait pas la stratification de la société Baoulé. En effet, la présence des esclaves dans la société Baoulé permet de classer la population en trois strates : les *diewa* ou *agua* (nobles), les *cloglo sran* (hommes libres) et les *affonnien* (esclaves)[35].

Sur le plan politique, les Baoulé ont une structure hiérarchisée. À la base se trouve le village (*Klô*) dirigé par un chef, choisi parmi les chefs de familles étendues (*Awlobo*) ; puis le groupe de villages, administré par le chef du village le plus ancien (*Akpassoua*) ; puis vient la tribu (*nvlè*) ; enfin le royaume (*men*), dirigé par le roi choisi dans le clan *Agoua* (clan de la reine Pokou). De nos jours, l'autorité des chefs de tribus demeure encore très forte dans la structure politique Baoulé. Mais, c'est au niveau de la famille qu'il faut rechercher la véritable autorité au quotidien. Celle-ci est détenue par le chef de famille qui préside le conseil de famille. Au-dessus de ce conseil se trouve celui du village et celui de la tribu.

Vouloir comprendre la vie religieuse en pays Baoulé est une entreprise qui passe nécessairement par la compréhension de l'aspiration la plus profonde

---

32. P. DAVID, *La Côte d'Ivoire*, Paris, Karthala, 2000, p. 20. Cet acte sacrificiel pour le salut du peuple Baoulé sera fortement utilisé par les missionnaires comme un pont culturel pour annoncer l'Evangile aux Baoulé, Dieu ayant donné son Fils pour le salut de l'humanité.

33. N. K. N'GUESSAN, *Royauté en pays Baoulé et Royauté en Israël. Une réflexion sur le pouvoir politique et des suggestions pour aujourd'hui*, Abidjan, FATEAC, 2004, p. 39.

34. Selon le guide AOF de 1947, cité dans ASMA 1 12/80401, *Rapport sur la région du Baoulé et projet de création du vicariat de Bouaké 1949-1951*, cité par C. KOUASSI, *Les Missions Chrétiennes en pays Baoulé* (1925-1939), Abidjan, UNCI, 1989, p. 19, après plusieurs conquêtes, les Baoulé vont s'installer en plein cœur de la Côte d'Ivoire sur une étendue de terrain de 35.000 kilomètres carrés, comprise entre le fleuve Bandama à l'ouest, le fleuve N'Zi à l'est et affectant la forme d'un triangle communément appelé « V Baoulé » (G. TIACOH, *Dans le pays Baoulé Monographie de la commune de Tomidi. Origine et Histoire*, Abidjan, INCI, 1983, p. 10).

35. Entretien avec KOUMOUÉ KAN LEONARD, le 7 mai 2004 à Attoban (Abidjan).

du Baoulé ; elle semble être la soif de l'unité et le désir de cohésion[36]. Cette réalité pourrait expliquer pourquoi le Baoulé reste collé le plus possible à l'autre : cet autre pouvant être le clan, l'univers ou la divinité. Une bonne partie de la religion Baoulé est donc née d'une solitude, d'un besoin de sécurité[37]. Du coup, le Baoulé va baigner littéralement dans les divinités ; elles partent du Grand Firmament aux divinités secondaires, en passant par les ancêtres.

Le grand chef du panthéon Baoulé est Firmament : « Il est appelé *Nyanmien Kpli*, Seigneur suprême, *Anannganman*, l'Imprononçable, *Asasi* ou l'Omniscient, *Alulua* ou l'Immuable, *Kwlafue* ou le Tout-Puissant[38]. » Il est perçu comme étant le créateur de l'univers, l'origine de tout ce qui est et de tout ce qui advient dans le temps comme dans l'espace. Il est lui-même incréé. Son nom sera alors sans cesse sur les lèvres et employé dans de nombreuses expressions et souhaits, faisant appel à sa justice et à sa providence[39]. Et pourtant, jamais le Baoulé ne va l'appeler père *(Siè)*. Ce fait pourrait s'expliquer par une conscience aiguë, à la fois, de l'immensité et de l'éloignement de ce Dieu[40].

Dans la conception du Baoulé, le monde matériel cohabite avec un monde d'esprits, de génies et de forces invisibles qui en constituent une doublure. Le monde humain n'est pas en reste non plus. Il cohabite intimement avec le monde des ancêtres qui lui donne force et vie ; le culte de ces derniers sera le plus important. Le Baoulé croit donc en la survivance de l'âme, après la mort[41].

En relation avec les divinités secondaires, il existe « de nombreux interdits qui constituent les exigences de chaque génie et masques protecteurs ». En fait, « ils avaient malgré tout une valeur sociale : repos, sens de la protection de la nature, sens de l'hygiène et de la pureté, …[42] ».

---

36. V. Guerry, *La vie quotidienne dans un village Baoulé*, Abidjan, INADES, 1970, p. 9.
37. *Ibid.*
38. J. Tymian, J. K. N'Guessan, et J. N. Loucou, *Dictionnaire Baoulé-français*, Abidjan, NEI, 2003, p. 41.
39. On a échappé à un danger : « Nyamyen (Dieu) est grand » ; on retrouve un objet perdu : « Félicitations Nyamyen (Dieu) ! ».
40. Guerry, *La vie quotidienne*, p. 97.
41. G. Effimbra, *Manuel de Baoulé*, Paris, Fernand Nathan, 1959, p. 209.
42. Kouassi, *La CMA en pays Baoulé*, p. 3.

Le contexte social, politique et religieux du pays Baoulé subira un choc, celui de la colonisation amorcée en 1893 par la prise de Tiassalé. En imposant de nouveaux chefs, en instituant le travail forcé, créant ainsi de nouvelles conditions économiques et sociales, les colonisateurs vont favoriser le progrès de l'Islam dans le pays Baoulé[43]. C'est donc dans ce contexte trouble que les missionnaires de la C&MA commenceront leurs activités en pays Baoulé.

2.2. De l'implantation aux activités de la C&MA

Trois conditions particulières ont favorisé l'installation de la C&MA en pays Baoulé[44] : (1) L'évolution du cadre juridique avec la signature du protocole de Saint-Germain en Laye (10 septembre 1919) qui va favoriser l'implantation des missions étrangères dans les colonies françaises de l'AOF ; (2) L'intérêt particulier de la C&MA pour l'AOF, déjà présente en Guinée française, au Soudan français et en Haute Volta[45] ; (3) Les échos du passage d'évangélisation de William Wade Harris (1860-1929) qui a déclenché des conversions de masse[46].

Concernant l'œuvre d'Harris en Côte d'Ivoire, plusieurs missions en tireront un grand bénéfice. L'on cite, en premier, la Mission Catholique[47], la Société des Missions Méthodistes Wesleyennes[48] et la Mission Biblique

---

43. *Ibid.*, p. 4.
44. *Ibid.*, p. 10ss.
45. Pour le Burkina-Faso, anciennement Haute-Volta, Y. SANON, *L'Église de l'Alliance Chrétienne*, p. 13, note que les envoyés de la C&MA « foulèrent le sol burkinabé en 1923 ».
46. WILLIAM W. HARRIS « était un africain, Grebo, du groupe de Kroomen, ethnie autochtone du Libéria non afro-américain » (cf. A. K. KOUADIO, *Les méthodes d'évangélisation utilisées par les missionnaires évangéliques en Côte d'Ivoire*, Vaux-sur-Seine, FLTE, 1975, p. 8). L'homme « n'a prêché sa foi qu'un peu moins de deux ans, entre 1913 et 1915, mais en ce peu de temps il a convertis des milliers d'adeptes... » (C. WAUTHIER, *Sectes et prophètes d'Afrique noire*, Paris, Seuil, 2007, p. 171).
47. « Pour le catholicisme, 400 dès 1913, 8 000 en 1917 et 20 000 en 1922 » (WAUTHIER, *Sectes et prophètes d'Afrique noire*,, p. 179, citant C. WONDJI, *Le Prophète Harris*, coll. « Grandes figures africaines », Abidjan/Dakar/Lomé, NEA, 1983).
48. *Ibid.* « En 1923, le comité des missions méthodistes de Londres envoie le pasteur PLATT, alors en service à Porto-Novo [...] faire une enquête en Côte d'Ivoire : il est impressionné par l'héritage spirituel du prophète et, sur la foi de son rapport, le comité méthodiste londonien envoie un missionnaire blanc, trois pasteurs noirs et vingt catéchistes. En quelques semaines, cette initiative provoque une vague de conversions "aussi vivace que celle constatée dans l'Église catholique" : en un an, de 1925 à 1926, le nombre de fidèle passe de 25 000 à 35 000 et, en 1930, ils sont 42 000, répartis dans plus de 200 paroisses ».

en Côte d'Ivoire (MBCI)[49]. Elles seront suivies par la C&MA qui mènera une grande expédition en 1929, pour constater par elle-même l'impact du mouvement d'Harris. L'expédition va révéler « qu'il y avait encore, malgré les efforts entrepris par les autres sociétés missionnaires [...] de nombreuses communautés sans encadrement spirituel » et qu'il y avait aussi « de vastes régions non évangélisées en Côte d'Ivoire en 1929[50] ». Suite au rapport des expéditeurs, au cours de la cinquième conférence de la C&MA en AOF (janvier-février 1930), le premier couple missionnaire sera envoyé en Côte d'Ivoire : George et Glawdys Powell[51]. Les Powell font le choix de s'installer à Bouaké, dans le pays Baoulé. Ce choix n'est pas fortuit[52].

D'abord, il obéit à un principe de la C&MA : « ne viser que les régions intérieures de l'Afrique[53]. » En s'installant dans cette grande ville carrefour qu'est Bouaké, « la C.M.A va jouer un rôle central dans les activités concernant les différentes missions protestantes. Bouaké va être progressivement la plaque tournante du monde protestant en Côte d'Ivoire coloniale et même en A.O.F[54] ».

Ensuite, l'on avance des raisons d'ordre linguistique : « Le pays baoulé était une grande région occupée par un seul peuple autochtone à la différence d'autres parties de la Côte d'Ivoire où se côtoyaient dans un rayon plus réduit une multitude de groupes ethniques »[55]. La dernière raison sera d'ordre spirituel : aucune mission protestante ne s'était engagée dans le pays Baoulé.

La phase d'installation va se poursuivre avec l'arrivée d'un second couple missionnaire ; George et Mabel Stadsklev rejoindront les Powell en 1931. La date du 7 août 1932 marquera la reconnaissance officielle de la C&MA en

---

49. KOUADIO, *Les méthodes d'évangélisation*, p. 21 : « En 1927, un jeune couple [...] débarqua à Sassandra. M. et Mme DANIEL RICHARD représentaient l'Église du Tabernacle de Paris. C'est à partir de la région de Sassandra qu'une œuvre fructueuse allait s'étendre au sud-ouest ivoirien, œuvre baptisée du nom de "Mission Biblique en Côte d'Ivoire". Vu l'étendue de cette région, la jeune mission prit conscience de son insuffisance [...] la Mission Biblique fit appel à l'"Unevangelized Fields Mission" (U.F.M.). En 1964, celle-ci, en répondant à cet appel, devint la branche britannique de la Mission biblique ».

50. KOUASSI, *La CMA en pays Baoulé*, 35-37.
51. KING, *Missionary Atlas*, p. 28.
52. KOUASSI, *La CMA en pays Baoulé*, p. 51-52.
53. *Ibid.*
54. *Ibid.*
55. *Ibid.*

pays Baoulé. En dépit des difficultés, la C&MA aura un ministère fructueux : créations de temples, de stations missionnaires, d'écoles ; valorisation de la langue par l'alphabétisation, la traduction de la Bible et des cantiques en Baoulé ; la formation des chrétiens bien enracinés dans les saines valeurs culturelles Baoulé ; la collaboration avec les autres missions protestantes[56].

Il est opportun de signaler que jusqu'en 1950, les communautés locales étaient dirigées par les missionnaires ; il n'y avait pas encore de pasteurs nationaux[57]. La C&MA va donc organiser ces communautés en vue d'assurer leur croissance par elles-mêmes. En cela, la C&MA partageait avec les autres missions un même principe, celui d'accorder aux Églises dites « indigènes[58] » l'autonomie, telle que définie par Henry Venn : l'autonomie administrative (« *self-governing* »), l'autonomie missionnaire (« *self-propagating* ») et l'autonomie financière (« *self-supporting* »)[59]. C'est la marche irréversible vers l'autonomie ; le passage de la Mission C&MA à l'Église CMA-CI.

2.3. Le passage de la Mission C&MA à l'Église

2.3.1. Les facteurs propices à l'autonomie

En fait, ce n'est pas le principe de la triple autonomie qui sera le facteur déterminant dans l'autonomie de l'Église CMA en pays Baoulé.

Le premier facteur à considérer est lié aux mutations sociopolitiques ayant cours dans les colonies de l'AOF. Le référendum du 28 septembre 1958 donna naissance à la communauté franco-africaine : « les états de la communauté jouissent de l'autonomie interne complète c'est-à-dire qu'ils s'administrent eux-mêmes, gèrent démocratiquement et librement leurs propres affaires[60] ». Le 4 décembre 1958 la Côte d'Ivoire devient une République

---

56. *Ibid.*, p. 179. Pour une évaluation scientifique des résultats (aspects négatifs et positifs), voir A. Kouadio, *Les méthodes d'évangélisation*, p. 82-108. Sur les valeurs culturelles Baoulé, cf. N. K. N'Guessan, « La contribution de l'Église CMA à la sauvegarde de la culture Africaine », Communication, Colloque de l'Église CMA-CI.

57. *Ibid.*, p. 141.

58. Selon M. L. Hodges, *On the Mission Field*, '*The Indigenous Church*', Chicago, Moody Press, 1953, p. 7, ce terme s'applique à « une Église autochtone qui, née des efforts missionnaires, participe à la vie du pays dans lequel elle est implantée et trouve en elle-même la capacité de se gouverner, de se prendre en charge et de se multiplier ».

59. Cf. J. Comby, *Deux mille ans d'évangélisation*, Paris, Desclée, 1992, p. 214.

60. Article 77, Constitution de 1958, cité par C. Kouassi, *La CMA en pays baoulé*, p. 161.

et le 7 août 1960, elle devient indépendante. La C&MA ne pouvait pas ne pas en tenir compte[61].

Le second facteur ayant facilité l'autonomie est d'ordre religieux ; plus précisément, une conséquence du premier facteur. Le besoin d'autodétermination des peuples aura, en effet, un impact sur la vie des Églises et missions chrétiennes en A.O.F. C'est dans ce contexte que naîtra la Fédération Évangélique de Côte d'Ivoire (FECI), en 1960, à Bouaké, capitale de la C&MA en pays Baoulé[62].

Le facteur décisif est la désignation d'un président pour diriger l'Église CMA-CI. En juillet 1951, se tiendra la première conférence de l'Église CMA en pays Baoulé. À cette occasion, un comité provisoire sera élu. Le premier pasteur sera consacré au cours de la quatrième conférence de l'Église CMA en pays Baoulé (27 au 30 janvier 1955)[63] ; il s'agit du pasteur Diéké Koffi Joseph. Bien d'autres suivrons. En 1958, il sera désigné président de l'Église CMA en pays Baoulé ; c'est l'autonomie. Elle devra être assumée[64].

2.3.2. L'autonomie assumée en 1960

Les statiques de l'Église CMA en 1960 sont les suivantes[65] :

Nombre de fidèles	8500
Nombre d'Églises et de groupes	207
Nombre de missionnaires	9 couples et 2 célibataires
Nombre de stations missionnaires vacantes	2
Nombre de serviteurs africains	6 pasteurs et 21 catéchistes
Contribution financière de l'Église nationale	2 millions cinq cent mille francs

---

61. I. Zokoué, « Église-Mission: quelles relations ? », *PM* 8 (1984), p. 32 : « Après la seconde guerre mondiale, une vague d'indépendance souffle sur la plupart des pays d'Afrique francophone. Dans les années soixante, plusieurs pays deviennent indépendants. Ces situations nouvelles poussent les missionnaires à analyser leur comportement, à modifier certaines attitudes et à revoir leurs stratégies ».

62. Kouadio, *Les méthodes d'évangélisation*, p. 72-73.

63. Kouassi, *La C.M.A en pays baoulé*, p. 150.

64. *Ibid.* p. 169 : « En réalité, l'Église C.M.A en pays baoulé ne remplissait pas les conditions de la triple autonomie. Cette autonomie sera décrétée et octroyée par la mission sans lui donner son contenu véritable. Toute la tâche reviendra à l'Église "autonome" ».

65. *Ibid.*, p. 171, Rapport de G. Archie Powell (1960).

Les données du tableau ci-dessus indiquent la complexité du ministère pastoral en 1960 : il y avait pour un pasteur plus de 1400 fidèles ; un pasteur pour plus de 30 Églises locales ou groupes ; le nombre de missionnaires était plus élevé que les pasteurs nationaux. En dépit des difficultés, l'Église CMA-CI va s'organiser et assumer son autonomie.

Dès les débuts, l'Église CMA-CI va se doter de deux organes : un Comité central (CC) et un Conseil d'Administration (CA). Le premier était composé des ministres de l'Évangile et des délégués laïcs des districts. Il est élu pour un mandat de quatre ans avec pour rôle d'élire le Président de l'Église. Élu pour un mandat de cinq ans renouvelable, le Président de l'Église préside le CA. Cet organe aura pour rôle essentiel « la prise des décisions concernant l'Église, la consécration officielle des serviteurs de Dieu et leur affectation ainsi que l'acceptation des nouveaux candidats à l'école biblique[66] ».

Cette organisation a-t-elle évolué depuis lors ? Notre intention de mener une réflexion sur l'évaluation du ministère pastoral dans le contexte de l'Église CMA-CI nous impose la nécessité d'analyser son organisation, sa structure et l'état des ministères dans le contexte qui est le nôtre aujourd'hui.

L'Église CMA-CI : Organisation, structure, ministères

1. L'organisation administrative et structurelle

1.1. L'organisation administrative

L'administration de l'Église CMA-CI s'articule autour des organes centraux dont elle s'est dotée : ce sont les organes de décision, d'exécution, de consultation, de contrôle et de partenariat. Les organes de décision sont la Conférence Nationale et le Conseil d'Administration.

Organe suprême de l'Église, la Conférence Nationale représente l'ensemble des chrétiens ; elle est souveraine et ses décisions s'imposent à tous. Elle se réunit tous les deux ans en session ordinaire[67].

---

66. Kouassi, *La C.M.A. en pays baoulé*, p. 169.
67. Les travaux sont dirigés par un bureau de séance élu séance tenante par la conférence sur proposition de ses membres. Ce bureau comprend : un Président, deux secrétaires, deux assesseurs. Toutefois, le Président de l'Église demeure le président de la Conférence.

Entre deux sessions, elle délègue ses pouvoirs au Conseil d'Administration (CA). Celui-ci est l'organe de décision et d'administration de l'Église. Il est présidé par le Président de l'Église. Le CA est investi de plein pouvoir à l'effet, entre autres, d'approuver les affectations et mutations du personnel pastoral et laïc de l'Église, sur proposition du Bureau Exécutif National (BEN).

Le BEN est l'organe d'exécution des décisions de la Conférence Nationale et du Conseil d'Administration. Il est composé du Président de l'Église, d'un Secrétaire général coordinateur, des Directeurs de départements techniques[68]. L'un des rôles du BEN est de proposer au CA le recrutement, la révocation et la mise à la retraite du personnel pastoral et laïc de l'Église.

L'Église a deux organes consultatifs : le Conseil Théologique et Éthique (CTE) et l'Assemblée des Pasteurs Consacrés (APC). Le CTE analyse et oriente l'Église sur les questions d'ordre théologique et éthique. À ce titre, il est le conseiller théologique et éthique de l'Église CMA-CI et de son Président. L'autre organe consultatif, l'APC, regroupe tous les pasteurs consacrés de toutes les catégories[69]. L'un de ses rôles est de choisir les candidats à la présidence de l'Église. Le Commissariat aux comptes (CC) est l'unique organe de contrôle de l'Église. Il a pour rôle d'examiner les comptes annuels et de dresser un rapport à la Conférence Nationale. Quoiqu'autonome, l'Église CMA-CI et la Mission C&MA sont restées, l'une pour l'autre, des partenaires privilégiés. Le Comité de Planification et de Partenariat (CPP) est l'organe d'étude des projets communs[70].

---

68. Les départements techniques de l'Église sont les suivants : (1) Évangélisation et mission ; (2) Formation et Enseignement ; (3) Communication et relations extérieures ; (4) Développement et action sociale ; (5) Finances ; (6) Mouvements et associations ; (7) Ressources humaines. Chaque département est dirigé par un Directeur nommé par le Président de l'Église et approuvé par le Conseil d'Administration (CA).

69. Au sein de l'Église CMA-CI, le ministère de la Parole est assumé par les serviteurs regroupés en trois catégories, selon leur niveau de formation : (1) Les docteurs : ce sont des pasteurs certifiés qui après des études poussées obtiennent au moins un doctorat ; (2) Les pasteurs certifiés : ce sont les titulaires de la maîtrise d'une faculté de théologie reconnue par l'Église ; (3) Les pasteurs : ce sont les diplômés de l'Institut Biblique de l'Alliance Chrétienne de Yamoussoukro.

70. Ce Comité de Planification et de Partenariat traduit, en principe, un souci relationnel majeur devant exister, après l'autonomie, entre l'Église et la Mission ; « celui de passer du stade de la dépendance, à celui de l'échange constructif » (cf. J. BLANDENIER, dans l'éditorial de *PM* 8 (1984), p. 3, consacré au sujet du paternalisme).

Les différents organes ainsi définis sont indispensables à la gestion de l'Église au plan national. Ils vont se retrouver au niveau local, morcelés en régions, districts, paroisses, communautés et cellules.

1.2. L'organisation structurelle

L'Église CMA-CI est structurée géographiquement en régions, districts, paroisses et communautés. Chaque entité est placée sous la responsabilité d'un serviteur de Dieu ; surintendant de région, surintendant de district, intendant de paroisse, et pasteur de communauté. Les mêmes organes de décision, d'exécution et de contrôle se retrouveront au niveau de chaque entité locale.

À ce stade de notre propos, il n'est pas superflu de se demander à quel type de gouvernement ecclésiastique correspond celui de l'Église CMA-CI : épiscopalien, presbytérien ou congrégationaliste ?[71]

La question n'est pas nouvelle[72]. Cependant, elle demeure. Pour Pierre B. Alonlé, « il est nécessaire de nous déterminer par rapport à ces types de gouvernement, de faire un choix fondamental, avec ce qu'il implique[73] ». En effet, aucun type de gouvernement ne correspond entièrement à la structure organisationnelle de l'Église CMA-CI.

---

71. Dans le type épiscopalien, l'évêque « exerce une autorité personnelle assez forte sur l'Église (ou les Églises) sous sa responsabilité. Il est en quelque sorte le canal par lequel Christ exerce son autorité sur son Église » (A. NISUS, « Structures d'Église », *DTP*, p. 630). Dans le type presbytérien, ce sont les anciens qui ont collégialement la responsabilité de l'Église locale ; elle n'est pas dirigée par un seul individu. « Lorsque ces Églises bénéficient du ministère d'un pasteur salarié, ce dernier a un statut d'ancien parmi d'autres. Sa particularité, au sein du conseil des anciens, réside dans sa disponibilité, sa bonne connaissance de la communauté [...] dans la formation biblico-théologique qu'il a reçue » (*Ibid*). Le système congrégationaliste considère que chaque Église locale est pleinement Église et que « la souveraineté du Christ sur l'Église locale est médiatisée par l'ensemble de la communauté » ; sans pour autant nier la nécessité des ministères dans l'Église (cf. A. NISUS, « Autorité et gouvernement de l'Église », *CEP* 72, 2009, p. 2-6).

72. Le type de gouvernement ecclésiastique de l'Église CMA-CI a fait l'objet d'un débat lors du colloque organisé à l'occasion de ses 75 ans de présence et de ministère en Côte d'Ivoire. De la communication de CÉLESTIN KOFFI (Président de l'Église CMA-CI de 2003-2011) sur « L'organisation administrative de l'Église Protestante Évangélique C.M.A de Côte d'Ivoire », le colloque a suggéré la création d'une commission pour repenser cette administration en vue d'une grande efficacité (cf. *Rapport de synthèse Colloque*, p. 10-11).

73. Le Pasteur B. PIERRE ALONLÉ est le président de l'Église CMA-CI depuis la Conférence élective de février 2011. Ce vœu a été exprimé au cours de notre entretien du 12 février 2012, dans le cadre de la présente étude.

Pour Célestin Koffi, le gouvernement de l'Église CMA-CI est de « type presbytéral dit semi parlementaire ; c'est-à-dire qu'administrativement l'Église est gérée par un collège d'anciens appelé comité ou conseil. Cet organe, composé de responsables laïcs est principalement dirigé par un pasteur qui en est le président[74] ». Cependant, dans les faits, le mode de gouvernement suivi est plutôt une synthèse des types presbytériens et congrégationalistes.

Au niveau local, il apparaît que c'est le type presbytérien qui est en vigueur ; au niveau national, curieusement, c'est une forme congrégationaliste, à travers la Conférence nationale où la « voix » de chaque Église locale se fait entendre à travers ses délégués. En réalité, le mode de gouvernement de l'Église CMA-CI est de type Presbytéro-Synodal. Il importe de situer la place des ministres et des ministères dans cet ensemble et l'évaluation qu'on peut en faire.

L'organigramme qui suit illustre cette réalité :

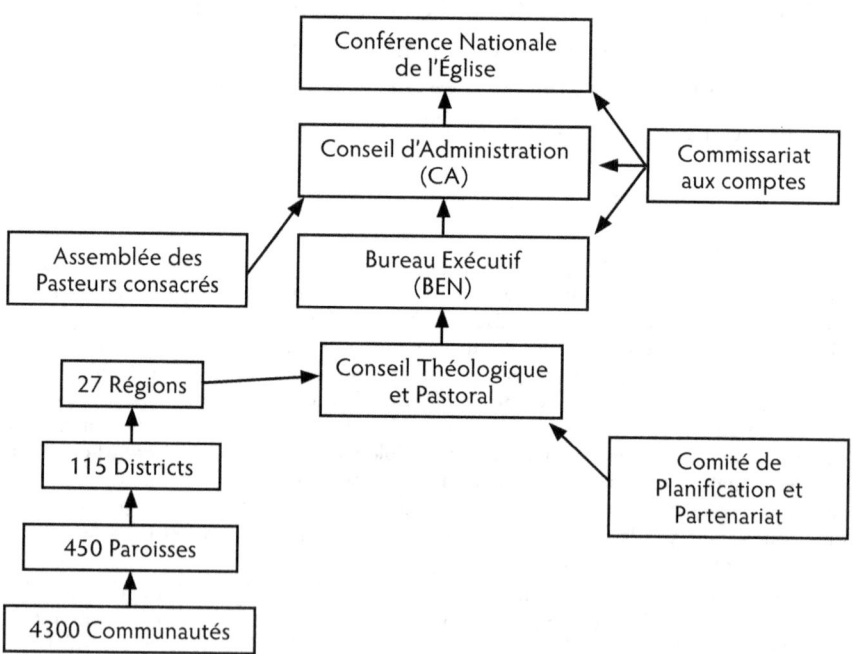

---

74. Cf. Rapport de synthèse Colloque, p. 11.

2. Les ministres et les ministères

Lorsque les serviteurs de Dieu sont recrutés, ils exercent les ministères d'évangéliste, de missionnaire, de pasteur, de docteur (enseignant), de prière et de compassion. Dès lors, « L'Église doit offrir l'occasion aux pasteurs de se renouveler sans cesse intellectuellement et spirituellement en organisant des séminaires, des retraites spirituelles [...] En retour les ministres de la Parole se doivent d'assurer efficacement l'encadrement de leurs fidèles » (Art. 36. 1). Il existe donc des tâches clairement définies entre la communauté et son pasteur et inversement. Mais, comment s'assurer de la fidélité de chacune des « parties » ?

À l'encadrement des fidèles, les pasteurs seront aussi commis aux actes pastoraux. Ces actes ne « peuvent être administrés que par des pasteurs consacrés ou par certains de leurs collaborateurs auxquels ils auront donné une délégation pastorale » (Art. 37).

Une réflexion portée sur la vie des ministres et la pratique des ministères laisse apparaître quelques insuffisances. En effet, A. Kouadio signale ne pas avoir de réelles inquiétudes quant à la vocation et la formation des ministres de l'Église[75]. Elles apparaissent relativement aux qualités spirituelles attendues des ministres : « la vocation et la formation ne sont pas toujours doublées d'une vie de consécration et d'attachement à Dieu[76]. » De même, les qualités morales exigées peuvent manquer, dans bien des cas : « Le fruit de l'Esprit selon Galates 5.22-23, sous ses différents aspects, n'est pas toujours manifeste, ce qui n'est pas sans conséquence sur la vie et la conduite des ministres ».

De l'exercice des ministères, A. Kouadio relève aussi des insuffisances. Au titre du ministère de « pasteur-docteur », par exemple, il note que : « tout pasteur doit aimer à instruire tous les fidèles dans la parole de Dieu. Ceci doit exiger au pasteur l'organisation des séminaires dans les secteurs de sa paroisse plusieurs fois dans l'année. Le même effort doit être fourni en faveur des prédicateurs laïcs, des anciens et tous les autres groupes (chorales, jeunesses, etc.). Ceci pour assurer la croissance qualitative de l'Église. Mais

---

75. Les Art. 31 et 32 consacrés respectivement à « la vocation » et à « la formation » des ministres illustrent les dispositions prises par l'Église CMA-CI à cet effet.

76. André Kouadio, entretien du 11/09/2011.

le constat évident est qu'il n'y a, ni régularité, ni l'exercice étendu de cet aspect du ministère[77]. »

Le contexte cible de l'évaluation du ministère pastoral vient d'être présenté à grands traits, avec ses particularités historiques, culturelles, organisationnelles, avec un regard sur l'état des ministères. Mais, est-il possible d'initier, à partir des acquis de l'étude, une démarche évaluative du ministère dans un tel contexte ?

La réponse viendra de notre prochain chapitre consacré à la question de la normativité du modèle ministériel issu des Pastorales et de l'opportunité de son application au contexte de l'Église CMA-CI.

---

77. Dans le même sens, concernant le ministère d'évangéliste, A. KOUADIO fait le constat suivant : Ce ministère-là, n'est pas encore développé comme il se doit : il doit avoir, au niveau de tous les districts et de toutes les paroisses, un poste d'évangéliste. Car, même si l'Église est fondée, il faut poursuivre l'évangélisation en vue de la croissance quantitative de l'Église. Dans l'état actuel des choses, cela n'existe pas ; il ne fait même pas partie des plans d'action ». Nous aurions pu étendre ces insuffisances à d'autres aspects du ministère évoqué au cours de notre entretien déjà mentionné.

CHAPITRE 7

La normativité du modèle ministériel des Pastorales et son application au contexte de l'Église CMA-CI

Qu'est-ce que la normativité ? C'est la qualité en vertu de laquelle une réalité donnée joue le rôle de / ou sert comme règle universelle ou générale. La notion de normativité est complexe ; l'aborder de front n'est pas de notre propos. Dans les limites de notre étude, nous avons une préoccupation double : le ministre-modèle issu des Pastorales est-il normatif ?[1] Si tel est le cas, de quelle manière ce modèle est-il normatif pour l'Église aujourd'hui ?

En d'autres termes, le modèle issu des Pastorales est-il en harmonie avec celui dressé dans les Évangiles ? Peut-on y discerner un souci majeur de conformité à la « tradition apostolique[2] », au « kérygme[3] » ? Ou alors

---

1. Soyons rassurant. « Que l'Écriture Sainte pourvoie les fondations voulues pour la foi et la vie, les normes du croire et du faire – dimensions inséparables dans ses perspectives – telle a été la conviction du "christianisme historique", de l'Église à travers les siècles » (H. BLOCHER, « La Bible, fondement de la foi et de la vie », *La Bible*, Valenciennes, ABCV, 2000, p. 153) ; telle est aussi la nôtre. Notre préoccupation est bien modeste ; elle concerne le caractère normatif du modèle résultant de l'étude, menée à partir des EP.

2. Il ne faudrait pas se méprendre sur le sens du mot « tradition ». H. BLOCHER, « L'Écriture d'après l'Écriture : la tradition apostolique (2 Thessaloniciens 2.13-3.8) », dans *La Bible au microscope* vol. 1, Vaux-sur-Seine, Edifac, 2006, rappelle « qu'il est biblique, et qu'au sens de l'apôtre Paul, "Sola traditione" ne dit pas autre chose que "Sola Scriptura" » (p. 91). En fait, « Tradition veut dire transmission : ou bien l'acte de transmettre, ou bien ce qui est transmis : Paul use manifestement du second sens quand il parle des traditions qu'il a enseignées (2.15), et de la tradition que les Thessaloniciens ont reçue de lui (3.6). Singulier et pluriel : il s'agit de tout un corps d'instructions organisés, "il s'agit de l'ensemble de l'enseignement de Paul" » (p. 93). Il importe de l'indiquer, avec force : « La tradition apostolique fonctionne comme une norme, et une norme souveraine » (p. 94).

3. Le « kérygme » est « le cœur de la prédication évangélique » (J. BUCHHOLD, « Paul », *GDB*, Charols, Excelsis, 2010, p. 1225).

décèle-t-on une diversification selon la situation locale (Éphèse et Crète) ? Certains aspects de ce modèle nous paraissent-ils normatifs, exemplaires, pour une application dans le contexte cible, l'Église CMA-CI ?

Mais, quelle est la raison qui rend nécessaire ce point ? L'on pourrait concevoir que la forme du ministère est laissée libre dans le NT – une pluralité sans norme particulière – ou que la diversité des situations locales, des « contextes », soit si radicale que la forme normative pour la situation des EP ne le soit pas du tout pour une autre situation. Une telle conception est-elle assurée ou est-elle hypothétique ? Il convient, pour l'étude, de nous déterminer.

Ce dernier chapitre de l'étude sera abordé en trois étapes. Nous débuterons par la question (ou le principe) de la normativité du modèle issu des Pastorales. Si ce modèle est fidèle à celui du christianisme du Ier siècle, alors nous poserons la question du bon droit de l'appliquer dans un contexte autre que son contexte d'émergence. Ces préoccupations résolues, nous pourrons, plus aisément, passer à la phase applicative du modèle au contexte cible.

La question de la normativité du modèle issu des Pastorales et du bon droit de son application dans le contexte de l'Église CMA-CI

1. La question de la normativité du modèle issu des Pastorales

Puisque le modèle ministériel des Pastorales s'inscrit dans un cadre ecclésiologique dont les contours - nature, fonctions, doctrine – ont été présentés, nous nous proposons d'en faire le point de départ de notre réflexion.

1.1. De la normativité de l'ecclésiologie des EP

L'Église dans les Pastorales est « famille », « maison de Dieu ». La métaphore de la « maison de Dieu », quoique primordiale, est relativement négligée dans les études ecclésiologiques[4].

---

4. Nous partageons ici le sentiment de M. B. YARNELL, « οἶκος θεοῦ: A Theologically Neglected but Important Ecclesiological Metaphor », *MJT* 2, no. 1 (automne 2003), p. 53-65. Par exemple, P. S. MINEAR, *Images of the Church in the New Testament*, Philadelphie, Westminster Press, 1960, p. 52, classe la métaphore « maison de Dieu » dans son chapitre II (« Minor Images of the Church ») et se réfère plutôt à l'expression « Pillar and Buttress ».

Or, l'image de la maisonnée, avec les relations de type familial (1 Tm 5.1-2), n'est pas étrangère au NT. Dieu est présenté comme Père de la famille (Ep 3.14), et ceux de la maison comme « des fils et des filles » (2 Co 6.18). La nouveauté relationnelle dans la « maison de Dieu » fait des uns et des autres, des frères et des sœurs (Mt 12.49-50 ; 1 Jn 3.14-18). Au-delà de l'aspect physique, cette « maison » est, en réalité, « une maison spirituelle » (1 P 2.5, 9).

L'éthique (ordre, sainteté, discipline) attendue de ceux qui vivent dans « la maison de Dieu » (1 Tm 3.15 ; 2 Tm 2.19-21) confirme la conception néotestamentaire de la « pureté de l'Église ». En effet, Christ agit dans son Église en vue de « faire paraître devant lui cette Église glorieuse, sans tache, ni ride, ni rien de semblable, mais sainte et irrépréhensible » (Ep 5.27). D'où le besoin d'une pureté doctrinale dans l'Église des EP : « réfuter les contradicteurs » (Tt 1.9), leur « fermer la bouche » (Tt 1.11). Jude n'en demandait pas moins aux croyants (3). C'est ce besoin de sainteté de « la maison » qui exigeait la discipline ecclésiale (1 Tm 5.19-20). Cette discipline s'imposait aussi à l'Église de Corinthe pour préserver sa pureté (5.6-7, 12-13 ; 11.17-34). Le caractère collectif et individuel de l'éthique de la « maison de Dieu » n'est pas spécifique aux Pastorales ; c'est une norme néotestamentaire (1 Th 4.3 ; Hé 12.14).

Du point de vue fonctionnel, l'Église-maison de Dieu, remplit, pratiquement, des buts identifiables dans l'ensemble du NT : « servir Dieu : le culte », « servir les croyants : la formation », « servir le monde : l'évangélisation et la miséricorde »[5].

Certes, nous savons peu du culte en tant que « rassemblement hebdomadaire de la communauté[6] » dans les EP. Toutefois, la piété (1 Tm 4.7-8), notion fondamentale des EP, n'est-elle pas l'une des formes les plus sublimes du culte à rendre à Dieu ? L'Église-maison de Dieu est enseignante ; le but est

---

(1 Tm 3.15) comme expression de la conception de l'Église en 1 Tm. Ou encore, N. GEISLER, *Systematic Theology*, vol. 4. *Church Last Things*, Minneapolis, Bethany House, 2005, ne mentionne aucun texte des Pastorales dans le paragraphe « Biblical References to the Universal Church » (p. 44-47), ni la métaphore de la « maison de Dieu » dans le paragraphe « Other Terms for the Church » (p. 47-50).

5. W. GRUDEM, *Théologie systématique*, Charols, Excelsis, 2000, p. 952.

6. B. HUCK, « Le culte et la spiritualité communautaire », dans *La spiritualité et les chrétiens évangéliques*, vol. I, Vaux-sur-Seine/Cléon d'Andran, Edifac/Excelsis, 1997, p. 83ss.

de former les croyants, « ceux de l'intérieur », pour les faire parvenir à « l'état d'adulte » (Col 1.28 ; Ep 4.12-13). La mission de l'Église-maison de Dieu vers les non-croyants, « ceux de l'extérieur », se résume en la proclamation de la vérité. Certes, une recommandation comme celle de Matthieu 28.19 n'apparaît pas. Toutefois, la perspective missionnaire n'est pas absente : « on n'y trouve [dans les Pastorales] aucun dégoût gnostique du monde ; au contraire, on y prie pour les autorités dans une perspective nettement missionnaire, car le salut est offert à "tous les hommes" (expression caractéristique)[7]. »

Au regard de toutes ces considérations - nature, éthique, fonctions - nous ne pouvons qu'affirmer le caractère normatif de l'ecclésiologie des Pastorales. M. B. Yarnell fait bien de le mentionner : « L'image néotestamentaire de l'Église en tant que οἶκος θεοῦ plonge ses racines dans l'Ancien Testament et aussi dans la culture hellénistique, et cependant, cette image a moins porté sur les relations sociales que sur la structure. En Éphésiens 2, Paul amorçait une transition vers une compréhension relationnelle de cette métaphore. Dans les Épîtres pastorales, la relation métaphorique atteint sa plénitude[8]. »

Quel est la substance de la doctrine prônée dans ce contexte ecclésial ? Et partant, quelle est sa normativité ?

1.2. De la normativité de la doctrine prônée dans les EP

L'étude a indiqué la place importante de l'enseignement dans les Pastorales. I. H. Marshall signale que le message des Pastorales n'est autre que l'Évangile, centré sur le Christ-Jésus[9]. Il se réfère à trois versets décisifs :

Tout d'abord, 1 Timothée 1.15 : Il est clairement indiqué que l'affirmation qui suivra est une parole sûre et certaine : « Jésus-Christ est venu dans le monde pour sauver les pécheurs ». Probablement, poursuit-il, en échos à la déclaration du Seigneur en Luc 19.10 : « Car le Fils de l'homme est venu chercher et sauver ce qui était perdu ». Ajoutons à cela, d'autres textes qui mentionnent Dieu comme sauveur (1 Tm 1.1 ; 2.3 ; Tt 1.3), et Christ

---

7. P. Bonnard, *Anamnesis*, CRTP n°3, Genève/ Lausanne/ Neuchâtel, SAV, 1980, p. 19.

8. Yarnell, « οἶκο ςθεοῦ », p. 65 (Citation en version originale : « The New Testament image of the Church as an οἶκος θεοῦ has roots in the Old Testament and in Hellenistic culture, yet the imagery was often less about social relationships than about structure. In Ephesians 2, Paul began a transition towards a relational understanding of this metaphor. In the Pastoral Epistles, the relational metaphor came into its fullness »).

9. Marshall, « The Christian Life in 1 Timothy », p. 83.

comme l'unique médiateur entre Dieu et les hommes (1 Tm 2.5). Bien plus, Christ est le sauveur (cf. 2 Tm 1.10).

Ensuite, 1 Timothée 2.6 : « Jésus-Christ [...] s'est donné lui-même en rançon pour tous. C'est là le témoignage rendu en son propre temps ». I. H. Marshall rappelle qu'il est reconnu par tous que ce texte est basé sur la déclaration de Jésus en Marc 10.45, en précisant, « ... restitué maintenant dans un grec plus idiomatique. Ainsi, le message évangélique se trouve résumé en termes qui sont basés sur la tradition des dits de Jésus et qui donc montrent que cette tradition demeurait vivante et alerte[10]. »

Enfin, 1 Timothée 3.16 : Le mystère de la foi chrétienne est présenté comme une confession de foi centrée sur le Christ-Jésus. L'auteur lit le texte avec justesse :

> Cela parle de la manifestation d'une personne en chair et en os, un registre qui suggère à coup sûr l'incarnation. Cela dit qu'il est justifié par l'Esprit et qu'il est révélé aux anges, ce qui renvoie probablement à sa résurrection et à sa glorification. Cela continue en disant qu'il est objet de prédication et de foi dans le monde, ce qui indique que le message est destiné aussi bien aux païens qu'aux Juifs, et cela se conclut avec une référence supplémentaire à son enlèvement dans la gloire[11].

En somme, la doctrine des EP est normative parce qu'elle centrée sur la personne et l'œuvre du Christ-Jésus. « Il n'y a pas de contradictions de fond avec le paulinisme », même s'il faut reconnaître que « l'accent est déplacé »[12]. D'où la force de conviction avec laquelle l'auteur exhorte ses collaborateurs à rester fermement attachés et à garder fidèlement la doctrine reçue (2 Tm 3.14 ;

---

10. *Ibid.* (Citation en version originale : « ... rendered now in a more idiomatic Greek manner. Thus the gospel message is summed up in words which are based on the tradition of the sayings of Jesus and which thus show that this tradition remained alive and fresh »).

11. *Ibid.*, p. 84 (Citation en version originale : « It speaks of the manifestation of someone in the flesh, language which surely suggests incarnation. It talks of his being justified in the Spirit and his being revealed to angels, which probably refers to his resurrection and exaltation. It goes on to say that he is the object of preaching and belief in the world, which indicates that the message is for the Gentiles as well as for the Jews, and it concludes with a further reference to his being taken up in glory »).

12. M. CARREZ, « Les Épîtres pastorales », dans A. GEORGE et P. GRELOT, sous dir., *Introduction au Nouveau Testament vol. III. Les Lettres Apostoliques*, Paris, Desclée, 1977, p. 193.

1 Tm 4.16) ; c'est le « dépôt » (1 Tm 6.20), à transmettre, sans interruption (2 Tm 2.2). Là, se trouve toute l'espérance du grand apôtre (2 Tm 1.12).

1.3. De la normativité de la conception du ministère dans les EP

Que le ministère soit conçu dans les Pastorales comme *diakonia* n'est pas caractéristique de ces lettres ; c'est une constante néotestamentaire (cf. Mc 10.42-45), voire « dans [toute] la Bible[13] ». En fait, le terme « service » est englobant ; il se rapporte aux diverses catégories d'activités (matérielles, spirituelles) dans la communauté ecclésiale ; c'est une valeur normative. Les Évangiles montrent que le Christ est l'initiateur (Jn 13.12-16) et le modèle par excellence du « diaconat » (Mt 20.28 ; Mc 10.45). Il sera imité par Paul (1 Co 3.5 ; 4.1 ; 9.19). Dans les EP, Timothée devra être « un bon ministre de Jésus-Christ » (1 Tm 4.6).

Le service s'accompagne d'une nécessaire autorité. Les Évangiles indiquent la finalité de celle du Christ : « Je suis né et je suis venu dans le monde pour rendre témoignage à la vérité » (Jn 18.37) ; elle sera mise au service de la Parole. Il n'attendait pas moins des apôtres (Mt 10.6-7 ; Ac 4.19-20 ; 6.2). L'apôtre Paul l'affirme, sans ambages : « Ce n'est pas pour baptiser que Christ m'a envoyé, c'est pour annoncer l'Évangile » (1 Co 1.17). C'est cette conscience aiguë de la priorité du ministère de la Parole que nous retrouvons dans les EP (1 Tm 3.2 ; 4.13 ; 5.17 ; Tt 1.9 ; 2 Tm 4.2). Les Évangiles prolongent la réflexion ; l'autorité mise au service de la Parole a pour corollaire le service de la communauté. Là aussi, le Christ est le modèle à imiter (Jn 10.14-16), par les apôtres (Mt 23.8-11). Cette maxime de l'autorité exercée dans la fraternité sera aussi celle des EP (1 Tm 5.1-2).

La direction collégiale des Églises, n'est pas une trouvaille des Pastorales (Tt 1.5). Dans les Évangiles, les disciples agissent dans un contexte de

---

13. Une étude (très) récente est consacrée au sujet : « Diakonia. Le service dans la Bible », *CE* 159 (2012). Nous partageons le constat des auteurs. En quête des racines bibliques du verbe grec *diakoneô* et de ses dérivés, le réflexe est de se tourner vers le NT ; ce qui se comprend, il a été écrit en grec. Une autre réalité semble aussi s'imposer : « Le Nouveau Testament est tissé de motifs et de modules narratifs issus de l'Ancien Testament hébreu, via la traduction grecque des Septante. *Diakoneô* traduit le verbe *'aBaD*, "cultiver", "servir", mais aussi "asservir". Suivant les contextes, le substantif *'eBeD* est rendu par *diakonos*, "serviteur", ou par *doulos* (ou encore *païs*), "esclave". Or, les livres de la Loi de Moïse [...] racontent une expérience fondatrice, celle de la sortie d'Égypte pour le service du Seigneur, lequel est conjoint de la fraternité humaine » (p. 4). Ce parcours de la servitude au service, est bien celui, nous semble-t-il, qui est présenté par le NT.

« collégialité » (cf. Mt 10.1-5 ; Mc 6.7 ; Lc 10.1). Si dans les EP, le terme « ancien » est toujours au pluriel, il ne diffère pas des autres écrits du NT (cf. Ac 14.23 ; 15.4, 6, 22, 24 ; 20.17 ; Jc 5.14 ; 1 P 5.1-2 ; Hé 13.17)[14].

Ainsi, « partout où il est fait allusion à la direction humaine d'une Église, nous la voyons collégiale. Aucun lecteur du NT non préalablement conditionné ne pourrait dégager de sa lecture l'image d'une communauté dirigée par un homme seul. Actes et épîtres sont unanimes sur ce point[15] ». Bien plus, « l'exercice de l'autorité dans l'Église ne saurait se passer d'une participation active de la communauté : le ministre ne peut prétendre, à lui seul, monopoliser tous les dons et tous les services dont la communauté a besoin pour se développer[16] ».

1.4. De la normativité du ministre-modèle des EP

La figure du ministère-modèle des EP se dessine à partir de trois traits saillants, au moins : (1) un choix discerné, en amont ; (2) des qualifications reconnues ; (3) des fonctions spécifiques à remplir, avec fidélité, en aval. Ces différents traits sont-ils normatifs ?

L'étude a montré que si le choix des diacres devrait faire, explicitement (1 Tm 3.10), l'objet d'un examen de probation, celui des épiscopes-anciens le devrait aussi, implicitement (cf. 1 Tm 5.22). Dans les Évangiles (Lc 6), « Jésus se rendit sur la montagne pour prier, et il passa toute la nuit à prier Dieu » (v. 12). Puis, « il appela ses disciples, et il en choisit douze, auxquels il donna le nom d'apôtres » (v. 13). L'exemplarité de Jésus suffira.

Ainsi, très tôt, dans les Actes, le choix du remplaçant de Judas, sera conditionné par des critères normatifs, rappelés, à toutes fins utiles (1.21-22). Par la suite, il est à remarquer que les apôtres indiquent ce qui importe dans le choix des « sept » ; l'examen de leur condition spirituelle, sur la base de

---

14. L'on se demande si la notion de « collégialité » n'est pas tout aussi vétérotestamentaire ou encore si les « conseils d'anciens » dans les communautés ecclésiales ne sont pas d'inspirations juives (cf. le terme *zekenim*, R. DE VAUX, *Les Institutions de l'Ancien Testament*, t. 1, Paris, Cerf, 1961, p. 108-110, 211-213).

15. BLANDENIER, « Ministère pastoral seul ou en équipe », p. 19.

16. LEMAIRE, *Les ministères dans l'Église*, p. 35. L'image même de l'Église, par exemple, celle du « Corps du Christ » (1 Co 12.27-31), avec chacun jouant un rôle spécifique (Ep 4.11-12), plaide en faveur d'une direction collégiale. Pour poursuivre la réflexion, voir A. DAWSWELL, « A Biblical and Theological Basis for Collaborative Ministry and Leadership », *Anvil* 21, no. 3, 2004, p. 165-178 ; C. PAYA, « Collégialité, travail en équipe », *DTP*, p. 178-183.

critères sélectifs : « choisissez parmi vous sept hommes, de qui l'on rende un bon témoignage, qui soient pleins d'Esprit-Saint et de sagesse, et que nous chargerons de cet emploi » (6.3). Le texte nous présente Étienne, objet d'un choix discerné : « homme plein de foi et d'Esprit-Saint » (6.5). Dans les Épîtres, Paul établissait des anciens dans « chaque Église » (Ac 14.23). Le fait qu'il ne soit pas le seul à le faire est, pour le moins rassurant : « Ils firent nommer des anciens [...] après avoir prié et jeûné, ils les recommandèrent au Seigneur » (Ac 14.23). C'est justement ce choix discerné, loin de toute « précipitation », qu'il conseillait à ses mandants de faire, dans les EP.

Pour ce qu'il représente au sein des communautés (une autorité morale et spirituelle), le ministre-modèle des EP devrait être « irréprochable ». Dans les Évangiles, Jésus-Christ fustigeait déjà la conduite des scribes et des pharisiens : « ils disent, et ne font pas » (Mt 23.3). Ses disciples agiront autrement ; ils doivent être, eux-mêmes, les modèles du troupeau (cf. Jn 13.15 ; 1 Co 11.1). Dans son discours aux anciens d'Éphèse, Paul fait, par exemple, du désintéressement une qualité majeure (Ac 20.33-35), et s'en sert pour établir une distinction entre « bon berger » et « loups féroces » (cf. Ac 20.29). Il les rend sensible à l'exemplarité de son propre ministère (Ac 20.18-21 ; 26-27 ; 33-35). Ainsi, le souci qualitatif (exemplarité, fidélité), dans la manière d'être et de faire, est récurrent dans le NT.

Les fonctions essentielles du ministre-modèle des EP - gouvernance et enseignement (1 Tm 5, 17 ; 1 Tm 3. 2, 4-5) - sont aussi une constante du NT.

Dans les Évangiles, Jésus-Christ, tout en reconnaissant la nécessité de la gouvernance, indique le profil du dirigeant attendu (Lc 22.26-27). Les dirigeants doivent se dépenser, jour et nuit ; ils se privent de sommeil, restant vigilants (cf. Ep 6.18), et veillant sur les croyants (cf. Mc 13.33) ; c'est la fonction de berger (Ac 20.28-32 ; 1 P 5.2). Divers textes indiquent ce qui est attendu des bénéficiaires d'un tel ministère : « *obéissez à ceux qui vous dirigent* », « *soyez-leur soumis* » (Hé 13.17) ; « *ayez-les en très haute estime et aimez-les* » (1 Th 5.12-13). Mais, aussi, prendre soin d'eux (cf. 1 Co 9 ; Ac 20.33s ; 1 Tm 5.17).

Avant de clore notre réflexion sur la normativité du modèle issu des EP, quelques précisions s'imposent. Nous sommes conscients de la diversité des données néotestamentaires, sur un même sujet donné. Il en va ainsi des ministères[17]. En effet, le NT met son lecteur en présence d'une diversité de figures, de fonctions et de structures ministérielles. Comment alors se déterminer et conclure à une normativité du modèle issu des EP ?

Le lecteur a pu le remarquer : nous avons recherché les liens étroits entre le modèle ministériel des EP et les vérités centrales de l'Évangile et la tradition apostolique ; nous avons recherché ce qui est unificateur, commun. La démarche se justifie dès lors que la diversité des données, autorisée par le NT lui-même, converge vers une unité de pensée ; « c'est l'unité dans la diversité[18] ».

Les vérités fondamentales, celles qui demeurent normatives, sont les suivantes : le message prôné par l'Église et ses ministres est celui du Christ-Jésus glorifié (cf. 1 Tm 3.16)[19] ; les ministères se déploient à l'intérieur de l'Église et sont, par essence, « service à rendre[20] » ; les ministères sont des services

---

17. L'ouvrage collectif (ancien mais faisant encore date), J. DELORME, sous dir., *Le ministère et les ministères selon le Nouveau Testament*, Paris, Seuil, 1974, illustre cette diversité des données du NT. La première partie de l'ouvrage (« Dossier exégétique », p. 11-277), montre la diversité des données du NT sur « le ministère et les ministères » ; ce qui donne l'impression d'une « juxtaposition de point de vue divers » (p. 281). Dans la deuxième partie (« Réflexion théologique », p. 281-511), les auteurs montrent que ces différents points de vue s'inscrivent dans une perspective d'unité (voir, en particulier, chap. XIII, J. DELORME « Diversité et unité des ministères d'après le Nouveau Testament », p. 283-346). Il est tout aussi stimulant de lire le chap. VI., § 28, « Ministry in the Early Community », de J. D. G. DUNN, *Unity and Diversity in the New Testament*, p. 106-123.

18. Nous rejoignons ici J. DELORME : « Unité ou diversité des ministères d'après le Nouveau Testament ? Il faut refuser ce dilemme et parler plutôt d'unité dans la diversité » (*Le ministère et les ministères*, p. 343). Dans le même ordre de réflexion, M. DUMAIS, « Le caractère normatif des écrits du Nouveau Testament », *L'actualisation du Nouveau Testament. De la réflexion à la pratique*, LecDiv 107, Paris, Cerf, 1981, p. 53 : « Dans le Nouveau Testament, l'unité est plus profonde que la diversité et est la source de celle-ci » (p. 60).

19. J. D. G. DUNN fait bien de le signaler ; toutes les données, dans leurs diversités, trouvent leur point commun dans le Christ-Jésus : « L'élément fédérateur de ces autres caractéristiques du christianisme primitif se resserre à nouveau sur le Christ » (Citation en version originale : « the unifying element in these other features of earliest Christianity narrows back down to Christ ») (DUNN, *Unity and diversity*, p. 370).

20. Pour J. DELORME, « il apparaît que les données du Nouveau Testament relatives à l'autorité des ministres, loin de corriger celles qui les caractérisent comme des serviteurs, s'accordent avec elles [...] Elles s'inscrivent dans la relation qui définit le ministère comme service : la dépendance à l'égard du Christ pour le profit des hommes. Le sacrifice du Fils de l'homme venu pour servir change la nature de l'autorité qui s'exerce dans les Églises. Celles-ci manifestent leur originalité d'Église de Dieu par le nouveau type de relations qui s'instaurent en leur sein » (« Diversité et unité des ministères », p. 322).

institués pour assurer une double fonction : « le service de la Parole[21] » et « le service de la communauté[22] » ; les ministres ont un mandat éthique ; celui d'être des modèles à imiter[23]. Ainsi, le modèle ministériel issu des EP apparaît comme normatif. Certes, l'on discerne une diversification liée à la situation des Églises, avec leurs lots de luttes contre les hétérodoxes, des structures à mettre en place. Il s'inscrit, toutefois, dans une unité de pensée avec l'ensemble du NT.

---

21. J. Delorme note : « Son importance ressort non seulement de ses attestations dans tous les écrits du Nouveau Testament, mais surtout de la priorité qui lui est accordée » (« Diversité et unité des ministères », p. 306). Pour sa part, M. Dumais, « Le caractère normatif des écrits », p. 114, fait remarquer qu'« une étude des ministères qui cherche l'essentiel et le normatif ne peut d'arrêter aux titres ministériels, car alors c'est la diversité qui ressort [...] Ce qui fait l'unité dans la diversité, ce qui est fondamental et permanent, il faut le chercher du côté des grandes fonctions que les ministères variés ont été crées précisément pour accomplir. Ces grandes fonctions sont le service de la parole et le service de l'unité ecclésiale ».

22. Ici aussi, M. Dumais précise : « L'annonce de la Parole d'une certaine façon effectue ce qu'elle annonce : elle fait des croyants, elle crée une communauté chrétienne. Il faut donc des ministres pour répondre aux besoins à l'intérieur de chaque communauté [...] Les principaux services de communion au sein même des communautés sont les services de partage matériel et de direction de la communauté » (« Le caractère normatif des écrits », p. 117).

23. Le motif de l'« imitation », qui parcourt principalement les lettres de Paul, est diversement interprété. Nous rejoignons l'interprétation de A. D. Clarke, « Be Imitators of Me », p. 359-360 : « Quel [...] est le modèle paulinien en matière de leadership ? On peut considérer cela sous trois angles ; premièrement : dans un sens, le modèle paulinien de leadership (celui qu'il adopte), c'est le Christ, magnifiquement dépeint comme le serviteur dans l'hymne christique de Philippiens ; deuxièmement : le modèle paulinien de leadership (le modèle ou l'exemple qu'il indique), c'est Paul lui-même qui, malgré son imperfection, est "l'imitation du Christ" ; et troisièmement : le modèle paulinien de leadership (le modèle qu'il enseigne), c'est que, dans leur propre imitation du Christ, les leaders doivent orienter tous les croyants vers l'imitation du Christ, en opposition au modèle séculier de Corinthe » (Citation en version originale : « What [...] is Paul's model of Leadership? This can be viewed from three perspectives : first, in one sense Paul's model of leadership [the model to which he turns] is Christ, supremely depicted as the servant of Philippian Christ-hymn; secondly, Paul's model of leadership [the model or example which he sets] is his own, albeit imperfect, "imitation of Christ"; and thirdly, Paul's model of leadership [the model which he teaches] is that, in their own imitation of Christ, leaders should direct all believers to imitation of Christ, in contrast to the secular model of Corinth »). Pour poursuivre la réflexion, en contraste avec celle de E. A. Castelli, *Imitating Paul : A Discourse of Power* (LCBI), Louisville, John Knox Press, 1991, p. 22, qui estime que Paul utilise de motif de l'« imitation » au service de son autorité, voir les réponses appropriées de P. Nicolet, « Le concept d'imitation de l'apôtre dans la correspondance paulinienne », dans A. Kaestli et D. Marguerat, sous dir., *Paul, une théologie en construction*, Genève, Labor et Fides, 2004, p. 393-415 ; Clarke, *Pauline Theology*, p. 173-183.

Ainsi, à la lumière des données présentées, la conception évoquée plus haut est hypothétique ; elle est à écarter. Le modèle ministériel des Pastorales est non seulement solide avec les écrits du NT et les « Évangiles », mais avec l'Évangile comme message central, comme kérygme, « cœur du christianisme » ; l'autorité de la norme se trouve ainsi renforcée.

Dès lors que nous avons saisi au mieux la normativité du modèle issu des EP, se dresse le second aspect de notre préoccupation : *comment* franchir la distance séparant les deux contextes ? Plus précisément, *comment* rendre actuel un modèle qui surgit dans des horizons si distants du nôtre ?

Il s'agit, avant tout, d'une question de méthodologie ; la question du « comment ». Ainsi, nous nous proposons, d'une part, d'indiquer ce qui fonde la possibilité de l'application du modèle des EP dans notre contexte et, d'autre part, de marquer une règle rendant cette application opportune et certaine.

2. La question du bon droit d'appliquer le modèle issu des Pastorales dans le contexte de l'Église CMA-CI

2.1. Ce qui fonde la possibilité de l'application dans le contexte cible

Se pose ici la question « herméneutique », celle de l'« interprétation[24] » du modèle des EP dans le contexte qui est le nôtre. La notion de contexte, renvoie à l'« ensemble des circonstances dans lesquelles s'insère un fait[25] ». Ainsi, l'on parlera de contexte politique, religieux, social, culturel, etc. Si la voix de Dieu doit rejoindre chaque peuple dans son contexte spécifique, une œuvre d'interprétation contextuelle s'impose. D'où la promotion, il y a quelques décennies, des néologismes tels que la « contextualisation »

---

24. P. Ricœur : « ce mot savant [herméneutique] veut simplement dire "interprétation" », dans P. Ricœur, H. Blocher, et R. Parmentier, *Herméneutique. Prédication. Actualisation*, Paris, Harmattan, 2006, p. 8 (Rencontre de l'Association des Pasteurs de France, en 1990). Pour une analyse (critique) de l'herméneutique de P. Ricœur, voir H. Blocher, « L'herméneutique selon Paul Ricœur », *Hokhma* 3, 1976, p. 11-57.

25. P. Robert, *Dictionnaire alphabétique et analogique*, Paris, LE ROBERT, 1973, p. 340.

(dans les milieux protestants et évangéliques) ou d'« inculturation » (dans les milieux catholiques)[26].

En soi, la démarche est louable[27]. Toutefois, un encadrement s'avère nécessaire : « Il s'agit de savoir comment empêcher la contextualisation de tomber dans l'hérésie[28]. » En effet, « une bonne approche contextuelle prend au sérieux à la fois le texte biblique et le contexte culturel où le message est proclamé[29] ». Ce qui, malheureusement, n'est pas toujours le cas.

Puisqu'il s'agit d'« Invoquer la culture[30] », quels sont les pièges inhérents à une telle entreprise ? Et, comment les éviter ? C'est au prix d'une telle démarche que nous parviendrons, nous semble-t-il, à déterminer ce qui fonde la possibilité de l'application du modèle des EP dans le contexte cible.

Nous sommes redevables ici à H. Blocher. Il a eu la plume heureuse quand, dans un plaidoyer vigoureux, lucide, il rend l'auditeur-lecteur[31] conscient de quelques pièges inhérents au recours à la culture.

2.1.1. Le piège du refus (réactionnaire)

Il s'agit ici du piège de l'ethnocentrisme ; « le refus d'honorer la pluralité des cultures, de respecter une autre que la sienne propre ». Pour avoir été tant dénoncé, l'on pourrait croire le croire « caduc » ; « pas si sûr » ! En effet,

> Il y a d'abord la réaction contre les sophismes qui vont avec la mode : ceux qui les discernent et s'en dégoûtent sont au

---

26. J. F. Zorn, « La contextualisation : un concept théologique ? », *RHPR*, 77, no. 2, 1997, p. 172, fait le rappel historique : « Ce sont les chercheurs américains du *Mental Research Institute* dit *École de Palo Alto* qui ont été les premiers à développer l'idée d'une "analyse contextuelle" prenant en compte le système qui rend possible la communication plutôt que son seul contenu et les messages qu'elle véhicule ». C'est en 1972, au cours d'une assemblée générale du Fonds pour l'Enseignement Théologique, que le néologisme *contextualisation* est apparu (p. 173). « Cette assemblée comptait pour la première fois une majorité de théologiens du tiers-monde ».

27. Au fond, l'Écriture elle-même contient des modèles d'interprétation contextuelle. Voir, par exemple, la réflexion menée par J. Buchhold, « La justification chez Jacques et chez Paul : un exemple scripturaire de contextualisation », *Hokhma* 98, 2010, p. 35-56.

28. T. Tiénou, *Tâche théologique de l'Église en Afrique*, Abidjan, CPE, 1980, p. 30. Conférences en mémoire de B. H. Kato, les 17-20 avril 1978, Igbaja, Nigéria.

29. *Ibid*.

30. De l'intitulé exact de l'article de H. Blocher, « Invoquer la culture », *ThEv* 2, no. 2, 2003.

31. Leçon d'ouverture donnée au Département africain (DEFAP), Institut Biblique de Nogent-sur-Marne, 22 septembre 2001, publié en 2003.

moins *tentés* de revenir à l'opposé, de rejeter *tout* le discours aujourd'hui ordinaire et de se bloquer dans les attitudes d'autrefois. Subsiste aussi dans nos Églises une bonne dose de *méfiance* à l'égard des interprétations de l'Écriture qui arguent du conditionnement culturel : non sans raison, car cet argument peut servir à saper l'autorité de la Parole...[32]

Vouloir ne pas tomber dans le piège du refus, c'est s'approprier le fait que « La pluralité des groupes humains n'est pas une illusion, un épiphénomène insignifiant, ni la marque d'une dégénérescence déplorable : elle a été voulue de Dieu, instituée par lui, et appartient comme telle à la richesse de la création »[33].

2.1.2. Le piège de l'absolutisation (culturaliste)

Le piège culturaliste est tout le contraire du piège réactionnaire ; c'est « l'excès inverse ». La notion de culturalisme « désigne une tendance à hypostasier la notion de culture qui est récurrente dans l'histoire de l'anthropologie culturelle[34] » ; c'est la forme la plus aboutie du relativisme culturel[35].

Le culturalisme est la conséquence de plusieurs facteurs. H. Blocher signale d'abord, « la tendance naturelle à remarquer ce qui diffère : ce qui est commun n'attire aucune attention, à la fin on ne le voit plus (alors qu'il "crève les yeux") ; du coup, les cultures ne sont plus perçues que dans leur étrangeté mutuelle ; on les imagine incompréhensibles du dehors[36] ». Ce qui fait supposer que le culturalisme (ou le relativisme culturel) est « la conséquence logique d'un regard comparatif[37] ».

---

32. *Ibid.* L'auteur ajoute deux aspects, plus subtils : celui de prôner « le respect des autres cultures », tout en trahissant son dire dans son vécu quotidien : « Le piège, depuis longtemps éventé pour la conscience discourante, reste efficace *en pratique* » (p. 153) ; puis, celui qui prend des allures d'« impérialisme » culturel, au-delà « du discours d'allure généreuse, avec son accueil inconditionnel de toute la diversité ».

33. *Ibid.*, p. 153.

34. M.-O. Géraud, O. Leservoisier, et R. Pottier, *Les notions clés de l'ethnologie. Analyses et textes*, Paris, Armand Colin/HER, 2000, p. 140.

35. T. Nathan, « Relativisme culturel », *Dictionnaire des notions*, Paris, Encyclopedia Universalis, 2005, p. 1000.

36. Blocher, « Invoquer la culture », p. 154.

37. Nathan, « Relativisme culturel », p. 999.

Sont mises en cause les thèses apportées par les sciences humaines, notamment celles de la systémique appliquée au contenu d'une culture et de la linguistique structurale (extrême)[38]. À la suite de certains auteurs, qu'il cite à propos, H. Blocher fait remonter, objectivement, les limites du culturalisme[39]. L'aboutissement de l'argumentaire retient l'attention : « Si chaque culture n'est pas un tout auto-référentiel mais dépend de réalités qui la précède ou la dépassent, elle peut être jugée. L'individu peut aussi la contester, la réformer (ou déformer), jusqu'à s'en désaffilier, trouvant ailleurs les raisons ou l'énergie de le faire – il n'est pas seulement le produit de sa culture[40]. »

Ici aussi, le recours contre le piège du culturalisme émerge de l'Écriture :

> Les cultures ne s'élaborent pas dans le vide mais dans le monde de Dieu ; si elles méprisent par trop son ordre, c'est à leur détriment, suicidaire. L'humanité elle-même, avec le pouvoir d'édifier des cultures, appartient à la création divine, et elle est une avant d'être diverse : tous les hommes sont issus d'une même origine (Ac 17.26) et ont en partage une même nature (Ac 14.15). Ils sont tous pris dans une même histoire, qui réalise le Dessein unique du Dieu unique. Ce dessein embrasse tous les peuples, bien que la concentration temporaire sur Israël ait pu donner l'impression contraire (Ac 14.16, mais Amos 9.7 prévient le malentendu[41].

2.1.3. Le piège de l'égalitarisme (idéologique)

H. Blocher fait part du piège de l'égalitarisme en partant d'un constat pertinent : « Si les cultures sont des constructions élaborées par les groupes

---

38. Blocher, « Invoquer la culture », p. 155, indique des implications potentielles de chacune des thèses avancées. Relativement à l'approche systémique, « un élément ne prend sens que du rapport à tout le reste ; et de la profondeur du conditionnement de l'individu, dont la perception du monde et toutes les évaluations sont déterminées par le système symbolique inculqué dès la plus tendre enfance, par tous les moyens de la socialisation ». Comme conséquence potentielle de la linguistique structurale, « chaque culture est une méga-langue ; comme on ne peut juger d'une phrase en français/dioula/sanskrit qu'à partir des règles du français/dioula/sanskrit, on ne peut juger un trait culturel que par et dans la culture en cause ». Pour une critique étoffée du structuralisme, voir H. Blocher, « L'herméneutique selon Paul Ricœur », p. 21-23.

39. *Ibid.*, p. 155-157.
40. *Ibid.*, p. 156.
41. *Ibid.*, p. 157.

humains aux prises avec la réalité (son ordre créationnel), constructions *différentes* – impliquant un travail plus ou moins assidu, des choix de stratégies diverses, persévérance ou versatilité, parfois des éclairs de génie – il serait étonnant qu'elles se valent toutes ![42] ».

S'il existe une inégalité entre les cultures – une culture pouvant l'emporter, sous un aspect donné, sur une autre culture – la question de fond, soulignée à propos, reste celle du rapport de chaque culture avec l'Évangile. D'abord, toutes les cultures sont susceptibles de « servir, dûment purifiées, de véhicule à la vérité chrétienne » ; élaborées qu'elles sont sur « le terrain de la création divine », et bénéficiant de la « grâce commune »[43]. Ensuite, toutes les cultures ont été contaminées par le péché ; elles « contiennent des éléments incompatibles avec cette vérité, et doivent être soumises à sa critique[44] ». Autant de faits qui plaideraient en faveur de l'idéologie égalitaire.

Pour H. Blocher, parvenir à une telle déduction est insoutenable. Il en appelle à la liberté de Dieu, à son Dessein providentiel. Liberté de Dieu ? Dieu « accorde sa bénédiction aux familles, ethnies, nations, sans se laisser brider par l'idéologie égalitaire ». Dessein providentiel ? « L'élection d'Israël et la longue pédagogie du Seigneur avec lui ont produit une culture *spécialement* adaptée à la Révélation, voulue de Dieu à cette fin : la langue, la mentalité, la culture, hébraïque ne sont pas la Révélation mais ont bien avec elle un rapport privilégié[45] ». Il est manifeste que cette situation est bien différente de celle de tant de cultures et qu'elle fait, à elle seule, autorité pour battre en brèche l'idéologie égalitaire. Être animé de la noble intention de mettre en valeur les richesses d'une culture donnée, ne devrait pas, pour autant, se faire au mépris de ce que Dieu a fait, d'une manière singulière, à travers d'autres cultures. Un piège à éviter, nécessairement !

2.1.3. Le piège du concept flou (et fourre-tout)

Le dernier piège est celui « d'une représentation homogène quand on invoque la culture[46] ». Et il est bien réel, si l'on s'en tient à la définition de la

---

42. *Ibid.*, p. 157-158.
43. *Ibid.*
44. *Ibid.*, p. 159.
45. *Ibid.*
46. *Ibid.*, p. 160.

culture ; « cet ensemble complexe incluant les savoirs, les croyances, les arts, les mœurs, le droit, les coutumes, ainsi que toute disposition ou usage acquis par l'homme en société[47] ». Le risque couru est donc celui de confondre « des choses de statut trop différent », de ne pas discerner entre « ce qui est surface et ce qui est substance »[48]. Pour notre entreprise, celle d'appliquer les résultats de l'étude dans notre contexte, la voie est toute tracée :

> Si l'on part du contenu biblique, on peut esquisser un avis : la proclamation des hauts faits de Dieu, une fois pour toutes, vaut pour tous, car ils se sont produits pour tous dans l'histoire une de l'univers ; l'interprétation doctrinale de ces faits, la sagesse de la connaissance de Dieu et de son œuvre, peut être « traduite » avec reprise des conceptualités, appareils de pensée, divers selon les cultures (comme dans l'Écriture elle-même) ; les directives pour le comportement dans le monde et dans la société doivent être transposées en tenant compte des fonctions symboliques et des correspondances systémiques[49].

À quoi nous appelle l'ensemble de ces pièges à éviter ? À un effort conscient de discernement. En tenir compte, c'est se prémunir des dispositions salutaires d'une interprétation opportune, discernée, des résultats de l'étude au sein d'une culture donnée. En définitive, qu'est-ce qui fonde la possibilité de l'application du modèle issu des EP dans notre contexte ? De ce qui précède, nous faisons la déduction suivante : (1) L'unité humaine des invariants ; (2) La pertinence du christianisme ou de la foi chrétienne (dont le modèle des EP est issu), en tout contexte.

Ainsi, nous pouvons marquer la règle suivante : les ressemblances ou proximités entre les contextes rendent l'application d'autant plus directe que certaine. C'est ce que nous nous proposons ici de montrer : les contextes des Pastorales (juif et hellénistique du Ier siècle) et de l'Église CMA-CI comportent d'intéressantes ressemblances (africain et baoulé du XXIe s).

---

47. De l'anthropologue E. TAYLOR (1871), cité par M.-O. GÉRAUD, O. LESERVOISIER, R. POTTIER, *Les notions clés de l'ethnologie. Analyses et textes*, Paris, Armand Colin/HER, 2000, p. 86.

48. BLOCHER, « Invoquer la culture », p. 160-161.

49. *Ibid.*

2.2. « *Discerner au sein de la culture*[50] » : *Quelques ressemblances entre le contexte « émetteur » et le contexte « récepteur »*

H. Conzelmann et A. Lindemann considèrent que « la connaissance des manières de vivre et de penser contemporaines à Jésus et au Christianisme primitif est indispensable à l'analyse historique et à l'interprétation théologique du NT[51] ». Ce qui constitue pour nous un motif général à l'examen du milieu d'où émerge le modèle des EP. Or, « ce milieu est double : juif et gréco-romain[52] ». Il nous faut donc présenter, même sommairement, les milieux gréco-romains et juifs, en nous limitant à deux aspects spécifiques : social et religieux[53]. À ces aspects, nous adjoindrons celui de la situation des Églises.

Dans les limites de notre travail, il nous semble que ces trois domaines (socio-culturel, religieux, ecclésial), répondent à un motif particulier pour nous ; celui d'examiner le milieu néotestamentaire en vue de rechercher de possibles correspondances entre le contexte « émetteur » et le contexte « récepteur ».

Notre présentation du contexte en vue partira du général au particulier. Les aspects socioculturels feront l'objet d'un traitement assez général. Par la suite, nous ferons un resserrement sur la ville d'Éphèse et sa région lorsqu'il s'agira d'aborder les aspects religieux et ecclésial.

---

50. L'intitulé de l'article de H. Blocher rejoint notre intention ici : discerner au sein de notre culture ce qui rend propice une application des résultats de l'étude dans notre contexte (cf. « Discerner au sein de la culture », *ThEv* 4, no. 2, 2005, p. 47-55. Il s'agit en fait d'une réponse de l'auteur à D. Carson lors du Colloque de la Faculté de Théologie Évangélique de Vaux-sur-Seine, tenue en mars 2005 sur le thème : « L'Évangile au risque de la culture ».

51. H. Conzelmann et A. Lindemann, *Guide pour l'étude du Nouveau Testament*, MoBi 39, Genève, Labor et Fides, 1999, p. 179.

52. A. George et P. Grelot, sous dir., *Introduction à la Bible. Nouveau Testament*, t. III., Paris, Desclée, 1976, p. 7.

53. En général, l'intérêt porte sur trois thématiques : « (a) l'histoire de l'Antiquité hellénistico-romaine, aussi bien du point de vue de l'histoire politique que de l'histoire religieuse, de l'histoire des idées et de l'histoire sociale qui lui sont liées ; (b) le monde culturel de l'Empire romain qui est constitutif ; (c) la situation du judaïsme à cette époque. Dans la règle, on distingue entre judaïsme palestinien et judaïsme de la diaspora ». (Conzelmann et Lindemann, *Guide pour l'étude du Nouveau Testament*, p. 181). Il ne nous est pas nécessaire d'embrasser un champ si large.

2.2.1. Sur le plan socio-culturel : un sens aigu de la vie communautaire

Dans l'antiquité, la maison était l'unité de base de la société ; elle était sous la responsabilité du *pater familias*[54]. Dans le monde juif, « le terme "famille" rend compte de deux réalités soigneusement distinguées dans la langue hébraïque : le *bet av*, "maison du père" (Gn 24.38 ; 46.31) et la *michpahah*, le "clan" ou famille au sens large (Jos 7.14)[55] ». Le contexte socio-culturel juif était marqué par une forte solidarité clanique[56]. La notion de *goël* en est une illustration : « Tout homme se doit de venger ou de secourir ses proches dans la difficulté ; il exerce alors la fonction de *goël*, "vengeur, racheteur, rédempteur"[57] ». Il ne fait pas de doute que le collectivisme était un trait suffisamment distinctif de la société antique[58].

Ce que confirme la double fonction de la maison antique : « La maison était en même temps un élément fondamental de l'économie [fonction économique], puisque c'est là qu'était produit ce dont la famille vivait », tout en ayant « également une grande importance dans la religion antique [fonction éducative][59]. » La maison était donc communauté de vie et communauté

---

54. A. ROUSSELLE, G. SISSA, et Y. THOMAS, *La famille dans la Grèce antique et à Rome*, Paris, Complexes, 2005, p. 66 ; J. E. STAMBAUGH et D. L. BALCH, *The New Testament in Its Social Environment* (LEC), Philadelphie, Westminster Press, 1986, p. 123.

55. H. COUSIN, J.-P. LEMONON et J. MASSONNET, sous dir., *Le monde où vivait Jésus*, Paris, Cerf, 1998, p. 199.

56. Avant la sédentarisation, la solidarité tribale est de première nécessité, étant donnée les conditions rudes du désert et du nomadisme. Dans cet état social, l'existence d'un individu isolé, qui n'est rattaché à aucune tribu, est impossible et inconcevable (cf. R. DE VAUX, *Les Institutions de l'Ancien Testament*, p. 26). L'auteur fait remarquer que si un individu est exclu de sa tribu après un meurtre ou une offense grave ou s'il s'en retranche lui-même pour quelques raisons que ce soit, il doit chercher la protection d'une autre tribu. La sédentarisation va entraîner des mutations sociales. La tribu perdra alors son importance et l'organisation sociale tournera davantage autour du clan : « L'unité n'est plus la tribu, c'est le clan, la *mispahah*, installée dans une ville qui n'est généralement qu'un village » (*ibid*, p. 107). N'empêche que la structure sociale assez égalitaire va se maintenir. C'est du moins ce qui se dégage du témoignage de certaines lois groupées dans le « Code de l'alliance » (Ex 20.22-23.19). Voir, A. WÉNIN, *L'homme biblique. Lectures dans le premier testament*, Paris, Cerf, 2004, p. 155.

57. COUSIN, LEMONON et MASSONNET, *Le monde où vivait Jésus*, p. 203.

58. H. VAN OYEN, *Éthique de l'Ancien Testament*, Genève, Labor et Fides, 1974, p. 159, considère que « l'individualisme est un fruit du rationalisme et du libéralisme et, dans ce sens abstrait, n'entre pas en ligne de compte pour le monde antique ».

59. J. BECKER, *Paul apôtre des nations*, Paris/Montréal, Cerf/Médiapaul, 1995, p. 286.

de culte, regroupant la famille « nucléaire » et la famille « polynucléaire »[60], faite d'hommes libres, d'esclaves, de travailleurs salariés. La présence des esclaves indique une stratification de la société et, conséquemment, une forte hiérarchisation[61].

Ce modèle sociologique, basé sur la vie communautaire, ne sera pas sans influence sur les communautés chrétiennes naissantes. Certes, l'influence d'autres modèles n'est pas à exclure[62]. Toutefois, un constat s'impose : « La correspondance de Paul se fait l'écho de la maison comme *sujet communautaire* de décision lorsqu'une "maison" est baptisée (1 Co 1.16 ; 16.15s), comme *lieu* de rassemblement de la *communauté chrétienne de base* (cf. Rm 16.14s)[63]. » Ce modèle trouvera son expression métaphorique dans les EP : la maison-famille est une « grande maison » (2 Tm 2.20) ; c'est l'Église, « la maison de Dieu » (1 Tm 3.15). La foi commune en Jésus-Christ instaure une nouveauté relationnelle au sein de la maison. Le modèle gréco-romain, marqué par une forte hiérarchisation, n'est donc pas repris « en bloc » par les communautés ecclésiales.

L'importance accordée à la culture de la communauté par les Églises du Ier siècle suggère une correspondance appréciable avec le contexte culturel Baoulé. L'affirmation ne devrait pas surprendre ; la société Baoulé, comme beaucoup de sociétés africaines, s'articule autour d'un idéal de solidarité familiale, tribale. Pour désigner la « maison » et la « famille », le Baoulé dispose de deux mots, usités au quotidien : *awlo* et *awlo-bo*. Si le premier désigne la maison-habitation, le second se réfère à maison-famille. En général, le mot *awlo* désigne les deux entités. Ainsi, pour le Baoulé, la notion de « maison » ne se limite presque jamais à l'habitation ; elle inclut ceux

---

60. À ce sujet, voir § « Nucléaire ou polynucléaire ? Dépendance, contrôle, habitat », A. ROUSSELLE, G. SISSA, Y. THOMAS, *La famille*, p. 88-10.

61. Pour une réflexion sur la stratification de la société et de son possible impact sur le christianisme naissant, voir G. THEISSEN, *Histoire sociale du christianisme. Jésus – Paul – Jean*, Genève, Labor et Fides, 1996. En particulier, le par. « La stratification sociale et la communauté corinthienne. Contribution à la sociologie du christianisme hellénistique », p. 91-138.

62. Il n'est pas exclu que d'autres modèles sociologiques aient influencés la structure des communautés chrétiennes naissantes. MEEKS, *The First Urban Christians*, p. 75-84, suggère quatre modèles possibles : « la famille » (p. 75-77) ; « les associations privées » (p. 77-80) ; « la synagogue » (p. 80-81) et « les écoles philosophiques » (p. 81-84). L'influence des écoles philosophiques et rhétoriques est très peu probable.

63. REDALIÉ, *Paul après Paul*, p. 267-268.

qui se reconnaissent des liens de parenté, avec un ancêtre connu, soit par la mère, soit par le père.

La structure sociale Baoulé est tout aussi stratifiée et hiérarchisée[64]. L'autorité revenait au chef de famille. Curieusement, la maison-famille en pays Baoulé remplit aussi une double fonction. La fonction économique explique la présence des esclaves ; des domestiques au service de la famille. La fonction cultuelle et éducative est assez prononcée : la divinité du père était, *de facto*, celle de toute la maison-famille. Puisque l'enfant qui naît appartient à *awlo-bo*, son éducation (croyances, valeurs morales), est de la responsabilité de tous[65].

Dans un tel contexte culturel, que l'Église soit « maison de Dieu », « une grande maison » ne surprend guère le chrétien Baoulé. Ainsi, W. O'Donovan utilise, judicieusement, les points saillants des structures sociales africaines pour faire comprendre la conception de l'Église[66].

Signalons, toutefois, une différence majeure : si dans la société Baoulé le facteur unificateur est le lien de sang (réel ou supposé), l'ethnie ou le rang social, dans le contexte néotestamentaire, c'est la foi en Christ. Dieu devient alors Père, apportant ainsi une restauration des relations hommes-femmes, parents-enfants, hommes libres et esclaves, dans la maison. Une nouveauté en pays Baoulé.

Ainsi, se dévoile une correspondance socio-culturelle entre le contexte émetteur et le contexte récepteur : un sens aigu de la vie communautaire. Il existe même (risquons-nous !), une similitude frappante entre les organisations sociales Baoulé et Israélite : elles étaient basées sur la tribu et la solidarité tribale. Dans les deux cas, l'isolement de l'individu était inconcevable. L'aspiration la plus profonde du Baoulé est assurément la soif d'unité d'où

---

64. *Supra*, p. 293.

65. Que la pratique éducative de l'enfant soit « communautarisée », nous retrouvons le modèle dans les sociétés traditionnelles gréco-romaines et juives.

66. W. O'Donovan, *Pour un christianisme biblique en Afrique. Quelle place pour la culture ?* Abidjan, CPE, 1998, p. 244 : « La structure sociale de la vie africaine nous permet de bien comprendre l'intention que Dieu poursuivait en créant l'Église. En Afrique, la famille au sens large et la communauté ethnique sont les réalités les plus importantes pour un individu [...] C'est une communauté au sein de laquelle les frères et sœurs prennent soin les uns des autres, et qui considère comme frères et sœurs des cousins et cousines éloignés. C'est un groupe sur lequel on peut compter quand on se trouve dans le besoin ou la difficulté. Il devrait en être ainsi dans l'Église locale ».

son accolement à l'autre, au clan et à la tribu. En Israël, non seulement la vie rude du désert exigeait l'unité tribale, mais la Loi mosaïque elle-même protégeait les plus faibles et veillait ainsi à la solidarité sociale. Il en sera ainsi, pour le moins, jusqu'à l'époque du NT. Sans doute la religion n'est-elle pas étrangère à ce sentiment d'appartenance, si fort.

2.2.2. Sur le plan religieux : un sens aigu de l'invisible

Quelle était la situation religieuse à Éphèse et dans sa région ?

« Éphèse, carrefour des grandes civilisations grecque, romaine, byzantine, islamique et chrétienne a été, depuis plusieurs millénaires, un point de fusion de différents peuples et de multiples cultures[67]. » Éphèse était la ville la plus importante d'Asie Mineure[68]. Sur le plan religieux, Éphèse était l'un des centres les plus importants ; là se trouvait le temple d'Artémis.

Ainsi, l'on signale à Éphèse et dans sa région, le développement du « gnosticisme », la floraison des pratiques magiques, des « cultes à mystères », la place importante du culte d'Artémis et la pratique de l'astrologie.

Définir le gnosticisme n'est pas une tâche aisée, reconnaît R. M. Grant[69]. En substance, il note le point le plus important de la définition du gnosticisme : « une religion qui sauve par la connaissance[70]. » Plus précisément, « la gnose est [...] elle-même le salut dans la mesure où elle invite à se détacher du monde et à trouver en soi la porte du Royaume[71] ». A. Robert et A. Feuillet note que :

> Ce qui fait l'importance du gnosticisme pour l'étude du Nouveau Testament, c'est qu'il constitue dans l'antiquité chrétienne une composante fondamentale de la pensée religieuse. Au second siècle, il tentera d'assimiler le Christianisme lui-même. Dès le premier, il semble que les auteurs de l'âge

---

67. S. von Kurzel-Runtscheiner dans la préface de J. Bonnet, *Artémis d'Éphèse et la légende des sept dormants*, Paris, Geuthner, 1977.

68. C. E. Arnold, *Ephesians: Power and Magic. The concept of power in Ephesians in light of its historical setting*, SNTS. MS 63, Cambridge, Cambridge University Press, 1989, p. 13.

69. Grant, *La gnose et les origines chrétiennes*, p. 17.

70. *Ibid.*, p. 19.

71. R. Kasser, « La Gnose et les divers gnosticismes. Leur approche, leur étude sommaire, en présentation brève et générale, simple et claire », *AOB* 13, 2000, p. 104.

apostolique aient déjà à lutter contre la tentation gnostique à l'intérieur des communautés…[72]

Les pratiques magiques figuraient aussi en bonne place : Éphèse était considérée comme « a center for magical practices[73] ». À partir d'une étude de diverses sources, Clinton E. Arnold arrive à la conclusion suivante :

> (1) Éphèse avait une forte réputation de prolifération de pratiques magiques. Éphèse étant la ville principale de l'Asie Mineure, son influence dans le domaine de la magie s'étendait très vraisemblablement dans toute la province. (2) La magie avait surtout pour but l'acquisition de pouvoirs surnaturels et la manipulation du monde spirituel dans l'intérêt du magicien. Les papyrus de magie nous donnent un regard privilégié sur les croyances et les peurs de la population ordinaire dans le monde hellénistique. (3) La magie hellénistique est donc tout à fait pertinente pour notre étude d'Éphésiens. Elle était couramment pratiquée dans la zone pour laquelle cette épître est écrite, et elle s'intéressait surtout au « pouvoir » et aux « pouvoirs » surnaturels[74].

À Éphèse, il existait aussi de nombreux « cultes à mystère[75] ». Toutefois, le culte qui caractérise avant tout Éphèse est assurément celui d'Artémis. Le monde gréco-romain est d'abord celui des religions traditionnelles : « la vieille religion agraire et la religion des dieux protecteurs des cités, les deux

---

72. A. Robert et A. Feuillet, sous dir., *Introduction à la Bible*, t. 2, *Nouveau Testament*, Tournai, Desclée, 1959, p. 23.

73. Arnold, *Ephesians*, p. 14.

74. *Ibid.*, p. 20 (Citation en version originale : « (1) Ephesus had a reputation for a prolificity of magical practices. Since Ephesus was the leading city of Asia Minor, its influence in the sphere of magic very likely extended throughout the province. (2) Magic was primary concerned with the acquisition of supernatural powers and manipulation of the spirit world in the interest of the magician. The magical papyri give us a rare insight into the beliefs and fears of the common people in the Hellenistic world. (3) Hellenistic magic is therefore quite relevant to our study in Ephesians. It was widely practiced in the area to which the epistle was written and it was chiefly concerned with "power" and supernatural "powers" »).

75. Sous l'appellation « mystères », il faut y voir « des rites de caractère sacré qui constituaient une initiation à des secrets religieux et divins ». La connaissance de ces secrets était censée garantir « la protection du dieu ou de la déesse des Mystères et était pour l'initié un gage assuré de félicité posthume » (Robert et Feuillet, *Introduction à la Bible*, p. 23s).

étant liées à l'origine[76] ». La physionomie de l'Empire était variée, à l'image des peuples et des civilisations qui le constituaient. Chaque cité avait donc son ou ses dieux qu'elle conciliait par des cultes. Ceux-ci faisaient partie du patrimoine national[77]. Avec les conquêtes romaines, la divinité d'une cité pouvait être fusionnée avec une divinité romaine, aboutissant ainsi à un syncrétisme. Une caractéristique en « fut l'identification des divinités d'origine orientale avec les divinités grecques[78] ». Ainsi, Artémis qui faisait partie de la texture d'Éphèse[79], sera fusionnée avec Diane, déesse vierge, fille de Zeus et sœur d'Apollon[80].

Relativement au culte d'Artémis, C. E. Arnold, fait de multiples analyses : il analyse la signification de ce culte[81], la puissance attribuée à Artémis[82], le rapport entre Artémis, la magie, le culte des images et les religions à mystères[83]. Il parvient à des pistes conclusives :

> (1) Le culte important et répandu de l'Artémis d'Éphèse était étroitement lié aux pratiques et aux croyances magiques. Les dévots d'Artémis craignaient le royaume démoniaque, ou les esprits de la nature, et ils considéraient que leur déesse était plus puissante que ces forces, et en conséquence ils l'invoquaient pour les protéger et les délivrer. (2) Les adeptes du culte d'Artémis pratiquaient aussi des mystères peut-être semblables à ceux qui étaient mis en œuvre en rapport avec Cybèle. On croyait également qu'Artémis avait un pouvoir supérieur aux puissances astrales qui étaient censées contrôler le destin des individus. Ainsi, la magie, les mystères et les

---

76. Cousin, Lemonon et Massonnet, *Le monde où vivait Jésus*, p. 144.
77. A. Tricot, « Le monde gréco-romain », dans A. Robert et A. Feuillet, sous dir., *Introduction à la Bible, Tome II. Nouveau Testament*, Tournai, Desclée, 1959, p. 20.
78. Conzelmann et Lindemann, *Guide pour l'étude du Nouveau Testament*, p. 233.
79. J. M. O'Connor, *Éphèse au temps de saint Paul*, Paris, 2008, p. 274.
80. J. Becker, *Paul apôtre des nations*, p. 182.
81. Arnold, *Ephesians*, p. 20-21.
82. *Ibid.*, p. 21-22.
83. *Ibid.*, p. 22-27.

croyances astrologiques se recoupent et fonctionnent conjointement dans ce culte[84].

Enfin, mentionnons les pratiques astrologiques. Elles étaient courantes dans la société gréco-romaine : « Le terrain sur lequel elle [l'astrologie] allait s'asseoir et prospérer, une société riche, lettrée, ayant atteint sans le dépasser ce degré de scepticisme où les vielles croyances qui s'en vont laissent la place libre aux nouveautés qui arrivent. C'est la Grèce qui fournit les astrologues ; les romains, habitués de longue date au rôle de disciples, les admirent, les consultes et les payent[85]. » Précisément, à Éphèse, Clinton E. Arnold signale une association entre culte à Artémis et croyances astrologiques : « Un trait caractéristique du culte de l'Artémis d'Éphèse était son association étroite avec les croyances astrologiques de ce temps[86]. » Ce qui indique qu'Artémis était aussi « seigneur » des puissances cosmiques[87].

Dans cet environnement, la religion juive marque sa démarcation : « la foi dans le Dieu Un, créateur et rédempteur, qui se révèle dans la Torah donnée à Moïse [...] Cette théologie tranche sur la perception païenne de la divinité, volontiers impersonnelle et panthéiste[88]. » L'on discerne ici les marques distinctives de l'identité juive : (1) La confession d'un Dieu unique, le Créateur, auteur du salut d'Israël ; (2) L'obéissance à la Torah, « expression des volontés divines et, en même temps, source de vie pour qui la connaissait et la mettait en pratique[89] ». De là, le fondement, la spécificité et l'unité de la communauté juive : le fait d'appartenir, tous, au Dieu Un, avec la

---

84. *Ibid.*, p. 27-28 (Citation en version originale : « (1) The prominent and widespread cult of the Ephesian Artemis was closely linked with magical practices and beliefs. The devotees of Artemis feared the demonic realm, or the spirits of nature, and considered their goddess more powerful than these forces and thereby called upon her as their protector and deliverer. (2) Adherents to the cult of Artemis also practiced mysteries perhaps similar to those performed in conjunction with Cybele. Artemis was also thought to have power superior to the astral powers who were believed to control the fate of people. Thus, magic, mysteries, and astrological beliefs overlap and work in confluence in this cult »).

85. A. BOUCHÉ-LECLERCQ, *L'Astrologie Grecque*, Paris, 1899, p. 546, cité par T. HEGEDUS, *Early Christianity and Ancient Astrology*, PS, vol. 6, New York, Peter Lang, 2007, p. 7 (En particulier, § « Greco-Roman Astrology and Early Christianity », p. 7-12).

86. ARNOLD, *Ephesians*, p. 28 (Citation en version originale : « A distinctive feature of the cult of the Ephesian Artemis was its close association with the astrological beliefs of the time »).

87. *Ibid.*

88. COUSIN, LEMONON et MASSONNET, *Le monde où vivait Jésus*, p. 161.

89. ROBERT et FEUILLET, *Introduction à la Bible*, p. 46.

Torah comme Loi[90]. Le monothéisme absolu des juifs, leur exclusivisme, leur morale épurée et leur prosélytisme, seront même attirant pour l'homme hellénistique[91].

Les Juifs étaient aussi sensibles au monde des esprits, anges et démons. Mais, estiment Robert et Feuillet, contrairement aux grecques[92], cette croyance en leur présence ne se traduira pas en actes d'idolâtries. Le fait est que, poursuivent-ils, « pour les Juifs, les anges et les démons tiennent leur existence d'un même Créateur, exercent leurs activités sous sa dépendance et ne peuvent être l'objet d'un culte d'adoration[93] ».

Quel(s) lien(s) pouvons-nous établir entre ce contexte religieux juif, gréco-romain et la communauté des EP ? Peut-on identifier des influences notables ?

Notre analyse de la question des adversaires dans les EP était défavorable à la thèse du gnosticisme[94]. Nous ne pouvons donc pas établir un lien direct entre les communautés à Éphèse et le gnosticisme proprement dit[95].

Que dire des pratiques magiques ? Pour F. W. Morris, Actes 19.19 « peut indiquer que certains chrétiens au sein des assemblées pauliniennes aient pu s'adonner secrètement aux arts de la magie non seulement antérieurement à leur conversion au christianisme, mais pendant leur appartenance à la

---

90. E. Gugenheim, *Le judaïsme dans la vie quotidienne*, Paris, Albin Michel, 2002, p. 38-46.

91. Cf. J.-M. Nicole, *Précis d'histoire des religions*, Nogent-sur-Marne, IB, 1990, p. 61 et 64.

92. Cf. E. Des Places, *La Religion Grecque. Dieux, cultes, rites et sentiment religieux dans la Grèce antique*, Paris, A. et J. Picard, 1969, p. 113-117.

93. Robert et Feuillet, *Introduction à la Bible*, p. 38.

94. *Supra.*, p. 53.

95. Arnold, *Ephesians*, p. 13 : « Il est hautement improbable qu'un judaïsme gnosticisé ait existé au Ier siècle. Sans aucun doute, certaines formes de mysticisme juif devaient exister, mais il faut soigneusement les distinguer de la Gnose » (Citation en version originale : « It is highly questionable whether a Gnosticized Judaism existed in the first century. Undoubtedly, some forms of Jewish mysticism certainly did exist, but they need to be carefully distinguished from Gnosis ») (cf. § 2. « Gnosticism in the first-century Asia Minor? », p. 7-12).

communauté chrétienne[96]. » Une analyse que semblent confirmer de nombreux papyrus chrétiens, de même que certains écrits des pères de l'Église[97].

Peut-on discerner une influence néfaste de l'astrologie ? « L'astrologie est la discipline fondamentale pour interpréter le temps. Basée sur la doctrine des correspondances, elle a développé diverses ramifications dans lesquelles on cherchait à percer la *signification* du passé, du présent et des événements à venir[98]. » Pris comme tel, la présence de l'astrologie était identifiable dans les milieux juifs et chrétiens : « En tant qu'outil dominant pour analyser la qualité du temps, l'astrologie était adoptée et utilisée par les juifs et les chrétiens[99]. » Toutefois, nous l'indiquions, des pratiques astrologiques étaient associées au culte d'Artémis à Éphèse. Et Artémis était « seigneur » des puissances cosmiques. Dès lors, l'astrologie ne pouvait être que nuisible. Clinton E. Arnold note : « Il existe des preuves que le judaïsme a été influencé par des croyances astrologiques, surtout pendant l'exil babylonien[100]. »

En ce qui concerne le monde des esprits, nous avons signalé le rejet du culte aux esprits dans le judaïsme. Toutefois, note C. E. Arnold, « cela ne signifie pas que le judaïsme du premier siècle conservait une opinion unique concernant les forces spirituelles par rapport au monde païen[101] ».

---

96. F. W. Norris, « Asia Minor Before Ignatius: Walter Bauer Reconsidered », dans E. A. Livingstone, *Studia Evangelica VII*, Berlin, Akademie, 1982, p. 370, cité par C. E. Arnold, *Ephesians*, p. 38 (Citation en version originale : « may indicate that some Christians within the Pauline Congregations had been secretly practicing magical arts not merely prior to their time as Christians, but during their membership in that group »).

97. *Ibid.*

98. K. von Stuckrad, « Jewish and Christian Astrology in late Antiquity: a new approach », *Nu* 47, no. 1, 2000, p. 33 (Citation en version originale : « Astrology is the key discipline for interpreting time. Based on the doctrine of correspondences it developed different branches where people sought to gain insight into the *meaning* of past, present, and future events »).

99. *Ibid.* (Citation en version originale : « As the dominant tool for analyzing time's quality, astrology was embraced and applied by Jew and Christian alike. »)

100. Arnold, *Ephesians*, p. 29 (Citation en version originale : « There is strong evidence that Judaism was influenced by astrological beliefs, especially during the Babylonian exile »). L'auteur cite plusieurs preuves : des signes zodiaques dans le judaïsme palestinien du 1er siècle ; l'horoscope hébreu dans les rouleaux qumrâniens (4Q 186) ; les croyances astrologiques dans les travaux juifs, etc.

101. Arnold, *Ephesians*, p. 51 (Citation en version originale : « this does not mean that first-century Judaism maintained a unique view of the spiritual forces in comparison to the pagan world »).

« Au contraire, le judaïsme semblait partager les croyances du monde hellénistique à propos des "forces" à bien des égards[102]. »

Relativement au culte d'Artémis, la réaction des chrétiens à Éphèse est connue : c'est le rejet, un tel culte étant considéré comme démoniaque. Signalons que les chrétiens ont adoptés la même réaction face au culte impérial. Dans les deux cas, la persécution des chrétiens était inévitable.

Que dire du contexte religieux en pays Baoulé ?

La religion en pays Baoulé est marquée par une diversité de divinités, avec à leur tête *Firmament*, *Nyamyen* (Dieu), grand chef du panthéon Baoulé. Pour le Baoulé, *Nyamyen* est si immense, si distant et si occupé qu'il ne saurait s'occuper de chaque cas particulier des hommes. Du coup, même si théoriquement le Baoulé accorde la première place à *Firmament*, dans la vie courante, c'est le culte des ancêtres qui constitue l'élément primordial de sa religion[103].

Puisque chez les Baoulé, le monde matériel constitue une doublure avec le monde des esprits et autres forces invisibles, le Baoulé est saisi de la conviction qu'il cohabite intimement avec le monde des ancêtres. Nous l'indiquions, les Baoulé croient à la survivance de l'âme du défunt qui revient habiter avec eux dans la même maison[104]. En d'autres termes, lorsqu'un humain vient à mourir, il est transformé et il devient *Oumyen* (ancêtre).

Le village des ancêtres est le pays d'origine de l'homme avec lequel il reste constamment en relation. Ces ancêtres sont si puissants qu'ils peuvent refuser l'entrée du « *Blôlô* » (paradis) à ceux des humains qui auraient été vraiment mauvais sur la terre. En clair, les ancêtres ont en main la destinée des Baoulés : ils peuvent faire réussir les récoltes, guérir les malades, obtenir des enfants pour les femmes stériles, procurer du gibier aux chasseurs[105]. L'on comprend alors les nombreux sacrifices d'animaux offerts aux ancêtres pour les apaiser et demander leur bénédiction. En plus du Firmament et

---

102. *Ibid.* (Citation en version originale : « On the contrary, Judaism appeared to share the beliefs of the Hellenistic world about the "powers" in many respects »).

103. Comme l'indique G. Parrinder, *La Religion en Afrique occidentale*, Paris, Payot, 1950, p. 42 : « L'Africain professe en théorie la suprématie de ce dieu [suprême], mais en pratique ceci n'est pas soutenu sur une grande échelle ».

104. *Supra*, p. 294.

105. Guerry, *La vie quotidienne*, p. 93.

des ancêtres, les divinités secondaires et les esprits figurent en bonne place dans le panthéon Baoulé.

Il existe deux types de divinités qui sont communes à plusieurs tribus et celles qui sont propres à des villages, des familles et des individus. Les divinités secondaires communes sont incarnées par les masques.

Pour les esprits, on en distingue en général deux sortes qui, tout en ayant la même nature spirituelle, ne jouent pas les mêmes fonctions sociales. Les uns sont appelés mauvais esprits et les autres bons esprits.

Après ces différentes présentations de la religion dans les contextes gréco-romains, juifs et en pays Baoulé, peut-on identifier des correspondances ?

La principale correspondance religieuse entres ces contextes est celle de la croyance en l'existence d'un « être suprême ». Vouloir convaincre ces peuples de son existence ne sera que peine perdue ; ils y croient. Et, pour les Baoulé, d'une manière spontanée. Or, signale H. Maurier, « le religieux spontané c'est ce qui sort à vif des humains, ce qui rend le religieux institué savoureux parce qu'il répond à cet appétit là[106] ». La source du religieux se trouve donc dans l'âme du Baoulé ; de même, « l'âme juive était profondément religieuse[107] ». Il s'ensuit une autre correspondance religieuse, celle de la croyance au « monde invisible », au « monde des esprits ». L'invisible ne fait pas qu'exister : il influence et détermine le visible, le présent, tout comme l'avenir.

Une dissemblance majeure est à signaler : les religions grecques et Baoulé ne sont pas monothéistes. « Si le monothéisme suppose un Dieu personnel, il faut tout de suite l'exclure de la religion grecque : celle-ci n'a jamais connu le monothéisme strict, mais seulement "soit une synthèse de tous les dieux ou de plusieurs, soit un principe philosophique ou théologique"[108]. » Quant à la religion Baoulé, elle s'articule, comme indiqué, autour d'un panthéon constitué d'une divinité principale, le Grand Firmament, et d'une multitude de divinités secondaires invisibles et visibles sous forme d'idoles. La religion en Israël s'articule autour de YHWH, le Dieu unique et personnel qui agit dans l'histoire.

---

106. H. Maurier, *La religion spontanée*, Paris/Montréal, L'Harmattan, 1997, p. 8.
107. Robert et Feuillet, *Introduction à la Bible*, p. 49.
108. E. Des Places, *La religion grecque*, p. 324.

Et, « lorsque les temps ont été accomplis, Dieu a envoyé son Fils » (Ga 4.4). Ainsi, comme le note R. P. Martin :

> Dans l'échec de la vieille religion, dans la peur dominante des démons, dans les tentatives d'échapper au Destin par la magie ou l'astrologie, dans la soif de communion avec Dieu et d'immortalité personnelle dont les religions à mystère portent témoignage, dans les tentatives de la philosophie pour résoudre les problèmes de l'univers et de l'homme, on peut discerner le besoin profond qu'avait le monde gréco-romain du message chrétien en tant que εὐαγγέλιον bonne nouvelle[109].

C'est ce Dieu, Père du Christ-Jésus, qui est à l'œuvre, par son Esprit, dans la vie des jeunes Églises dans les Pastorales, confrontées à des adversaires.

2.2.3. Sur le plan ecclésial : « jeunesse des Églises », « foisonnement des sectes »

Un examen du contexte religieux juif peut laisser l'impression d'une religion forte, conquérante, sans fissure. Ce qui est justifiée, si l'on s'en tient aux « fondamentaux » de la religion juive : le monothéisme et l'Alliance mosaïque. Mais, il est tout aussi justifié de signaler l'existence de plusieurs « courants » ou « sectes » juives en Palestine, au Ier siècle. Le passage « *Paul, sachant qu'une partie de l'assemblée était composée de sadducéens et l'autre de pharisiens...* » (Ac 23.6), traduit cette réalité. Ces « courants », ou « sectes » internes au judaïsme sont : les Pharisiens, les Sadducéens, les Esséniens, les Zélotes et les Samaritains[110].

---

109. R. P. Martin, *New Testament Foundations: A Guide for Christian Students*, Vol. 2: Acts – Revelation, Exeter, Paternoster Press, 1978, p. 48 (Citation en version originale : « In the failure of the old religion, in the prevailing fear of demons, in the attempts to escape from Fate by magic and astrology, in the craving for communion with God and personal immortality to which the mystery religion bore testimony, in the attempts of philosophy to solve the problems of the universe and of man, we can see the deep need of the Graeco-Roman world for the Christian message as εὐαγγέλιον, good news »).

110. Notre hésitation entre « courants » et « sectes » n'est pas anodine ; il existe un réel débat au sujet de ces groupes. Il semble avoir été ouvert par N. J. McEleney, « Orthodoxy in Judaism of the First Century Christian », *JSJ* 4, 1973, p. 19-42. Il sera repris par F. Dexinger, « Limits of the Tolerance in Judaism : The Samaritan Example », dans E. P. Sanders *et al.*, sous dir., *Jewish and Christian Self-Definition*, vol. 2, Londres, SCM Press, 1981, p. 88-114. L'auteur parvient à une conclusion nuancée (p. 112) : « L'on ne devrait jamais oublier [...] que derrière une telle orthopraxie, il y a toujours une quantité importante d'orthodoxie. Dans la période historique en question on ne trouve aucune

Venant de l'extérieur, l'« hellénisation » va aussi s'infiltrer dans l'Église naissante et diviser la diaspora juive en deux entités : les « Hébreux » (parlant l'hébreu ou l'araméen) les « Hellénistes » (parlant le grec). Entre elles, éclate un conflit relatif à la distribution des aliments. Mais, au-delà de ce conflit banal, il s'agit d'une question idéologique ; celle de la place de la loi judaïque et du Temple dans le christianisme naissant[111].

Le moins que l'on puisse indiquer, c'est que le judaïsme du Ier siècle était polymorphe ; elle avait des tendances « sectaires ». Ces groupes ont pu exercer, à des degrés divers, des influences sur les communautés naissantes.

En outre, l'étude a souligné la grave préoccupation de l'auteur des EP ; celle de la présence active des hétérodoxes. Or, l'une des hypothèses les plus crédibles, sur l'identité des adversaires, était celle de judéo-chrétiens. Ces derniers « se posent en spécialiste de la Loi (1 Tm 1.7) ; ils exigent que l'on distingue entre aliments purs et impurs (1 Tm 4.3) ; leurs divagations sont qualifiées de "fables juives" (1 Tm 1.14) et Tite est invité à se méfier des circoncis (Tt 1.10-11)[112] ». Toutefois, « certaines de leurs positions ne s'expliquent pas par le judaïsme, du moins par le judaïsme orthodoxe[113] ». Ainsi, s'il ne s'agit pas de gnosticisme, « on peut parler, à leur sujet, de

---

structure qui aurait pu transformer un conflit avec ce qu'on pourrait appeler l'"orthodoxie" en un schisme sociale concret » (Citation en version originale : « One should never forget [...] that behind such orthopraxy there is always a significant amount of orthodoxy. In the period of history under discussion no structure can be found which could have transformed a conflict with what one could call "orthodoxy" into a concrete, social schism »). Dans son article « Pharisiens, Sadducéens, Esséniens... Les "Sectes" juives en Palestine au Ier siècle », *Cedrus Libani*, N°57, 1998, p. 90-94, L.-J., BORD, aborde le groupe des Esséniens comme étant « celui qui se rapprocherait le plus de notre notion de "secte" ». « En effet, poursuit-il, ses membres forment une communauté homogène très solidaire, parfaitement organisée et ayant ses propres règles d'initiation et d'exclusion » (p. 92). Pour une analyse des rapports entre chacun de ces « courants », incluant une présentation de chacun d'eux, voir F. SIEGERT, « Le judaïsme au premier siècle et ses ruptures intérieures », dans D. Marguerat, sous dir., *Le déchirement. Juifs et chrétiens au premier siècle*, MoBi 32, Genève, Labor et Fides, 1996, p. 25-65.

111. Cette lecture du conflit entres ces deux entités est, du moins, la plus répandue. Pour un autre regard, voir avec intérêt : M. BODINGER, « Les "Hébreux" et les "Hellénistes" dans le livre des Actes des Apôtres », *Hen* 19, no. 1, 1997, p. 39-58.

112. M. CARREZ et P. DORNIER, « Les Épîtres pastorales », dans M. CARREZ, P. DORNIER, M. DUMAIS, M. TRIMAILLE, *Les lettres de Paul, de Jacques, Pierre et Jude*, Petite Bibliothèque des Sciences Bibliques, NT 3, Paris, Desclée, 1983, p. 236.

113. *Ibid.* (cf. 1 Tm 4.3 ; 1 Tm 4.8-10 ; 2 Tm 2.18 ; 1 Tm 6.20 ; 1 Tm 2.4 ; 4.10 ; Tt 2.11).

pré-gnosticisme[114] » ; d'une évolution « vers un syncrétisme caractérisé de tendance gnosticisante[115] ». En outre, notons que « ces faux-docteurs ne constituent pas une secte distincte : Tite 3.10 montre qu'ils font partie de la communauté[116] ». Ainsi, nous pouvons émettre l'hypothèse d'une « secte » d'origine chrétienne. Ce syncrétisme était un mélange de judaïsme marginal, de superstition ou de magie[117].

Les adversaires agissants à l'intérieur des Églises, la jeunesse de celles-ci a certainement rendu la lutte assez délicate : il fallait les organiser, établir des ministres capables de défendre la « doctrine » transmise par Paul, d'en assurer la pérennité. Mais, Timothée, Tite et autres ministres en fonction n'avaient pas le choix ; la survie des jeunes communautés étaient à ce prix, fort.

Alors, quelle correspondance entre les différents contextes ?

La première est celle de la relative « jeunesse » des Églises. En effet, l'Église CMA-CI est relativement jeune : elle compte 87 ans de présence et de ministère en Côte d'Ivoire. Le colloque organisé à l'occasion de ses 75 ans en 2005 répondait à quatre objectifs : (1) Célébrer la fidélité et les bienfaits de l'Éternel ; (2) Dresser le bilan des années écoulées ; (3) Rendre hommage à tous les pionniers ; (4) Faire des projections pour le futur. L'occasion était heureuse pour des communications sur le devenir de l'Église, pour les 25 prochaines années.

Retenons ici, en lien direct avec l'étude, deux recommandations : (1) La mise en place d'une commission portant sur l'organisation administrative, avec pour objectif une administration capable de répondre aux défis qui sont ceux de l'Église ; (2) La consolidation des acquis ministériels et la nécessité de combler les faiblesses signalées par le colloque. Ainsi, de réels efforts restent encore à faire pour organiser l'Église CMA-CI et mieux structurer les ministères en son sein.

La seconde correspondance est celle du combat pour le maintien de la vérité évangélique, dans un contexte « récepteur », tout aussi marqué par de faux enseignements. La résurgence des Religions Traditionnelles

---

114. *Ibid.* p. 237.
115. *Ibid.*
116. *Ibid.*
117. *Supra*, p. 52, note 126.

Africaines (RTA) est représentative du « combat de la foi » à mener pour garder « le dépôt »[118].

Le terme Religions Traditionnelles Africaines (RTA) est aujourd'hui préféré à celui d'animisme[119] ; il a probablement été utilisé pour la première fois, en pays Baoulé, à Bouaké, lors d'un Colloque international[120]. Ces RTA sont en pleine réémergence, d'une manière générale, dans le monde et, sur le continent africain, d'une manière particulière[121]. Cette vitalité des RTA interpelle, dès lors que ces « spiritualités » du terroir s'introduisent, insidieusement, dans les Églises. Il s'agit, ni plus, ni moins, de l'ajout des croyances « ancestrales » à la foi chrétienne.

Le phénomène préoccupe. Du côté catholique, A. Michalek en a fait un sujet de recherche. Il est parti d'une observation pertinente :

> Durant les années de mon engagement pastoral [...], j'ai découvert que mes paroissiens [...] manifestaient aussi un certain attachement à leur origine traditionnelle : ils se référaient souvent à une « loi des ancêtres », ils pratiquaient des rituels sans en donner une explication satisfaisante, leur vie communautaire (naissance, mariage, deuil) pivotait autour des principes sacralisés par la tradition. Et pourtant, mes paroissiens donnaient l'impression d'être de « bons chrétiens ». Ainsi

---

118. Si les RTA sont une menace venant de l'« extérieur » pour s'infiltrer dans les Églises, les « sectes » d'origine chrétienne sont une menace depuis l'« intérieur ». Il est souhaitable que des études sérieuses soient menées en vue de mesurer leur impact sur la foi évangélique. D'ici là, l'on se borne à constater la prolifération de telles sectes.

119. Cf. R. TABARD, « Théologie et Religions Traditionnelles Africaines », *RSR* 96, no. 3, 2008, p. 327. Dans la préface de L. KÄSER, *Animisme*, coll. Horizons Culturels, Charols, Excelsis, 2010, p. ix, M. SPINDLER cite le poète A. DE LAMARTINE : « Objets inanimés, avez-vous donc une âme Qui s'attache à notre âme et la force d'aimer ? ». Ces vers cachent mal un présupposé à la racine du terme animisme appliqué aux noirs : ces derniers croient que tous les êtres – animés et inanimés – ont une âme.

120. Cf. Collectif, *Les religions africaines traditionnelles* (Rencontre Internationales de Bouaké, Côte d'Ivoire, octobre 1962), Paris, Seuil, 1965. Le sigle RTA étant communément admis aujourd'hui, nous en ferons usage dans la suite de ce travail.

121. Selon la *World Christian Encyclopedia*, en 2000, sur une population mondiale de 6 055 049 000 habitants, 228 366 515 sont adeptes des Religions Traditionnelles (RT), soit 3,8 %. En Afrique, sur 784 537 686 habitants, 96 805 405 sont adeptes des RTA, soit 12,3 %. À l'échelle des pays, sur 60 pays, les 12,3 % représentent 49 pays. C'est tout dire. (Cf. D. BARRETT, G. KURIAN, T. JOHNSON, sous dir., *World Christian Encyclopedia. A Comparative Study of Churches and Religions in the Modern World*, 2 vol., Oxford, Oxford University Press, 2001, vol. 1, p. 4 et 13).

débuta mon interrogation sur leur « vraie religion ». Au fur et à mesure que je comprenais certains aspects de leurs cultures, cette interrogation s'est transformée en une insatisfaction : sont-ils à la fois chrétiens et « animistes » ?[122].

Le phénomène est d'autant plus inquiétant que des « hommes d'Églises » peuvent en être, non pas des « témoins », mais « des acteurs »[123]. Et l'Église CMA-CI ? Est-elle moins exposée que les autres à la vitalité des RTA ? Dans une étude récente, N. Noé s'est montré préoccupé : de possibles pratiques syncrétiques sont identifiables au sein de l'Église CMA-CI[124].

Nous aurions pu étendre ces constats à d'autres Églises. Là ne réside plus la difficulté ; elle réside au niveau de l'interprétation biblique et théologique de ces constats. En effet, là où nous croyons discerner un syncrétisme prohibé par l'Écriture (cf. 2 R 17.38-39), d'aucuns évoquent des notions de « double fidélité », de « dialogue interreligieux » fructueux, entre RTA et foi chrétienne. A. Michalek formule ainsi des pistes conclusives à ses recherches :

> Le principe de la double fidélité religieuse à la tradition ancestrale et au christianisme a déjà mis en ttendan la participation active des RTA à la vie des chrétiens africains. Après avoir été

---

122. A. Michalek, « Africa in Ecclesia : Quelle est la présence des Religions Traditionnelles Africaines dans la vie des chrétiens aujourd'hui, d'après le Bulletin Pro Dialogo (1966-2001) ? » Thèse de Doctorat, ICP/KUL, 2007, p. 8.

123. Le travail de recherche de J. E. Correa, « Résurgence des pratiques traditionnelles dans la vie du chrétien soussou (Guinée) : enjeux théologiques et perspectives pastorales ». Mémoire de licence canonique de théologie, ICP, 2007, p. 7, part d'un constat assez intrigant : « De sérieux malentendus l'opposaient [un jeune confrère curé] à ses paroissiens. L'évêque en fut saisi et prit la décision de l'affecter ailleurs. Le jeune prêtre se confia à un marabout [homme doté de pouvoir, devin et guérisseur] qui lui remit une poudre à déverser dans l'enceinte du domaine paroissial. Malheureusement pour lui, certains paroissiens le surprirent en pleine action. Sans se déconnecter, il leur répondit tout de go : "Je suis africain avant tout" » (p. 7).

124. N. Noé, *Étude du sacrifice expiatoire de Jésus-Christ selon Hébreux 9 : 11-28 et ses implications dans le contexte du Tɛ yilɛ chez les Baoulé de Côte d'Ivoire*, Abidjan, FATEAC, 2012. Ses recherches partent aussi de quelques constats. Mentionnons ce qui suit : « Le ministère au sein de l'Église CMA-CI nous a permis de constater que certains chrétiens s'adonnent à un syncrétisme religieux : l'adoration des idoles et celle de Christ. De Botro à San-Pedro en passant par Bouaké, nous avons constaté que des chrétiens retournent à la pratique de sacrifices aux idoles qu'ils avaient abandonnées autrefois pour suivre Christ. Le retour au culte traditionnel est motivé notamment par des cas de maladies graves et de décès. Surtout, lorsque ces cas concernent un parent proche du chrétien. Il se sent alors obligé, en mémoire de son parent décédé d'offrir un animal en sacrifice en vue de lui assurer un repos dans l'au-delà... » (p. 3-4).

reconnues parmi les religions du monde, les RTA ttendant leur pleine reconnaissance comme partenaire dans le dialogue interreligieux – bien qu'il s'agisse d'un partenaire *particulier*[125].

Engager un débat sur les RTA (les causes, p. ex.), n'est pas de notre propos. En soulignant cette divergence de vue, nous voulons rappeler que le contexte de notre Église est aussi celui de la lutte pour le maintien de la vérité évangélique. Or, la Bible ne reste pas silencieuse sur un tel sujet. Enseigner que « les religions non chrétiennes ne font pas connaître Dieu, car sans la lumière du Christ, tous les hommes sont sans Dieu ($ἄθεοι$ dans Éphésiens 2.12)[126] » n'est manifestement pas l'enseignement le plus attendu aujourd'hui. Toutefois, « nous devons le maintenir si nous croyons au caractère unique du Christ et aux conséquences du péché dans le cœur de l'homme[127] ». C'est du moins le prix à payer si l'on est déterminé à ne pas « vivre de plusieurs religions[128] ».

Notre analyse, à grand traits, a pu indiquer de possibles correspondances entre les deux contextes concernés par l'étude : celui des Pastorales et celui de l'Église CMA-CI. L'avantage de la démarche nous semble double. D'une part, la démarche garde du sentiment de faire un « saut » dans l'inconnu ; celui de transposer, imprudemment, des directives d'un contexte donnée à un autre. D'autre part, elle rassure, dès lors qu'elle présente des raisons appropriées d'agir ainsi, dans le contexte « récepteur ». Après ces différentes étapes, nous voici parvenu à la toute dernière : l'application dans le contexte cible.

L'évaluation du ministère pastoral appliquée au contexte de l'Église CMA-CI

Le modèle issu des EP est normatif. Il peut s'appliquer de bon droit dans le contexte de l'Église CMA-CI. Quelques difficultés de différentes sortes, inhérentes à la vie de l'Église, pourraient surgir. Il ne serait pas de trop de les relever, en vue d'apporter de possibles solutions.

---

125. MICHALEK, « Africa in Ecclesia », p. 426.
126. TIÉNOU, *Tâche théologique*, p. 27.
127. *Ibid.*
128. Cf. D. GIRA et J. SCHEUER, sous dir., *Vivre de plusieurs religions*, Paris, Atelier, 2000.

1. Les difficultés et les possibilités de l'évaluation

1.1. Les difficultés de l'évaluation du ministère

Nous identifions deux sortes de difficultés : le ressort culturel et la structure organisationnelle de l'Église CMA-CI[129].

1.1.1. Les difficultés d'ordre culturel

La première difficulté à surmonter semble relever du registre culturel. L'Église CMA-CI est née dans le terroir Baoulé. Certes, elle est implantée aujourd'hui dans toutes les régions de la Côte d'Ivoire. Toutefois, plus de 80 % de ses membres sont des Baoulé. Il serait tout aussi justifié de situer le pourcentage de ses pasteurs au même niveau. Dès lors, il est indiqué de se demander si notre héritage culturel permet que celui qui est établi dans des charges officielles soit interpellé sur sa manière d'être et de faire, indispensable à l'évaluation ?

Répondre à une telle préoccupation suppose une analyse, même sommaire, de l'idéologie royale en pays Baoulé[130].

Le traitement de l'idéologie royale en pays Baoulé est délicat. En effet, chez les Baoulé, le roi est considéré comme l'habitacle du *tumi* (« pouvoir ») ; c'est le pouvoir rituel, social, juridique et politique. Toutefois, le pouvoir royal en pays Baoulé est impersonnel. Ainsi, le pouvoir intangible de la société se retrouve dans le *Bia* (« trône royal ») qui exprime son identité et son existence collective. Dans un tel contexte, c'est ce qu'il advient du *Bia* qui a un impact sur la communauté et non ce qu'il advient du roi.

Cependant, le roi est bel et bien l'occupant du *Bia*. Du coup, il est considéré comme détenteur d'un pouvoir réel et reconnu. Sa personne fait alors l'objet d'une grande protection contre toute atteinte. Des interdits sont établis pour garantir son intégrité physique et son charisme. Mieux, l'on

---

129. Le lecteur s'en rend compte ; nous ne mentionnons pas de difficultés d'ordre historique. Cette omission s'explique. La Mission C&MA procède à l'évaluation de ses missionnaires. Toutefois, aucune étude n'a été faite sur les méthodes d'évaluation utilisées, encore moins sur les critères usités. C'est fort de ce constat que nous ne n'avons pas mentionné dans l'état de la recherche. L'intérêt en le soulignant ici est le suivant : l'héritage historique de l'Église CMA-CI plaide en faveur d'une pratique évaluative du ministère en son sein.

130. L'idéologie est « l'ensemble des idées, des croyances et des doctrines propres à une époque, à une société ou à une classe » (*Le Petit Robert*, Paris, Le Robert, 1992, p.957). L'idéologie royale est donc la somme des croyances des Baoulé au sujet de leur roi.

lui reconnaîtra des attributs de garant de l'ordre social et de la prospérité de toute la communauté. Il y a donc un chevauchement entre les notions de *tumi* et de *Bia* dans l'idéologie royale Baoulé.

L'idée du roi garant de l'ordre social témoigne du caractère indispensable de la royauté chez les Baoulé. Et cela, pour plusieurs raisons. D'abord, le roi incarne la souveraineté de l'« État Baoulé » parce qu'il s'identifie au pouvoir de l'*Adja Bia* (« chaise royale ») qui est un pouvoir immuable et autonome. Ensuite, le roi incarne la puissance publique, c'est-à-dire l'État lui-même. En cela, il est le symbole de l'ordre social établi. Il incarne la loi et la justice. Enfin, le roi incarne le peuple, son unité, sa cohésion. Il est le guide, le symbole de la « nation Baoulé ».

En définitive, la personne du roi fait l'objet d'une attente particulière de la part de toute la communauté ; sa personne va se confondre aisément avec le pouvoir : il est le détenteur des pouvoirs législatif, judiciaire et exécutif.

Au plan législatif, le roi est le dépositaire et le gardien de la coutume, des traditions et des lois. Sa responsabilité première consiste donc à faire observer les lois ancestrales. Le roi est aussi habilité à modifier les coutumes et lois de ses prédécesseurs. Il a le pouvoir de légiférer.

Au plan judiciaire, le pouvoir de rendre la justice est un droit intangible du roi Baoulé. Cela tient à la conception du pouvoir qui doit créer l'harmonie entre les hommes eux-mêmes et entre les hommes et la nature. C'est là aussi la finalité de la justice en pays Baoulé qui assure l'équilibre de la communauté. Or, cet équilibre se trouve incarnée dans le *Bia* dont le roi est le détenteur. Toute infraction commise contre l'ordre socio-religieux Baoulé porte atteinte au *Bia*, au roi, et à travers le roi à la communauté. Le roi Baoulé a donc la plénitude de juridiction.

Le roi, détenteur du pouvoir exécutif, est le protecteur de son peuple. Ce rôle de protection se présente comme la seule condition de pérennité de la communauté. Aussi, le roi est le chef suprême des armées pour atteindre le même objectif. Idéologiquement, l'exercice du pouvoir exécutif doit conduire à la justice sociale, gage de l'équilibre social.

Tel est l'idéologie royale en pays Baoulé. Dans un langage contemporain, nous pouvons identifier cette description au modèle de « leadership » pratiqué en pays Baoulé. Il serait excessif de comparer les ministres de l'Église CMA-CI à des « roitelets Baoulé ». Toutefois, est-il possible que plus d'un soit influencé par un tel modèle culturel et ambiant ?[131] La conception du « leadership » au sein de nos Églises est-elle en totale rupture avec celle de notre contexte culturel ?[132]

Dès lors qu'une réponse négative ne semble pas s'imposer, il devient nécessaire de surmonter une telle difficulté en vue de l'évaluation du ministère.

1.1.2. Les difficultés d'ordre organisationnel

Il y a quelques années, le cumul des fonctions du Président national a été un sujet de débat, à l'occasion d'une Conférence nationale de l'Église. En effet, le Président élu cumule les fonctions de Président de l'Église, Président de la Conférence nationale (CN), Président du Conseil d'Administration (CA) et Président du Bureau Exécutif National (BEN)[133]. La Conférence nationale, pour éviter un bicéphalisme à la tête de l'Église – un Président du CA différent de celui du BEN – a maintenu la forme actuelle de gestion administrative. Toutefois, le même débat a refait surface lors du Colloque sur les 75 ans de l'Église. L'exposé des motifs est constant ; l'on évoque la nécessité d'éviter de possibles disfonctionnements administratifs dans la gestion de l'Église[134].

En évoquant un tel débat, il ne s'agit pas ici de le reprendre à notre compte. Notre propos, dans les limites de l'étude, tient en quelques mots. La structure administrative actuelle de l'Église CMA-CI n'a rien d'inhabituelle dans les Églises de culture démocratique. Si la difficulté administrative ne se trouve pas nécessairement à ce niveau, ne pourrait-elle pas provenir des habitudes inhérentes à l'idéologie royale Baoulé ? Ne serait-il pas sage, pour

---

131. En relation avec les leaders politiques africains, la possibilité d'une influence culturelle n'est pas exclue : « Alter ego du monarque africain traditionnel : chef de l'exécutif, législateur, juge suprême, maître du rituel, chef des prêtres, commandant en chef de l'armée, détenteur d'un pouvoir sacré et unique, celui-ci (le leader politique africain) occupe une place privilégiée dans l'univers du monde visible et invisible ; il s'identifie à son peuple, sa vitalité se communique à tout le pays. L'autorité du leader est alors redoutée par ses partisans comme par ses adversaires, nimbé qu'il est d'une auréole mystique d'invincibilité et d'infaillibilité » (O. Obou, « Essai d'explication des crises politiques en Afrique », *DCAO* n°1, janvier 2003, p. 17).

132. G. Osei-Mensah, *Le dirigeant*, p. 11, attire notre attention sur le risque de reproduire dans l'Église les modèles en cours au sein de nos sociétés actuelles.

133. Cf. Art. 13.6 du Statut.

134. Signalons que le premier débat sur le sujet du cumul des fonctions du Président national de l'Église a eu lieu sous le mandat de Rév. André Kouadio (1991-2003), le second, sous le mandat du Rév. Célestin Koffi (2003-2011).

respecter la collégialité du modèle néotestamentaire, de se prémunir contre la tentation ?

En dépit des difficultés culturelles et administratives, de réelles possibilités d'application s'offrent à nous. Il convient de les exploiter.

1.2. Les possibilités de l'évaluation du ministère

1.2.1. La culture Baoulé « revisitée »[135]

Au regard de l'étendue des domaines de compétences du roi Baoulé, il est facile de se méprendre sur l'importance de ses pouvoirs. C'est le lieu d'indiquer que l'importance du pouvoir dans le système politique Baoulé traduit une idéologie royale qui relève d'une représentation conceptuelle, donc théorique du pouvoir. En réalité, le pouvoir du roi Baoulé est limité puisqu'il s'agit d'un pouvoir protecteur de la société. D'où l'existence des sources de restrictions du pouvoir en pays Baoulé.

La première source de restriction du pouvoir est d'ordre idéologique. En effet, le Baoulé fait une distinction entre l'institution royale et celui qui la représente, le roi. L'institution royale, symbolisée par le *Bia*, est au-dessus du roi qui n'est autre qu'« un serviteur du *Bia* », donc de l'institution royale. Ainsi, le roi ne remplit qu'une fonction, celle de faire luire l'institution royale.

La seconde source est d'ordre religieux. Les Baoulés, nous l'indiquions, croient à l'influence du monde des ancêtres sur celui des vivants. Après sa mort, le Baoulé retourne dans son pays d'origine appelé « *Blolo*[136] » ou encore le « village de vérité ». Là, « le conseil des ancêtres lui demande des nouvelles de la terre, et spécialement on veut savoir comment il a été traité par ses proches durant sa vie. Aussitôt, le jugement est prononcé : on récompense les bons, on punit les mauvais sur la terre[137] ». Il s'ensuit donc une grande crainte après le départ d'un défunt. Chacun, y compris le roi, s'interroge : « Que va-t-il raconter à mon sujet aux ancêtres ? » Cette crainte du divin est d'autant plus fondée que les ancêtres tiennent les destinés des gouvernants comme des gouvernés.

---

135. Pour utiliser, comme l'indique H. BLOCHER, dans la préface du livre de CHARLES-ÉRIC DE SAINT-GERMAIN, *Un évangélique parle aux catholiques*, Paris, F.-X. de Guibert, 2008, p. 13, « le franglais à la mode ».

136. Étymologiquement, le lieu qu'on loue, un lieu paradisiaque (*be blo lo*).

137. GUERRY, *La vie quotidienne*, p. 93.

La troisième source est d'ordre social. Nous pourrions l'appeler la responsabilité sociale mutuelle. La vie sociale Baoulé est essentiellement communautaire. L'individu demeure lié au groupe qui lui a donné la vie et par lequel il continue de vivre. Sa sécurité et son confort s'y trouvent. Dès lors, le bien-être de cette communauté devient l'affaire de tous. D'où le principe de responsabilité sociale mutuelle qui incombe à tous mais en particulier au roi ; ses abus pourraient compromettre le bien commun.

La restriction du pouvoir en pays Baoulé trouve donc sa source dans l'idéologie royale, dans la crainte du divin et dans la responsabilité sociale mutuelle. Dans la pratique comment se déployait-elle ?

Les actions de la reine-mère, des membres du conseil royal et du prophète du royaume sont à considérer pour la restriction du pouvoir royal. Nous n'insisterons ici que sur celles des membres du conseil[138].

Le conseil des anciens, qui exerce en fait avec le roi un pouvoir collégial, était composé de spécialistes attitrés au nombre desquels figurent des porte-cannes (*Kponmanfoué*), spécialistes des affaires judiciaires, des porte-parole (*nuanidjofouè*), des chefs de guerre (*safunyrin*)[139]. À ces spécialistes pourraient s'ajouter des chefs de tribus. Ainsi, pour les affaires judiciaires le roi était censé s'appuyer sur les conseils des *Kponmanfoué*. Il ne s'engagerait pas non plus à la guerre à la légère sans se référer aux *safunyrin*. Le *nuanidjofouè* prendra aussi le soin de traduire les propos du roi d'une manière convenable au peuple. Comme l'indique G. Hagan, « Même lorsque la loi n'a pas été enfreinte, l'exercice du pouvoir peut être préjudiciable à un bon gouvernement. Aussi, lorsqu'un chef (Akan) est intronisé, on lui enjoint de prêter l'oreille aux avis des conseillers[140] ».

---

138. En ce qui concerne la reine-mère, J. Ki-Zerbo indique que la désignation du roi dépendait de l'initiative de la reine-mère, ce qui lui permettait de constituer un contre pouvoir (*Histoire de l'Afrique. D'hier à demain*, Paris, Hatier, 1978, p. 272). Le prophète Baoulé est l'un de ceux dont l'intervention tempère le pouvoir du roi. Toutefois, il n'a aucun pouvoir politique sur le village. Il peut donner des conseils aux chefs et aux villageois, mais ceux-ci restent libres de leurs décisions à leurs risques et périls » (Guerry, *La vie quotidienne*, p. 109).

139. J. N. Loucou, « Note sur l'État Baoulé précolonial », *AUA* I, t. XIII, histoire, 1985, p. 37-38.

140. G. Hagan, « Le concept de pouvoir dans la culture akan », dans *Le concept de pouvoir en Afrique*, Paris, UNESCO, 1986, p. 69.

Le risque pour le roi serait de mépriser les avis et conseils avisés de la reine-mère, du conseil royal et du « voyant ». Il succombe alors à l'abus du pouvoir et son péril viendra de la réaction du peuple.

En cas d'abus du pouvoir, la réaction du peuple pouvait osciller entre la destitution et son départ massif. Ces réactions étaient le propre des ancêtres des Baoulés[141]. Ainsi, « en tant qu'instrument de contrôle, les procédures de destitution sont donc engagées non seulement à titre de sanction, mais aussi, et de manière absolument impartiale, pour ramener un chef dans les limites raisonnables prescrites pour l'exercice du pouvoir[142] ».

Finalement, en révisant la culture Baoulé, l'on fait l'heureuse découverte d'une gestion collégiale de l'autorité, de l'existence de contre-pouvoirs et de la mise en place de mécanismes régulant l'exercice de l'autorité. Débarrassée de ses travers, la culture Baoulé offre ainsi au serviteur de Dieu de l'Église CMA-CI un modèle de leadership : celui d'être un serviteur, à l'écoute de ses collaborateurs et du peuple qu'il sert. Loin de nous desservir, notre culture plaide donc pour une approche évaluative des pasteurs, serviteurs de Dieu au sein de la communauté.

1.2.2. L'organisation de l'Église « revisitée »

Nous l'indiquions, les difficultés organisationnelles ne favorisent pas *de facto* l'évaluation du ministère pastoral au sein de l'Église CMA-CI. Toutefois, en revisitant les textes régissant la vie de cette institution, nous faisons une lecture heureuse des dispositions permettant d'y parvenir.

Le Président de l'Église ne faisant pas, explicitement, l'objet d'une évaluation, l'attention se porte sur les autres porteurs d'autorité (Surintendants de régions, de districts, etc.). Par exemple, ce qui est attendu du Surintendant de région est indiqué par le RI : « Sous l'autorité directe du président, il est chargé de coordonner toutes les activités de la région et d'en rendre compte chaque trimestre ; chargé d'exécuter et de faire exécuter toutes les décisions des instances supérieures [...] ; veiller sur le bien être des surintendants placés

---

141. J. Ki-Zerbo, *Histoire de l'Afrique*, p. 272, indique que les vieux ou anciens pouvaient entreprendre une procédure de destitution du roi. Mais pour qu'on en arrive à cette étape, le conseil des anciens reçoit les différentes plaintes qui émanent du peuple. Le roi est habilité à se défendre et s'il est reconnu coupable, il peut être sommairement dépossédé de son *Bia* ou se voir offrir des chances de se réformer.

142. Hagan, « Le concept de pouvoir », p. 70.

sous sa responsabilité ; élaborer un programme annuel de travail [...] » (Art. 20.3). Les mêmes exigences sont appliquées aux surintendants de districts, aux intendants de paroisses, aux pasteurs de communautés, chacun rendant compte à son supérieur hiérarchique immédiat.

Le lecteur s'en aperçoit ; les textes régissant la vie de l'Église CMA-CI portent en eux-mêmes le cadre légal d'une évaluation du ministère pastoral. Mais, comment expliquer alors ce manque de pratique évaluative ? A. Kouadio, nous l'indiquions, évoque le « manque de démarche évaluative élaborée » au sein de l'Église CMA-CI.

Finalement, en revisitant la culture Baoulé, l'organisation administrative et structurelle de l'Église, avec une prise en compte de son héritage historique, nous réalisons que l'évaluation du ministère est possible. Le principe même de l'évaluation se présente comme acquis et la pratique souhaitée. Reste à mettre en place des grilles d'évaluation, applicable dans le contexte qui est le nôtre.

2. L'évaluation en contexte : les grilles d'évaluation

Une précision s'impose ici ; elle est relative à l'articulation entre les critères et procédures tirés des EP et nos grilles d'évaluation qui vont suivre. La précision de nos détails n'est-elle pas étrangère aux EP ?

Le fait est admis : « la situation des Églises du premier siècle est si éloignée de la nôtre qu'on ne trouve pas dans le Nouveau Testament des instructions directement applicable[143]. » Que faire alors face à ce que J. Blandenier appelle les « silences de l'Écriture[144] » ? L'auteur y voit une opportunité, bienheureuse : « Bien mieux que nous, il [Dieu] savait qu'au cours des temps et à travers les lieux, son Église connaîtrait des conditions d'existence extrêmement contrastées. Ces silences nous offrent une marge appréciable d'adaptation à ces situations diverses[145]. » En effet, si « tout ce qui n'est pas clairement explicité dans les textes bibliques est interdit [...] il resterait fort peu de place pour la liberté et la responsabilité humaines, ni pour l'actualisation d'une Parole vivante [...][146] ». Il s'agit donc pour nous ici d'interpréter et d'adapter

---

143. Bénétreau, « Différence d'opinion et service commun : une lecture de Romains 14-15 », *Fac-Réflexion* 46-47, no. 1-2, 1999, p. 29.
144. Cf. Blandenier, « Ministère pastoral », p. 6.
145. *Ibid.*
146. *Ibid.*

au contexte qui est le nôtre les résultats de l'étude (critères et procédures). D'où la nette précision de nos suggestions, de nos grilles d'évaluation.

Ainsi, nous suggérons quatre grilles d'évaluation, chacune correspondant à une procédure évaluative indiquée précédemment : grille d'évaluation personnelle, grille d'évaluation mutuelle, grille d'entretien d'évaluation, grille d'évaluation en communauté. À chacune des grilles, se rattachent une échelle de mesure numérique qui part de 1 à 4. Le chiffre 1 constitue la valeur la plus faible (1 = faible), et le chiffre 4, la valeur la plus élevée (4 = élevé). Il s'agit d'entourer le chiffre qui décrit au mieux une situation donnée. Bien entendu, entourer suppose un choix réfléchi ; une réflexion appelée à se poursuivre, selon les questions.

2.1. Grille d'auto-évaluation

La grille d'auto-évaluation est à l'usage du pasteur. Il est le seul agent actif. Toutefois, il n'est pas exclu qu'il se réfère à une tierce personne, au terme de la démarche. Celle-ci comporte trois phases, rattachées les unes aux autres.

La première consiste à se demander « Où est-ce que j'en étais ? ». Il s'agit de réfléchir à son « être » et à son « faire » sur une période écoulée ; celle qui précède l'auto-évaluation ou sépare deux auto-évaluations. La seconde phase est celle de l'analyse de la situation présente. Le « Où est-ce que j'en suis ? » fait appel à une appréciation objective à l'instant donné de l'auto-évaluation. La dernière phase est décisionnelle : elle s'appuie sur les réalités présentes et énonce des projets. Elle pose la question, « Où est-ce que je vais ? ».

Réflexion : « Où est-ce que j'en étais ? »	
Avec ma vie personnelle, morale et spirituelle	
1	Ma relation avec Dieu s'est-elle approfondie ?	1 2 3 4
2	Ai-je gagné en maturité ? Dans quel(s) domaine(s) ?	1 2 3 4
3	Qu'est-ce qui me donne le plus de satisfaction sur le plan personnel et spirituel ?	1 2 3 4
Avec ma vie de famille	
4	Ai-je continuellement aimé mon épouse ?	1 2 3 4
5	Quelle sorte de père ai-je été ?	1 2 3 4
6	Ma famille est-elle prioritaire ou secondaire par rapport à mon ministère ?	1 2 3 4
Avec ma vie sociale	
7	Mes relations personnelles ont-elles gagnés en maturité ?	1 2 3 4
8	Suis-je en paix avec les uns et les autres ?	1 2 3 4
Avec ma vie professionnelle	
9	Puis-je identifier deux ou trois aspects satisfaisants de mon ministère ? (Ce que j'ai pu faire avec le plus de satisfaction)	1 2 3 4
10	Puis-je identifier deux ou trois aspects insatisfaisants de mon ministère ? (Ce que j'ai voulu faire et que je n'ai pas pu ?)	1 2 3 4
11	Est-ce que je suis en formation continue ? Ai-je lu un livre récemment ?	1 2 3 4

Auto-évaluation : « Où est-ce que j'en suis ? »	
Avec ma vie personnelle, morale et spirituelle	
1	Est-ce que je m'exerce à la piété : prière, méditation, sanctification ?	1 2 3 4
2	Est-ce que je suis vigilant, veillant sur mon âme et prenant soin d'elle ?	1 2 3 4
3	Quelle est la place de l'Écriture et de la vérité dans ma vie ?	1 2 3 4
4	Est-ce que j'ai une entière foi-confiance dans le Seigneur ?	1 2 3 4
5	Ai-je une conscience pure ? Y-t-il des péchés non confessés dans ma vie ?	1 2 3 4

6	Est-ce que je m'applique à être un modèle de ce que j'attends des autres ?	1 2 3 4
7	Est-ce que je suis vaincu par un vice ? Lequel ?	1 2 3 4
8	Quel est mon état de santé ? Est-ce que j'observe une bonne hygiène de vie ?	1 2 3 4
9	Est-ce que je fais des progrès ? Lesquels ?	1 2 3 4
Avec ma vie de famille		
10	Est-ce que j'exerce le ministère dans ma propre maison ?	1 2 3 4
11	Ma vie est-elle un modèle pour ma famille ? Si non, pourquoi ?	1 2 3 4
12	Est-ce que mon épouse et moi avons une sexualité épanouie ?	1 2 3 4
13	Est-ce que je suis fidèle à mon épouse ?	1 2 3 4
14	Est-ce que je m'investis dans la formation spirituelle de mes enfants ?	1 2 3 4
15	Suis-je hospitalier ?	1 2 3 4
16	Est-ce que j'exerce la libéralité ?	1 2 3 4
Avec ma vie sociale		
17	Est-ce que je mène une vie qui m'expose à des critiques fondées ?	1 2 3 4
18	Suis-je un citoyen respectueux des lois ? Ai-je un problème avec la justice ?	1 2 3 4
19	Ma conduite en société est-elle honorable ? Glorifie-t-elle Dieu ?	1 2 3 4
20	Les non-croyants rendent-ils de moi un bon témoignage ? Si non, pourquoi ?	1 2 3 4
21	Ma manière de vivre est-elle bien rangée, sérieuse, digne ?	1 2 3 4
22	Est-ce que j'inspire le respect ? Suis-je respecté ? Si non, pourquoi ?	1 2 3 4
23	Suis-je bon, aimable, affable, juste avec toute personne, sans distinction ?	1 2 3 4
24	Est-ce que je prie pour les personnes que j'ai du mal à aimer ?	1 2 3 4
25	Est-ce que je supporte les contrariétés ? Suis-je patient avec les autres ?	1 2 3 4
26	Suis-je querelleur ? Est-ce que j'évite les occasions de querelles ?	1 2 3 4
27	Suis-je capable de réprimander et discipliner avec amour ?	1 2 3 4

	Avec ma vie professionnelle	
28	À quel niveau se trouvent mes capacités à administrer l'Église de Dieu ?	1 2 3 4
29	Les courriers et autres dossiers administratifs sont-ils traités diligemment ?	1 2 3 4
30	Suis-je respectueux de mes supérieurs hiérarchiques ?	1 2 3 4
31	Suis-je un berger, dirigeant, veillant et prenant soin du peuple de Dieu ?	1 2 3 4
32	Est-ce que j'exerce l'autorité sans dominer ?	1 2 3 4
33	Suis-je capable d'écouter les avis et conseils des autres ?	1 2 3 4
34	Est-ce que je délègue des tâches aux autres ?	1 2 3 4
35	Quelle est ma capacité à identifier les potentialités des autres ?	1 2 3 4
36	Suis-je l'exemple d'un dirigeant-serviteur ?	1 2 3 4
37	Est-ce que je suis zélé pour le service de Dieu ? Tout entier à la tâche ?	1 2 3 4
38	Ai-je tendance à remettre à plus tard ce que j'ai à faire maintenant ?	1 2 3 4
39	Suis-je fidèle à Dieu dans mon service, dans toutes les circonstances ?	1 2 3 4
40	Est-ce que j'adapte mon niveau de vie à la réalité ecclésiale du moment ?	1 2 3 4
41	Suis-je attaché à l'argent ? Est-ce que je suis cupide ?	1 2 3 4
42	Dans mon service, dans mes relations, suis-je désintéressé ?	1 2 3 4
43	Quel est l'intérêt que j'accorde aux pauvres dans l'Église ?	1 2 3 4
44	Suis-je en paix avec moi-même dans la gestion des finances de l'Église ?	1 2 3 4
45	Le trésorier de l'Église me fait-il des facilités de caisse, en toute discrétion ?	1 2 3 4

Projet : « Où est-ce que je vais ? »		
Sur le plan personnel et spirituel		
1	J'ai pris des résolutions pour approfondir ma relation avec Dieu. Lesquelles ?	1 2 3 4
2	J'ai identifié des aspects de ma vie que je veux voir changer. Lesquels ?	1 2 3 4
3	J'ai identifié des qualités que je n'ai pas et que je souhaite cultiver. Lesquelles ?	1 2 3 4
Sur le plan familial		
4	Je vais recentrer mes priorités. Ma famille passera avant mon travail. Comment ?	1 2 3 4
5	Je vais fixer des limites claires entre le sexe opposé et moi. En faisant quoi ?	1 2 3 4
6	J'ai pris des résolutions pour passer du temps de qualité en famille. Lesquelles ?	1 2 3 4
Sur le plan social		
7	J'ai pu identifier les causes de mes difficultés relationnelles. Lesquelles ?	1 2 3 4
8	J'ai pu identifier des qualités sociales à développer. Lesquelles ?	1 2 3 4
Sur le plan professionnel		
9	Je souhaite plus m'impliquer dans certaines activités. Lesquelles ?	1 2 3 4
10	Je dois approfondir mes connaissances dans certains domaines. Lesquels ?	1 2 3 4
11	J'ai identifié deux ou trois points faibles de mon ministère à améliorer. Lesquels ?	1 2 3 4
12	J'ai choisi le(s) livre(s) à lire dans l'immédiat. Pourquoi ce(s) livre(s) ?	1 2 3 4

2.2. Grille de co-évaluation

La grille de co-évaluation est à l'intention des responsables de la communauté : le pasteur et les anciens. Regroupés au sein du conseil de l'Église, ils sont les agents actifs de l'évaluation. C'est la mise en œuvre de la collégialité chère aux Pastorales. La collégialité suppose « la participation de chaque membre aux prises de décision et à l'action »[147]. Cette étape franchie et l'action menée, le conseil de l'Église devrait pouvoir en faire une évaluation.

S. Bénétreau décrit ainsi le rôle d'un conseil d'anciens :

> Le rôle du conseil est d'orienter la vie de la communauté, d'établir le programme des activités, de proposer des objectifs, d'être attentif aux besoins et aux attentes des fidèles, de veiller à ce que le plus grand nombre mettent leurs dons au service de tous, de promouvoir tout ce qui contribue à la formation des fidèles (enseignement des enfants, activités pour les jeunes, études bibliques pour les adultes, réunions de quartiers, etc.), enfin d'organiser la vie cultuelle. Le conseil gère les affaires de l'Église (finance, matériel, bâtiments), adresse à l'administration le compte financier de l'année approuvé par l'assemblée générale, assume certaines tâches administratives (tenue de registres), s'emploie à archiver les documents...[148]

Ainsi, le regard critique du conseil sur l'état du ministère pastoral devrait pouvoir porter sur les éléments suivants : l'administration de l'Église, le ministère de la Parole, les réunions d'Église, les actes pastoraux, l'accompagnement pastoral, le leadership pastoral, la croissance de l'Église, la gestion du patrimoine et des finances, la gestion des projets et les relations extérieures[149].

---

147. C. Paya, « Collégialité, travail en équipe », *DTP*, p. 178. Pour une réflexion sur l'évidence et la nécessité de la collégialité, voir Blandenier, « Ministère pastoral », p. 19-20.

148. S. Bénétreau, « Conseil d'Église », *DTP*, p. 194-195.

149. Selon le principe de la co-évaluation, l'ensemble des sujets à évaluation concernent tous les responsables ; ils sont tous engagés, au même titre. Toutefois, le lecteur sera surpris de constater que, par endroit, nous suggérons que les anciens poursuivent seuls la procédure évaluative, une exclusion momentanée du pasteur étant devenue nécessaire. Comment justifier cette démarche ? Elle est motivée par notre interprétation de l'Article 36. 1 des Statuts de l'Église CMA-CI. En effet, « l'Église locale doit offrir l'occasion aux pasteurs de se renouveler sans cesse intellectuellement et spirituellement en organisant des séminaires, des retraites spirituelles ». Des pasteurs, il est attendu des actions précises : « En retour, les ministres de la Parole se doivent d'assurer efficacement l'encadrement des fidèles » (*supra*, p. 303). Ainsi, il se crée des attentes de l'Église locale à l'endroit du pasteur et inversement. Il est souhaitable que l'évaluation mutuelle soit l'occasion d'évaluer la fidélité des uns et des autres, dans un esprit fraternel et de partage.

L'administration ou la direction de l'Église		
1	Le conseil est viable (réunions régulières, disponibilité des anciens)	1 2 3 4
2	Le conseil est fonctionnel (répartition des tâches, fidélité dans l'exécution)	1 2 3 4
3	La qualité des relations interpersonnelles au sein du conseil	1 2 3 4
4	La collaboration entre les membres du conseil	1 2 3 4
5	Le regard vigilant sur la bonne marche de l'Église dans son ensemble	1 2 3 4
6	Les relations entre le conseil et les groupes constitués de l'Église	1 2 3 4
7	La diligence administrative (traitement des courriers, arrivés et départs)	1 2 3 4
8	L'efficacité du secrétariat du conseil (procès-verbaux, archives, etc.)	1 2 3 4
9	Le respect de la hiérarchie et des instances supérieures	1 2 3 4
10	La collaboration avec les collègues pasteurs et autres Églises sœurs (CMA)	1 2 3 4
Le ministère de la Parole (enseignement, prédication, exhortation, étude biblique)		
1	La planification et la coordination du programme général d'enseignement (thème général de l'année, séminaires, conférences, retraite spirituelle, etc.)	1 2 3 4
2	La planification détaillée pour chaque trimestre	1 2 3 4
3	La formation spirituelle des divers groupes (enfants, jeunes, femmes, etc.)	1 2 3 4
4	Le récapitulatif des sujets et thèmes abordés au fil des années (il faut s'assurer que « tout le conseil de Dieu » est enseigné aux fidèles)	1 2 3 4
5	Le recrutement et la formation des prédicateurs et enseignants laïcs	1 2 3 4
N.B. À remplir par les anciens, puis partage fraternel avec le pasteur, dans un climat de confiance mutuelle		
6	Notre pasteur aime enseigner et prêcher	1 2 3 4
7	Notre pasteur prépare ses prédications. Il ne les improvise pas.	1 2 3 4

8	Notre pasteur soigne la qualité de ses prédications dans le fond et dans la forme	1 2 3 4
9	Notre pasteur prêche avec clarté, puissance et révérence	1 2 3 4
10	Notre pasteur fait preuve de compétence biblique et théologique	1 2 3 4
11	Notre pasteur aime la Parole. Il nous aide à aimer la Parole de Dieu et à l'étudier.	1 2 3 4
Les réunions d'Église (cultes, prières)		
1	L'organisation et la planification des cultes.	1 2 3 4
2	L'existence d'un comité fonctionnel des cultes.	1 2 3 4
3	La présence des responsables aux cultes (sauf cas de force majeure)	1 2 3 4
4	Les louangeurs et les chantres sont encadrés. Les chants suivis théologiquement.	1 2 3 4
5	L'organisation et le suivi des réunions de prières de l'Église.	1 2 3 4
6	L'implication des responsables dans la vie de prière de l'Église.	1 2 3 4
L'accompagnement pastoral		
1	La présence auprès des fidèles en souffrance (malade, endeuillés, etc.)	1 2 3 4
2	La collaboration avec le service social de l'Église	1 2 3 4
3	L'élaboration d'un programme de visites systématiques à tous les fidèles	1 2 3 4
4	L'accessibilité du pasteur et des anciens	1 2 3 4
5	Les entretiens (relation d'aide et cure d'âme)	1 2 3 4
Les actes pastoraux		
1	L'organisation régulière de la Cène.	1 2 3 4
2	L'organisation des cours de baptême et le suivi des nouveaux baptisés.	1 2 3 4
3	L'encadrement des candidats aux mariages (cours de préparation)	1 2 3 4
4	La présentation des enfants (selon les exigences de l'Église).	1 2 3 4
5	Le témoignage en cas de deuil (présence, assistance, enterrement).	1 2 3 4

Le leadership pastoral		
N.B. À remplir par les anciens, puis partage fraternel avec le pasteur, dans un climat de confiance mutuelle.		
1	La capacité à servir (un dirigeant serviteur)	1 2 3 4
2	La capacité à exercer l'autorité sans dominer et écraser	1 2 3 4
3	La douceur comme pédagogie pour exhorter, réprimander, discipliner	1 2 3 4
4	La capacité à formuler une vision et à créer le consensus autour de cette vision	1 2 3 4
5	La capacité à prévoir (fixer des objectifs, établir un planning de réalisation)	1 2 3 4
6	La capacité à organiser (identifier des compétences et déléguer des tâches)	1 2 3 4
7	La capacité à diriger (prendre des décisions, communiquer, collaborer, écouter)	1 2 3 4
8	La capacité à recruter des collaborateurs et à les former	1 2 3 4
9	La capacité à motiver et à encourager les autres à la tâche	1 2 3 4
10	La capacité à exiger des rapports pour les charges déléguées	1 2 3 4
11	La capacité à être l'homme d'une seule parole (pas un double langage)	1 2 3 4
12	La capacité à respecter le secret professionnel (confidentialité)	1 2 3 4
13	La capacité à gérer des problèmes (quelquefois complexes)	1 2 3 4
14	La capacité gérer les conflits et à réconcilier.	1 2 3 4
15	Le respect pour toute personne (riche, pauvre)	1 2 3 4
La croissance de l'Église		
1	L'existence d'une stratégie et d'un planning d'évangélisation	1 2 3 4
2	La croissance qualitative de l'Église	1 2 3 4
3	La croissance quantitative	1 2 3 4
4	Le projet d'implantation d'une nouvelle cellule ou communauté	1 2 3 4
5	L'implication dans un projet missionnaire	1 2 3 4

La gestion des projets		
1	La capacité à élaborer un projet d'Église.	1 2 3 4
2	La capacité à veiller à l'exécution d'un projet d'Église.	1 2 3 4
3	La capacité à évaluer un projet d'Église.	1 2 3 4
4	La capacité à poursuivre un projet d'Église initié par le conseil précédent	1 2 3 4
La gestion du patrimoine et des finances		
1	L'identification du patrimoine de l'Église	1 2 3 4
2	Le bon usage des biens de l'Église (pas de gaspillage).	1 2 3 4
3	La fidélité dans le versement de la quote-part aux instances supérieures	1 2 3 4
4	La présentation des pièces comptables pour toute dépense.	1 2 3 4
5	La constance des rapports financiers (chaque trimestre)	1 2 3 4
6	La collaboration avec les commissaires aux comptes	1 2 3 4
7	La fidélité dans les questions d'argent.	1 2 3 4
Les relations extérieures		
1	Le témoignage de l'Église dans son environnement immédiat	1 2 3 4
2	Les relations de l'Église avec les autorités locales (préfets, maires, députés, etc.)	1 2 3 4
3	Les relations avec les autres Églises (Catholiques, Protestants, Évangéliques)	1 2 3 4
L'évaluation des conditions de vie et de service du pasteur (N.B. À remplir par les anciens, puis partage fraternel avec le pasteur, dans un climat de confiance mutuelle).		
Sur le plan personnel et spirituel		
1	Notre pasteur est un don de Dieu à son Église. Nous l'honorons.	1 2 3 4
2	Notre pasteur est un homme public. Il est exposé. Nous veillons sur sa réputation.	1 2 3 4
3	Nous ne dénigrons pas notre pasteur. Nous vérifions ce que nous entendons.	1 2 3 4
4	Nous sommes prompts à entendre notre pasteur en cas de rumeur le concernant.	1 2 3 4

5	Notre pasteur obtient notre miséricorde pour tout péché avoué et abandonné.	1 2 3 4
6	Nous prions constamment pour notre pasteur et sa famille.	1 2 3 4
Sur le plan familial		
7	Nous veillons à l'équilibre entre le travail de notre pasteur et sa vie de famille.	1 2 3 4
8	Nous veillons à trouver des moments de détente pour notre pasteur et sa famille	1 2 3 4
9	Nous avons le souci du devenir des enfants du pasteur.	1 2 3 4
Sur le plan social		
10	Nous ne privons pas notre pasteur de son dû. L'ouvrier mérite son salaire.	1 2 3 4
11	Nous veillons à l'honneur de l'Église. Le pasteur vit décemment, selon nos moyens.	1 2 3 4
12	Notre pasteur se dévoue à la tâche. Nous le soutenons en étant généreux.	1 2 3 4
13	Nous manifestons de l'affection pour notre pasteur. Nous vivons en paix avec lui.	1 2 3 4
Sur le plan professionnel		
14	Nous nous soumettons à la Parole de Dieu prêchée par notre pasteur.	1 2 3 4
15	Nous collaborons avec notre pasteur. Nous l'aidons dans sa tâche.	1 2 3 4
16	Nous encourageons notre pasteur dans son ministère.	1 2 3 4
17	Nous veillons à la formation continue du pasteur. Nous y allouons un budget.	1 2 3 4
18	Nous équipons notre Église : bureau, secrétariat, véhicule, NTIC.	1 2 3 4

2.3. Grille d'entretien formel d'évaluation

Selon les Statuts de l'Église, « Le pasteur doit adopter un programme d'action annuel en collaboration avec son comité. Il soumet ce programme à son chef hiérarchique pour approbation » (Art. 36.2). La grille d'entretien formelle d'évaluation fait intervenir le supérieur hiérarchique d'un ministre dans le processus d'évaluation ; ils sont tous les agents actifs. « Une mise en place progressive de la démarche, de haut en bas de la hiérarchie, offre la possibilité au responsable direct de passer lui-même un entretien n+1 avant d'en lancer un à son tour avec ses propres collaborateurs[150]. » Nous avons aussi indiqué, précédemment, les objectifs visés par l'entretien d'évaluation.

Concrètement, l'entretien va comporter trois phases : la préparation de l'entretien, la conduite de l'entretien et la conclusion de l'entretien. Nous résumons l'ensemble de la procédure dans la présente grille.

La préparation de l'entretien et l'accueil du collaborateur		
1	La préparation du responsable hiérarchique	
	Indiquer le lieu, l'heure et la durée de l'entretien	
	Documents émanant du collaborateur (courriers, absence, congés, etc.)	
	Disposer du plan d'activité annuel du collaborateur	
	Disposer d'une fiche d'observations au sujet du collaborateur (par soi-même)	
	Réserver un lieu calme, convivial et discret pour l'entretien	
2	La préparation du collaborateur	
	Relever les faits saillants de l'année (personnel, familial, professionnel, etc.)	
	Lister les réalisations et les écarts par rapport au programme d'action annuel	
	Indiquer les motifs de satisfaction et d'insatisfaction	
	Recenser les causes de succès et d'échecs	
	Planifier de nouveaux objectifs et des perspectives d'avenir	

---

150. www.e-rh.org/documents/EI./pdf consulté le 12 avril 2012. Nous nous en inspirons pour la grille de l'entretien annuel. Le supérieur hiérarchique sera le Président de l'Église pour les surintendants de régions, ces derniers pour les surintendants de districts, ceux-ci pour les intendants de paroisses et enfin, ces derniers pour les pasteurs de communautés.

	3	L'accueil du collaborateur	
		Réserver un accueil fraternel, chaleureux (ce n'est pas un procès)	
		Passer du temps dans la prière	
		Créer une atmosphère de confiance : attitude d'écoute, calme, compréhensif	
	Le contenu de l'entretien		
	5	Sur le plan personnel, spirituel et familial	
		Le bilan spirituel de l'année	
		La situation familiale : l'épouse, les enfants, la santé (les joies et les difficultés)	
		Les victoires et les échecs personnels	
		Les conditions de vie (logement, cadre de vie, etc.)	
	6	Sur plan professionnel	
		Le plan d'action annuel et ses objectifs	
		Les succès et les échecs par rapport aux objectifs visés	
		Les causes des succès et des échecs	
		Les perspectives pour mieux faire	
		Les progrès dans le ministère par rapport à l'année dernière	
		Les difficultés rencontrées à la tâche	
		Les dons et les talents : ce que le collaborateur aime faire le plus.	
		Les points faibles du ministère qu'il souhaite améliorer	
		Les conditions de travail (bureau, moyens de locomotion, etc.)	
	7	Les problèmes spécifiques liés au ministère pastoral[152]	
		L'amour de l'argent et le ministère	
		L'abus du pouvoir dans le ministère	
		La sexualité et le ministère	
		Le découragement dans le ministère	
		L'activisme dans le ministère	
		La jalousie dans le ministère	
		Les relations difficiles dans le ministère	

---

151. Nous nous inspirons ici d'A. KUEN, *Le responsable. Qualifications et fonctions*, Saint-Légier, Emmaüs, 1997, p. 69-92 (§ « Pièges et tentations des responsables »).

8	Les projets et perspectives	
	Échange sur l'évolution de la carrière du collaborateur	
	Projet de mutation : éprouve-t-il le besoin de rester ou de partir ?	
	Projet de formation envisagé pour l'année à venir	
La conclusion de l'entretien		
9	S'assurer que le collaborateur a pu s'exprimer et qu'il a été entendu.	
	S'assurer de la qualité des relations avec son collaborateur à la fin de l'entretien.	
	Encourager le collaborateur et prier ensemble.	

2.4. Grille d'évaluation communautaire

L'évaluation communautaire est une démarche inclusive ; tous sont associés à l'examen critique du ministère pastoral[152]. L'occasion d'un rapport moral ou d'activité du pasteur et conseil de l'Église offre une telle opportunité[153].

Toutefois, nous sommes conscients que seule la voix de quelques-uns est entendue au cours des AG de l'Église ; une majorité reste souvent silencieuse. Pour s'assurer que les préoccupations et les attentes des fidèles seront prises, l'évaluation communautaire pourrait se décliner en deux parties.

La première partie consistera en des échanges suite aux différents rapports du conseil de l'Église. Un vote de fin de discussion par l'assemblée peut aboutir à des décisions opportunes pour la croissance du ministère pastoral. La deuxième partie est « silencieuse ». En effet, « un questionnaire pourrait aider l'Église locale dans ce devoir d'évaluation ». Le conseil aura ainsi un « feedback » nécessaire pour prendre des décisions dans une perspective de croissance du ministère[154].

---

152. *Supra*, p. 273.

153. N. K. N'Guessan, « Supervision, Évaluation », *DTP*, p. 639.

154. Nous inspirons ici de C. Paya, « Vie d'Église : suggestions pour un diagnostic de qualité », Cours de croissance de l'Église, FLTE, Vaux-sur-Seine.

L'accueil extérieur	
L'aspect extérieur de l'Église (propreté, peinture, etc.) L'accès à l'Église (indication, écriteau, etc.) L'accès aux informations sur l'Église (site internet)	1 2 3 4
L'accueil intérieur	
La propreté à l'intérieur (sol, murs, décoration, etc.) Les salutations d'entrée (équipe d'accueil, documents d'informations à distribuer, accès aux responsables) L'organisation de la salle du culte (disposition des chaises…) L'accueil des visiteurs Accueil des enfants (école du dimanche, aide aux parents) Sortie du culte (occasion de discussion, de collation à l'occasion)	1 2 3 4
Le culte	
Préparation des cultes La ponctualité Prise en compte des tranches d'âge dans le contenu et la forme du culte Louange (capacité à distinguer les paroles des chants, musique) Le son (réglage du son aux différentes étapes du culte) La direction du culte (clarté, concision, communication) La traduction pour les visiteurs non-francophones ou « Bauoléphone »	1 2 3 4
Le ministère de la Parole	
La diversité des thèmes abordés La clarté et la profondeur des messages La pertinence et l'actualité des thèmes abordés	1 2 3 4
Les activités de l'Église	
La prise en compte de la diversité des personnes (âges, centre d'intérêt, culture) L'action sociale (entraide, solidarité agissante) Prière pour ceux qui en éprouvent le besoin La prise en compte du calendrier chrétien dans le planning des activités La préparation des événements (mariage, baptême, retraite spirituelle)	1 2 3 4

L'organisation de l'Église	
La répartition des tâches La communication de l'information aux membres L'implication des groupes constitués (femmes, jeunes, etc.) Les occasions de service, selon les dons de chacun L'encadrement des responsables d'activités L'encadrement des nouveaux convertis	1 2 3 4
Les relations au sein de l'Église	
Les occasions d'être ensemble Les visites L'accessibilité des uns et des autres L'unité entre les membres La capacité à réconcilier les membres	1 2 3 4

Conclusion partielle

Peut-on, de bon droit, transposer les résultats de l'étude dans une autre culture ? La réflexion que nous venons de mener dans le contexte de l'Église CMA-CI permet de répondre par l'affirmative. C'est du moins à cette conclusion que conduit notre analyse.

Cette analyse avait d'abord consisté à nous prononcer sur la normativité ou non du modèle ministériel des EP. Le rapprochement avec les Évangiles et la tradition apostolique a suggéré la normativité du modèle des EP. Avec des expressions diverses qui s'expliquent par la situation particulière du destinateur et des destinataires, les données des EP s'inscrivent dans « l'unité dans la diversité », propre au NT.

Cette étape franchie, nous nous sommes intéressés à des rapprochements possibles entre le contexte « émetteur » et le contexte « récepteur ». La démarche en valait la peine : des heureuses correspondances existent entre le contexte des EP et celui de l'Église CMA-CI.

Le contexte de l'Église CMA-CI s'est présenté comme propice à une application des résultats de l'étude. La métaphore de l'Église-famille de Dieu, curieusement, trouve un terrain fertile dans le contexte culturel Baoulé. Que l'Église soit une famille, ne surprend guère le chrétien Baoulé : la vie sociale dans sa culture est organisée autour de la famille, de la famille élargie. La nouveauté c'est que Dieu devient Père, apportant ainsi une restauration des relations hommes-femmes, parents-enfants, hommes libres et esclaves, dans la maison.

La conception du ministère comme service à rendre à la communauté trouve elle aussi sa place. L'autorité en pays Baoulé est une autorité de service. Il en est ainsi parce que l'autorité du « chef » est pour le bien-être de la famille ; il est désigné « père de famille ». Pour s'en assurer, un ensemble de disposition existe en pays Baoulé pour limiter un usage abusif de l'autorité ; le détenteur en est informé lors de sa mise en place. Cette valeur culturelle devrait sans doute être rappelée au sein de l'Église, en général, et du corps pastoral, en particulier ; elle s'harmonise avec la notion néotestamentaire du service.

Le détenteur de l'autorité en pays Baoulé devrait être conscient de sa responsabilité communautaire, ses actes ayant des conséquences sur le village ; c'est l'éthique du « leader ». Certes, elle diffère de l'éthique du ministre-modèle des Pastorales, mais son existence est un mérite culturel à souligner. L'Église CMA-CI, étant consciente de cette double réalité, culturelle et biblique, a inscrit dans ses textes des dispositions disciplinaires allant de la sanction disciplinaire à la radiation définitive. Elles interpellent le ministre sur la nécessité de veiller sur son « être » et son « savoir être ».

Enfin, le cadre légal pour une évaluation du ministère pastoral au sein de l'Église existe ; le vocabulaire faisant implicitement appel à l'évaluation ne manque pas : « faire un plan d'action », « supérieur hiérarchique », « rendre compte », « quitus de la conférence », « ayant été fidèle dans les tâches », « n'ayant pas été l'objet de mesures disciplinaires », « remplissant les critères selon Tite 1.5-9 », etc. Autant de considérations qui plaidaient en faveur d'une application des résultats de l'étude à notre contexte.

Conclusion générale

À présent, nous sommes parvenus au terme de notre étude consacrée à l'évaluation du ministère pastoral à la lumière des Épîtres pastorales. L'entreprise n'était pas aisée. En effet, elle ne partait pas d'une reconsidération de pratiques évaluatives en cours au sein d'une Église cible (R. A. Lebold), ou encore elle n'était pas élaborée à partir de théories développées par les sciences humaines et sociales pour aborder le fait ecclésial (A. Turmel et J.-M. Levasseur). Notre démarche se voulait singulière : faire des Épîtres pastorales le lieu d'émergence de la réflexion, aux fins d'élaborer des critères d'évaluation du ministère pastoral.

L'auteur des Pastorales exhortait ses destinataires premiers (Timothée, Tite), à être des modèles de vie et à exercer un ministère marqué par la fidélité et la qualité. Aux destinataires seconds (les ministres locaux, épiscopes-presbytres, diacres), il va appliquer les mêmes exigences de qualité morale, extériorisée par un ministère sans défaillances caractérisées. La question de fond consistait donc à identifier la figure du ministre-modèle des Pastorales et les critères d'évaluation qui en découlent.

Les conclusions partielles apparues en leurs temps, ne rendent pas nécessaire, *a priori*, que l'on retrace les différentes phases de la recherche. Nous nous limiterons, pour l'essentiel, à formuler des principes du pastorat à partir de la figure du ministre-modèle des Pastorales et des résultats de l'étude. Le lecteur pourra alors apprécier avec nous le caractère universel des principes mis en valeur.

Quelques principes du pastorat

Le modèle de vie que le pasteur est appelé à offrir a une double dimension : il consiste d'abord, à s'approprier sans restriction les vertus de l'Évangile et ensuite, à faire un progrès moral sans cesse renouvelé.

L'éthique du pasteur est une éthique communautaire ; elle est à la portée de tous. Ainsi, être un pasteur modèle, c'est mettre en valeur ce qui est commun à tous, rien de plus, rien de moins. Les vertus de l'Écriture appliquées à chaque aspect de la vie ont pour fruit une conduite appréciable par tous ; de là, la règle vivante à imiter.

L'être du pasteur doit être porté à maturité. C'est par un travail répétitif sur lui-même, par l'exercice de la piété, que cela advient. Le progrès éthique qui en découle assure la visibilité d'une conduite irréprochable, qui ne donne pas prise à des attaques justifiées.

L'exigence qualitative du ministère est liée au contenu de l'enseignement. Le bon pasteur c'est celui qui est fidèle à l'Évangile, dans sa réception et dans sa transmission, à temps et à contre temps.

La fidélité dans le ministère ne se limite pas à la fidélité dans la transmission de l'Évangile. Le pasteur modèle a le souci de la continuité ; il investit en des hommes capables de garder intact l'Évangile reçu (2 Tm 1.14) et le transmettre sans altération, à d'autres (2 Tm 2.2). Il appréciera, en lien avec l'ensemble de la communauté, les qualités morales attendues et éprouvera les capacités souhaitées.

En dépit de telles dispositions dans le choix des ministres, une défaillance de la part de ceux-ci n'était pas exclue. Le pasteur fidèle exerce la discipline. Il accompagne ses collaborateurs, il exerce envers eux un ministère d'évaluation.

Le pasteur est un être en relation ; la fidélité dans le ministère consiste aussi à l'exercer dans la collégialité. Le vocabulaire ministériel, formulé au pluriel, impliquait une direction collégiale de la communauté ; cet appel à la responsabilité commune n'était pas moins qu'un appel à veiller les uns sur les autres, à s'évaluer mutuellement. Il importait qu'il en soit ainsi : la communauté, source et destinataire du ministère, était témoin de l'éthique du ministre ; celle-ci ne pouvait pas être en deçà de ce qui était exigé de l'honnête homme de la société. Il ne pouvait pas en être autrement : « ceux du dehors » doivent rendre un bon témoignage du pasteur.

Ainsi, le pasteur, à l'image du ministre des Pastorales, devrait faire l'objet d'une attention toute particulière, d'une évaluation salutaire. Cette évaluation devrait impliquer une figure d'autorité (supérieur hiérarchique), des pairs (les autres ministres), et des « frères et sœurs » (la communauté ecclésiale). Le pasteur lui-même, en toute responsabilité, devra s'exercer à une auto-évaluation. L'enjeu est celle de la crédibilité de l'Église et du message dont elle est porteuse.

L'évaluation du ministère pastoral repose sur des critères ; ils doivent inclure différents aspects de la vie et de l'expérience pastorale du ministre : vie personnelle, familiale, sociale et professionnelle.

L'Église est source et destinataire du ministère. L'évaluation du ministère pastoral a donc pour cadre l'Église, maison et famille de Dieu. Cette Église a une fonction enseignante, à l'égard de ceux qui y sont ; un refuge contre le mensonge et gardienne de la vérité. Le pasteur fidèle s'adonne au ministère de la Parole, sous ses formes diverses : il enseigne, prêche, exhorte, lit les Écritures.

Entité sociale, l'Église est un cadre de vie où s'articule théologie et éthique, où ce qui est entendu et cru, se traduit par une conduite conséquente. Le pasteur fidèle compte sur le Christ-Jésus pour croire ce qu'il demande aux autres de croire et pour faire ce qu'il attend des autres. De cette cohérence entre foi et conduite, à « l'intérieur » de la maison, dépendra la crédibilité de la vérité à porter vers « ceux du dehors », hors de la maison.

Le ministère structure la vie de l'Église. De la nature, de la vocation et de l'éthique de l'Église-maison de Dieu, le ministère est perçu comme répondant à un besoin organique : une maison doit être gouvernée. Cette tâche sera assurée par les ministres institués. Dieu aura l'initiative de leur choix ; il en fera don à la communauté. Toutefois, le ministre « divinement » désigné, remplira des critères qualitatifs, appréciables par tous. La prise de service suppose un bon témoignage, en amont. Dès lors, le ministre exerce l'autorité ; une autorité mise au service de l'Évangile à enseigner et, tacitement, au service de tous ceux de la maison.

L'éthique fait partie du mandat du pasteur. L'autorité exercée n'a d'efficacité que par l'exemplarité de son porteur. La maison devient ainsi, tout autant le contexte de déploiement du ministère que le cadre de son évaluation.

Le ministère pastoral porte en lui-même la raison d'être de son évaluation ; c'est un service, bien limité, encadré, et le pasteur fidèle, un dirigeant-serviteur.

Tels sont quelques principes du pastorat qu'il nous a semblé utile de relever, à partir des résultats de l'étude. La liste est loin d'être exhaustive. Là n'était pas l'enjeu. L'enjeu est celui de leur validité universelle. Nous avons la nette conviction que peu importent les lieux, les époques et les circonstances, ces principes du pastorat s'imposent. Leur validité est permanente. Ce qui nous semble variable, c'est l'approche évaluative ; elle dépendra des cultures réceptrices, des appréhensions et des dispositions humaines, des structures administratives et organisationnelles.

En ce qui concerne l'Église CMA-CI, nous espérons un bon accueil ; c'est en vue d'un ministère tout autre en son sein que nous avons déployé le présent effort de réflexion. Si l'Église CMA-CI s'approprie les acquis de la présente étude, l'innovation sera de taille ; des habitudes seront remises en cause, des chocs inhérents à toute nouveauté se produiront. Mais, en laissant de la place à la patience, les résultats pourraient être probants. Pourrions-nous alors espérer que l'évaluation du ministère aide à établir, au sein de l'Église, un lien entre « travail bien fait » et « nomination », entre « travail bien fait » et « rétribution ».

Les pratiques évaluatives mises en œuvre, une évaluation desdites pratiques devrait s'imposer au bout de quelques années. Ce sera le lieu de mettre en lumière ses forces et ses faiblesses, dans une perspective de croissance de ce que nous espérons voir se développer comme un ministère, à part entière. Une étude consacrée à « L'évaluation des pratiques évaluatives au sein de l'Église CMA-CI » serait alors une heureuse contribution à cette quête – que nous voulons constante – d'une qualité de vie et de service des ministres de la Parole.

Soli Deo Gloria

Annexe

L'Église Protestante Évangélique CMA de Côte d'Ivoire, membre de l'Union Mondiale de l'Alliance (UMA) a pour logo :

Une croix au centre
Un pichet à gauche de la croix,
Une coupe à droite de la croix,
Une couronne au pied de la croix.
Le tout incrusté dans la carte de la Côte d'Ivoire, dont la signification est la suivante :

La Croix : Christ, notre Sauveur (Jn 4.42 ; 1 Tm 1.15 ; Ac 4.12)

La coupe : Christ, notre Sanctificateur (Jn 17.19 ; 1 Co 1.30 ; 1 Th 5.23)

Le pichet : Christ, Guérisseur (Es 53.4-5 ; Mt 8.16-17 ; Jc 5.13-16)

La couronne : Christ, notre Roi qui revient (Mt 16.27 ; Jn 14.1-3 ; Ac 1.11)

Bibliographie

Textes bibliques et parabibliques

CHRYSOSTOME, JEAN, *Lettre à Timothée, Lettre à Tite, Lettre à Philémon, Lettre aux Hébreux*, sous dir. J. PENTHOS, Paris, F.-X. de Guilbert, 2009.

CLEMENT DE ROME, *Épître aux Corinthiens*, sous dir. H. HEMMER, *Les pères apostoliques II : Clement de Rome, épître aux Corinthiens. Homélie du IIe siècle*, Paris, Picard, 1926.

DUPONT-SOMMER, A., et A. PHILONENKO, sous dir., *La Bible. Les Écrits intertestamentaires*, Paris, Gallimard, 1987.

ELLIGER, K., et W. RUDOLF, sous dir., *Biblia Hebraica Stuttgartensia*, Stuttgart, Deutsche Bibelgesellschaft, 1997.

EUSEBE DE CESARÉE, *Histoire Ecclésiastique*. Livre 1-4, sous dir. G. BARDY, Paris, Cerf, 1952.

FLAVIUS, JOSEPHE, *Contre Apion*, texte traduit par LÉON BLUM, Paris, Les belles lettres, 1972.

FLAVIUS, JOSEPHE, *Les Antiquités juives*. Textes, traduction et notes par E. NOBET, Paris, Cerf, 1969.

LYON, Irénée de, *Contre les hérésies*, Livre III, sous dir. A. ROUSSEAU et L. DOUTRELEAU, Paris, Cerf, 1974.

NESTLE, ALAND, B., et al., sous dir., *Novum Testamentum Graece*, Stuttgart, Deutsche Bibelgesellschaft, 2001.

RAHLFS, sous dir., *Septuaginta* vol. I, Stuttgart, Württembergische, 1952.

Instruments de travail

ABEL, F. M., *Grammaire du grec biblique suivie d'un choix de papyrus*, EtB, Paris, Gabalda, 1927.

ALEXANDER, T. D., et B. S. ROSNER, sous dir., *Dictionnaire de Théologie biblique*, Cléon d'Andran, Excelsis, 2006.

BAILLY, A., *Dictionnaire grec-français*, Paris, Hachette, 1919.

Barrett, D., G. Kurian, et T. Johnson, sous dir., *World Christian Encyclopedia. A Comparative Study of Churches and Religions in the Modern World*, 2 vols., Oxford, Oxford University Press, 2001.

Bauer, W., *A Greek-English Lexicon of the New Testament and Other Early Christian Literature*, trad. W. F. Arndt et F. W. Gingrich, 2ᵉ éd., revue et augmentée par F. W. Gingrich et F. W. Danker, à partir de la 5ᵉ éd., Chicago, University of Chicago Press, 1979 (1958).

Beale, G. K., et D. A. Carson, *Commentary on the New Testament Use of the Old Testament*, Grand Rapids/Nottingham, Baker Academic/Apollos, 2007.

Blass, F., et A. Debrunner, *A Greek Grammar of the New Testament and Other Early Christian Literature*, Chicago, University of Chicago Press, 1979.

Brown, C., sous dir., *The New International Dictionary of New Testament Theology*, 3 vols., Grand Rapids, Zondervan, 1975-1978.

Brown, R. E., *Que sait-on du Nouveau Testament ?*, Paris, Bayard, 2000.

Carrez, M., et F. Morel, *Dictionnaire grec-français du Nouveau Testament*, Genève/Villiers-le-Bel, Labor et Fides/Société biblique française, 1995.

Carson, D. A., et D. J. Moo, *Introduction au Nouveau Testament*, Cléon d'Andran, Excelsis, 2007.

Conzelmann, H., et A. Lindemann, *Guide pour l'étude du Nouveau Testament*, MoBi 39, Genève, Labor et Fides, 1999.

Cousin, H., J.-P. Lemonon et J. Massonnet, sous dir., *Le monde où vivait Jésus*, Paris, Cerf, 1998.

Danker, F. W., sous dir., *A Greek-English Lexicon of the New Testament and Other Early Christian Literature based on Walter Bauer's*, Chicago-London, University of Chicago Press, 2000.

Dunn, J. D. G., *The Theology of Paul the Apostle*, Grand Rapids, Eerdmans, 1988.

Freedman, N. D., *The Anchor Bible Dictionary* vol. 4, New York, Doubleday, 1992.

George, A, et P. Grelot, sous dir., *Introduction à la Bible. Nouveau Testament*, t. III., Paris, Desclée, 1976.

George, A., et P. Grelot, sous dir., *Introduction au Nouveau Testament vol. III : Les Lettres Apostoliques*, Paris, Desclée, 1977.

Godet, F., *Introduction au Nouveau Testament*, Neuchâtel, Delachaux et Niestlé, 1893.

Guthrie, D., *New Testament Introduction*, Leicester/Downers Grove, Apollos/IVP, 1990.

Guthrie, D., *The Authorship and Integrity of the NT*, Londres, SPCK, 1965.

Johannes Botterweck, G., et al., *Dictionary of the Old Testament*, Grand Rapids, Eerdmans, 1974.

Keener, C. S. sous dir., *Bible Background Commentary*, Downers Grove, InterVarsity Press, 2014.

KITTEL, G., et G. FRIEDRICH, sous dir., *Theological Dictionary of the New Testament*, 9 vol., Grand Rapids, Eerdmans, 1964-1974.
KITTEL, G., *Dictionnaire biblique : Foi*, Genève, Labor et Fides, 1976.
KÜMMEL, W. G., *The New Testament. The History of the Investigation of Its Problems*, Nashville, Abingdon, 1972.
LADD, G. E., *Théologie du Nouveau Testament*, coll. Théologie, Cléon d'Andran/ Genève, Excelsis/PBU, 1999.
LAGRANGE, M. J., *Histoire ancienne du canon du Nouveau Testament*, Paris, J. Gabalda et Cie., 1933.
LIDDELL, H. G., R. SCOTT, H. S. JONES, et R. MCKENZIE, *A Greek-English Lexicon*, Oxford, Clarendon Press, 1996.
LOHSE, E., *Théologie du Nouveau Testament*, Genève, Labor et Fides, 1987.
LOUW, J. P., et E. A NIDA, sous dir., *Greek-English Lexicon of the New Testament Based on Semantic Domains*, 2 vol., New York, United Bible Societies, 1988.
MARGUERAT, D., sous dir., *Introduction au Nouveau Testament*, Genève, Labor et Fides, 2001.
METZGER, B. M., *A Textual Commentary on the Greek New Testament*, Stuttgart, United Bible Societies, 1998.
METZGER, B. M., *Lexicon Aids for Student of New Testament Greek*, New Jersey, Clarendon Press, 1981.
MOFFATT, J., *An Introduction to the Literature of the New Testament*, Edinburgh, T. & T. Clark, 1927.
MOULE, C. F. D, *La genèse du Nouveau Testament*, MoBi, Delachaux & Niestlé, Neuchâtel, 1971.
MOULE, C. F. D., *An Idiom Book of the New Testament Greek*, Cambridge, Cambridge University Press, 1953.
MOULE, C. F. D., *Essays in the New Testament Interpretation*, Cambridge, Cambridge University Press, 1982.
MOULTON, J. H., et N. TURNER, *A Grammar of New Testament Greek III. Syntax*, Edinburgh, T&T Clark, 1963.
NICOLE, J.-M., *Précis d'histoire des religions*, Nogent-sur-Marne, IB, 1990.
PAYA, C., sous dir., *Dictionnaire de Théologie Pratique*, Charols, Excelsis, 2011.
PIROT, L., et J. BRIEND, *Dictionnaire de la Bible*, Supplément VIII, Paris, Letouzey, 1972.
PORTER, S. E., sous dir., *Handbook to Exegesis of the New Testament* (NT tools and studies, 25), Leiden, Brill, 1997.
ROBERT, A., et A. FEUILLET, sous dir., *Introduction à la Bible*, t. 2, *Nouveau Testament*, Tournai, Desclée, 1959.
ROBERT, P., *Dictionnaire alphabétique et analogique de la langue française*, Paris, LE ROBERT, 1973.
SPICQ, C., *Lexique Théologique du Nouveau Testament*, Paris, Cerf, 1991.

STAMBAUGH, J. E., et D. L. BALCH, *The New Testament in Its Social Environment* (LEC), Philadelphie, Westminster Press, 1986.
The Analytical Greek Lexicon, London, S. Bagster & Son, 1971.
TENNEY, Merrill C., sous dir., *The Zondervan Pictorial Encyclopedia of the Bible*, vol. 4, Grand Rapids, Zondervan, 1976.
VINCENT, M. R., *Word Studies in the New Testament*, Grand Rapids, Eerdmans, 1965.
WALLACE, D. B., *Greek Grammar beyond the Basics*, Grand Rapids, Zondervan, 1997.

Sur les Épîtres pastorales

Commentaires

ARICHEA, D. C., et H. A. HATTON, *Paul's Letters to Timothy and to Titus*, UBS Handbook Series, New York, United Bible Societies, 1995.
BARRETT, C. K., *The Pastoral Epistles in the New English Bible. With Introduction and Commentary*, NCB, Oxford, Clarendon Press, 1963.
BASSLER, J. M., *1 Timothy, 2 Timothy, Titus*, ANTC, Nashville, Abingdon, 1996.
BÉNÉTREAU, S., *Les Épîtres pastorales. 1 et 2 Timothée, Tite*, CBE, Vaux-sur-Seine, Edifac, 2008.
BOUDOU, A., *Les Épîtres pastorales*, Paris, VS 15, Beauchesne, 1950.
CALVIN, J., *Commentaires de Jean Calvin sur le Nouveau Testament*, t. 4, Paris, C. Meyruels, 1855.
CALVIN, J., *Épîtres aux Thessaloniciens à Timothée, Tite et Philémon*, Aix-en-Provence/Marle-La-Vallée, Kérygma/Farel, 1991.
CARREZ, M., « Les Épîtres pastorales », dans A. GEORGE, P. GRELOT, sous dir., *Introduction au Nouveau Testament vol. III. Les Lettres Apostoliques*, Paris, Desclée, 1977.
CARREZ, M., et P. DORNIER, « Les Épîtres pastorales », dans M. CARREZ, P. DORNIER, M. DUMAIS, M. TRIMAILLE, *Les lettres de Paul, de Jacques, Pierre et Jude*, Petite Bibliothèque des Sciences Bibliques, NT 3, Paris, Desclée, 1983
COLLINS, R. F., *I & II Timothy and Titus. A commentary*, NTL, Louisville/London, Westminster/John Knox Press, 2002.
DAVIES, M., *The Pastoral Epistles*, Epworth commentaries, Londres, Epworth Press, 1996.
DIBELIUS, M. et H. CONZELMANN, *The Pastoral Epistles*, Hermeneia, Philadelphia, Fortress Press, 1972.
DORNIER, P., *Les Épîtres pastorales*, SB, Paris, Gabalda, 1969.

DUNN, J. D. G., « The First and Second letters to Timothy and the Letter to Titus », dans L. E. KECK, sous dir., *The New Interpreter's Bible,* vol. XI, Nashville, Abingdon Press, 2000, p. 775-880.

EARLE, R., « 1 Timothy, 2 Timothy », dans F. E. GAEBELIN, sous dir., *The Expositor's Bible Commentary,* vol. 11, Grand Rapids, Zondervan, 1996, p. 115-23.

EASTON, B. S., *The Pastoral Epistles,* New York, Scribners, 1947.

ELLICOTT, C. J., *The Pastoral Epistles of St Paul,* Londres, Longman, 1864.

FALCONER, R., *The Pastoral Epistles,* Oxford, Clarendon Press, 1937.

FEE, G., *1 and 2 Timothy, Titus,* NIBC, Peabody, Hendrickson, 1988.

FIORE, B., *Pastoral Epistles. First Timothy, Second Timothy, Titus,* SP, Collegeville, 2007.

GEALY, F. D., et M. P NOYES, « The First and Second Epistles to Timothy and the Epistle to Titus », dans G. A. BUTTRICK, sous dir., *The Interpreter's Bible,* vol. 11, Nashville, Abingdon Press, 1955, p. 341-551.

GOURGUES, M., *Les deux lettres à Timothée, la lettre à Tite,* CBNT, Paris, Cerf, 2009.

GUTHRIE, D., *The Pastoral Epistles. An Introduction and Commentary,* TNTC, Grand Rapids/Leicester, Eerdmans/IVP, 1990.

HANSON, A. T., *The Pastoral Epistles,* NCBC, Grand Rapids, Eerdmans, 1982.

HANSON, A. T., *The Pastoral Letters. Commentary on the First and Second Letters to Timothy and the Letter to Titus,* CBC, Cambridge, Cambridge University Press, 1966.

HENDRIKSEN, W., *Exposition of the Pastoral Epistles,* NTC 11, Grand Rapids, Eerdmans, 1957.

HENDRIKSEN, W., *I-II Timothy and Titus,* NTC, Grand Rapids, Baker, 1957.

HOULDEN, J. L., *The Pastoral Epistles: I and II Timothy, Titus,* Londres/Philadelphie, SCM Press, 1976.

JOHNSON, L. T., *The First and Second Letters to Timothy* (AB 35A), New York, Doubleday, 2001.

KELLY, J. N. D., *A Commentary on the Pastoral Epistles,* BNTC, Londres, Adam and Charles Black, 1963.

KELLY, W., *An Exposition of the Two Epistles to Timothy,* Londres, Hammond, 1948.

KNIGHT, G. W., *The Pastoral Epistles : A Commentary on the Greek Text,* NIGTC, Grand Rapids/Carlisle, Eerdmans/Paternoster, 1992.

KOUADIO, A., *1, 2 Timothée et Tite,* Abidjan, CPE, 2010.

LEA, T. D., et H. P. GRIFFIN, *1, 2 Timothy, Titus,* NAC 34, Nashville, Broadman, 1992.

LENSKI, R. C. H., *The Interpretation of St Paul's Epistles to the Colossians, to the Thessalonians, to Timothy, to Titus, and to Philemon*, Minneapolis, Augsburg, 1961.

LOCK, W., *A Critical and Exegetical Commentary on the Pastoral Epistles*, ICC, Edimbourg, T & T Clark, 1930.

MARSHALL, I. H., *A Critical and Exegetical Commentary on the Pastoral Epistles*, ICC 38, Edimbourg, T. & T., Clark, 1999.

MOUNCE, W. D., *Pastoral Epistles*, WBC 46, Nashville, Thomas Nelson Publishers, 2000.

QUINN, J. D., *The Letter to Titus*, AB 35, New York, Doubleday, 1990.

QUINN, J. D., et W. C. WACKER, *The First and Second Letters to Timothy*, ECC, Grand Rapids/Cambridge, Eerdmans, 2000.

REUSS, J., *Les deux lettres à Timothée*, Paris, Desclée, 1971.

REYNIER, C., et M. TRIMAILLE, *Les Épîtres de Paul III. Éphésiens, Philippiens, Colossiens, Thessaloniciens, Timothée, Tite, Philémon*, Paris/Outremont, Bayard/Novalis, 1997.

ROUX, H., *Les Épîtres pastorales. Commentaires de I et II Timothée et Tite*, Genève, Labor et Fides, 1959.

SCOTT, E. F., *The Pastoral Epistles*, NTC, London, Hodder & Stoughton, 1936.

SIMPSON, E. K., *The Pastoral Epistles*, Londres, The Tyndale Press, 1954.

SPICQ, C., *Les Épîtres pastorales*, EtB, 2 vol, Paris, Gabalda, 1969.

SPICQ, C., *Les Épîtres Pastorales*, EtB, Paris, Gabalda, 1947.

STOTT, J. R. W., *Guard the Gospel: The Message of 2 Timothy*, Downers Grove, InterVarsity Press, 1973.

STOTT, J. R. W., *Guard the Truth: The Message of 1 Timothy and Titus*, Downers Grove, InterVarsity Press, 1996.

TOWNER, P. H., *1-2 Timothy and Titus*, NTCS, Downers Grove, InterVarsity Press, 1994.

TOWNER, P. H., *The Letters to Timothy and Titus*, NICNT, Grand Rapids/Cambridge, Eerdmans, 2006.

WHITE, N. J. D., « The First and Second Epistles to Timothy and the Epistle to Titus », dans W. R. NICOLL, sous dir., *The Expositor's Greek Testament*, vol. 4, Grand Rapids, Eerdmans, 1970, p. 58-202.

WILD, R. A., « The Pastoral Letters », dans R. E. BROWN, J. A. FITZMYER, et R. E. MURPHY, sous dir., *The New Jerome Biblical Commentary*, London, Geoffrey Chapman, 2000, p. 891-902.

Études

CAMPBELL, R. A., *The Elders: Seniority within Earliest Christianity*, Edimbourg, T & T Clark, 1994.

COCHAND, N., *Les ministères dans les Épîtres pastorales*, Neuchâtel, 2002.

COTHENET, E., *Les Épîtres Pastorales*, Cahiers Évangile 72, Paris, Éditions du Cerf, 1990.
DONELSON, L. R., *Pseudepigraphy and Ethical Argument in the Pastoral Epistles*, HUT 22, Tübingen, J. C. B. Mohr (Paul Siebeck), 1986.
ELENGABEKA, E., *L'exploitation des Écritures. L'intertextualité scripturaire dans les Épîtres Pastorales*, Bern, PUE, 2009.
FIORE, B., *The Function of Personal Example in the Socratic and Pastoral Epistles*, AnBib 105, Rome, Biblical Institute Press, 1986.
GUTHRIE, D., *The Pastoral Epistles and the Mind of Paul*, Londres, Tyndale, 1956.
HANSON, A. T., *Studies in the Pastoral Epistles*, Londres, SPCK., 1968.
HARRISON, P. N., *Pauline and Pastorals*, Londres, Villiers, 1964.
HARRISON, P. N., *The Problem of the Pastoral Epistles*, Londres, Oxford University Press, 1921.
HAUSER, H., *L'Église à l'âge apostolique*, Paris, Cerf, 1996.
KIDD, R. M., *Wealth and Beneficence in the Pastoral Epistles*, SBL DS 122, Atlanta, Scholars Press, 1990.
KNIGHT, G. W., *The Faithful Saying in the Pastoral Letters*, Kampen, J. H. Kok, 1968.
LAU, A. Y., *Manifest in Flesh. The Epiphany Christology of the Pastoral Epistles*, WUNT 2/86, Tübingen, J. C. B. Mohr (Paul Siebeck), 1996.
LEMAIRE, A., *Les ministères aux origines de l'Église*, LecDiv 68, Paris, Cerf, 1971.
LESTAPIS, (DE), S., *L'énigme des Pastorales de Saint Paul*, Paris, Gabalda, 1976.
MILLER, J. D., *The Pastoral Letters as Composite Documents*, SNTS MS 93, Cambridge, Cambridge University Press, 1997.
PRIOR, M., *Paul the Letter-Writer and the Second Letter to Timothy*, JSNT Sup 23, Sheffield, JSOT Press, 1989.
REDALIÉ, Y., *Paul après Paul. Le temps, le salut, la morale selon les épîtres à Timothée et à Tite*, MoBi 31, Genève, Labor et Fides, 1994.
REDALIÉ, Y., M. GOURGUES, et H. PONSOT, « Dossier: Timothée », *LV*, 285, 2010.
TOWNER, P. H., *The Goal of Our Instruction. The Structure of Theology and Ethics in the Pastoral Epistles*, JSNTS 34, Sheffield, Sheffield Academic Press, 1989.
VAN NESTE, R., *Cohesion and Structure in the Pastoral Epistles*, London/New York, T&T Clark, 2004.
VERNER, D. C., *The Household of God: The Social World of the Pastoral Epistles*, SBL DS 71, Chico, Scholar Press, 1983.
WILSON, S. G., *Luke and the Pastoral Epistles*, Londres, SPCK, 1979.
YARBROUGH, M. M., *Paul's Utilization of Performed Traditions in 1 Timothy*, Londres, T&T Clark, 2009.
YOUNG, F., *The Theology of the Pastorals*, Cambridge, Cambridge University Press, 1994.

Articles

AAGESON, J. W., « The Pastoral Epistles, Apostolic Authority and the Development of the Pauline Scriptures », dans S. E. PORTER, sous dir., *The Pauline Canon* (PS), Leiden-Boston, Brill, 2004, p. 5-26.

BALDENSPERGER, G., « Il a rendu témoignage devant Ponce Pilate », *RhPhR* 2, 1922, p. 1-25, 95-117.

BASSLER, J. M., « Epiphany Christology in The Pastoral Letters: Another Look », dans J. C. ANDERSON, sous dir., *Pauline Conversation in Context*, Londres, Sheffield Academic Press, 2002, p. 194-214.

BASSLER, J. M., « Limits and Differentiation: the Calculus of Windows in 1 Timothy 5:3-16 », A.-J. LEVINE et M. BLICKENSTAFF, sous dir., *A Feminist Companion to the Deutero-Pauline Epistles*, Londres, T & T Clark, 2003, p. 122-146.

BÉNÉTREAU, S., « La richesse selon 1 Timothée 6.6-10 et 6.17-19 », *ETR* 83, 2008, p. 49-60.

BENOIT, P., « Les origines de l'épiscopat dans le Nouveau Testament », *Exégèse et théologie* II, Paris, Cerf, 1961, p. 232-246.

BLACKBURN, B. L., « The Identity of the "Women" in 1 Timothy 3:11 », dans C. D. OSBURN, sous dir., *Essays on Women in Early Christianity*, vol. 1, Joplin, College Press, 1993, p. 303-319.

BLOCHER, H., « 2 Timothée 3.14-4.5 : l'Écriture inspirée utile », *CTB* 17, 1992, p. 3-6.

BLOCHER, H., « Les vases séparées (2 Timothée 2. 19-21) » *ThEv* 1, no. 2, 2002, p. 87-89.

BONNEAU, G., « "Pour y achever l'organisation" (Tite 1.5). L'institutionnalisation de l'Église au temps du Nouveau Testament », *ScEs* 52, 2000, p. 87-107.

BOURKE, M. M., « Reflexion on Church Order in the New Testament », *CBQ* 30, 1968, p. 493-511.

BROWN, R. E., « Episkopê and Episkopos: The New Testament Evidence », *ThS* 41, 1980, p. 322-338.

BURNET, R., « La pseudépigraphie comme procédé littéraire autonome : l'exemple des pastorales », *Apoc* 11, 2000, p. 71-91.

CAMPBELL, B., « Rhetorical Design in 1 Timothy 4 » *BS* 154, 1997, p. 189-204.

CAMPBELL, R. A., « Identifying the Faithful Sayings in the Pastoral Epistles », *JSNT* 54, 1994, p. 73-86.

CLARK, D. J., « Discourse Structure in Titus », *BT* 53, 2002, p. 101-117.

CLARKE, A. D., « "Be Imitators of Me" », *TynB* 49, no. 2 (1998), p. 329-360.

CLASSEN, C., « A Rhetorical of the Epistle to Titus », dans S. E. PORTER et T. H. OLBRICHT, sous dir., *The Rhetorical Analysis of Structure. Essay from the*

1995 London Conference, JSNTSup 146, Sheffield, Sheffield Academic Press, 1997, p. 427-444.

COLLINS, R. F., « The image of Paul in the Pastorals », *LTP* 31, 1975, p. 147-173.

COOK, D., « The Pastoral Fragment Reconsidered », *JThS* 35, 1984, p. 120-131.

COTHENET, E., « Directives pastorales dans les épîtres à Timothée », *EV* 113, 2004, p. 17-23.

COTHENET, E., « La lecture liturgique des épîtres pastorales », *EV* 111, 2004, p. 14-20.

COTHENET, E., « La liturgie comme anticipation de la parousie dans les Épîtres pastorales », dans A. M. TRIACCA et A. PISTOIA, sous dir., *Eschatologie et Liturgie*, BEL 35, Rome, Edizioni Liturgiche, 1985, p. 55-73.

COTHENET, E., « La prière chrétienne selon les épîtres pastorales », *EV* 112, 2004, p. 21-27.

COTHENET, E., « Les ministères ordonnés dans les Pastorales », dans E. COTHENET, sous dir., *Exégèse et Liturgie* II, LecDiv 175, Paris, Cerf, 1999, p. 221-238.

COUSER, G. A., « God and Christian Existence in the Pastoral Epistles: Toward Theological Method and Meaning », *NT* 42, 2000, en part. p. 271-283.

COUSINEAU, A., « Le sens de *presbuteros* dans les Pastorales », *ScEs* 28, 1976, p. 147-162.

CRUVELLIER, Y., « La notion de piété dans les épîtres pastorales », *EtEv* 23, no. 2, 1963, p. 41-61.

DODD, C. H., « New Testament Translation Problems II », *BT* 28, 1977, p. 112-116.

DONELSON, L. R., « The Structure of Ethical Argument in the Pastoral Epistles », *BTB* 3, 1988, p. 108-113.

DORNIER, P., « Les épîtres pastorales », dans J. DELORME, sous dir., *Le Ministère et les Ministères selon le Nouveau Testament*, Paris, Seuil, 1974, p. 94-101.

DOWNS, D. J., « "Early Catholicism" and Apocalypticism in the Pastoral Epistles », *CBQ* 67, 2007, p. 641-661.

DUBOIS, J. D., « Les Pastorales, la gnose et l'hérésie », *Foi et Vie* 94, 1995, p. 41-48.

DUFF, J., « P[46] and The Pastorals: A Misleading Consensus? », *NTS* 44, 1998, p. 578-590.

EDWARDS, B. B., « The Genuineness of the Pastoral Epistles » *BS* 150, 1993, p. 131-139.

ELENGABEKA, E., « Une médiation pastorale entre le livre et la communauté l'anagnôsis en 1 Tm 4.1 », *RevSR* 79, no. 1, 2005, p. 117-126.

ELLINGWORTH, P., « The "True Saying" in 1 Timothy 3.1 », *BT* 31, 1980, p.443-445.

Ellis, E. E., « The Authorship of The Pastorals: A Resume and Assessment of Current Trends », *EQ* vol. XXXII, no. 3, 1960, p. 151-161.

Ellis, E. E., « Traditions in the Pastoral Epistles », dans C. A. Evans et W. F. Stinespring, sous dir., *Early Jewish and Christian exegesis. Studies in Memory of William Hugh* Brownlee, Atlanta Georgia, Scholars Press, 1987, p. 237-253.

Fee, G. D., « L'organisation de l'Église dans les Epîtres pastorales : quelle herméneutique pour des écrits de circonstances ? », *Hokhma* 36, 1987, p. 21-36.

Ferrier-Welty, M., « La transmission de l'Évangile. Recherche sur la relation personnelle dans l'Église d'après les épîtres pastorales », *ETR* 32, 1957, p. 75-131.

Fitzmyer, J. A., « The Savior God », dans A. A. Das et F. J. Matera, sous dir., *The Forgotten God: Perspectives in Biblical Theology. Essay in Honor of Paul J. Achtemeier*, Louisville/Londres, Westminster John Knox, 2002, p. 181-196.

Fitzmyer, J. A., « The Structured Ministry of the Church in the Pastoral Epistles », *CBQ* 66, 2004, p. 582-596.

Floor, L., « Church Order in the Pastoral Epistles », *Neotest* 10, 1976, p. 81-91.

Ford, J. M., « A Note on Proto-Montanism on the Pastoral Epistles », *NTS* 17, 1970-1971, p. 338-346.

Fuller, J. W., « Of Elders and Triads in 1 Timothy 5. 19-25 », *NTS* 29, 1983, p. 258-263.

Galtier, P., « La réconciliation des pécheurs dans la première épître à Timothée », *RSR* 39, 1951, p. 317-320.

Glasscock, E., « The Biblical Concept of Elder », *BS* 144, 1987, p. 66-78.

Glasscock, E., « The Husband of One Wife Requirements in 1 Timothy 3:2 », *BS* 140, 1983, p. 244-258.

Goodrick, E. W., « Let's Put 2 Timothy 3:16 Back in the Bible », *JETS* 25, 1982, p. 479-487.

Goodwin, M. J., « The Pauline Background of the Living God as Interpretive Context for 1 Timothy 4:10 », *JSNT* 61, 1996, p. 65-85.

Goulder, M., « The Pastor's Wolves. Jewish Christian Visionaries behind the Pastoral Epistles », *NT* 38, 1996, p. 242-256.

Gourgues, M., « "Colonne et socle de la vérité" : note sur l'interprétation de 1 Timothée 3.15 », *ScEs* 59, no. 2-3, 2007, p. 173-180.

Gourgues, M., « Les pouvoirs en voie d'institutionnalisation dans les épîtres pastorales », *RTL* 41, 2010, p. 465-498.

Gundry, R. H., « The Form, Meaning, and Background of the Hymn Quoted in 1 Timothy 3:16 », dans W.W. Gasque et R.P. Martin, sous dir., *Apostolic History and the Gospel. Biblical Historical presented to F. F. Bruce*, Exeter, The Paternoster Press, 1970, p. 203-222.

Harrison, P., « The authorship of the Pastoral Epistles », *The Expository Times* LXVII, 1955-1956, p. 77-81.

Harrison, P., « The Pastoral Epistles and Duncan's Theory », *NTS* 2, 1956, p. 250-261.

Harvey, A. E., « "The Workman is Worthy of His Hire": Fortunes of a Proverb in the Early Church », *NT* 24, 1982, p. 209-221.

Harvey, A. E., « Elder », *JThS* 25, 1974, p. 318-332.

Hiebert, D.E., « Behind the Word "Deacon": A New Testament Study » *BS* 140, 1983, p. 151-162.

Hitchcock, M., « Tests for the Pastorals », *JTS* 30, 1928-1929, p. 272-279.

House, H. W., « Biblical Inspiration in 2 Timothy 3:16 », *BS* 137, 1980, p. 54-63.

Jaubert, A., « L'image de la colonne (1 Timothée 3.15) », *Studiorum Paulinorum Congressus Internationalis Catholicus* 1961, II (AnBib 18), Rome, E. Pontifico Instituto Biblico, 1963, p. 101-108.

Johnson, L. T., « Paul's Ecclesiology », dans J. D. G. Dunn, sous dir., *The Cambridge Companion to St Paul*, Cambridge, CUP, 2003, p. 199-211.

Karris, R. J., « The Background and Significance of the Polemic of the Pastoral Epistles », *JBL* 92, 1973, p. 549-564.

Käsemann, E., « Formule néotestamentaire d'une parénèse d'ordination (1 Tm 6.11-16) », dans E. Käsemann, sous dir., *Essais exégétiques*, Neuchâtel, Delachaux et Niestlé, 1972, p. 111-119.

Katz, P., « Πρεσβυτέριον in 1 Tim 4.14 and Susanna 50 », *ZNW* 51, 1960, p. 27-30.

Kim, H. B, « The Interpretation of μάλιστα in 1 Timothy 5:17 », *NT* 46, 2004, p. 360-368.

Lewis, R. M., « The "Women" of 1 Timothy 3:11 », *BS* 136, 1979, p. 167-175.

Lyonnet, S., « Le diacre "mari d'une seule femme" (1 Tm 3.12) », dans P. Winninger, J. Lecuyer et Y. Congar, sous dir., *Le Diacre dans l'Église et le monde d'aujourd'hui*, Unam Sanctam 59, Paris, Cerf, 1966, p. 272-278.

Magee, G. S., « Paul's Response to the Shame and Pain of Imprisonment in 2 Timothy », *BS* 165, 2008, p. 338-353.

Mappes, D. A., « Moral Virtues Associated with Eldership », *BS* 160, 2003, p. 202-218.

Mappes, D. A., « The "Laying on of Hands" of Elders » *BS* 154, 1997, p. 473-479.

Mappes, D. A., « The Heresy Paul Opposed in 1 Timothy » *BS* 156, 1999, p. 452-458.

Mappes, D. A., « The "Elder" in the Old and New Testament » *BS* 154, 1997, p. 80-92.

Mappes, D. A., « The Discipline of a Sinning Elder » *BS* 154, 1997, p. 333-343.

Mappes, D. A., « The New Testament Elder, Overseer, and Pastor » *BS* 154, 1997, p. 162-174.
Marshall, H. I., « Recent Study of the Pastoral Epistles », *Themelios* 23, no. 1, 1997, pp. 3-29.
Marshall, I. H., « The Christian Life in 1 Timothy », *RTR* XLIX, 1990, p. 81-90.
McEleney, N. J., « Vice Lists of the Pastoral Epistles », *CBQ* 36, 1974, p. 203-219.
McGonical, T. P., « "Every Scripture Is Inspired": An Exegesis of 2 Timothy 3.16-17 », *SBT* 8, 1978, p. 53-64.
McKee, E., « Les anciens et l'interprétation de 1 Tm 5.17 chez Calvin : une curiosité dans l'histoire de l'exégèse », *RTP* 120, 1988, p. 411-417.
MacLeod, D. J., « Christology in Six Lines: An exposition of 1 Timothy », *BS* 159, 2002, p. 334-348.
Meier, J. P., « *Presbyteros* in the Pastoral Epistles », *CQB* 35, 1973, p. 323-345.
Moule, C. F. D., « The Problem of the Pastoral Epistles: A Reappraisal », *BJRL* 47, 1965, p. 430-452.
Murphy O'Connor, J., « 2 Timothy contrasted with 1 Timothy and Titus », *RB* 98, 1991, p. 403-418.
Murphy-O'Connor, J., « Redactional Angels in 1 Tim 3:16 », *RB* 91, 1984, p. 178-187.
Neyrey, J. H., « "First", "Only", "One of a Few", and "No One Else": The Rhetoric of Uniqueness and the Doxologies of 1 Timothy », *Bib.*86, 2005, p. 59-87.
Page, S., « Marital Expectations of Church Leaders in the Pastoral Epistles », *JSNT* 50, 1993, p. 105-120.
Perrot, C., « Le ministère dans les Pastorales », dans C. Perrot, sous dir., *Après Jésus. Le ministère chez les premiers chrétiens*, Paris, Atelier/Ouvrières, 2000, p.161-176.
Petit, O., « 1 Timothée 4 : où la piété se découvre une pratique salutaire », *SémBib* 105, 2002, p. 29-39.
Pietersen, L. K., « Magic/Thaumaturgy and the Pastorals », dans T. Klutz, sous dir., *Magic in the Biblical World. From the Rod of Aaron to the Ring of Salomon*, Londres/New York, T & T Clark, 2003, p. 157-167.
Ponsot, H., « Les Pastorales serait-elles les premières lettres de Paul ? », *LV* no. 231, p. 83-93 ; no. 232, p. 79-90 ; no. 233, p. 83-89.
Porter, E., « What Does It Mean to Be "Saved by Childbirth" (1 Timothy 2:15) ? », *JNST* 49, 1993, p. 87-102.
Potterie, I. de la, « Mari d'une seule femme. Le sens théologique d'une formule paulinienne », dans L. de Lorenzi, sous dir., *Paul de Tarse, apôtre de notre temps*, Rome, Saint Paul's Abbey, 1979, p. 619-638.

REICKE, B., « Les Pastorales dans le ministère de Paul », *Hokhma*, 19, 1982, p. 47-61.
RICO, C., « *Episcopoi, presbyteroi et diakonoi* dans la Bible et la littérature chrétienne des deux premiers siècles », *RB* 115, 2008, p. 127-134.
SCHLIER, H., « La hiérarchie de l'Église d'après les Épîtres pastorales », dans *Le temps de l'Église*, Paris, Casterman,1961, p. 140-156.
SCHLOSSER, J., « Chants et hymnes dans le christianisme primitif », *Le MoBi* 37, 1985, p. 26-29.
SCHLOSSER, J., « La didascalie et ses agents dans les épîtres pastorales », *RevSR* 59, 1985, p. 81-94.
SCHLOSSER, J., « Le ministère de l'episcopè d'après les épîtres pastorales », dans J. SCHLOSSER, sous dir., *À la recherche de la Parole. Études d'exégèse et de théologie biblique*, LecDiv 207, Paris, Cerf, 2006, p. 561-596.
SCHMITT, J., « Didascalie ecclésiale et tradition apostolique selon les Épîtres pastorales », *L'Année Canonique* 23, 1979, p. 45-57.
SCHNACKENBURG, R., et K. THIEME, « L'Église dans les Épîtres pastorales », dans *La Bible et le Mystère de l'Église*, Tournai, Desclée & Co, 1964, p. 46-52.
SCHWEIZER, E., « Two New Testament Creeds Compared: 1 Corinthians 15:3-5 and 1 Timothy 3:16 », *Neotestamentica. Deutsche und englische Aufsätze 1951-1963*, Zurich, Zwingli, 1963, p. 122-135.
SKEAT, T. S., « "Especially the parchments": a note on 2 Tm 4:13 », *JThS* 30,1979, p. 173-177.
SPICQ, C., « Gymnastique et morale d'après 1 Tm 4.7-8 », *RB* 54, 1947, p. 229-242.
STIEFEL, J. H., « Women Deacons in 1 Timothy: A Linguistic and Literary Look at "Women Likewise…" (1 Tim 3:11) », *NTS* 41, 1995, p. 442-457.
TOWNER, P. H., « The Present Age in the Eschatology of the Pastoral Epistles », *NTS* 32, 1986, p. 427-448.
WILDER, T. L., « A Brief Defense of the Pastoral Epistles' Authenticity », *MJT* 2, no. 1, 2003, p. 38-42.
YARNELL, M. B., « οἶκος θεοῦ: A Theologically Neglected but Important Ecclesiological Metaphor », *MJT* 2, no. 1 (automne 2003), p. 53-65.

Sur l'évaluation, le ministère et la théologie pastorale

Ouvrages
BOURDANNÉ, D., sous dir., *Leadership pour l'excellence*, Abidjan, PBA, 2002.

Coppens, J., *L'imposition des mains et les rites connexes dans le Nouveau Testament et dans l'Église ancienne*, Paris, J. de Meester et fils, 1925.

Delorme, J., sous dir., *Le Ministère et les Ministères selon le Nouveau Testament*, Paris, Seuil, 1974.

D'Espine, H., *Les anciens conducteurs d'Église*, Neuchâtel/Paris, Delachaux & Niestlé, 1946.

Ellis, E. E., *Pauline Theology. Ministry and Society*, Grand Rapids, Eerdmans, 1989.

Jouan, M., *L'entretien annuel d'évaluation : occasion de développement. Une approche cognitive*, Paris, Conservatoire nationale des arts et métiers, 1994.

Katz, D., et R. K. Kahn, *The Social Psychology of Organization*, New-York, John Wiley and Sons, 1978.

Kuen, A., *Le responsable. Qualifications et fonctions*, Saint-Légier, Emmaüs, 1997.

Kuen, A., *Ministères dans l'Église*, Saint-Légier, Emmaüs, 1989.

Lebold, R. A., *The Evaluation of the Pastoral Leader in the Context of the Congregation*, Toronto, Toronto School of Theology, 1980.

Lemaire, A., *Les ministères aux origines de l'Église*, LecDiv 68, Paris, Cerf, 1971.

Lemaire, A., *Les ministères dans l'Église*, Paris, Centurion, 1974.

Levasseur, J.-M., et A. Turmel, *L'évaluation pastorale au Québec. Tome 1 : L'enquête sur les pratiques évaluatives des paroisses*, Trois-Rivières, Pastor, 1992.

Levasseur, J.-M., et A. Turmel, *L'évaluation pastorale au Québec. Tome 2 : L'analyse organisationnelle des pratiques évaluatives*, Trois-Rivières, Pastor, 1993.

Menoud, P.-H., *L'Église et les ministères selon le Nouveau Testament*, Neuchâtel/Paris, Delachaux & Niestlé, 1949.

Millon, G., *Les Grâces de service*, Mulhouse, CCC, 1976.

Morris, L., *The Apostolic Preaching of the Cross*, Grand Rapids, Eerdmans, 1955.

Nadeau, J.-G., *La praxéologie pastorale. Orientations et parcours*, 2 tomes, 1987.

Oden, T. C., *Pastoral Theology: Essentials of Ministry*, San-Francisco, Harper & Row, 1983.

Picon, R., *Ré-enchanter le ministère pastoral. Fonctions et tensions du ministère pastoral*, Lyon, Olivétan, 2007.

Sabourin, L., *Protocatholicisme et ministères. Commentaire bibliographique*, Montréal, Bellarmin, 1989.

Strauch, A., *Les Anciens : Qu'en dit la Bible ?*, Cap-de-la-Madeleine, Publications Chrétiennes, 2004.

Vinet, A., *Le ministère pastoral ou la théorie du ministère évangélique*, Neuchâtel, Delachaux et Nestlé, 1843.

Vinet, A., *Théologie Pastorale*, Lausanne, Payot, 1942.

Articles

ANDERSON, L., « Personal Challenges For 21St-Century Pastors » *BS* 151, 1994, p. 259-266.

ANDERSON, L., « Practice of Ministry in 21St-Century Churches » *BS* 151, 1994, p. 387-392.

ANDERSON, L., « Theological Issues of 21St-Century Ministry » *BS* 151, 1994, p. 131-139.

BARKER, M., « La santé psychologique du pasteur », *Fac-réflexion* 30, 1995.

BLANDENIER, J., « Ministère pastoral seul ou en équipe », CEP 9, 1991, p. 3-26.

CLARKE, A. D., *A Pauline Theology of Church Leadership*, LNTS 362, Londres, T&T Clark, 2008.

COLSON, J., « Désignation des ministres dans le Nouveau Testament », *LMD* 102, 1970, p. 21-29.

DAWSWELL, A., « A Biblical and Theological Basis for Collaborative Ministry and Leadership », *Anvil* 21, no. 3, 2004, p. 165-178.

ECHLIN, E.-P., « The Origins of the Permanent Deacon », *AER* 2, 1970, p. 92-102.

GEORGE, A., « Des Douze aux apôtres et à leurs successeurs », dans *Le ministère sacerdotal*, Profac, Lyon, 1970, p.

GRELLIER, I., « L'autorité des pasteurs bousculée par les évolutions de la société : une chance pour l'évangile ? », *ETR* 78, 2003, p. 367-386.

HAYES, E., « The Call to Ministry », *BS* 157, 2000, p. 88-98.

HRUBY, K., « La Notion d'ordination dans la tradition juive », *LMD* 102, 1970, p. 30-56.

JOHN, M. R., « Augustine's Self-Watch: A Model for Pastoral Leadership », *BS* 155, 1998, p. 92-103.

KILMARTIN, E. J., « Ministère et ordination dans l'Église chrétienne primitive. Leur arrière-plan juif », *LMD* 138, 1979, p. 49-92.

LEMAIRE, A., « Les Épîtres de Paul : La diversité des ministères », dans J. DELORME, sous dir., *Le ministère et les ministères selon le Nouveau Testament*, Paris, Seuil, 1974.

LHERMENAULT, E., « Un ministère "durable" », *CEP* 76, 2010, p. 1-28.

LOVERINI, A., « Sur l'évaluation du ministère pastoral », *Fac-Réflexion* 46-47, 1999, p. 47-64.

NISUS, A., « Sept thèses sur l'autorité dans l'Église », *CEP* 33, 1999, p. 27-38.

OSEI-MENSAH, G., *Le dirigeant : Patron ou serviteur*, Abidjan, CPE, 1996.

PAYA, C., « Collégialité, travail en équipe », *DTP*, p. 178-183.

PERROT. C., *Après Jésus : le ministère chez les premiers chrétiens*, Paris, Atelier/Ouvrière, 2000.

Romerowski, S., « Les "charismata" du Nouveau Testament : Aptitudes ou ministères ? », *ThEv* 1, no. 1, 2002, p. 15-38.
Smith, J. E., « Can Fallen Leaders Be Restored to Leadership? », *BS* 151, 1994, p. 455-480.
Stott, J. R. W., « Christian Preaching in the Contemporary World », *BS* 145, 1988, p. 363-370.
Stott, J. R. W., « Ideals of Pastoral Ministry », *BS* 146, 1989, p. 3-10.
Sunukjian, D. R., « The Credibility of the Preacher », *BS* 139, 1982, p. 255-266.
Turmel, A., et J.-M. Levasseur, « Analyse d'une pratique : l'évaluation pastorale », dans B. Reymond et J.-M. Sordet, sous dir., *La théologie pratique. Statut, méthodes, perspectives d'avenir,* Le Point théologique 57, Paris, Beauchesne, 1993, p. 312-321.
Zokoué, I., « Le modèle biblique du pastorat et les pratiques actuelles dans les Églises africaines », dans D. Bourdanné, sous dir., *Leadership pour l'excellence*, Abidjan, PBA, 2002.

Sur la C&MA et le pays Baoulé

Ouvrages

Bailey, K., *Pour faire Revenir le Roi. Une introduction à l'histoire et à la pensée de l'Alliance Chrétienne et Missionnaire*, Québec, Alliance Chrétienne et Missionnaire, sd.
Delafosse, M., *Sur les traces probables de civilisation et d'hommes de race blanche à la Côte d'Ivoire*, Paris, Masson, 1901.
Effimbra, G., *Manuel de Baoulé*, Paris, Fernand Nathan, 1959.
Ekvall, R. B., et al., *After Fifty Years, A Record of God's Working through The Christian and Missionary Alliance*, Harrisburg, Christian Publication, 1939.
Gilbertson, R., *The Baptism of the Holy Spirit. The view of A. B. Simpson and His Contemporaries*, Camp Hill, Christian Publications, 1993.
Guerry, V., *La vie quotidienne dans un village Baoulé*, Abidjan, INADES, 1970.
Hodges, M. L., *On the Mission Field, 'The Indigenous Church'*, Chicago, Moody Press, 1953.
King, L., *Missionary Atlas. A Manual of the Foreign Work of the Christian and Missionary Alliance*, Harrisburg, Christian Publications, 1974.
Kouassi, C., *La C.M.A en pays Baoulé de 1919 à 1960*, Abidjan, ETAF, 2006.
Kouassi, C., *Les Missions Chrétiennes en pays Baoulé (1925-1939)*, Abidjan, UNCI, 1989.
Loucou, J. N., *Histoire de la Côte d'Ivoire*, t. 1, Abidjan, NETER, 2002.

Loucou, J. N., et F. Ligier, *La reine Pokou fondatrice du royaume Baoulé*, Paris/Abidjan/Dakar, ABC/NEA., 1977.

N'Guessan, K. N., *Royauté en pays Baoulé et Royauté en Israël. Une réflexion sur le pouvoir politique et des suggestions pour aujourd'hui*, Abidjan, FATEAC, 2004.

Niklaus, R. L., et al., *All for Jesus, God at Work in The Christian and Missionary Alliance Over One Hundred Years*, Camp Hill, Christian Publication Inc., 1986.

Perrot, C. H., *Les Anyi-Ndenye et le pouvoir au 18e et 19e siècle*, Abidjan/Paris, CEDA/ Sorbonne, 1982.

Sanon, Y., *L'Église de l'Alliance Chrétienne au Burkina Faso face à l'exigence de l'engagement missionnaire*, Abidjan, FATEAC, 1999.

Simpson, A. B., *L'Évangile dans sa plénitude. Jésus-Christ : Sauveur, Sanctificateur, Guérisseur, Roi*, Camp Hill, Christian Publications Inc., 1984.

Simpson, A. B., *Entièrement sanctifié*, Québec, Bibliothèque Nationale du Canada, 1985, du titre original *Wholly Sanctified*, trad. par J. Rollier (1924).

Tiacoh, G., *Dans le pays Baoulé Monographie de la commune de Tomidi. Origine et Histoire*, Abidjan, INCI, 1983.

Tymian, J., J. K. N'Guessan, et J. N. Loucou, *Dictionnaire Baoulé-français*, Abidjan, NEI, 2003.

Ynguémba, F. J.-M., *Essai sur l'histoire de la Mission Alliance chrétienne et missionnaire au sud-Gabon*, Vaux-sur-Seine, FLTE, 1987.

Articles

Hagan, G., « Le concept de pouvoir dans la culture akan », dans *Le concept de pouvoir en Afrique*, Paris, UNESCO, 1986.

Loucou, J. N., « Entre l'histoire et la légende : l'exode des Baoulé au XVIIIe siècle. De Kumassi à Sakassou, les migrations d'une fraction du grand peuple akan », *Afrique Histoire* 5, p. 43-50.

Loucou, J. N., « Note sur l'État Baoulé précolonial », *AUA* I, t. XIII, histoire, 1985, p. 25-59.

McGraw, G. E., « The Legacy of A. B. Simpson », *IBMR* 16, no. 2, 1992.

Sur diverses questions

Ouvrages

Aletti, J. N., *Essai sur l'ecclésiologie des lettres de Saint-Paul*, Paris, Gabalda, 2009.

Arnold, C. E., *Ephesians: Power and Magic. The Concept of Power in Ephesians in Light of Its Historical Setting*, SNTS. MS 63, Cambridge, Cambridge University Press, 1989.

BECKER, J., *Paul apôtre des nations,* coll. Théologie Biblique, Paris/Montréal, Cerf/Médiapaul, 1995.
BÉNÉTREAU, S., *La première épître de Pierre,* CEB, Vaux-sur-Seine, Edifac, 1984.
BÉNÉTREAU, S., *La deuxième épître de Pierre et l'épître de Jude,* Vaux-sur-Seine, Edifac, 1994.
BENOIT, P., *Exégèse et théologie I,* Paris, Cerf, 1961.
BILLET, C., *Le Guide des techniques d'évaluation,* Paris, Dunod, 2008.
BLOCHER, H., *La Bible au microscope. Étude d'exégèse et de théologie biblique,* vol. 1, Vaux-sur-Seine, Edifac, 2006.
BLOCHER, H., *La doctrine du Christ,* Vaux-sur-Seine, Edifac, 2002.
BLOCHER, H., *La doctrine du péché et de la rédemption,* Vaux-sur-Seine, Edifac, 2000.
BONNARD, P., *Anamnesis,* CRTP n°3, Genève/ Lausanne/ Neuchâtel, SAV, 1980.
BONNARD, P., *L'Évangile selon saint Matthieu,* CNT I, Genève, Labor et Fides, 1982.
BONNET, J., *Artémis d'Éphèse et la légende des sept dormants,* Paris, Geuthner, 1977.
BOUTTIER, M., *En Christ : Étude d'exégèse et de théologie paulinienne,* Paris, PUF, 1962.
BROWN, R. E., *The Semitic Background of the Term « Mystery » in the NT,* Philadelphia, Fortress Press, 1968.
BURNET, R., *Épîtres et lettres. Ier-IIe siècle,* LecDiv, Paris, Cerf, 2003.
BURNET, R., « La pratique épistolaire chrétienne au 1er et 2e siècle : de Paul de Tarse à Polycarpe de Smyrne », Thèse, Lille, Université de Lille 3, 2005.
CARREZ, M., *De la souffrance à la gloire,* Neuchâtel, Delachaux et Niestlé, 1964.
CASTELLI, E. A., *Imitating Paul: A Discourse of Power,* LCBI, Louisville, John Knox Press, 1991.
CERFAUX, L., *La théologie de l'Église suivant saint Paul,* Paris, Cerf, 1965.
COLLANGE, J. F., *De Jésus à Paul : l'éthique du Nouveau Testament,* Genève/Paris, Labor et Fides/Librairie Protestante, 1980.
COMBY, J., *Deux mille ans d'évangélisation,* Bibliothèque d'Histoire du Christianisme 29, Paris, Desclée, 1992.
COUSIN, H., sous dir., *Le monde où vivait Jésus,* Paris, Cerf, 1998.
CRUCHANT, L., *La qualité,* Paris, PUF, 1993.
CULLMANN, O., *La foi et le culte de l'Église primitive,* Neuchâtel, Delachaux & Niestlé, 1963.
DEASLEY, A., *The Shape of Qumran Theology,* Carlisle, Paternoster, 2000.
DES PLACES, E., *La religion grecque. Dieux, cultes, rites et sentiment religieux dans la Grèce antique,* Paris, A. et J. Picard, 1969.
DIBELIUS, M., *From Tradition to Gospel,* Cambridge, J. Clarke, 1971.

DUMAIS, M., « Le caractère normatif des écrits du Nouveau Testament », dans *L'actualisation du Nouveau Testament. De la réflexion à la pratique*, LecDiv 107, Paris, Cerf, 1981.
DUNN, J. D. G., *Unity and Diversity in the New Testament. An Inquiry into the Character of Earliest Christianity*, Londres, SCM Press, 1977.
FEE, G. D., *God's Empowering Presence*, Peabody, Hendrickson, 1994.
FEE, G. D., *Pauline Christology: An Exegetical-Theological Study*, Peabody, Hendrickson Publishers, 2007.
FOCANT, C., sous dir., *Quelle maison pour Dieu ?*, LecDiv Hors Série, Paris, Cerf, 2003.
FOWL, S. E., *The Story of Christ in the Ethics of Paul. An Analysis of the Function of Hymnic Material in the Pauline Corpus*, JSNTS 36, Sheffield, Sheffield Press Academic, 1990.
FUSCO, V., *Les premières communautés chrétiennes. Traditions et tendances dans le Christianisme des origines*, LecDiv 188, Paris, Cerf, 2001.
GÄRTNER, B., *The Temple and the Community in Qumran and the New Testament: A Comparative Study in the Temple Symbolism of the Qumran Texts and the New Testament*, Cambridge, the University Press, 1965.
GEISLER, N., *Systematic Theology vol. 4. Church Last Things*, Minneapolis, Bethany House, 2005.
GÉRAUD, M.-O., O. LESERVOISIER, et R. POTTIER, *Les notions clés de l'ethnologie. Analyses et textes*, Paris, Armand Colin/HER, 2000.
GOLDSWORTHY, G., *Christ au cœur de la prédication*, coll. Diakonos, Cléon d'Andran, Excelsis, 2005.
GOURGUES, M., *À la droite de Dieu. Résurrection de Jésus et actualisation du Psaumes 110 :1 dans le Nouveau Testament*, EtB, Paris, Gabalda, 1978.
GOURGUES, M., *Le crucifié : du scandale à l'exaltation*, coll. Jésus et Jésus-Christ, 38, Paris, Desclée-Mame, 1995.
GRANT, R. M., *La Gnose et les origines chrétiennes*, Paris, 1964.
GRUDEM, W. *Théologie systématique*, Charols, Excelsis, 2000.
HAHNEMAN, G. M., *The Muratorian Fragment and the Development of the Canon*, Oxford, Clarendon Press, 1992.
HAUSER, H., *L'Église à l'âge apostolique*, LecDiv 164, Paris, Cerf, 1996.
HEGEDUS, T., *Early Christianity and Ancient Astrology*, PS, vol. 6, New York, Peter Lang, 2007.
HERING, J., *La seconde épître de Paul aux Corinthiens*, CNT, Paris/Neuchâtel, Delachaux & Niestlé, 1958.
KÄSEMANN, E., *Essais exégétiques*, coll. « Le Monde de la Bible », Neuchâtel, Delachaux et Nestlé, 1972.
KÄSEMANN, E., *Essays on New Testament Themes*, SBT no. 41, Londres, SCM, 1964.

Ki-Zerbo, J. *Histoire de l'Afrique. D'hier à demain*, Paris, Hatier, 1978.
Lagrange, M. J., *Histoire ancienne du canon du Nouveau Testament*, Paris, 1933.
Legasse, S., *Paul apôtre : Essai de biographie critique*, Paris, Cerf/Fides, 1991.
Leon-Dufour, X., *Résurrection de Jésus et message pascal*, Seuil, Paris, 1971.
Marguerat, D., *Le jugement dans l'Evangile de Matthieu*, coll. Le Monde de la Bible, Genève, Labor et Fides, 1981.
Marrou, H. I, *Histoire de l'éducation dans l'antiquité*, Paris, Seuil, 1948.
Martin, R., *Manuel d'architecture grecque*, Paris, A. et J. Picard et Cie, 1965.
Martin, R. P., *New Testament Foundations: A Guide for Christian Students*, Vol. 2: Acts – Revelation, Exeter, Paternoster Press, 1978.
Meeks, W. A., *The First Urban Christians. The Social World of the Apostle Paul*, New Haven, Yale University Press, 1983.
Michel, A., *Le maître de justice d'après les documents de la Mer Morte, la littérature apocryphe et rabbinique*, Paris, Aubanel, 1954.
Minear, P. S., *Images of the Church in the New Testament*, Philadelphie, Westminster Press, 1960.
Morris, L., *The Apostolic Preaching of the Cross*, Grand Rapids, Eerdmans, 1955.
Mugler, C. H. *Dictionnaire historique de la Terminologie optique des Grecs*, Paris, Klincksieck, 1964.
Noe, N., *Étude du sacrifice expiatoire de Jésus-Christ selon Hébreux 9 : 11-28 et ses implications dans le contexte du Tɛ yilɛ chez les Baoulé de Côte d'Ivoire*, Abidjan, FATEAC, 2012.
O'Connor, J. M., *Paul et l'art épistolaire*, Paris, Cerf, 1994.
O'Connor, J. M., *Éphèse au temps de saint Paul*, Paris, 2008.
Pache, R., *L'inspiration et l'autorité de la Bible*, Saint-Légier, Emmaüs, 1967.
Pfitzner, V. C., *Paul and the Agon Motif*, NT.S 16, Leiden, E. J. Brill, 1967.
Quesnel, M., *Baptisés dans l'Esprit. Baptême et Esprit Saint dans les Actes des Apôtres*, LecDiv 120, Paris, Cerf, 1985.
Reynier, C., *Évangile et mystère*, LecDiv 149, Paris, Cerf, 1992.
Ricœur, P., H. Blocher, et R. Parmentier, *Herméneutique. Prédication. Actualisation*, Paris, Harmattan, 2006.
Roc, R. D., *Saint Paul : une théologie de l'Église ?*, Cahiers Evangile 147, Paris, Cerf, 2009.
Rolland, P., *La mode « pseudo » en exégèse*, Versailles, Edition de Paris, 2004.
Rousselle, A., G. Sissa, et Y. Thomas, *La famille dans la Grèce antique et à Rome*, Paris, Complexes, 2005.
Stambaugh, J. E., D. L. Balch, *The New Testament in Its Social Environment*, LEC, Philadelphie, Westminster Press, 1986.
Stott, J., *Matthieu 5-7, le sermon sur la montagne*, coll. Paroles pour vivre, Lausanne, PBU, 1987.

SUMNEY, J. L., *'Servants of Satan', 'False Brother' and Other 'Opponents of Paul'*, JSNTS 188, Sheffield, Sheffield Academic Press, 1999.
THEISSEN, G., *Histoire sociale du christianisme. Jésus – Paul – Jean*, Genève, Labor et Fides, 1996.
TIÉNOU, T., *Tâche théologique de l'Église en Afrique*, Abidjan, CPE, 1980.
VAN OYEN, H., *Éthique de l'Ancien Testament*, Genève, Labor et Fides, 1974.
VAUX, R. DE, *Les Institutions de l'Ancien Testament, t. 1*, Paris, Cerf, 1961.
VAUX, J. DE, *Les Nombres*, SBi, Paris, Gabalda, 1972.
O'DONOVAN, W., *Pour un christianisme biblique en Afrique. Quelle place pour la culture ?* Abidjan, CPE, 1998.
WARFIELD, B. B., *Inspiration and Authority of the Bible*, Philadelphia, Presbyterian and Reformed, 1970.
WEILL, M., *Le management de la qualité*, coll. Repères, Paris, la Découverte, 2001.
WELLS, P., *Dieu a parlé*, Québec, La Clairière, 1997.
ZAIDMAN, L. B., *Le commerce des dieux*, Paris, La Découverte, 2001.

Articles

ALETTI, J.-N., « Le statut de l'Église dans les lettres pauliniennes. Réflexion sur quelques paradoxes », *Bib* 83, 2002, p. 153-174.
ANDERSON, L., « The Church at History's Hinge » *BS* 151, 1994, p. 3-10.
BARR, G. K., « Two Styles in the New Testament Epistles », *LLC* 18, 2003, p. 235-248.
BÉNÉTREAU, S., « Différence d'opinion et service commun : une lecture de Romains 14-15 », *Fac-Réflexion* n°46-47, no. 1-2, 1999, p. 23-34.
BÉNÉTREAU, S., « Il est descendu aux enfers », *Fac-Réflexion*, Vaux-sur-Seine, FLTE, 1982.
BENOIT, P., « L'Église corps du Christ », *Exégèse et Théologie* IV, Paris, Cerf, 1982, p. 205-262.
BLOCHER, H., « L'herméneutique selon Paul Ricœur », *Hokhma* 3, 1976, p. 11-57.
BLOCHER, H., « Discerner au sein de la culture », *ThEv* 4, no. 2, 2005, p. 47-55.
BLOCHER, H., « Enseignant, Théologien », dans C. PAYA, sous dir., *Dictionnaire de Théologie Pratique*, Charols, Excelsis, 2011, p. 308-314.
BLOCHER, H., « L'Écriture d'après l'Écriture : la tradition apostolique (2 Thessaloniciens 2.13-3.8) », dans *La Bible au microscope* vol. 1, Vaux-sur-Seine, Edifac, 2006, p. 91-97.
BLOCHER, H., « Le corps, l'intelligence et les sentiments dans la spiritualité », dans J. BUCHHOLD, sous dir., *La spiritualité et les chrétiens évangéliques*, vol. 1, Terre nouvelle, Vaux-sur-Seine/Cléon d'Andran, Excelsis, 1997.

BLOCHER, H., « Spiritualité de la faute ? », dans J. BUCHHOLD, sous dir., *La spiritualité et les chrétiens évangéliques*, vol. 1, Terre nouvelle, Vaux-sur-Seine/ Cléon d'Andran, Excelsis, 1997.

BONNET, J., *Artémis d'Éphèse et la légende des sept dormants*, Paris, Geuthner, 1977.

BORD, L.-J., « Pharisiens, Sadducéens, Esséniens… Les 'Sectes' juives en Palestine au Ier siècle », *Cedrus Libani*, N°57, 1998, p. 90-94.

BRATCHER, R. G., « What Does "Glory" mean in relation to Jesus? Translating *doxa* and *doxazo* in John », *BT*, Octobre 1991, p. 401-408.

BREAKMAN, E. M., *Histoire du Protestantisme au Congo*, Bruxelles, Librairies des éclaireurs unionistes, 1961.

BRÉDIF, H., « La qualité : un opérateur de durabilité », dans A. DA LAGE, sous dir., *L'après développement durable. Espaces, Nature, Culture et qualité*, Paris, Ellipses, 2008, p. 323-330.

BUCHHOLD, J., « La justification chez Jacques et chez Paul : un exemple scripturaire de contextualisation », *Hokhma* 98, 2010, p. 35-56.

BUCHHOLD, J., « Paul », *GDB*, Charols, Excelsis, 2010, p. 1213-1228.

CAPPER, B. J., « Apôtres, Maîtres de Maison et Domestiques », *ETR*, 2006, p. 395-428.

CAQUOT, A., « La secte de Qumrân et le temple », *RHPR* 72, no. 1, 1992, p. 3-14.

CARSON, D., « Pseudonymity and Pseudepigraphy », dans C. A. EVANS et S. E. PORTER, sous dir., *DNTB*, Downers Grove, InterVarsity Press, 2000, p. 857-864.

COMBES, A., « Lecture publique de la Bible », dans C. PAYA, sous dir., *Dictionnaire de Théologie Pratique*, Charols, Excelsis, 2011, p. 447-452.

COMBY, J., *Deux mille ans d'évangélisation*, Paris, Desclée, 1992.

COTHENET, E., et L. RAMLOT, « Prophétisme. Terminologie », *DBS* VIII, p. 909-946.

CULLMANN, O., « The Significance of the Qumrân Texts for Research into the Beginnings of Christianity », *JBL*, 74, 1955, p. 213-226.

DAVID, P., *La Côte d'Ivoire*, Paris, Karthala, 2000.

ELLIS, E. E., « Paul and His Co-Workers », *NTS* 17, 1970-71, p. 437-452.

FERGUSON, E., « Laying On of Hands: Its Significance in Ordination », *JThS* 26, no. 1, Avril 1975, p. 1-12.

FRY, E. « Translating "Glory" in the New Testament », *The Bible Translator*, 1976, p. 422-427.

GALTIER, P., « Péché et Communauté dans le Nouveau Testament », *RB*, 1967, p. 173-175.

GOURGUES, M., « La résurrection dans les crédos et les hymnes », dans O. MAINVILLE, et D. MARGUERAT, sous dir., *Résurrection. L'après-mort dans le monde ancien et le Nouveau Testament*, Le monde de la Bible 45, Genève, Labor et Fides, 2001, p. 161-174.

HARDMEIER, C., « New Relations between Systematical Theology and Exegesis and the Perspective on Practical Theology and Ethics », *Erzähldiskurs und Redepragmatik im Alten Testament: unterwegs zu einer performativen Theologie der Bibel*, Tübingen, Morh Siebeck, 2005, p. 371-381.

HENGEL, M., « "Sit at My Right Hand!" The Enthronement of Christ at the Right Hand of God and Psalm 110.1 », dans M. HENGEL, *Studies in Early Christology*, Edinburgh, T. & T. Clark, 1995, p. 119-225.

HORRELL, D. G., « From ἀδελφοί to οἶκος θεοῦ: Social Transformation in Pauline Christianity », *JBL* 120, 2001, p. 293-311.

HRUBY, K., « La notion d'ordination dans la tradition juive », *LMD* n°102, 1970, p. 30-56.

HUCK, B., « Le culte et la spiritualité communautaire », dans *La spiritualité et les chrétiens évangéliques*, vol. I, Vaux-sur-Seine/Cléon d'Andran, Edifac/Excelsis, 1997.

KAESTLI, J.-D., « La place du fragment de Muratori dans l'histoire du Canon. A propos de la thèse de Sundberg et Hahneman », *Cristianesimo nelle storia* 15, 1994, p. 609-634.

KAESTLI, J.-D., « Mémoire et pseudépigraphie dans le christianisme de l'âge post-apostolique », *RThP*, 125, 1993, p. 41-63.

KASSER, R., « La Gnose et les divers gnosticismes. Leur approche, leur étude sommaire, en présentation brève et générale, simple et claire », *AOB* 13, 2000, p. 95-106.

KLIPFEL, P., « Piété personnelle », dans C. PAYA, sous dir., *Dictionnaire de Théologie Pratique*, Charols, 2011, p. 533-541.

KOUADIO, A. K., *Les méthodes d'évangélisation utilisées par les missionnaires évangéliques en Côte d'Ivoire*, Vaux-sur-Seine, FLTE, 1975.

LANEY, J. C., « The Biblical Practice of Church Discipline », *BS* 143, 1986, p. 353-364.

LIEFELD, W. L., « Mystery Religion », dans M. C. TENNEY, sous dir., *The Zondervan Pictorial Encyclopedia of the Bible*, vol. 4, Grand Rapids, Zondervan, 1976, p. 330-333.

MCGRAW, G. E., « The Legacy of A. B. Simpson », *IBMR* 16, no. 2, 1992, p. 69-77.

MEADE, D., *Pseudonymity and Canon*, Grand Rapids, Eerdmans, 1986.

MEYER, M. W., « Mystery Religions », dans D. N. FREEDMAN et al., *The Anchor Bible Dictionary*, vol. 4, New York, Doubleday, 1992, p. 941-944.

MICHALEK, A., « Africa in Ecclesia : Quelle est la présence des Religions Traditionnelles Africaines dans la vie des chrétiens aujourd'hui, d'après le

Bulletin Pro Dialogo (1966-2001) ? », Thèse de Doctorat, ICP/KUL, 2007, p. 8.

Murphy-O'Connor, J., « La "vérité" chez Saint Paul et à Qumrân », *RB* 72, no.1, 1965, p. 29-76.

Nathan, T., « Relativisme culturel », *Dictionnaire des notions*, Paris, Encyclopedia Universalis, 2005.

Nicolet, P., « Le concept d'imitation de l'apôtre dans la correspondance paulinienne », dans A. Kaestli et D. Marguerat, sous dir., *Paul, une théologie en construction*, Genève, Labor et Fides, 2004, p. 393-415.

Nisus, A., « Autorité et gouvernement de l'Église », *CEP* 72, 2009, p. 2-6.

Obou, O., « Essai d'explication des crises politiques en Afrique », *DCAO* n°1, janvier 2003.

Quine, J. A., « Court Involvement in Church Discipline », *BS* 149, 1992, p. 60-73.

Redalié, Y., « Les Épîtres pastorales », dans D. Marguerat, sous dir., *Introduction au Nouveau Testament*, Genève, Labor et Fides, 2001.

Rigaux, B., « Révélation des mystères et perfection à Qumrân et dans le Nouveau Testament », *NTS* 4, 1957-58, p. 237-262.

Samra, J. G., « A Biblical View of Discipleship », *BS* 160, 2003, p. 219-234.

Sarles, K. L., « A Theological Evaluation of the Prosperity Gospel », *BS* 143, 1986, p. 329-352.

Schnabel, J. E., « L'Écriture », dans T. D. Alexander et B. S. Rosner, sous dir., *Dictionnaire de Théologie biblique*, Cléon d'Andran, Excelsis, 2006.

Scroggs, R., « Sociological Interpretation of the New Testament: The Present State of Research », *NTS* 26, 1979-1980, p. 164-179.

Silva, M., « The Place of Historical Reconstruction in the New Testament Criticism », dans D. Carson et J. D. Woodbridge, sous dir., *Hermeneutics, Authority and Canon*, Grand Rapids, Zondervan, 1986, p. 109-133.

Spicq, C., « La place ou le rôle des jeunes dans certaines communautés néotestamentaires », *RB* 76, 1969, p. 508-527.

Stott, J. R. W., « The Church's Mission in the World », *BS* 145, 1988, p. 243-253.

Stuckrad, K. von, « Jewish and Christian Astrology in Late Antiquity: A New Approach », *Nu* 47, no. 1, 2000, p. 1-40.

Sumney, J. L., « Studying Paul's Opponents: Advances and Challenges », dans S. E. Porter, sous dir., *Paul and His Opponents*, Pauline Studies vol. 2, Leiden, Brill, 2005, p. 39-50.

Sundberg, A. C., « Canon Muratori: A Fourth Century List », *HThR* 66, 1973, p. 1-41.

Tabard, R., « Théologie et Religions Traditionnelles Africaines », *RSR* 96, no. 3, 2008.

WALLACE, D. B., « The Relation of Adjective to Noun in Anarthrous Construction in the New Testament », *NT* 26, 1984, p. 128-167.
WAUTHIER, C., *Sectes et prophètes d'Afrique noire*, Paris, Seuil, 2007.
WELLS, P., « L'autorité de la Bible, qu'est-ce que c'est ? », *RR* 131, no. 3, 1982, p. 97-107.
WELLS, P., « La méthode historico-critique et les problèmes qu'elle pose », *RR* 129, 1982, p. 1-15.
ZOKOUÉ, I., « Église-Mission: quelles relations ? », *PM* 8, 1984, p. 31-40.
ZORN, J. F., « La contextualisation : un concept théologique ? », *RHPR*, 77, no. 2, 1997, p. 171-189.

Sources orales

RÉV. DR KOUADIO, A., Président du Conseil d'Administration de la FATEAC, ex-Président de l'Église CMA de Côte d'Ivoire de 1991 à 2003. Entretien réalisé à Yamoussoukro, le 11 septembre 2011.
RÉV. ALONLÉ B. PIERRE, Président de l'Église CMA-CI depuis février 2011. Entretien réalisé entre Abidjan (Côte d'Ivoire) et Conakry, le 13 février 2012.
KOUMOUÉ K. LÉONARD, Professeur d'histoire à la retraite. Entretien réalisé à Attoban, Abidjan, le 07 mai 2004.

Sources électroniques

www.e-rh.org/documentsEL./pdf consulté le 12 avril 2012.

Table des matières

Dédicace v
Préface vii
Sigles et abréviations ix
Introduction 1
   Choix et justificatif de l'étude 1
   État de la question et singularité de l'étude 4
      R. A. Lebold 5
      A. Turmel et J.-M. Levasseur 6
      A. Loverini 7
   Précision terminologique et problématique de l'étude 10
   Présupposé, méthodologie et organisation de l'étude 15

Première partie 21
L'Église dans les Épîtres pastorales, contexte de déploiement des ministères
   Introduction 23

Chapitre 1 27
L'arrière-plan des Épîtres pastorales
   La question de l'origine : Écrits pauliniens ou pseudépigraphiques ? 29
      1. Les objections d'ordre linguistique 30
      2. Les objections d'ordre historique 33
      3. Les objections d'ordre théologique 36
   La question des adversaires : ultime motif ou raison seconde ? 44
      1. Identités et enseignements des adversaires dans les EP 44
      2. Les motifs de rédaction des Pastorales 53
   Conclusion partielle : La situation des Églises en arrière-plan des EP 55

Chapitre 2 59
Étude de la première série de textes
   1 Timothée 3.14-16 : L'Église et le mystère de la piété 60
      1. Traduction 60
      2. Délimitation, contexte littéraire et structure du texte 61
      3. Interprétation de 1 Timothée 3.14-16 66
   2 Timothée 2.19-21 : La métaphore de la « grande maison » 86
      1. Traduction 86
      2. Délimitation, contexte et structure de 2 Timothée 2.19-21 87

    3. Interprétation de 2 Timothée 2.19-21 92
    Conclusion partielle : L'Église-maison de Dieu, contexte de
    déploiement des ministères et d'évaluation 104

Deuxième partie 113
Le ministre-modèle des Épîtres pastorales et ses critères d'évaluation
    Introduction 115

Chapitre 3 117
Étude de la deuxième série de textes
    1 Timothée 4.6-16 : « Veille sur toi-même et sur ton enseignement » ... 118
        1. Traduction 118
        2. Délimitation, contexte et structure de 1 Timothée 4.6-14 ... 119
        3. Interprétation de 1 Timothée 4.6-14 121
    1 Timothée 6.11-16 : Combattre le beau combat de la foi 138
        1. Traduction 138
        2. Délimitation, contexte littéraire et structure du texte 139
        3. Interprétation de 1 Timothée 6.11-16 141
    2 Timothée 2.22-26 : « Fuis les passions, instruis avec douceur » 152
        1. Traduction 152
        2. Délimitation, contexte et structure de 2 Timothée 2.22-26 ... 153
        3. Interprétation de 2 Timothée 2.22-26 155
    2 Timothée 3.10-17 : « Demeurer fidèle à l'Évangile reçu,
    malgré tout » 161
        1. Traduction 161
        2. Délimitation, contexte, structure de 2 Timothée 3.10-17 ... 162
        3. Interprétation de 2 Timothée 3.10-17 165
    Conclusion partielle : le contenu du modèle et la marque de
    la qualité 175

Chapitre 4 181
Étude de la troisième série de textes
    L'Épiscope : 1 Timothée 3.1-7 182
        1. Traduction 182
        2. Délimitation, contexte littéraire et structure du texte de
        1 Timothée 3.1-7 182
        3. Interprétation de 1 Timothée 3.1-7 186
    Les diacres : 1 Timothée 3.8-13 196
        1. Traduction 196
        2. Délimitation, contexte et structure de 1 Timothée 3.8-13 ... 196
        3. Interprétation du texte de 1 Timothée 3.8-13 198

Les presbytres : 1 Timothée 5.17-25 207
    1. Traduction.. 207
    2. Délimitation, contexte et structure de 1 Timothée 5.17-25 208
    3. Interprétation de 1 Timothée 5.17-25 211
La problématique de la relation presbytres-épiscope : Tite 1.5-9 221
    1. Les qualités requises des presbytres (vv. 5-6) 223
    2. Les qualités requises de l'épiscope (vv. 7-9) 226
    3. Le lien entre presbytres et épiscope 228
Conclusion partielle : Le profil du ministre-modèle des Pastorales 231

Chapitre 5 237
Critères d'évaluation du ministère pastoral

Les critères suggérés par les parénèses à Timothée 238
    1. Tableau récapitulatif des qualités requises 239
    2. Énoncé des critères d'évaluation 242
    3. Justification des critères d'évaluation 244
Les critères suggérés par les parénèses aux ministres locaux................ 255
    1. Tableau récapitulatif des qualités exigées des ministres locaux 256
    2. Énoncé des critères d'évaluation 260
    3. Justification des critères d'évaluation 261
La synthèse des critères d'évaluation 267
    1. Les critères personnels 267
    2. Les critères familiaux 268
    3. Les critères sociaux 268
    4. Les critères professionnels 268
Les procédures évaluatives... 272
    1. Énoncés des procédures évaluatives... 272
    2. Justifications des procédures évaluatives................................... 273
Conclusion partielle.. 279

Troisième partie 281
De la normativité du modèle issu des Épîtres pastorales et de son applicabilité au contexte de l'Église CMA de Côte d'Ivoire

Introduction... 283

Chapitre 6 285
La C&MA en République de Côte d'Ivoire : de la mission à l'Église

La C&MA : Origine, identité, objectifs et implantation en RCI 285
    1. La C&MA : Origine, identité, objectifs 285
    2. L'implantation de la C&MA en Côte d'Ivoire 291

L'Église CMA-CI : Organisation, structure, ministères 299
    1. L'organisation administrative et structurelle............................299
    2. Les ministres et les ministères 303

Chapitre 7 305
La normativité du modèle ministériel des Pastorales et son application au contexte de l'Église CMA-CI
    La question de la normativité du modèle issu des Pastorales et du bon droit de son application dans le contexte de l'Église CMA-CI..........306
        1. La question de la normativité du modèle issu des Pastorales 306
        2. La question du bon droit d'appliquer le modèle issu des Pastorales dans le contexte de l'Église CMA-CI........................315
    L'évaluation du ministère pastoral appliquée au contexte de l'Église CMA-CI..338
        1. Les difficultés et les possibilités de l'évaluation........................339
        2. L'évaluation en contexte : les grilles d'évaluation.....................345
    Conclusion partielle..361

Conclusion générale 363
    Quelques principes du pastorat...364

Annexe 367

Bibliographie.. 369
    Textes bibliques et parabibliques..369
    Instruments de travail..369
    Sur les Épîtres pastorales...372
        Commentaires...372
        Études..374
        Articles..376
    Sur l'évaluation, le ministère et la théologie pastorale........................381
        Ouvrages...381
        Articles..383
    Sur la C&MA et le pays Baoulé..384
        Ouvrages...384
        Articles..385
    Sur diverses questions..385
        Ouvrages...385
        Articles..389
    Sources orales 393
    Sources électroniques...393

Langham Partnership est un organisme chrétien international et interdénominationnel qui poursuit la vision reçue de Dieu par son fondateur, John Stott -

promouvoir la croissance de l'Église vers la maturité en Christ en relevant la qualité de la prédication et de l'enseignement de la Parole de Dieu.

Notre vision est de voir des Églises équipées pour la mission, croissant en maturité en Christ, par le ministère de pasteurs et de responsables qui croient, qui enseignent et qui vivent la Parole de Dieu.

Notre mission est de renforcer le ministère de la Parole de Dieu de trois manières:
- par la mise en place de mouvements nationaux de formation à la prédication biblique
- par la rédaction et la distribution de livres évangéliques
- par la formation d'enseignants théologiques évangéliques qualifiés qui formeront ensuite des pasteurs et responsables d'Églises dans leurs pays respectifs

Notre ministère

Langham Preaching collabore avec des responsables nationaux en vue de la création de mouvements de prédication biblique dirigés par les nationaux eux-mêmes. Ces mouvements, qui naissent progressivement un peu partout dans le monde, rassemblent non seulement des pasteurs mais aussi des laïcs. Nos équipes de formateurs venus de beaucoup de pays différents proposent une formation pratique qui comporte plusieurs niveaux, suivie d'une formation de facilitateurs locaux. La continuité est assurée par des groupes de prédicateurs locaux et par des réseaux régionaux et nationaux. Ainsi nous espérons bâtir des mouvements solides et dynamiques, constitués de prédicateurs entièrement consacrés à la prédication biblique.

Langham Literature fournit des livres évangéliques et des ressources électroniques par la publication et la distribution, par des subventions et des réductions à des leaders et futurs leaders, à des étudiants et bibliothèques de séminaires dans le monde majoritaire. Nous encourageons aussi la rédaction de livres évangéliques originaux dans de nombreuses langues nationales par le biais de bourses pour des écrivains, en soutenant des maisons d'éditions évangéliques locales, et en investissant dans quelques projets majeurs comme *le Commentaire Biblique Contemporain* qui est un commentaire de la Bible en un seul volume rédigé par des auteurs africains pour l'Afrique.

Langham Scholars soutient financièrement des doctorants évangéliques du monde majoritaire dans le but de les voir retourner dans leurs pays d'origine pour former des pasteurs et d'autres chrétiens nationaux en leur proposant un enseignement biblique et théologique solide. Cette branche de Langham cherche donc à équiper ceux qui en équiperont d'autres. Langham Scholars travaille aussi en partenariat avec des séminaires dans le monde majoritaire afin de renforcer l'éducation théologique évangélique sur place. De ce fait, un nombre croissant de « Langham Scholars » (le nom « Scholars » signifie « boursiers ») peut aujourd'hui suivre des programmes doctoraux de haut niveau au cœur même du monde majoritaire. Une fois leurs études terminées, ces « Langham Scholars » vont non seulement former à leur tour une nouvelle génération de pasteurs mais exercer une grande influence par leurs écrits et par leur leadership.

Pour plus d'informations, consultez notre site: langham.org

www.ingramcontent.com/pod-product-compliance
Lightning Source LLC
Chambersburg PA
CBHW061703300426
44115CB00014B/2550